第二版

跨越油气时代：甲醇经济

Beyond Oil and Gas: The Methanol Economy

[美] 乔治 A. 奥拉　　阿兰·戈佩特　　G.K. 苏耶·普拉卡西　著
George A. Olah　　Alain Goeppert　　G.K. Surya Prakash

夏 磊　胡金波　译

化学工业出版社

·北京·

本书系 2006 年出版的由诺贝尔化学奖得主、有机化学家乔治 A. 奥拉先生主创的《跨越油气时代：甲醇经济》的修订版。

书中论述了各种燃料与能源的相互依存关系，指出了人类目前所使用的不可再生的化石能源的极限可利用程度，讨论了各种可再生能源与原子能的利用现状及展望，介绍了"氢经济"及其重大局限性，从而引出"甲醇经济"，特别是对利用工业排放及自然界的二氧化碳转化为甲醇及二甲醚提出了高瞻远瞩的观点。

这是一本前瞻性的、激发人们探索欲望的著作，可供能源、石油及天然气化工、有机化学、煤化工等领域的研究人员、工程技术人员以及政府部门相关管理人员参考阅读。

图书在版编目（CIP）数据

跨越油气时代：甲醇经济 第二版/[美] 奥拉（Olah, G. A.），[美] 戈佩特（Goeppert, A.），[美] 普拉卡西（Prakash, G. K. S.）著；夏磊，胡金波译. —北京：化学工业出版社，2011.7（2024.4 重印）
书名原文：Beyond Oil and Gas：The Methanol Economy
ISBN 978-7-122-11421-1

Ⅰ.跨… Ⅱ.①奥…②戈…③普…④夏…⑤胡… Ⅲ.甲醇-能源经济-经济发展-研究-世界 Ⅳ.F416.7

中国版本图书馆 CIP 数据核字（2011）第 100536 号
Beyond Oil and Gas：The Methanol Economy, Second edition/by Geerge A. Olah, Alain Goeppert, G. K. Surya Prakash
ISBN 978-3-527-32422-4

Copyright© 2009 by WILEY-VCH Verlag GmbH & Co. KGaA Weinheim. All rights reserved.
Authorized translation from the English language edition published by WILEY-VCH Verlag GmbH & Co. KGaA.
本书中文简体字版由 WILEY-VCH Verlag GmbH & Co. KGaA. 授权化学工业出版社独家出版发行。
未经许可，不得以任何方式复制或抄袭本书的任何部分，违者必究。

北京市版权局著作权合同登记号：01-2011-062

责任编辑：路金辉	文字编辑：糜家铃
责任校对：宋 玮	装帧设计：周 遥

出版发行：化学工业出版社（北京市东城区青年湖南街 13 号　邮政编码 100011）
印　　装：北京科印技术咨询服务有限公司数码印刷分部
710mm×1000mm　1/16　印张 20¾　字数 313 千字　2024 年 4 月北京第 2 版第 13 次印刷

购书咨询：010-64518888　　　　　　　　　　售后服务：010-64518899
网　　址：http://www.cip.com.cn
凡购买本书，如有缺损质量问题，本社销售中心负责调换。

定　　价：128.00 元　　　　　　　　　　　　版权所有　　违者必究

中文第二版前言（译文）

在本书第一版出版仅仅三年之后，由于受到了非常良好的市场认可及学术肯定，出版商建议我们继续出一个更新的版本。在此期间，我们提出的"甲醇经济"理念，已经在全世界各国取得很好的进展，包括研究与开发实践等领域。从小型的示范厂到大规模的甲醇与二甲醚工厂，这一领域的工业应用实践正在推进。这些包括二氧化碳制甲醇（与二甲醚）的工厂，同时还包括百万吨级的基于煤或天然气的甲醇（与二甲醚）工厂，这些工厂使用目前仍可利用的煤炭或天然气资源作为原料。

当化学回收自然界或工业二氧化碳资源制甲醇及其衍生物被广泛实施，通过"碳中和"与再生使用，甲醇经济的全部潜力将得以实现。这将使我们能够减少与全球气候变暖相关的严重环境问题。

同时，最终从空气中化学回收二氧化碳，将为人类提供用之不竭的、在地球上任何地方都能得到的碳资源。从二氧化碳转化成甲醇需要的氢气，可以用任何可再生能源或原子能从水中获取。这种转化将使便利的交通和家用燃料、合成烃类及其产品得以继续生产，这些都是我们目前非常依赖的。应该强调的是，甲醇本身不是一种能量来源，而只是一种方便的能量储存、运输和使用形式。我们并不是说这种方法在各方面都是必须的，且一定是未来唯一的解决办法。然而，"甲醇经济"确实是一个新的、可行的、现实的方法，需要进一步发展和越来越多的实际应用。

我们感谢亚化咨询公司的夏磊先生和中国科学院上海有机化学研究所的胡金波教授，以及其他业界同仁们为本书中文版的翻译、出版和"甲醇经济"在中国的推广做出的贡献。

乔治 A. 奥拉

阿兰. 戈佩特

G. K. 苏耶. 普拉卡西

（2011年6月于洛杉矶）

Preface to the Second Chinese Edition

After just three years since the publication of the first edition of our book it is rewarding that favorable reception and interest prompted our publisher to suggest an updated edition. The concept of our proposed "methanol economy" in the intervening time has made progress from extended research to practical development in countries around the world. Form smaller demonstration plants to full-scale methanol and derived DME plants, practical industrial applications are growing in this field. These include carbon dioxide to methanol and DME conversion plants but also large million metric tonners per year. Coal or natural gas based mega-plants using still available large coal and natural gas resources.

The full potential of the methanol economy will be realized, however, when the chemical recycling of natural and industrial carbon dioxide sources in to methanol and its derived products are widely implemented, making their use environmentally carbon neutral and regenerative. This will allow us to mitigate the grave environmental problems linked to global warming.

At the same time chemical carbon dioxide recycling, eventually from the air itself, will provide humankind with an inexhaustible carbon source available everywhere on earth. The needed hydrogen for the conversion of CO_2 into methanol can be produced from water using any renewable or atomic energy sources. This conversion will allow the continued production of convenient transportation and household fuels, and synthetic hydrocarbons and their products on which we all so much depend on. It should be emphasized that methanol is not and energy source but only a convenient way to store, transport and use any form of energy. We are not suggesting that this approach is necessarily in all aspects the only solution for the future. The methanol economy, however, is a new feasible and realistic approach, warranting further development and increasing practical application.

We thank Mr. Lei XIA from ASIACHEM consulting and Prof. Jinbo HU from SIOC-CAS as well as other colleagues, for their contributions in the translation and publishing of this book's Chinese version, and the promotion of "Methanol Economy" in China.

Los Angeles, June 2011

George A. Olah
Alain Goeppert
G. K. Surya Prakash

中译本序一

能源与环境是二十一世纪人们最为关注的问题。能源是世界各国经济增长与人民生活水平提升的重要基础；而环境则关系到社会的可持续发展与子孙后代的生存家园。自 2009 年丹麦哥本哈根与 2010 年墨西哥坎昆的全球气候变化大会以来，能源、经济、温室气体、气候变化等热点话题在全球范围内的讨论已经上升到了一个前所未有的高度。

当今世界各国的能源结构中，化石能源平均占了 86%，其中煤炭占到 28%。而在中国，化石能源占到 93%，煤比例高达 70% 左右。根据中国政府的规划，到 2020 年非化石能源将占能源总量的 15%，也就是说化石能源还要占到 85% 的比例，而其中的 65%～70% 将依然是煤，2010 年中国消耗了世界 48.2% 的煤。煤的大量生产和使用对中国的生态和环境造成巨大威胁。因此煤的清洁、高效、可持续开发利用就成为中国的巨大需求，其中如何通过煤热解、煤气化为基础，以一碳化学为主线，以单元过程优化集成为途径，生产各种化工产品和替代燃料，如烯烃、甲醇、二甲醚、精细化学品、合成油等，从而实现煤炭洁净高效转化，显得十分重要而且必要。甲醇，作为重要的能量载体与基本化工原料，有望在其中扮演关键的角色。

美国南加州大学 George A. Olah，Alain Goeppert，G. K. Surya Prakash 三人的前瞻性著作《跨越油气时代：甲醇经济》详尽地论述了甲醇作为能量载体与基本化工原料的重要性，以及在未来通过二氧化碳与氢气合成甲醇，最终实现"碳中性"的循环的可能性与可行性。作为诺贝尔化学奖得主探讨未来能源、化工与环境问题，乔治·奥拉的这一著作在面世之日起就受到了广泛关注。

近年来，由于生产甲醇的原料来源十分广泛，煤、天然气、焦炉气、石油、生物质、二氧化碳等均可作为原料，生产技术日趋成熟，在全球范围内，甲醇装置的规模大幅提升，甲醇及其衍生物行业获得了快速发展。特别是在中国，甲醇生产能力增长迅速，不仅部分替代汽油已作为车用燃料，而且作为原料生产烯烃、芳烃等化工产品的新技术开发和工业化应用大力推进，这种趋势使得甲醇应用领域不断扩大，对中国提出的"加快发展高碳能源低碳化利用和低碳产业"，发展低碳经济，建设资源节约型与环境友好型社会有重要意义。

在此背景下，上海亚化咨询公司夏磊与中国科学院上海有机化学研究所胡金波等青年同仁，把本书译成了中文并由化学工业出版社出版，作为能源化工学界的前辈，我感到非常欣慰。在此，我谨向国内从事以及关心能源、化工、特别是现代煤化工领域发展的各界人士推荐这本著作。期待"甲醇经济"这一理念，以及其引出的"能量高效利用方式"与"合适的能量载体"等问题能促进读者对相关问题有更深入的理解和思考。

谢克昌

中国工程院院士 副院长
2011 年 7 月

中译本序二

有史以来，人类便有意识地利用各种能源来改善生活和从事生产活动。但是，人类对能源问题从来没有像今天这样给予高度关注。特别在我们中国，随着经济持续快速发展，当今经济社会各领域对于石油、煤炭、天然气等主要能源的需求显得十分迫切，能源问题已经上升到关系经济发展、国家安全和社会稳定的战略问题。

在这样的大背景下出现了《跨越油气时代：甲醇经济》一书。该书由美国南加州大学化学系著名有机化学家，1994年诺贝尔化学奖得主乔治·A·奥拉教授等人撰写，于2006年3月出版第一版。该书迅速在国外学术界和企业界引起了很大反响，其中Angew. Chem.和C&E News等著名刊物对本书做了积极评价。

本书第一版广受读者认可，"甲醇经济"理念在能源、化工、环境等领域也获得很好的推广。2009年，在读者要求和出版社的建议下，奥拉教授及其团队继续更新并推出了第二版，在内容上对第一版做了进一步丰富和补充，全书的篇幅有20％的增加。

在石油资源日益减少的今天，作者前瞻性地提出"甲醇经济"理念，作为应对油气时代过后能源问题的一条解决途径。作者意识到，目前我们所使用的石油既是主要能源，又是核心化工原料。随着石油资源的日益减少，能源和化工这两大领域不可避免地会面临前所未有的危机。甲醇作为一类可通过多种方法得到的有机化学物质，它既能作为方便的液态燃料，也可作为代替石油的化工原材料，而甲醇生产本身还可以作为减轻大气中二氧化碳含量的一条绿色化学途径。他们认为甲醇经济将在能源的储存和转化中发挥重要作用。甲醇是一种方便安全而又清洁的能量载体。

能源问题与化学有着紧密的内在联系，因为很多能源物质本身就是化学物质（如石油、煤炭、天然气）或者是从化学物质转化而来的（如火力发电）。在第一版的基础上，长期关注能源化工行业发展的青年学者——上海亚化咨询公司夏磊先生与中国科学院上海有机化学研究所胡金波研究员等人把《跨越油气时代：甲醇经济》一书第二版译成了中文并由化学工业出版社出版。我谨向国内从事能源、化工、煤炭、石油、天然气等领域的工业界、学术界和政府行业主管部门，以及所有对当今和未来世界能源发展趋势感兴趣的人士推荐这本名家之作。作为一家之言，"甲醇经济"与其他如"氢经济"、生物质经济、太阳能等有关能源的各种观点一样，值得大家去进一步思考和探索。近年来石油储缺或天然气对汽车的充气装置多次出现事故，甲醇和二甲醚的安全性更成为无比重要的优点，值得我们重视。

到 2010 年底，中国的甲醇生产能力达到 3800 万吨，其中 80% 都以煤炭为原料。近几年来，随着新技术创新与工业化应用，如甲醇制烯烃（MTO）、甲醇制丙烯（MTP），以及未来具有工业化前景的甲醇制芳烃（MTA）等技术的研究和开发，甲醇作为重要的化工基础原料的地位日渐凸显。进入到 2011 年，中国已经成为世界第二大经济体和世界第二大能源消费国，同时又是世界第三大煤炭储量国。在我国煤炭储量丰富的内蒙古、新疆等省区，着力发展甲醇经济应为一个合理的选择。对甲醇经济的批评很多关注于甲醇生产中二氧化碳的排放，但近日研究表明，在甲醇生产过程中，添加少量天然气或煤炭气即能极大地减少二氧化碳的排放。当然天然气、煤炭气本身就是含能很高的燃料，但转化得到的却是方便、安全、便于输送的能源载体——甲醇。在人类追求物质文明进步和能源、环境可持续发展的今天，高效、清洁地利用好我们相对丰富的煤炭资源显得尤为重要。对于"甲醇经济"的理念，我们应当给予足够的重视。

戴立信

中国科学院院士
中国科学院上海有机化学研究所研究员
2011 年 7 月

译者前言

从 2006 年出版的《跨越油气时代：甲醇经济》英文第一版，到 2009 年的英文第二版，仅有三年时间。在此期间，这一理念在全球范围内得到了很好的推广。正如奥拉教授所言：我们提出的"甲醇经济"理念，已经在全世界各国取得很好的进展，包括研究与开发实践等领域。

奥拉教授一直非常关心中国的发展，特别是近年来中国洁净煤转化、二氧化碳利用与新能源产业的发展近况。在这几年里，通过与奥拉教授的邮件沟通与当面交流，对于能源化工行业未来的轮廓和画面，我们的视线似乎也越来越清晰。

2009 年底，我们几乎同时收到了奥拉教授亲笔签名的，从美国南加州大学邮寄来的英文第二版。在第一版的基础上，第二版内容大量增加了关于甲醇与二甲醚作为合适的能量载体，以及从化石燃料和生物资源到二氧化碳化学回收生产甲醇的论述。我们觉得很有必要将本书译成中文，进一步推荐给国内的读者。

尽管奥拉教授提到："并不是说甲醇经济一定是未来唯一的解决方案，然而，确实是一个新的、可行的、现实的方法，需要进一步发展和越来越多的实际应用。"然而对我们读者而言，通过阅读本书科普式的文字内容，借鉴本书提供的关于能源、化工与环境等方面的完整分析框架，完全可以从中汲取大量的思想营养。

在本书翻译和出版过程中，得到了中国工程院副院长谢克昌院士，中科院上海有机化学研究所戴立信院士，清华大学倪维斗院士，上海市化学化工学会张培璋先生，上海华谊集团沈丽萍女士等前辈专家的关心和支持；得到了化学工业出版社同仁提供的许多帮助；也得到了德国南方化学集团的资助。参与本书翻译和校对的人员还包括顾约伦、郑春临等。此外，中科院上海有机所的郑吉、刘俊、倪传法、朱林桂、李亚、张来俊、高燕、许国峰、李怀峰、张继明参与了第一版翻译工作，为本书第二版翻译打下了坚实的基础。在此一并表示衷心的感谢。

尽管我们已经用心来完成本书的翻译，希望能将原著作者的思想和见解忠实地呈现给读者；但由于时间仓促，加上水平所限，难免还存在不足之处，敬请诸位读者批评和指正。

夏 磊　上海亚化咨询公司
胡金波　中科院上海有机化学研究所
2011 年 6 月

首字母缩拼词、单位及缩写式

1. 首字母缩拼词

AFC	Alkaline Fuel Cell	碱性燃料电池
BP	British Petroleum	英国石油(公司)
BWR	Boiling Water Reactor	沸水反应堆
CEA	Commissariat àl'Energie Atomique(France)	法国原子能总署
CEC	California Energy Commission	加利福尼亚州能源总署
CIA	Central Intelligence Agency	美国中央情报局
DMFC	Direct Methanol Fuel Cell	直接甲醇燃料电池
DOE	Department of Energy (United States)	美国能源部
EDF	Electricite De France	法国电力(公司)
EIA	Energy Information Administration (DOE)	美国能源部能源信息局
EPA	Environmental Protection Agency(United States)	美国环保署
EU	European Union	欧盟
GDP	Gross Domestic Product	国内生产总值
GHG	Greenhouse Gas	温室气体
IAEA	International Atomic Energy Agency	国际原子能机构
IGCC	Integrated Gasification Combined Cycle	整体煤气化联合循环
IPCC	International Panel on Climate Change	国际气候变化专门小组
ITER	International Thermonuclear Experimental Reactor	国际热核聚变实验反应堆
LNG	Liquefied natural gas	液化天然气
MCFC	Molten Carbonate Fuel Cell	熔融碳酸盐型燃料电池
NRC	National Research Council(United States)	全美研究会议
NREL	National Renewable Energy Laboratory(United States)	美国国家可再生能源实验室

OECD	Organisation for Economic Cooperation and Development	经济合作与发展组织(经合组织)
OPEC	Organization of Petroleum Exporting Countries	石油输出国组织(欧佩克)
ORNL	Oak Ridge National Laboratory	橡树岭国家实验室
OTEC	Ocean Thermal Energy Conversion	海洋热能转换
PAFC	Phosphoric Acid Fuel Cell	磷酸燃料电池
PEMFC	Proton Exchange Membrane Fuel Cell	质子交换膜燃料电池
PFBDC	Pressurised Fluidised Bed Combustion	增压流化床燃烧技术
PV	Photovoltaics	光电
PWR	Pressurized Water Reactor	加压水反应堆
R/P	reserve / production ratio	存储/产出比
SUV	Sport Utility Vehicles	运动型全功能车
TPES	Total Primary Energy Supply	总初级能源供应
UNO	United Nations Organization	联合国组织
UNSCEAR	United Nations Scientific Committee on the Effects of Atomic Radiation	联合国原子辐射效应科学委员会
URFC	Unitized Regenerative Fuel Cell	可再生式燃料电池
USCB	United States Census Bureau	美国统计局
USGS	United States Geological Survey	美国地质调查局
WCD	World Commission on Dams	世界水坝委员会
WCI	World Coal Institute	世界煤炭协会
WEC	World Energy Council	世界能源委员会
ZEV	Zero Emission Vehicle	零排放车辆

2. 单位及缩写式

b, bbl	barrel	桶
Btu	British thermal unit	英国热量单位
℃	degree Celius	摄氏度
cal	calorie	卡
g	gram	克
h	hour	小时
ha	hectare	公顷
kW·h	kilowatt-hour	千瓦·时
m	meter	米

Mb	megabarrel(10^6 barrels)	百万桶
ppm	parts per million	百万分之一
toe	tonne oil equivalent	1吨当量油
s	second	秒
Sv	Sievert	西韦特
t	metric tonne	吨
W	watt	瓦特,瓦

(1) 前缀

μ	micro	微	10^{-6}
m	milli	毫	10^{-3}
k	kilo	千	10^3
M	mega	百万,兆	10^6
G	giga	十亿,千兆,吉[咖]	10^9
T	tera	万亿,太[拉]	10^{12}
P	peta	千兆兆,拍[它]	10^{15}
E	exa	穰,艾[可萨]	10^{18}

(2) 单位换算

① 体积

1t 原油 = 7.33 桶油

1gal = 3.785L

1 桶油 = 42gal = 159L

$1m^3$ = 1000L

$1m^3$ = 35.3ft^3

② 能量

1kcal = 4.1868kJ = 3.968Btu

1kJ = 0.239cal = 0.948Btu

1kW·h = 860kcal = 3600kJ

1 toe(吨油当量) = 41.87GJ

1 Quadrillion Btu(QBtu) = 1×10^{15} Btu

目　　录

第 1 章　引言 …………………………………………………………… 1

第 2 章　煤炭在工业革命中及其以后的应用 ………………………… 11

第 3 章　石油和天然气的历史 ………………………………………… 18
   3.1　石油的开采和勘探 ………………………………………… 22
   3.2　天然气 ……………………………………………………… 24

第 4 章　化石燃料资源和利用 ………………………………………… 28
   4.1　煤炭 ………………………………………………………… 29
   4.2　石油 ………………………………………………………… 34
   4.3　非常规石油资源 …………………………………………… 38
      4.3.1　沥青砂（tar sands）………………………………… 38
      4.3.2　油页岩（oil shale）………………………………… 39
   4.4　天然气 ……………………………………………………… 41
   4.5　煤层气 ……………………………………………………… 48
   4.6　致密砂岩和页岩 …………………………………………… 49
   4.7　甲烷水合物 ………………………………………………… 49
   4.8　展望 ………………………………………………………… 51

第 5 章　日益减少的油气储备 ………………………………………… 53

第 6 章　对碳基燃料、烃类及其产品的持续需求 …………………… 62
   6.1　分馏 ………………………………………………………… 65
   6.2　热裂化 ……………………………………………………… 66

第7章 化石燃料和气候变化 ... 73
- 7.1 化石燃料对气候变化的影响 ... 73
- 7.2 缓解 ... 82

第8章 可再生能源和原子能 ... 86
- 8.1 概述 ... 86
- 8.2 水电 ... 89
- 8.3 地热能 ... 92
- 8.4 风能 ... 96
- 8.5 太阳能：光电转换和热能 ... 99
  - 8.5.1 光电转换生电 ... 100
  - 8.5.2 利用太阳热能发电 ... 102
  - 8.5.3 利用盐湖太阳池发电 ... 104
  - 8.5.4 利用太阳能供热 ... 104
  - 8.5.5 太阳能的经济局限性 ... 105
- 8.6 生物质能 ... 105
  - 8.6.1 生物质能发电 ... 106
  - 8.6.2 液体生物燃料 ... 107
  - 8.6.3 生物甲醇 ... 110
  - 8.6.4 生物燃料的优点和局限性 ... 110
- 8.7 海洋能：热能、潮汐能和波浪能 ... 111
  - 8.7.1 潮汐能 ... 112
  - 8.7.2 波浪能 ... 113
  - 8.7.3 海洋热能 ... 113
- 8.8 核能 ... 114
  - 8.8.1 裂变核能 ... 116
  - 8.8.2 增殖反应堆 ... 120
  - 8.8.3 对核能的需求 ... 122
  - 8.8.4 经济性 ... 122
  - 8.8.5 安全性 ... 124
  - 8.8.6 辐射危险 ... 125
  - 8.8.7 核副产物、核废料及其管理 ... 126
  - 8.8.8 排放 ... 127

  8.8.9 核聚变 ………………………………………………………… 128
  8.8.10 核能：未来的能源 ……………………………………… 131
 8.9 未来展望 …………………………………………………………… 131

第9章 氢经济及其局限性 ………………………………………………… 133
 9.1 氢气及其性质 ……………………………………………………… 133
 9.2 氢能的开发 ………………………………………………………… 135
 9.3 氢气的生产和使用 ………………………………………………… 137
  9.3.1 化石燃料制氢 …………………………………………… 138
  9.3.2 生物质制氢 ……………………………………………… 140
  9.3.3 水的光生物学分解 ……………………………………… 141
  9.3.4 水的电解 ………………………………………………… 141
  9.3.5 核能制氢 ………………………………………………… 143
 9.4 氢储存的挑战性 …………………………………………………… 144
  9.4.1 液态氢 …………………………………………………… 145
  9.4.2 压缩氢 …………………………………………………… 146
  9.4.3 金属氢化物和固体吸收剂 ……………………………… 147
  9.4.4 其他储氢方法 …………………………………………… 148
 9.5 氢：集中还是分散地分配？ ……………………………………… 148
 9.6 氢的安全性 ………………………………………………………… 150
 9.7 用于运输的氢 ……………………………………………………… 151
 9.8 燃料电池 …………………………………………………………… 153
  9.8.1 历史 ……………………………………………………… 153
  9.8.2 燃料电池的效率 ………………………………………… 154
  9.8.3 氢燃料电池 ……………………………………………… 156
  9.8.4 用于运输的质子交换膜燃料电池 ……………………… 160
  9.8.5 再生燃料电池 …………………………………………… 162
 9.9 展望 ………………………………………………………………… 164

第10章 "甲醇经济"：概述 ………………………………………………… 166

第11章 甲醇和二甲醚作为燃料和能量载体 …………………………… 171
 11.1 性质和历史背景 ………………………………………………… 171

11.2　甲醇的化学应用 …………………………………………………… 173
11.3　甲醇作为运输燃料 ………………………………………………… 174
　　11.3.1　醇类运输燃料的开发历程 ………………………………… 175
　　11.3.2　甲醇作为内燃机（ICE）燃料 …………………………… 178
　　11.3.3　甲醇作为压缩点火式（柴油）发动机燃料 ……………… 180
11.4　二甲醚作为运输燃料 ……………………………………………… 182
11.5　二甲醚作为发电和生产民用燃气的燃料 ………………………… 184
11.6　生物柴油 …………………………………………………………… 186
11.7　先进的甲醇动力汽车 ……………………………………………… 187
11.8　甲醇重整制氢用于燃料电池 ……………………………………… 187
11.9　直接甲醇燃料电池（DMFC） …………………………………… 190
11.10　依赖其他燃料的燃料电池和生物燃料电池 ……………………… 196
11.11　可再生燃料电池 …………………………………………………… 196
11.12　甲醇和二甲醚作为船用燃料 ……………………………………… 197
11.13　甲醇用于固定发电和供热装置 …………………………………… 198
11.14　甲醇的储存和分配 ………………………………………………… 199
11.15　甲醇的价格 ………………………………………………………… 201
11.16　甲醇和二甲醚的安全性 …………………………………………… 203
11.17　甲醇和二甲醚动力汽车的尾气排放 ……………………………… 206
11.18　甲醇和二甲醚的环境影响 ………………………………………… 210
11.19　二氧化碳化学回收制甲醇对气候变化的有利影响 ……………… 211

第12章　甲醇的生产：从化石燃料和生物基原料到二氧化碳化学循环回收 …………………………………………………… 213

12.1　用化石燃料生产甲醇 ……………………………………………… 216
　　12.1.1　用合成气生产甲醇 ………………………………………… 216
　　12.1.2　用天然气生产合成气 ……………………………………… 219
　　12.1.3　用石油和高碳烃生产合成气 ……………………………… 221
　　12.1.4　用煤生产合成气 …………………………………………… 222
　　12.1.5　合成气生产的经济性 ……………………………………… 222
12.2　通过甲酸甲酯生产甲醇 …………………………………………… 222
12.3　用甲烷不经合成气生产甲醇 ……………………………………… 224
　　12.3.1　甲烷直接氧化生成甲醇 …………………………………… 224

    12.3.2 甲烷的催化气相氧化 ·················· 225
    12.3.3 甲烷液相氧化生产甲醇 ················ 226
    12.3.4 甲烷通过单卤代甲烷生产甲醇 ············ 228
    12.3.5 甲烷向甲醇的微生物转化或光化转化 ········· 231
  12.4 利用生物质（包括纤维素）制取甲醇 ············· 232
    12.4.1 生物气制取甲醇 ·················· 237
    12.4.2 水产业 ······················ 239
  12.5 用二氧化碳生产甲醇 ···················· 242
    12.5.1 二氧化碳与甲烷反应转化为甲醇 ··········· 244
    12.5.2 二氧化碳通过甲烷的二元重整转化为甲醇 ······· 246
    12.5.3 从合成气或二氧化碳生产二甲醚 ··········· 247
    12.5.4 将二氧化碳化学或电化学还原和加氢过程结合在一起 ·· 249
    12.5.5 通过化学循环回收从工业和天然来源中分离二氧化碳 ·· 251
    12.5.6 从大气中分离二氧化碳 ··············· 252

第13章 基于甲醇的化学品、合成烃和材料 ·············· 256
  13.1 基于甲醇的化学产品和材料 ················· 256
  13.2 甲基叔丁基醚和二甲醚 ·················· 258
  13.3 甲醇到轻质烯烃和合成烃类的转化 ·············· 259
  13.4 甲醇制烯烃工艺 ····················· 260
  13.5 甲醇制汽油工艺 ····················· 262
  13.6 基于甲醇的蛋白质 ···················· 264
  13.7 展望 ·························· 265

第14章 绪论和前景 ······················· 266
  14.1 今日的现状 ······················ 266
  14.2 "甲醇经济"——未来的解决方案 ·············· 268

参考文献 ····························· 273

更多的阅读材料和信息 ······················ 297

第1章
引言

自从我们远古祖先使用火来取暖、烹饪和进行其他许多必需的生产活动以来，人类的生存便和不断上升的能源需求紧密地联系在一起。从燃烧木材、植被、泥煤等开始，到利用煤炭、石油和天然气［即"化石燃料"（fossil fuel）］，人类不断通过利用各种自然资源得到了繁衍壮大[1]。化石燃料包括煤炭、石油、天然气等以不同碳、氢元素比例组成的碳氢化合物。

碳氢化合物是从石油、天然气、煤炭中提炼出来的，它们在很多方面对于我们现代人类生活的质量提高起着很重要的作用。全球大量的碳氢化合物被用作推进器、发电装置、加热装置的燃料。化学、石化、塑料、橡胶等工业也需要依靠这些碳氢化合物作为生产各自产品的原材料。事实上，大多数工业合成化学品都是依赖于石油资源作为其生产原料的。目前，全世界每天石油的耗用量已超过1200万吨[2]。我们地球上化石燃料资源的不可再生性及其有限储量，与全球持续的人口增长（目前全球人口已经接近70亿，预计到21世纪中叶将会达到80亿～110亿[3]；表1.1）和不断增加的能源消耗量之间，形成了一个日益突出的矛盾。在21世纪，人类需要寻求对这一问题的解决办法，从而可以继续维持目前发达工业国家已具备、其他发展中国家正在努力接近的较高的生活水平。

表1.1 世界人口

年份	1650	1750	1800	1850	1900	1920	1952	2000	2009	2050①（预测）
人口/百万	545	728	906	1171	1608	1813	2409	6200	6800	8000～10000

① 资料来源：联合国经济与社会开发署人口处。

世界人口增长快速，从20世纪初的16亿，到现在已经接近70亿。伴随着科技社会的日益发展，世界上人均占有的自然资源量已经难以满足人们的日常需求。今天，我们所面临的重大挑战之一就是如何在满足我们社会需要的同时，又能够保护环境，从而使得将来我们的子孙后代们能够继续在这个地球家园里安居乐业。人类不仅需要食物、水、住所、衣物和其他生活必需品，而且也需要大量能源。2004 年，全世界消耗了大约 1.13×10^{20} cal（131×10^{12} kW·h）的能量，

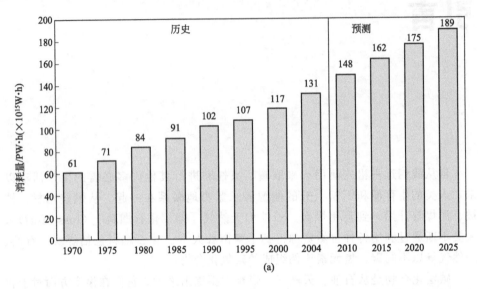

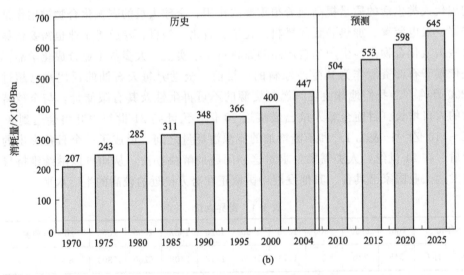

图 1.1　世界主要能源消耗（1970～2025 年）
数据来源：能源信息署（EIA），2005 年国际能源展望

相当于持续消耗15万亿瓦（TW）电力，或者是15000个能发电10亿瓦（1GW）的核电站的年总发电量[4]。预计人口的增长和生活水平的提高将使人们对能源的需求在2025年达到21万亿瓦（图1.1），而2050年的需求预计将达到30万亿瓦。

我们的祖先发现了火并用它来燃烧木材。工业革命时期开始使用煤炭，到了20世纪又开始使用石油、天然气和新兴的原子能。

当煤炭、石油、天然气等化石燃料（即碳氢化合物）通过燃烧用于火力发电、供暖、驱动汽车和飞机等的时候，它们会生成二氧化碳和水。因此，它们是会被消耗殆尽的，并且在我们人类的时间量程（time-scale）内不能够再生。

> 矿物燃料：石油、天然气、沥青砂、页岩沥青、煤炭。
> 它们是碳氢化合物（即含碳、氢元素的化合物）的混合物。当被氧化（燃烧）时，它们会转化为二氧化碳（CO_2）和水（H_2O）。因此它们在我们人类的时间量程内不能够再生。

大自然已经以石油和天然气的形式给予了我们一份厚礼。人们已测定出，仅仅一桶石油所含的能量就相当于12个人整整工作一年，即25000个人工时数[5]。假定每个美国人平均每年消耗25桶石油，这也就相当于他们每个人都享用着300个人全年在各行各业工作或提供家政服务来维持其目前的生活水准。按照目前的油价水平，这可真算是便宜的。然而人类却相当迅速地消耗着这些大自然需要经过数千万年才能形成的资源。石油和天然气被大规模地用来提供能源，而从20世纪始，它们也被开发作为原材料来生产人造材料和产品，如塑料、药物、染料等。美国的能源消耗大多依靠化石燃料，而核能等其他能源（如水能、地热能、太阳能、风能等）的利用仅占总能源消耗的15%（表1.2）[6]。

表1.2 美国燃料能源消耗比例　　　　　　　　　　　　　　　　　　　单位：%

能源种类	1960年	1970年	1980年	1990年	2000年	2005年
石油	44.2	43.5	43.7	39.6	38.8	40.4
天然气	27.5	32.1	26.1	23.3	24.2	22.6
煤炭	21.8	18.1	19.7	22.6	22.8	22.8
原子能	0.002	0.4	3.5	7.2	7.9	8.1
水、地热、太阳、风等能源	6.5	6.0	7.0	7.2	6.2	6.1

注：数据来源于美国统计局，2008年美国统计摘要，第19部分，能源和利用。

对于发电来讲，利用煤炭的火力发电仍占了总发电量的一半以上，天然气约占19%，核能也占了19%（表1.3）。

表1.3 美国发电厂燃料所用比例 单位：%

能源种类	1990年	2000年	2005年
煤炭	52.5	51.7	49.8
石油	4.2	2.9	3.0
天然气	12.6	16.2	19.0
核能	19.0	19.8	19.3
水力发电	9.6	7.2	6.6
地热能	0.5	0.4	0.4
木材	1.1	1.0	0.9
垃圾	0.438	0.607	0.594
风能	0.092	0.147	0.361
太阳能	0.013	0.013	0.012

注：数据来源于美国统计局，2008年美国统计摘要，第19部分，能源和利用。

相比之下，其他工业化国家利用非化石燃料所产生的电能比例却在20%～90%之间（表1.4）[7]。

表1.4 非化石燃料在工业化国家中的发电比例（2004年） 单位：%

国家	传统发电	水力发电	核能	地热能、太阳能、风能、木材和垃圾	全部非化石燃料
法国	9.4	10.9	78.6	1.1	90.6
加拿大	25.7	58.0	14.7	1.6	74.3
德国	61.9	3.6	27.5	6.9	38.1
日本	62.2	9.2	26.4	2.2	37.8
韩国	62.8	1.2	35.9	0.1	37.2
美国	71.0	6.7	19.8	2.4	29.0
英国	75.5	1.3	20.0	3.2	24.5
意大利	81.1	14.1	0.0	4.8	18.9

注：数据来源于能源信息署，2007年国际能源年鉴，2004年全球净发电量（按类别）。

石油的消耗现已达到每天8500万桶（1桶等于42gal，大约160L），约计1200万吨[2]。幸运的是，我们仍然还有非常多的全球石油储量，包括重油、页岩油、沥青砂，甚至大量的沉积煤炭（一种含氢量要比一般石油和天然气要少的复杂含碳物质的混合物）。相对较多的煤炭资源还能再被使用200～300年，但是需要付出较高的经济和环境代价。虽然没有迹象显示我们的资源将会在不久的将来耗竭，但是很清楚，它们会越来越稀少，越来越昂贵，并且不会维持很久。接近70亿的世界人口，再加上还在继续不断增长的趋势（如前文所述，将可能会达到80亿～110亿），所带来的只能是油和气需求量的不断上升。诚然，过去那些认为油、气资源将会迅速消失的可怕预言现在已被证明是错误的（表1.5）[2,8]。实际上直到近几年，这些资源的探明储量还在不断增加，但是最近这些数值已经开始持平。

然而，问题是"资源快速消耗"意味着什么？什么才是我们真正的资源储量？所发现证实的石油储量（而不是被消耗掉的量）在过去30年里事实上几乎翻了一番，目前已经超过了1500亿吨（超过了一万亿桶）[2]。这点的确让人印象深刻，并误认为眼下不会出现石油短缺问题。但是消耗量的持续提高（也由于生活标准的日益提高）和人口的迅猛增长需要让我们更现实地考虑人均资源储量的问题。如果我们考虑了人均资源储量的问题，那么很明显我们已知的石油资源储量只能维持略多于半个世纪的时间。即便将其他的因素也考虑进去（例如新的储量发现、节约、其他资源等），我们仍将逐渐面对一个很大的问题。油和气在一夜之间不会用尽，但是市场的供需矛盾将会不可避免地促使价格上扬到目前尚无人能够想象的程度。因此，如果我们不能找到新的解决办法，将会不可避免地面对危机。

表1.5 已被证实的石油和天然气储量

单位：十亿吨石油当量

年份	石油	天然气	年份	石油	天然气
1960	43	15	1989	137	96
1965	50	22	1990	137	108
1970	78	33	1995	140	130
1975	87	55	2002	160	160
1980	91	70	2003	162	162
1986	95	87	2004	162	161
1987	121	91	2005	164	162
1988	124	95	2006	165	163

注：1995~2006年的数据来源于BP世界能源统计综述[2]。

人们总是希望得到工业社会所能给予他们的一切好处。我们所有的人在本质上都依赖于能源，只不过消耗程度由于地区的不同而有着巨大的区别（以工业化国家与发展中和极不发达国家相比较而言）。如今，中国每年的人均石油消耗量仅为2~3桶，而美国的人均消耗量则大约是中国的10倍左右[2]。中国的石油用量预计在未来的十年里至少会翻一番，大约会等同于美国的消耗量——这一例子就提醒我们所将要面对的问题之大。世界人口的增长，连同中国、印度以及其他发展中国家对能源持续提升的需求量，一起向着世界的石油储量加压，而这将必定推动全球油价的快速上涨。可以预计，油价可能出现较大的波动甚至短暂的急剧下跌，但从长期来看其上涨的趋势是不可避免的。

通过燃烧不可再生资源（包括油、气、煤）获取能量在未来相对较短的时间里是可行的，但即使这样也会产生严重的环境问题（参阅下文）。虽然原子能的出现开辟了根本性的各种新的可能性，但它随之也带来了危险性以及人们对其放射性副产物的安全忧虑。很遗憾的是，这些安全忧虑使得原子能的发展利用变得几乎止步不前——至少在大多数的西方国家是这样的。无论喜欢与否，我们也只能别无选择地渐渐依靠原子能，并使它变得更加安全、干净。有关放射性废物的存放和处理问题是必须解决的。指出原子能污染问题的难度、危害及做出合理的管制都是必要的；同时，找出克服这些问题的办法，也是既重要又切实可行的。

如果我们持续以目前这种令人担忧的速度使用碳氢化合物资源来制造能量，资源储量锐减和急剧高涨的油价将迫使我们用一切可能的替代资源来补充或取代烃类资源，但替代能源和燃料包括合成油品一般都更为昂贵。石油和天然气是大自然赐予我们的最好的礼物，即使如此，当一桶石油的价格像目前这样在30～150美元之间随着市场形势而大幅波动的情况下，某些合成制造工艺也已经具备了经济上的可行性。不管怎样，我们将来需要对高昂的油价习以为常，因为这种高油价并不是哪个政府的政策所导致的，而是我们自由社会所不能左右的自由市场本身所造成的。

合成石油是可行的，它已经被证明可以通过煤炭和天然气经由合成气得到。合成气则是由本身也是不可再生物质的煤炭和天然气的不完全燃烧所得到的一氧化碳和氢气的混合物。煤转化成油的技术曾在第二次世界大战时期的德国和国际抵制种族隔离时代的南非使用过[9]。然而这种技术的规模几乎抵不上美国一个国家目前能源消耗量的0.3％。这一路线，即所谓费-托（Fischer-Tropsch）合成工艺，本身是高耗能的，得到的产物也很复杂，而且会产生大量二氧化碳并由此促成全球气候变暖，因此很难将其视之为一种适应未来需要的技术。利用目前储量仍巨大的天然气资源，经由合成气来制造液体燃料的技术如今正在卡塔尔等地进行大规模的开发，例如Shell已在卡塔尔投资100亿美元建造多座气转液（GTL）设施，用来生产14万桶/天的烃类油品，主要是无硫柴油。Chevron则与Sasol合作，在卡塔尔建起了一座34000桶/天规模的GTL装置。但即使上述这些设施都以满负荷运行，也仅仅能提供约18万桶的日产总量，而目前世界上仅仅交通用油一项每天就要消耗掉超过4500万桶的油品。这些数据表明了我们所面临的巨大难题，很明显这需要新颖的、更有效的技术来解决。一些相关的基础科学和技术现已进入研发阶段。例如，我们在下文中还会谈到，现仍有大量的天然气资源能够不用预先制成合成气而直接转化成汽油和碳氢化合物。我们也可以用储量更丰富的煤炭资源来生产合成油，从而延长油料的供应时间，但是基于可再生资源的新颖技术却是对未来真正至关重要的。生物燃料也正在兴起，其主要是通过农作物（如甘蔗、玉米等）的发酵转化成乙醇。虽然乙醇可以被用作汽油添加剂甚至是替代燃料，但是对于目前全球如此巨大的交通用油量来讲，这一生物燃料技术在某些特定的国家及特定的状态下会受到限制。其他的一些植物油料也被追捧作为柴油的可再生性替代品，但这些植物油料在整个能源领域内的份额还非常渺小。因与食品争夺共同的农作物资源，生物燃料已经开始影响到食品的价格[10]。

我们前面说过，当碳氢化合物燃烧时会产生二氧化碳（CO_2）和水（H_2O）。如果将这个过程进行逆转，即利用二氧化碳和水来高效、经济地制造各类碳氢燃料，则是一个巨大的挑战。当然，空气中的二氧化碳可以被大自然通过光合作用与水结合重新进入植物体生命之中。但是，自然界从二氧化碳转化到化石燃料（即经过光合作用到植物，再由植物通过地质演变转化到新的化石燃料。——译者注）的过程是极其漫长的，因此在人类的时间量程内是不可再生的。

"甲醇经济®"[11]——本书的主题——详细阐述了一条人类如何逐渐并最后可以摆脱对日益减少的石油和天然气（甚至煤炭）的依赖的新途径，通过这条途径还可以减轻因为过量燃烧导致的全球变暖问题。所谓"甲醇经济"，部分是基于采用更高效的方法将现存的天然气资源直接转化为甲醇或是二甲醚；更重要的是要通过对燃烧化石燃料的工厂和其他工业及自然过程所排放的二氧化碳进行回收，来实现甲醇和二甲醚等衍生物的生产。最终，连大气中的二氧化碳也能通过催化或电化学的方法进行回收利用。这实际上就是一种相当于自然界中光合作用的化学再生碳循环过程[12]。甲醇和二甲醚（DME）两者本身都是很好的交通和工业燃料，可在内燃机及家居用途中替代汽油、柴油和天然气。甲醇自身也很适合作为燃料电池中的燃料，它可以与大气中的氧气反应从而产生电能。需要强调的是，"甲醇经济"本身并不是产生能量的。相比较于极难携带和高挥发性的氢气（氢经济的基础），"甲醇经济"是指以液体甲醇或二甲醚的形式能更方便和安全地储存能量[13,14]。除了能作为最方便的能量储存材料与合适的交通动力燃料以外，甲醇和二甲醚也可以被催化转化为乙烯和丙烯，两者都是构建各类合成碳氢化合物及其衍生物的合成砌块，而眼下主要从不断减少的油气资源中才能得到。

这个新的"甲醇经济"策略所包含的深远含义无疑具有巨大的潜力，并会给我们人类带来丰厚的社会利益。正如前面所提到的，全世界每天要消耗超过8500万桶石油和约为其2/3当量的天然气，两者均来自于我们正在日益减少的不可再生的自然资源。石油和天然气（也包括煤）是由大自然经过长久的岁月年代而生成的，常常位于偏远、分散的、人类难以到达的区域，如沙漠底下、大海深处、极地的无人居住区等。相反，二氧化碳回收工作的前景却十分美好，因为二氧化碳可以来自于工业废气或自然资源，甚至来自于人人都享有平等权利的大气本身。在可以预见的将来，人类对于能源的需求将来自于任何可得资源，包括化石燃料及原子能的替代品。如今我们尚不能高效地储存数量巨大的能量，所以需要找到新的储能方法，而甲醇生产便提供了一种方便的储存能量的方式。我们现在的发电厂在非高峰用电时期可以通过电解水来产生从二氧化碳出发制造甲醇所需的氢气。其他各种用热能、生化（酶催化）或光电效应（利用太阳能——我们最终的清洁能源）来分解水的方法也正在发展当中。

最初，CO_2 可从高含量的工业排放废气中回收来制造甲醇，进而合成碳氢化合物和它们的衍生物。伴生有 CO_2 的天然气、地热及其他自然资源也可加以利用，在这些废气中 CO_2 含量很高且容易分离并加以捕集。相反，大气中 CO_2 的含量就很低了（0.038%）（表1.6），因此现在还很难经济地从大气中分离得到 CO_2。然而，将来我们可以发展选择性吸收或其他分离技术来克服这些困难。人类用化学方法回收利用 CO_2 并制造成有用的燃料和产品的能力最终可以提供一个用之不尽的可再生碳资源。

CO_2 可以很容易地从燃烧含碳燃料（煤、油和天然气）的火力发电厂、发酵过程、水泥生产中的石灰石煅烧过程、钢铁和铝材生产及其他工业过程中所释放的废气中获得，也可以从伴生 CO_2 的天然气、地热及其他自然资源中取得。当这些工厂大量排放 CO_2 的时候也加重了我们地球的"温室效应"，从而导致了人们对环境的严重关注。大气中 CO_2 的含量和气温的关系早在1895年就被阿伦尼乌斯（Arrhenius）科学论证[15]。虽然我们地球气温变暖/变冷的趋势需要很长时间才能得到全面评估，但是大气中 CO_2 的含量和地球气温之间确实存在着一定的联系。

表1.6　空气的组成

氮气	78%	二氧化碳	0.038%
氧气	20.90%	水分	少量（变化）
氩气	0.90%	甲烷、氮氧化物、臭氧	各为痕量

将人类活动所释放的过量 CO_2 制成甲醇和二甲醚，再通过它们得到有用的燃料以及用它们来合成碳氢化合物和其他产品，这不仅能够帮助缓解化石燃料资源日益减少的问题，同时还可以减轻由于人为释放温室气体而造成的全球变暖现象。

一种高效地从燃料产生电能的方法是让燃料（主要是其中所含的氢）在燃料电池中进行催化电化学氧化过程（而放出电能）[式(1.1)]。

$$\text{燃料} \begin{cases} \xrightarrow{\text{燃烧}} \text{热能} \\ \xrightarrow{\text{燃料电池}} \text{电能} \end{cases} \tag{1.1}$$

燃料电池的基本原理早在19世纪初期就由威廉·格罗夫（William Grove）爵士所发明，然而其真正实用化则是近年来才发展起来的。现在大多数燃料电池技术仍然基于格罗夫原理，即氢和氧（空气）在类似于电池的电化学装置中结合，生成水并放出电能。此过程是无污染的，只有水是副产物。但是氢的制造本身却是一个消耗能量的过程，目前主要通过化石燃料来生产，也有少量通过电解水而得到。操控高度挥发性的氢气本身不仅在技术上有难度，而且也具有危险性。虽然如此，氢燃料电池还是在许多固定装置上或在诸如太空飞行器等特殊用途中得到了越来越多的应用。目前，氢气主要由现仍丰富可得的化石燃料经过重整装置来获得。这种重整装置可以把碳氢化合物转化为 CO 和 H_2 的混合物，然后这两种气体得到分离。尽管此过程仍主要依赖于日益减少的化石燃料资源，但是我们也可以用完全不依赖化石燃料资源的电解（或其他办法）通过水的分解来产生氢气。氢燃料电池由于其先决条件的影响，其应用仍有一定的局限性。相反，有一种新的方法（我们将在第 11 章中讨论到）可以直接在燃料电池中使用便利的液态甲醇或其衍生物，而无需将甲醇先转化为氢气来进行工作。直接氧化液体进料甲醇燃料电池（DMFC）已经由长期致力于美国太空项目燃料电池研究的南加州大学和美国宇航局（NASA）所属的加州理工-喷气推进实验室（JPL）合作开发出来[16,17]。在这种燃料电池中，甲醇和空气中的氧在适当的金属催化剂表面发生反应，产生电能并同时生成 CO_2 和 H_2O：

$$CH_3OH + 1.5O_2 \longrightarrow CO_2 + 2H_2O + 电能 \tag{1.2}$$

近期，人们发现此过程还是可逆的。甲醇及相关的含氧燃料都能从 CO_2 经由液相电化学催化还原得到，而无需像所谓的"再生燃料电池"（regenerative fuel cell）那样先通过电解水而制得氢气。这个过程可以按照燃料电池所用电极材料的不同及其逆向工作时电极电位的高低，通过电化学催化把 CO_2 和 H_2O 转化为含氧燃料（例如甲酸、甲醛、甲醇）。

将 CO_2 还原转化为甲醇的过程主要通过催化加氢而完成，所需的氢气可以通过电解水（利用各种能源如原子能、太阳能、风能、地热能等）制得，也可以用其他方式（如光解、发酵等）分解得到：

$$CO_2 + 3H_2 \longrightarrow CH_3OH + H_2O \tag{1.3}$$

如能得到天然气资源，也可以用来与 CO_2 反应而合成甲醇。例如我们所提出的二元重整过程（见第 10 章）[18]就是这样一类经过改进的工艺：

$$3CH_4 + 2H_2O + CO_2 \longrightarrow 4CH_3OH \tag{1.4}$$

如前所说，甲醇是一种储能的方便媒介，也是极佳的交通动力燃料。它是一种沸点为 64.6℃ 的液体，可以凭借现有的基础设施方便地进行运输和储存。甲醇还能很容易地转化为二甲醚。后者具有更高的热值，是很好的柴油和家用燃气替代品：

$$2CH_3OH \longrightarrow CH_3OCH_3 + H_2O \tag{1.5}$$

甲醇和二甲醚都可以不通过合成气从甲烷（天然气）直接制得，也可以由

CO_2 回收制成,且能进一步用于合成乙烯和丙烯:

$$\begin{array}{c} CH_4 \\ CO_2 \\ \text{生物质} \\ \text{(biomass)} \end{array} \to CH_3OH \xrightarrow{\text{乙烯和/或丙烯}} H_2C=CH_2 + H_2C=CH-CH_3 \\ \downarrow \\ \text{合成碳氢化合物和它们的产品}$$

乙烯和丙烯不仅是石化工业中用于制备合成脂肪烃、芳香烃的基本原料,而且可以用来合成我们日常生活所高度依赖的、目前还只能从石油和天然气制得的多种衍生产品和材料。

第2章
煤炭在工业革命中及其以后的应用

煤炭形成于大约2.9亿～3.6亿年前的石炭纪时期,由那个时代生长的植物厌氧分解而成。这些植物最终能够成为煤炭,是因为在它们死后并没有以常见的方式(即在氧气作用下生成二氧化碳和水的形式)分解。当石炭纪时期的植物死亡后,它们常常掉入缺氧的沼泽或泥浆地带,或被沉积物掩埋。由于缺氧,它们部分腐烂,形成如同海绵般的含碳丰富的物质并首先逐渐变成泥煤。在热和地质压力的共同作用下,泥煤逐渐硬化成为煤炭。

在这个过程中,植物中的碳成分以及几百万年来植物在光合作用中所获得的太阳能都最终汇集于煤炭之中。这些能源被长时间埋藏在地下,直到现代人类把它们挖出并开始加以利用。从地球漫长的历史年表里可以看出,只是最近人类才开始使用煤炭。在历史上,煤炭的使用开始于罗马人入侵英国时期[19]。虽然当时煤炭偶然被用作燃烧取热,但是那时候这种"黑石头"主要被用来制造珠宝首饰,因为它非常易于雕刻和磨光。直到12世纪晚期,煤炭作为燃料重新出现在英国的泰恩河沿岸,尤其是富含煤炭的纽卡斯尔地区。然而在16世纪中叶之前,煤炭尚未被广泛使用,16世纪中叶,英国人口(尤其是伦敦人口)增长快速。由于城市的不断扩大,城市附近的树林就会被砍伐用以增加城市土地面积,于是所需的木材只能从越来越远的地区运来。这些木材不仅可以用来取暖、烹饪,在大多数的工业中(如酿酒、炼铁、造船等)都起着重要作用。随着当时木材短缺问题的日益凸显,木材价格不断上涨,使得穷人逐渐买不起木材。这个时期属于特别困难时期,因为当时刚进入"小冰期"并一直持续到 18 世纪。然而，当时严重的能源危机并没有真正出现，这要归功于煤炭的出现。到了 17 世纪初期，煤炭已经逐渐成为了英国的主要燃料资源。不过问题总会随之而来：燃烧煤炭所造成的浓烟使伦敦成为全欧洲空气质量最差的城市。在一年中的某些日子里，太阳光几乎不能穿透伦敦城市的煤烟；而旅游者们在离伦敦几英里远的地方，未见其面便能闻其味了。

煤炭成为真正的重要能源资源，起因于 18 世纪前期蒸汽机的发明。蒸汽机是随之而来的工业革命的心脏[20]，而蒸汽机是以煤炭作为燃料的。在那个年代，煤矿业所面对的主要难题是渗水以及各种形式的水淹。雨水从地面渗入后积聚在矿道里，一旦矿井在地下水位以下，周围的地下水也会使问题进一步加重。很多煤矿会因此慢慢地湮没于水下。如果煤矿是在山上，则可以用简单的排水管道解决问题；但是随着采矿不断深入地下，就需要另想他法。最初的原始办法是依靠矿工们将水装在他们背上的矿桶里运出矿井。但是这样做很不方便，因此又出现了很多提高人力资源利用率的办法。例如，将一连串水桶或者原始水泵通过人力、风车、水车、马力等来操纵运水（图 2.1）。然而没有一种方法是非常方便或经济有效的。

对于那个时代的英国来说，所面对的最紧迫的挑战之一是要找出一个维持矿井干燥的好办法。最终，托马斯·纽库曼（Thomas Newcomen）发明了一种设备来解决这个问题。托马斯·纽库曼并不是一个学者，而是一位极具创造能力的五金商[1]。他的装置由一个活塞组成，活塞的上升是通过烧煤使水沸腾产生水蒸气来提供能量的，而活塞的下降则通过由冷水冷凝蒸汽而减压来完成。活塞与水泵的轴承相连进行工作，从而达到抽水的目的。

1712 年，纽库曼的设备第一次被用于矿井作业并立即在煤矿业主中引起了轰动。这主要是因为使用该设备的成本要比使用马力大大便宜，而且还能从以前不能达到的更深的地方抽水。该设备的缺点在于它需要大量的煤炭来产生足够多的蒸汽推动活塞进行工作，所以在煤矿以外的地区很少被运用。

差不多就在这一时期，詹姆士·瓦特（James Watt）——一位苏格兰木匠的儿子，极大地改进了纽库曼的蒸汽机。瓦特意识到旧蒸汽机中蒸汽注入和冷水冷却过程中，热能在重复加热和冷却汽缸的过程被不断浪费掉了。他在新的蒸汽机中安装了另外一个独立冷凝器，这个冷凝器被浸入于与汽缸相连的冷却水中，用以保持汽缸的热量并可避免不必要的热能损失（图 2.2）。这个设计使得蒸汽机的效率提高了至少四倍，从而使蒸汽机能够在煤矿以外的工厂中使用。

图 2.1 中世纪煤矿排水图（来源于 Georgius Agricolade 的版画
—De Re Metallica：书 6，图示 36，1556 年）

A—轮轴；B—靠脚踩驱动的轮子；C—齿轮；D—由圆形梯级构成的鼓状体；E—由铁夹子固定的鼓状体；F—二级轮；G—球状物

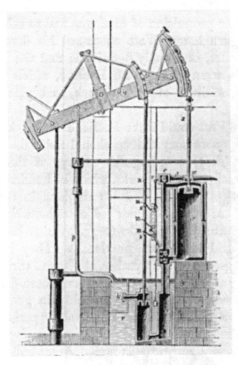

图2.2 瓦特的发动机（1774年）

然而，要真正推动工业革命，当时还需要另外一项技术革新：即利用基于煤炭加工得到的焦炭所进行的炼铁生产技术。直到那时，制造发动机及建造工厂所需的钢铁主要依赖于木炭炼铁技术。木炭则需要燃烧大量的木材烤制获得，而当时木材在英国越来越稀少。木炭同时可以提供热量和还原铁矿石所需的单质碳。而煤由于其中含有其他杂质而不适合用来直接炼铁。然而，经过一个多世纪的实验以后，人们终于找到了用煤炼铁的关键。以用木材转化为木炭的同样方式，煤炭首先通过烘烤去除挥发物，从而得到焦炭。到18世纪70年代为止，该技术已发展到了能在炼钢所有步骤中使用焦炭的水平。凭借这个技术突破，英国这个原先依赖于钢铁进口的国家在短短几年之内变成了世界上最高效的钢铁生产国。这样使得英国能在本土和海外广阔的殖民王国里建造很多大型的工厂。

"煤炭经济"导致了规模日益扩大的机械化工厂及其劳动力在城市里的集中，用来提高效率。工业革命的中心是曼彻斯特，它也是英国最主要的生产中心。这座城市也是第一条蒸汽机车公共铁路的发源地。这条名叫"曼彻斯特和利物浦铁路"的铁路在1830年开通（图2.3）。"铁路之父"叫做乔治·史蒂芬生（George Stephenson），他是第一个设想在陆地上大量运输煤炭的人。通过蒸汽机车，他的梦想变成现实；然而，这个发明（指蒸汽机车）迅速给社会带来的革命性作用远远超越了煤炭工业领域。

"曼彻斯特和利物浦铁路"取得了巨大成功——在其运营的起初几个月里，这条铁路运输了多达几十万名乘客。这一成功为铁路作为运输系统确立了一个光明的前景，同时也激发了各界对铁路工业的大量投资。虽然此后许多欧洲国家也对此纷纷仿效，但英国此时已经有了50年工业化的优势，并在19世纪的大部分时间里持续保持领先优势。1830年，英国生产了全世界80%的煤炭，1848年生产了全世界一半的钢铁，因此英国成为了当时世界上最强大的国家，而且这一地

图 2.3 史蒂芬生的"火箭号"机车（1829 年）

位一直保持到 19 世纪末。然而，在大西洋对岸的美国是一个比英国拥有更多煤炭和其他自然资源的国家，那时候美国也开始了日益迅速的工业化进程。

从历史角度看，煤炭可能是最重要的化石燃料。这是因为煤炭曾激发了工业革命，而正是由于工业革命的出现才造就了现代工业社会。到了 20 世纪，在发电领域中煤炭作为燃料逐渐被石油、天然气、核能补充和替代。煤炭曾一度被认为是一种过时的"肮脏燃料"，并被注定其发展前景非常有限。只是在 20 世纪 70 年代能源危机和对核能安全性日益关注的情况下，煤炭再一次成为了具有吸引力的发电燃料。由于煤炭资源地质分布分散，再加上煤炭是质量大、体积大的固体，在运输上花费颇巨，所以一般只在矿源周围加以利用。具有经济价值的可开采煤矿资源已被证实是巨大的，其数量级为万亿吨[2,21,22]，以现在的消耗速度可以足够维持 150 年以上。煤矿的储藏量/开采量比值（R/P）是天然气的两倍以上，约是石油的四倍。不像石油和天然气，我们的煤炭资源储量应当至少还可以维持到今后的两个世纪。目前世界煤炭储藏总量估计超过 6.2 万亿吨[23]。煤炭资源的 R/P 比值没有继续增大的主要原因是缺乏对新的可开采煤炭资源的勘探动力，因为目前已知的煤炭资源储量已经足够庞大了。在过去的 100 年里，煤的产量上升了 10 倍，但是煤价却没有明显上涨。相反，采矿技术的不断改进和提高将会继续增加煤矿的产量，并稳定维持较低的采煤及后处理费用。煤炭的运输效率也在不断提高，现在进口到欧洲和日本的煤炭价格中运费要占到 50%[24]。由于有了更多的储量，再加上产煤国之间的竞争，煤价将不会持续上涨，相反煤价应该会在可预见的将来稳定下来。就煤炭而言，其丰富的储量和有竞争力的价格都不是可以决定燃料未来走向的关键因素。当前的煤炭开采量只是随着其相对有限的需求量变化而波动。在工业化国家中，煤主要用于发电。这些国家对煤的需求量由煤相对于天然气的竞争力所决定，而这种煤与天然气之间的比较不仅仅要考虑经济因素，也要更多地考虑环境因素。从环境角度来看，我们不再依赖煤炭作为主要燃料的一个原因是与石油和天然气相比，煤炭属于污染最严重的化石燃料。它常常释放大量的污染物，尤其是二氧化硫、氮氧化物和粉尘。汞、铅、砷甚至铀这样的重金属很难从煤块中除去，因此最终它们会随着煤的燃烧一同释放进入大气[25]。有趣的是，这些关于污染的担忧由来已久，几乎是与煤的使用同时诞生的。1273 年颁布的一项因煤炭有害于健康而禁止在伦敦使用的法令是目前所知最早的试图减少烟雾污染的法令[26]。因此今天禁止或减少煤炭使用的各种做法其实并非革命性的或全新的概念。

通过针对于减轻燃煤对环境影响方面的不断努力，新的分离技术的开发和逐步实际应用能够在很大程度上减少或几乎消除二氧化硫、氮氧化物和粉尘的排放[27]。对煤炭中所含汞和其他杂质排放的限制方案已经在美国等一些国家中进行评估。最重要的是，煤炭的燃烧还会产生大量的 CO_2，而 CO_2 是一种有害的温室气体，在很大程度上是造成全球变暖的主要原因。目前已经考虑到的唯一一种减少 CO_2 排放的技术就是将其捕获后封存在地下矿藏生成层中或海底[27]。但是，目前还没有一个大型发电厂采用对所排放的 CO_2 进行吸收捕获的技术。在人们对全球气候变暖问题的日益关注之下，燃煤发电厂正面临着一个重大挑战。与石油和天然气相比，煤是在释放等单位能量过程中产生 CO_2 最多的燃料。为解决此问题，正在开发所谓的"清洁煤炭技术"，这类技术旨在提高热效能、减少排放及最终减轻燃煤火力发电厂对环境的影响[23,28]。在这些技术中，有几项已经被商业化了。

在"常压流化床燃烧"（AFBC）技术中，煤炭在流化床上通过常压燃烧产生热能，并以此来推动蒸汽涡轮机[28]。改进以后的技术叫做"加压流化床燃烧"（PFBC），它是经过加压燃煤产生气体直接推动燃气涡轮机，该技术目前还在开发之中。超临界和极度超临界发电厂在超临界条件下进行运行发电，其蒸汽压超过 22.1MPa，温度达到 566℃。在这种条件下水不再有汽液之分而成为均匀的流体。这种工厂已经被广泛建立，其运行工作气压一般达到 30MPa，燃热利用效率超过 45%。正在开发的技术还有：通过特殊合金的使用来增强设备的抗腐蚀能力（但费用较高），使运行工作气压可以增加到 35MPa，从而使得用于发电的燃热利用效率超过 50%。

"整体煤气化联合循环"（IGCC）是另一项刚兴起的技术，该技术虽然已经被商业化示范应用，但是还没有被大范围推广使用。该技术首先将煤炭气化产生合成气，合成气进一步在燃气涡轮机内高压燃烧，从而产生电能。从燃气涡轮机中排出的炙热气体可以用来产生蒸汽,再使用蒸汽涡轮机产生更多的电力。美国用此技术的目的是为了其燃热利用效率能在 2010 年达到 52%。但是即便以这种效率,IGCC 工厂每生产每千瓦时(kW·h)电量所产生的 CO_2 的量将是目前所采用的"组合循环天然气涡轮机"的 2 倍[24]。但是,这种 IGCC 技术具有其长期战略性的重要意义,因为这是第一个使用气化煤的发电技术。它可以作为一座通向更先进、基于煤气化且能实现零排放的发电技术的桥梁[29]。除了发电,这类工厂还可以用煤气化得到的合成气再生产氢气,CO_2 则可被收集埋入地下。另外,也可以用取得的合成气进行化工产品的生产,包括甲醇及其衍生物产品。中国正在进行这方面的大规模投资,建设许多套煤基甲醇装置,生产的产品不仅是甲醇,还有二甲醚、乙烯、丙烯及其他许多化学品[30]。

以能源的观点看,煤炭具有储量大、分布广的重大优势。其次,可以预见,今后煤炭的供应和价格波动要比石油和天然气要小。但是,煤炭也有它含碳量高的缺点,而今后煤炭应用发展的不确定因素关键是要看环保政策。煤炭的前途将依赖于减少甚至消除排放的净化煤技术的发展。无论如何,煤炭资源仍然只能维持不超过 2~3 个世纪——虽然要比石油和天然气长,但在人类历史年表上也只不过是很短的一段。

由于煤炭(以及所有其他含碳的化石燃料)在燃烧时都会生成二氧化碳,这是一种造成全球变暖的主要温室气体,因此近来遭受到环境团体和个人的激烈攻击,要求完全废弃煤炭作为燃料的用途。这种攻击是将我们的社会从其用碳成瘾的坏习惯中解救出来的一部分努力。我们并不认为这是一项现实的目标,至少在短期内不可能实现,因为人类还拥有巨大的、能维持数世纪之用的煤炭储量,所以很难完全避免使用煤炭来作为能源,以及生产合成烃类及其他产品的原料。更为可行并切合实际的解决方案看来应当是捕集二氧化碳并通过化学回收将其制成甲醇及衍生物产品,也就是我们所说的"甲醇经济"中的一个组成部分[12]。人们现在正认真思考捕集并封存二氧化碳的方案,并开始实施此类方案。但是与化学循环回收不同,封存 CO_2 只是一种暂时性的、且具有潜在危险性的处置 CO_2 的方案,而化学循环回收 CO_2 才是"甲醇经济"中最具重要性的一部分。

第3章
石油和天然气的历史

和煤炭相类似，石油和天然气主要通过数百万年前聚集于海底的有机物质（主要是浮游生物）降解得到。这个过程发生在一种富集着生物质（biomass）和其他沉淀物的被称为"烃源岩（source rock）"的物质里[31]。根据在无氧条件下烃源岩存在时被埋藏的深度不同，里面的生物质会形成石油或者天然气。如果烃源岩被掩埋在温度约为80℃的2500~5000m的地下，并经过足够长的时间，其中的有机物质就会分解，产生的主要成分为石油。可是，在超过5000m的深处通常不会形成石油；如果在该深处温度达到145℃左右，经过若干地质年代，所有的碳—碳键都会断开，主要形成天然气——甲烷。但是，人们可从中提取石油和天然气的地质矿藏形成层与最初形成它们的油母岩之间通常是有区别的。事实上，烃类一旦从烃源岩中释放就会上移形成浅层的油田和气田，它们被叫做"储集池（reservoir）"。有时候它们从地表渗出，比如南加利福尼亚州洛杉矶盆地的拉贝瑞阿（La Brea）的沥青坑。

值得注意的是，已经有人提出，某些天然气和石油也可能来自于非生物性的起源[32]。按这种说法，可能因某种含碳的源物质，例如撞击地球的小行星，在埋藏于地壳深处的千百万年中，在高温高压条件下与金属反应而生成甲烷。就如同碳化铝在遇到水的时候所发生的反应那样，此时甲烷便有可能生成。我们已经知道，海底的火山和裂隙会放出甲烷，这一事实也许可作为上述观点的佐证。

自远古时代以来，人类已在诸如中东和美洲地区已经开始使用天然从地表渗出的石油，并把石油用作医药、照明及其他用途。石油早在《旧约全书》就被提及。石油（petroleum）一词意味着"石头里的油"，出自希腊语的 petros（岩石）和 elaion（油）。但是，早先对石油的利用却是非常有限的，直到19世纪中期石油才开始被广泛使用并发挥这种自然资源的真正潜力。美国第一个商业油井是 1859 年埃德温·德雷克（Edwin Drake）上校（虚衔）在宾夕法尼亚州的蒂图斯维尔（Titusville）附近挖掘的（图 3.1），井深约 20m，日产石油 10 桶左右[33]。德雷克的单个油井的产量很快就超过了整个罗马尼亚的产量，而那时候罗马尼亚是欧洲石油的主要来源[34]。这个地区先前就被得知含有石油，石油会从当地的地表渗出并浮在当地小溪的表面，那条小溪因此也被叫做"油溪"。德雷克以前曾是一个铁路列车长。由于健康问题，他听从医生的建议从东海岸地区搬到更加僻静的乡村区域。"上校"的称谓并不是由于他具有军事功绩而得来的，而是他的雇主塞内卡石油公司（Seneca）给起的，因为公司认为给德雷克这么个

图 3.1　埃德温·德雷克（右）于 1866 年在他位于美国宾州蒂图斯维尔的一口油井前（照片来源：宾州历史和博物馆委员会，宾州蒂图斯维尔德雷克油井博物馆）

头衔可以使他容易得到当地居民的帮助。石油勘探活动是随着技术的发展和市场对润滑、照明产品的不断需求而出现的。如果没有对这些石油产品的不断提升的市场需求和加工技术，德雷克也就不会被派到宾夕法尼亚州的穷乡僻壤去寻找和发展石油业务。

19世纪中期，波士顿和纽约这些大城市对于照明的需求导致了燃气照明的发展。当时燃气照明并不使用天然气，而是依靠使用由城镇边缘煤气厂燃烧煤炭产生的煤气用作照明气体。在石油发现以前，在不能得到这类照明气体的地区，一般用鲸油作为清洁有效的照明产品来满足需要。开始是美国东北地区，之后是夏威夷和美国西北地区，那里的捕鲸舰队主要寻找富含高质量脂肪的抹香鲸。然而随着鲸鱼数量的持续减少和内战时期的供给问题以及不断上涨的价格，人们便需要寻找更廉价或更易得到的替代品。石油的出现预示了鲸油使用的结束，这些鲸油类灯油被更便宜、更易得、似乎用之不竭的煤油替代了。

煤油（kerosene）最初衍生于烟煤（bituminous coal），因此（在英语里）煤油（kerosene）也被称为"coal oil"（石油、煤油等中文名与其英文名中的俗称相同。——译者注）。虽然由于煤油的难闻气味使得它的发展推广速度相对较慢，但在19世纪50年代煤油已是一种具有竞争力的照明燃料了。不过煤油这个名字还是很快被使用在所有用矿物制成的照明燃料上。对于煤油的生产来讲，石油可以代替煤炭作为原料进行蒸馏加工，而且其产品的推广可以通过已有的销售网络进行，这样便促进了煤油作为燃料类商品的发展。从好的方面来看，这些化石燃料类照明源结束了对抹香鲸的大量捕杀，就像煤炭的使用保护了森林一样。

煤油是第一个找到巨大市场的石油产品。约翰·D·洛克菲勒爵士（John D. Rockefeller Sr.），一位俄亥俄州克里富兰市的企业家在巨大的工业帝国中创建了"标准石油公司"。随着后来使用汽油和内燃机的盛行，这个公司甚至垄断了美国所有石油的生产和销售[35,36]。然而在1911年，由于反托拉斯（即反垄断）规则的产生，标准石油公司分裂成为许多单独的公司（即著名的七姐妹），包括后来的雪弗龙（Chevron）、美国石油公司（Amoco）、大陆石油公司（Conoco）、索亥俄公司（Sohio），当然也包括了美孚（Mobil）和埃克森（Exxon）两大公司。后两大巨头最近在并没有引起广泛关注的情况下重新合并为埃克森美孚公司。"时代在改变"——这就是时代改变的结果。

石油的发现和使用与石油产量的增长是同步平行的，而且在很大程度上石油的使用促使了石油产量的增加。由于受到1876年尼古拉奥斯·奥托（Nikolaus Otto）发明汽油发动机的启发，并通过对高特利伯·戴姆勒（Gottlieb Dailmer）的引擎、卡尔·奔驰（Carl Benz）的点火装置及威廉·梅贝克（Wilhelm Maybach）的浮筒式汽化器的组合，首辆成功商业化的内燃机汽车于19世纪90年代诞生了（图3.2）。亨利·福特（Henry Ford）通过大规模生产的方式使汽车得以大量推广，并因此改变了20世纪人类的生活（图3.3）。

图3.2　戴姆勒和梅贝克在他们的第一辆四轮汽车上

图3.3　福特公司的第一条装配线

于是，石油便开始戏剧性地被用来大量生产汽车燃料。然而那时候从石油中提炼出的汽油是很少的，只有10%～20%。最初的生产工序是简单的蒸馏（分馏），也就是把烃类化合物以不同的沸点加以分离。之后由于需求量的一再上升，工业界开始使用裂化以及其他精馏技术从原油中生产一系列的液体燃料。这些液体燃料（最终）可以满足各种特殊应用的需求，诸如从巨大的柴油机到超音速飞机。高压热裂化的采用始于1913年，这项技术能够在高温高压下用较短的时间再现大自然将大分子裂解为小分子的过程。这项工艺在1936年通过引入催化裂化技术得以进一步改进。第二次世界大战中还出现了通过烷基化和异构化合成得到的高辛烷值汽油。没有这些工艺技术我们是不可能经济地将原油中等分子量和较高分子量的化合物转变成为大量更有价值的较轻组分（指汽油类）的。另外，通过这些工艺技术，石油化工的大门被打开了。因为裂化过程可以生产出不饱和烃，而与石油中的主要成分饱和链烷烃不同，不饱和烃可以很轻易地用于化学反应中并被转化为润滑油、清洁剂、溶剂、石蜡、药物、杀虫剂、除草剂、织布用的合成纤维、塑料及肥料等。如今，我们的生活缺少了这些是不可想象的。

自从德雷克在宾夕法尼亚掀起首次"黑色黄金（black gold）"热潮，全世界范围内就没有停止过对新油田的寻找。最密集的勘探活动发生在美国，当时大量的石油被发现于美国的俄克拉荷马、加利福尼亚、得克萨斯和（最近刚发现的）阿拉斯加等多个州。在欧亚大陆，最早的油田开采是在当时俄帝国（现在的阿塞拜疆）的黑海附近和靠近巴库的里海，在那里瑞典籍的诺贝尔家族（因该家族的一位成员在19世纪末所设立的诺贝尔奖基金而著名）曾多年拥有土地租用权并用于石油的生产。最近几十年，在西伯利亚的严寒地区也发现并开发了大量的石油资源。自19世纪下半叶以来，由英荷壳牌公司发起的勘探活动在苏门答腊、爪哇、婆罗洲又陆续发现了很多石油资源[36]。

在1910年左右，中东地区也开始勘探石油并从而发现了世界上最大的一些油田。科威特的布尔干油田（al-Burgan）于1938年被发现，它是世界上第二大油田；10年后又在沙特发现了世界第一大的加瓦尔油田（al-Ghawar），该油田蕴涵着世界7%的石油资源（根据2000年评估数据）。其他主要的产油地区包括南美、东南亚、非洲和近年开发的（大西洋）北海地区[36]。

3.1 石油的开采和勘探

石油的开采始于油井的挖掘。埃德温·德雷克的第一个油井只有大约20m深。1901年，旋转钻井技术首次成功地应用在得克萨斯州博蒙特的Spindeltop油井上。20世纪30年代，油井的深度可以超过3000m，而现在好几处烃资源丰富地区的矿井已经可以超过5000m了。许多人在现代钻井技术的发展过程中发挥了巨大的作用。尤其是H. R. 休斯对旋转钻井刀具所作的重要改进，使之能应用于几乎任何种类的岩石。1933 年，定向钻井技术首次由 W. M. 科克应用于加利福尼亚州[37]。定向技术和后来开发的横向采掘技术现在已取得了广泛的应用。一个垂直的钻孔可以在一定的深度处发散成多个定向和横向的钻井，可以从多个不同地层中抽油，从而大大提高采收率。在同样的矿源，使用横向钻井技术的油井要比传统纵向挖掘的油井产量多好几倍。最长的横向油井现在大约有 4000m。

早先的石油钻探全部发生在陆地，但是随着陆地上石油资源的日益稀少再加上开采技术的不断进步，石油钻探不断向海洋发展。1897 年，第一个通过码头与陆地连接的海上油井诞生于美国加利福尼亚州圣巴巴拉市东南方的夏日地（Summerland）。但直到四十年后的 1937 年，第一个不与陆地连接的海上油井才由纯粹（Pure）石油公司和科克的超级（Superior）石油公司成功地在路易斯安那州湾岸的浅滩上打成。同样在湾岸地区，第一个海上深水油井出现于 1947 年。今天，一些海上平台已在 2000m 或更深的水下工作了。因为石油资源一般总是不平均分布且远离石油消费的主要中心地区，所以原油需要长距离运输，有时候距离达到数千公里。陆地上石油长距离运输主要通过管道和铁路油罐车。管道的造价和维护费用是很昂贵的，中间任何一处的破裂都会发生严重石油溢漏。不过，这些仍然是陆地上能效最高的运输石油的方法。

当石油必须要从海上运输时，例如从波斯湾到北美或欧洲，就要用到特种油轮。从 20 世纪 70 年代开始，由于运输石油数量的日益增长，从而产生了世界上最为巨大的轮船——超级油轮，它们甚至比航空母舰还要大（图 3.4）。但是，如果这种超级油轮在事故中受损，就会产生非常严重的环境问题。已经发生的一些石油泄漏事件造成了极坏的影响，例如 1978 年的 Amoco Cadiz 油轮在法国海岸线附近船体破裂，直接导致 1600 万桶原油流入大海。这不仅破坏了生态系统，

图 3.4　一艘超大型油轮

也使赢利颇巨的法国旅游业损失惨重。1989 年 Exxon Valdez 油轮在阿拉斯加海岸也泄漏了将近 270000 桶石油。通过新技术以及诸如双层船壳或者深水"超级港口"等基本设施的使用，尽管海上石油运输量一直在上升，但是石油泄漏每年却在减少。

20 世纪石油越来越多地被应用于各种领域。汽车和柴油机车的发展使得石油取代煤炭成为了主要的运输用燃料。由于使用方便，石油在家庭取暖方面的使用也超过了煤炭。20 世纪中期，石油已经是世界上最主要的能源资源；但在 20 世纪 70 年代的两次石油危机以及随后人们对石油供应的可靠性表示担忧之后，另一种化石燃料就开始获得了广泛使用，它就是天然气。

3.2　天然气

天然气曾经被认为是一种没有用处的石油生产中的副产物，最多就是被用来燃烧，甚至在油井边直接当作废气烧掉了。这种现象至今还发生在中东或是全球某些海上石油平台，原因是那里附近并没有天然气市场，而将它们运输到远方市场又是不经济的。大多数商业上出售的天然气一般产自那些只生产天然气的专门矿井。在了解天然气的特性之前，这种气体对于人类还是很神秘的。有时候闪电能点燃从地壳层渗出的天然气；随着天然气不断从地底下冒出，这就造成了不断燃烧的来自于地底下的大火。这些火焰会使当地的居民非常困惑，从而成为神话与迷信的根源。这些火焰中最著名的传说当属公元前 1000 年的古希腊 Parnassus 山。根据传说中描述，一位牧羊人偶遇一处看似"燃烧着的泉水"，熊熊火焰从山岩的裂缝里冲出。希腊人相信这就是神圣的起源地，于是就在这火焰处的上方建造了神庙。有一位后来被人们称为特斐尔神使的女祭司居住在这座神庙里，经常讲出一些她宣称启示于火焰中的警世预言。

这样的火焰成为印度、希腊、波斯宗教中的重要环节。因为火的起源尚未能解释，所以它们常常被当作神或者是超越自然的现象。直到大约公元前 500 年，中国人才发现使用天然气取火的潜力和优势。在首先找到有天然气渗出的地表后，中国人用竹子制成简单的管道来运送气体，这些气体将被用来烧煮海水，从而分离得到食盐和饮用水。

在美国，天然气喷发现象被观测到的记录可以追溯到 1626 年，法国探险家们发现土著居民点燃伊利湖附近地面溢出的气体。实际上，美国天然气工业也是由此地开展的。其实，1859 年德雷克上校所挖掘的第一口矿井不仅产出了石油，而且也冒出了天然气。在那个时候，他们建造了一根直径为 5cm（2in）的管道，通过 9km 的管长直达宾夕法尼亚州蒂图斯维尔的小镇。这条管道的构建证明了天然气是能够被安全运输,而且也可以相对较容易地把这种地下资源用于实际目的的。基于这点,大多数人认为这口矿井不但是美国石油工业的起点,而且也是美国天然气工业的起点。

事实上,第一个专门用来采挖天然气的矿井是由威廉·哈特在纽约的弗雷德尼亚(Fredonia)建立的。在注意到小溪水面涌出的气泡后,哈特便挖了一个大约10m深的井用来获取更大气流量的天然气。哈特因此也被很多人认为是美国的"天然气之父"。通过不断扩展哈特的工作,弗雷德尼亚(Fredonia)气体照明公司最终成立,它是美国第一家天然气公司。

1885年罗伯特·本生发明了一种后来被称为本生灯的装置(图3.5)。本生灯能以合适的比例将天然气和空气混合起来,由此点燃后形成的蓝色火焰可以很安全地用于烹饪和取暖。本生灯的发明给天然气的使用提供了新的机会。后来发明的温度调节装置可用来控制和检测火焰的温度,更好地发挥天然气的加热潜力。

(a) (b)

图 3.5 本生灯

由于没有十分有效的运输方法,第二次世界大战以前所发现的天然气一般都被直接释放进入大气;当同时发现天然气和煤炭或者石油在一起的时候,天然气往往也是被一烧了之;要么就仍然将它留在地下。第二次世界大战之后,管道运输逐渐发展,最早最长的天然气运输管道之一是在1891年建造的,达到200km。

它可以从印第安纳中部地区的气矿井中将天然气一直运送到急速发展中的芝加哥都市地区。早期的管道比较粗陋，并不依靠人造压力，完全通过地下的自然压力来运送气体。这种方法的运输效率不高。一直到20世纪20年代人们才开始花大力气建造一种适合天然气运输的管道基础设施。但是，直到第二次世界大战以后，随着焊接技术、管道技术、冶金技术的发展，才真正制造出性能可靠的天然气运输管道。战后管道技术的迅猛发展持续到了20世纪60年代，那时美国以及全世界建造的管道长度已经达到了数千千米。

一旦运输变得可行和安全，许多与天然气相关的实际应用便得到了发展。这包括房屋取暖和例如热水器、烹饪厨灶烤箱系列、衣物烘干机等家用设备。由于工业化国家的居民们在将近一个世纪的时间中已经习惯了使用从煤炭衍变而来的城市煤气，上述天然气应用的推广则显得相对简单。

工业上也开始广泛使用天然气，包括在制造类和加工类工厂中。天然气也逐渐被用来发电。天然气运输基础设施的构建使天然气更易获得，从而天然气日益成为了一种最为流行和有效的能源形式。

用管道大量运送天然气相对来说很容易，但这种方式并不适合远涉重洋把天然气从产地运到超远距离的消费市场，比如从沙特阿拉伯的矿井一直把气体运送到北美或是欧洲。因为天然气是气态的，相对于液体和固体燃料都要占据更大的空间。按照阿伏伽德罗定律，在标准温度和压力条件（0℃，1atm）下，16g甲烷占据的体积约为22L。对于跨海洲际运输则需要将天然气液化为液化天然气（LNG）。这是一个能耗巨大的过程，需要特殊的装置和昂贵的容器以保持在高度密闭的双层容器中的天然气能保持它的沸点（−162℃）或低于该温度。液化气也有危险性。1944年，位于俄亥俄州克利夫兰的液化气储备厂的爆炸事故导致128人丧生，数百人受伤。此后这类事故仍然频繁发生，例如2003年，一个阿尔及利亚的天然气液化厂发生爆炸，死了27人[38]。Sandia国家实验室的研究表明，液化气油船发生的爆炸能使以泄漏处为中心，半径500m内的区域遭受重大损失和伤亡，甚至距泄漏点2000m处的人员都会遭受二度烧伤[39]。如果LNG油轮在大型港口城市（如波士顿、洛杉矶、上海、东京等）发生爆炸，其影响将是灾难性的，也许会就此终结LNG的海上运输事业。因此将天然气转化为像甲醇这样的便于安全运输的液体是一种很有吸引力的替代方法。除了事故以外，液化气设施和容器容易成为恐怖分子的攻击目标。基于这个原因，液化气运输终点站一般不靠近主要城市和人口密集区，而是建在离岸的近海区。

应当强调指出的是，生产天然气的气井往往也会放出大量的二氧化碳。例如在挪威附近的某些北海油气田生产的天然气伴生有10%的CO_2，而某些阿尔及利亚气井CO_2含量甚至能达到40%[40]。尽管现今大部分这样的伴生气都是向大气放空的，出于环保方面的考虑，已有人提出要强制捕集这部分气体并进行地下储存，即所谓封存。封存是目前唯一被认为具有可行性的技术方案，且已经在某些地区得到使用。天然气因为其清洁燃烧和方便使用的特性被广泛使用。它可以用来取暖并可替代以往污染较大的煤炭用于火力发电。从环境的角度出发，天然气也具有优势，因为它产生单位热量所释放的二氧化碳温室气体量与所有其他化石燃料相比是最少的。

　　如同19世纪是煤炭的黄金时代一样，20世纪则见证了石油和天然气成为燃料中的新的"王者"。石油化学工业的进步提供给我们现代生活中的各种必需品，而且石化工业对我们现在享受的高品质生活确实做出了无与伦比的贡献。当我们进入21世纪，天然气和石油的使用仍在继续。有一点毋庸置疑——那就是，这些不可再生资源是有限的。随着它们使用量的增加和地球人口的增长，以及人们生活水准的提高，它们会变得越来越稀少及昂贵。我们只能去探索新的资源和技术用来代替这些化石燃料，比如采用"甲醇经济"的概念对 CO_2 进行化学回收等[12]。在还有较多化石燃料的今天，我们就必须行动起来，逐渐完成这个不可避免的转化，以防止资源断绝和危机的发生。

第4章
化石燃料资源和利用

当今社会巨大的能源需求仍然主要是通过使用化石燃料来得到满足的。2000年，美国85%的能源消耗来自于化石燃料；而在同一年，全世界86%的能源消耗也来自于化石燃料。我们所使用的化石燃料属于不同形式的碳氢化合物（或称烃类），包括煤、石油和天然气，而它们的不同之处在于各自所含碳氢元素的比例。为了使这些化石燃料释放出能量用来供电厂发电、家庭取暖、汽车行驶、飞机飞行，它们必须被燃烧，而在此过程中，燃料中所含的碳生成了二氧化碳，氢则生成了水。因此，它们是不可再生的，即在人类的时间量程内它们不会再自然生成，而且它们在地球上的储备是有限的。现在不断有人提出的问题是：这类资源究竟还有多少？绝大多数的评估认为全球的化石燃料资源能够维持不超过200～300年的时间，而其中容易开采的石油和天然气可持续的时间不超过一个世纪。然而，这些预测都仅仅基于我们目前状态的知识水平。由于化石燃料资源的发现和消耗速度都是动态变化的，我们很难对这些资源做出任何确切的评估。事实上，随着大量新的石油和天然气储备被发现以及更为先进的技术被开发出来，这类评估多年来已屡屡发生变化。当然，将来再次发现新的石油储藏的可能性将变得越来越小。同时，受人口增长和社会日益技术化的驱动，消耗量和未来需求量则增长迅速。因为我们能够轻易开采的资源是有限的，所以我们必将面对这一重大问题。

为了能更好理解一类给定的能源的可供应量是如何确定的，我们先要给储备（reserve）和资源（resource）两个概念下个定义。在地质学术语里，对于化石燃料来说，"储备"是指通过当前已有技术能够经济开采获得的材料的数量，而"资源"则指不考虑资源开采的代价和所需技术因素的前提下，所有已知或者已被评估存在的材料的总量。包含在这些类型中的能源的数量是随着时间而发生改变的。新的能源矿藏的继续勘探和发现，或者对技术的不断改进，都能使能源从"资源"类型转变为"储备"类型。随着市场环境条件的改变，对于赢利性的评价标准也会改变。这点充分体现在石油价格的增长上。那些原先因为高昂的开发成本而被认为"无开采价值"的油田，现在由于油价的上涨变得可以赢利性开采了，这些油田也因此成为"储备"一类。油价的大幅波动是不可避免的，但不会对长期趋势产生影响。

因此资源耗尽实际上是难以接受的开发成本所造成的问题，而不一定是物质的真正耗竭。需要重点指出的是，所报道的各种储备数据会根据不同的国家及其当时的政治和经济形势而产生很大的偏差。最好的例子是20世纪80年代后期关于几个OPEC成员国石油储备骤然大量增加的报道[41]。这似乎是一夜之间发生的，而并非因为当时有任何石油资源的重大发现。在这以前，OPEC曾根据各国每年石油的生产能力来分配市场销售份额。但在20世纪80年代，OPEC改变了这一规则，将每个国家的石油储备也加入了市场份额分配的条件之中。这样一方面使得大多数国家立刻增加各自的石油评估储备来获得更多的市场份额，另一方面，前苏联总是公布他们对自己石油储备夸大的乐观评估，可能是为了误导他们的冷战对手。主要的石油公司也总是试图夸大他们的石油储备以增加其股票的市值。因此大量的重新评估工作还在不断常规化地进行着。

煤炭和天然气（由于不同的易得程度和用途）具有不同的市场，而它们的储备也因此有所不同。

4.1　煤炭

煤炭是历史上第一种为了实现人类社会的工业化而被大规模使用的化石燃料，它现在还占全世界主要能源的26%（图4.1）[42]。在大多数工业化国家的家用能源方面，石油、天然气或电力已经替代了煤炭。不过在工业化世界的发电行业中，煤炭还仍然作为主要的能源物质并发挥着重要作用。在过去的几十年间，煤炭在世界市场上所占的份额基本保持不变。在世界范围内，几乎40%的电力是利用全球煤炭产量的60%所发生的。许多国家高度依赖于煤炭发电，包括波兰（93%）、南非（93%）、澳大利亚（80%）、中国（78%）和印度（69%）[43]。在煤炭资源丰富的美国，92%的国内煤炭产量被用来在大型火力发电厂发电，从而满足全国50%的电力需求[44]。煤炭燃烧产生的热量用来烧水产生水蒸气，后者在高温高压下驱动与发电机相连接的涡轮机（即现代的蒸汽发动机）。煤炭除了加热水产生蒸汽用以发电，它还主要被用作许多工业领域，特别是钢铁和水泥的制造。

在2006年，世界上的煤炭产量（无烟煤和褐煤）总计达62亿吨。其中，中

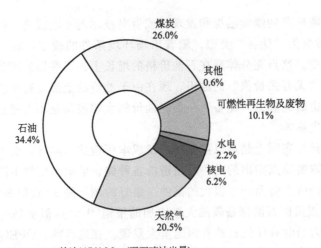

图 4.1　2006 年全球主要能源供应总量（TPES）

国是主要的生产国，生产了将近 25 亿吨，占全球总量的 38％，超过美国、欧盟和日本的产量总和。中国的煤炭消耗量也居于美国之前，更遥遥领先于印度、澳大利亚和其他国家（图 4.2）[2]。未来煤炭产量将伴随着中国、印度及亚洲其他

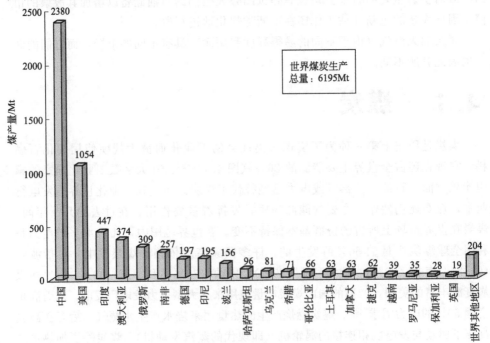

图 4.2　2006 年全球煤产量（数据来源：BP 2007 年世界能源统计综述[2]）

发展中国家的电力需求量的增加而大幅度增长。仅在中国，7～10天就会有一家新的大型燃煤电厂投入运行，大大增加了全球CO_2的排放[45]。

一个重要的事实是，我们现在煤炭的储备量仍很大，地域分布也相当广。目前可经济性开采的煤炭储备接近1万亿吨，按照目前的消耗速度可以使用150年以上。最大的煤炭储备集中在美国（占全球已证实储备的27%）、俄罗斯（17%）、中国（13%）、印度（10%）以及澳大利亚（9%）（图4.3）[2]。世界上煤炭的总量如此巨大，以至于一些只占全球煤炭储备总量很小百分比的国家也能作为主要的煤炭出口国。这些国家包括南非、印度尼西亚、加拿大和波兰。全球煤炭资源估计超过6.2万亿吨[25]，但是从已知的足够庞大的煤炭储备规模来看，人类不太会再进行大规模勘探去寻找新的可开发的煤炭储备。无论如何，煤炭总是人类最丰富的化石燃料来源。

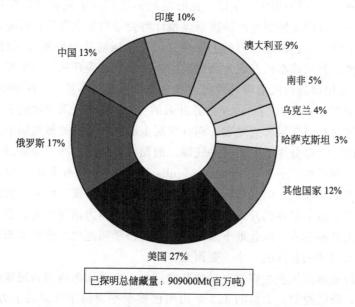

图4.3 已探明煤炭储备分布图（数据来源：BP 2007年世界能源统计综述[2]）

煤炭质量和煤炭矿床的地质特征与一个国家的实际储备规模同等重要。不同地区煤炭质量的差异相当大。煤炭的分类主要取决于它的热值以及碳和水的含量，而这些特征本身依赖于该矿床的成熟程度。起初，泥煤（煤炭的前身）会转化为褐煤，这种类型的煤有机成熟度较低。经过几百万年高温、高压的锤炼，褐煤逐步转变为次烟煤。褐煤和次烟煤都属于含有高水分的低级煤炭，它们较软、易碎、热值较低。次烟煤每千克只含有 4200～5700kcal 的热量，褐煤则更少。它们可以在低温下点燃，并产生带有浓烟的火焰。随着成熟化过程（maturation process）的继续，这些煤变得更硬，成为烟煤或者硬煤。在适当的情况下，随着成熟化过程的进一步发展，可以形成更稀有、更珍贵的无烟煤，后者在我们已知的储备中只占了不到 1% 的量。无烟煤（anthracite）和烟煤（bituminous）是最高等级的煤炭，含水分量最低。它们需要在高温下才能燃烧，释放少量甚至不会释放烟与灰，含有更高的热值（每千克超过 5700kcal），适合用于工业上焦炭的生产。

由于环保法规越来越严格，除了热值以及水分含量外，其他污染性杂质比如硫等在煤炭中的含量也显得更为重要。以美国为例，为了符合新的环保法，许多电力生产厂商都改用从落基山（Rocky Mountain）上挖出的低等级次烟煤（它的硫含量要比美国东部各州产的高等级烟煤少达 85%）来减少能引起酸雨的二氧化硫的排放[46]。因为用于产生每千瓦时电量的次烟煤消耗量（以吨计算）要高于烟煤，所以改用美国西部产的次烟煤预计将会增加生产每千瓦时电量所需煤炭的吨数。尽管有上述缺点（再加上煤炭必须长途运输这个事实），但由于西部煤矿的产量高、开采成本低（因为西部矿场采用的是地表开采，而东部煤矿采用地下开采），改用西部的次烟煤进行火力发电就变得较为容易了。在 2000 年地表开采占美国全年开采的 65%，占全世界开采的 1/3。地表开采相比地下开采也更安全。然而这只有当煤层靠近地表，而且煤层上面需要拿掉的覆盖层不多时，才是经济可行的。大部分煤炭（尤其是硬煤）的储备都很深，所以必须进行地下开采。被称做"房子加柱子"（"room-and-pillar"）和"长壁开采法"的高度机械化的方法正逐渐被使用，但这却比地表采矿的生产能力要低。世界上大约 2/3 的煤炭仍然来自于地下矿井的开采。采煤是一种危险、体力消耗大的职业，该职业还对健康带来各种危害。因此地下采煤的社会经济学问题也是决定未来到底有多少煤炭资源可以开采获得的一个主要因素。

公众正越来越多地关注煤炭开采的环境后果。在美国的西弗吉尼亚州和东南部的其他州，阿帕拉契亚山脉的 450 个山头已被削平以便于开采其下方的煤层。这种削平山头进行开采的做法具有相当严重的环境破坏性后果。山头削平后无法再承载的岩土通常会掉落到邻近的山谷里，改变地貌并污染溪流。煤炭加工过程中生成的淤积煤泥会被大型的土质拦坝阻挡在其后[47]。1972 年一座这样的拦坝在水牛溪（Buffalo Creek）上崩溃，造成 125 人死亡和 500 多所房屋被冲毁。另一次淤泥满溢事件发生在肯塔基州的马丁县，造成 27000 多人的饮用水源被污染，且杀死了影响所及的多条河流中所有的水生物。

煤炭一旦从矿井里被开采出来，就必须被运输到发电站或者其他需要用的地方。因为它属于大体积商品,所以运输成本很高。因而世界煤炭工业的生产量主要用于当地的煤炭使用;超过60%的用于发电的煤炭都在矿区50km范围内被使用。煤炭广泛的地理分布使得这种现状成为可能。目前只有大约17%的煤炭在国际上交易[48]。

在20世纪的最后几十年里,随着煤炭开采和运输效率的大大改进,煤炭的价格持续下降。从OECD国家进口的、用于发电厂的煤炭的公开价格从1980年的每吨50美元跌到了2000年的每吨35美元以下[22,49]。但自2003年后,煤炭价格与其他燃料和大宗商品一样开始上涨,到2007年时达到了每吨80美元的水平[50]。与此同时,从环境角度考虑,越来越"清洁"的煤对于终端用户会变得很昂贵。然而,由于巨大的储备量以及许多国家的开采,煤炭市场仍将具有很强的竞争力。

虽然煤炭一般被认为是一种在很长一段时间内的主要化石燃料资源,但使用煤炭比用石油或者天然气存在更大的环境挑战。它燃烧后会产生程度相当严重的污染物,比如二氧化硫、氧化氮和其他微粒,还有重金属包括砷、汞、铅甚至铀[51]。这就是为什么煤炭在人们心目中有"肮脏"、"污染性燃料"形象的原因,它会使人想起黑烟从烟囱堆里上升的情形。然而今天这个观点在慢慢地改变,凭借适当的方法和后处理,煤炭能被很清洁且有效地燃烧。最初,减轻燃煤排放问题是根据"处理污染的方法是稀释"这句老话,通过建立高烟囱堆以提高烟尘扩散来完成的,这是过去的一种观点。目前,可以把排放减少到可接受程度,或者几乎消除排放[特别是引起烟、灰尘的小颗粒,以及二氧化硫、氮化物(包括酸雨)]的技术,已经在发达国家具备商业化能力并已逐步应用,从而促使了污染程度的快速降低[29]。

暂且不考虑消除各种污染物的问题,在煤炭燃烧所引起的问题中,我们最关心的是CO_2的生成,因为它是一种潜在的温室气体。正如前面讨论过的那样,任何像煤这样的含碳物质在燃烧时都会产生CO_2。与石油、天然气相比,每产生一单位能量,煤炭产生的CO_2最多。为了减少CO_2的排放,我们正在努力改进燃煤发电站的热效率。为了处理CO_2的排放,各种用以收集和隔离来自燃煤发电站或者来自于位于地下空穴、各种地质层组或海洋中的其他工业源的CO_2的方法也正在开发之中。稍后在第10~14章中,会讨论到除了用隔离CO_2的方法(在我们看来这只是一种临时性的解决方案),把CO_2转变为甲醇的化学循环方法也是一个新的、可行的、可长期使用且能实现煤炭清洁化利用的解决办法。这也为用于燃料及化工原材料的可循环碳资源提供了经济价值。遵守环境和卫生法规是必要的,但也不应该大幅提高煤炭发电的成本,以至于使得燃煤发电由于价格过高而最终失去市场竞争力。

4.2 石油

由石油提炼出来的汽油和柴油是我们最熟悉、日常生活中使用最广泛、且已成为必需品的化石燃料。石油产品在第二次世界大战后迅速增长，使它成为过去半个世纪的主要能源（图4.4）。在2006年生产了差不多300亿桶石油，相当于全球主要能源供应总量（TPES）的34%[42]，超过煤炭（占26%）和天然气（占21%）。在全球能源供应中可再生能源占了约13%，剩余6%由核能提供（图4.1）。现在全球每天要使用8500万桶石油（约1200万吨），相当于50多艘长度为3个足球场大小的超大型油轮的运量。如今的世界在2天内的石油消耗量相当于1900年全年的石油产量。单单美国就消耗了约全球石油消耗总量的25%。1973~2006年，原油的消耗量从5800万桶飙升到8500万桶。不过，在20世纪70年代的二次石油危机后，石油在TPES中的份额已经从45%减少到了34%，减少的份额主要被天然气和核能所取代。尽管如此，我们仍极度依赖石油，因为现代社会的经济繁荣与充裕的、相对低价的石油两者之间是密不可分的。石油和来源于它的所有产品对我们的日常生活也是至关重要的。全球大约有6%的石油被用作基本原材料，用于各类化学品、染料、医药、人造橡胶、油漆以及其他许多产品的制造。这些石化产品已经成为我们现代生活中的必需品，以至于我们不能感觉到我们对它们的日益依赖。石化产品的消费仍在大幅度增长

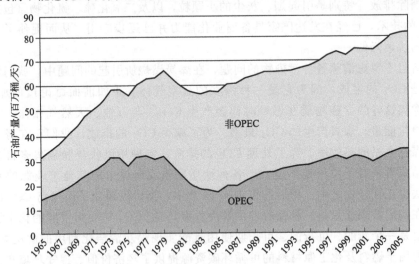

图4.4　各年份的石油产量［图中OPEC代表石油输出国组织（数据来源：BP 2007年世界能源统计综述[2]）］

着。然而大量石油主要用于取暖、发电、工业用途,并主要用作交通燃料(图4.5)。大约占美国石油消费的 2/3[52] 和占全球几乎 60%[42] 的交通运输业,是现代经济社会中迄今为止最依赖于石油的一部分。汽车、卡车、公共汽车、机车、农用机械、船舶都依靠汽油或者柴油。如果没有精炼的航空燃料,空运将是不可想象的。用于运输的能源有 95% 来自石油。石油在交通运输业中的消耗量快速增加,而它在短期内也没有可立即实用化的替代品。在发达国家,交通运输部门实际上占了所有石油需求的新增加量,而发电和家用以及工业类用途正逐渐转向使用天然气,在一定程度上也转向使用替代性燃料。目前全球石油需求量以每年大约增加 2% 的速度上升。从 2006 年的每天 8500 万桶来看,预计 2015 年世界石油需求量将达到每天 9800 万桶,而 2030 年则将达到 11600 万桶[48]。由于经济的下行周期,原油需求出现短暂的波动甚至下降都是可能的,但石油消耗的长期增长趋势显然是不难预测的。如果这些预测是正确的,大约需要 8000 亿桶石油来满足 2006~2030 年间日益增长的需求。从 19 世纪 50 年代开始采油到现在生产的石油累积总额大约是 10000 亿桶石油,这一数字真是太惊人了。必须被正视的问题是:我们会有足够的资源来满足我们的需求吗?我们从哪里获得所有这些石油?

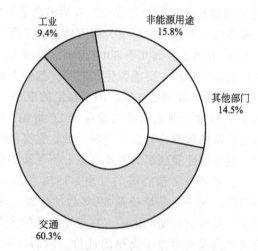

图 4.5　世界石油消耗按不同领域的划分(数据来源:2007 年世界能源重要统计数据)

虽然我们还有充足的石油储备来满足至少未来几十年的需求,然而这些储备中的大部分都来自世界上政治不稳定的地区如中东和南美,以及北极地区的海洋等自然条件恶劣的地方。世界上存在的石油储量及其可被经济性开采的比例都是不确定的。许多估计者都做了不同的预测,比如世界能源理事会、IHS 能源公司、石油输出国组织（OPEC）、美国地质勘察局（USGS）及油气杂志（OGJ）等，他们报道目前已证实的石油储备在10000亿～12000亿桶之间[22]，而全部可开采的资源量可能达到上述数字的两倍，但其开采将越来越困难，耗费的成本也将越来越高。目前每年的石油产量约为300亿桶，因此2006年已探明石油储备量只够供应30～40年，而实际上石油储备的评估值几乎没有下降，大多数评估反而在增加。事实上，在过去40年被证实的石油储备几乎翻了一倍，而不是正在被耗尽。这是因为石油储备具有动态变化的特点，它取决于很多因素。一方面，新的油田的发现，增加了已知石油的储备；另一方面，由于石油价格的上涨，让原来被认为无开采经济价值的油田又变得可以开采，从而增加了已知石油储备的数额。技术的进步可以增加经济上可开采的石油量。从另一方面来说，世界人口已经接近70亿并且还在继续增长（预计在21世纪中期可以达到80亿～110亿）。随着人口的增长和世界各地生活水平的提高，对石油的需求将继续扩大。石油不会突然间耗尽，但当石油的需求大于供应时，市场力将不可避免地驱使价格上涨，从而造成真正的持续性石油危机。

近代历史上，在石油生产国和消费国中存在着三个不同的石油供给和需求时期。1960～1973年是经济快速增长和石油需求开始萌发的时期。发达国家的财富增长了90％，能源需求增长达到类似的数目，石油需求增长达到120％。交通运输部门的兴起让石油作为一种热门燃料很大幅度地侵占了煤炭市场。全球石油的每天需求量从大约2000万桶上升到几乎6000万桶。许多发达国家很少生产主要能源，或者呈现静止或者下降的主要能源生产态势。他们大量依靠从石油输出国组织（OPEC）进口的石油，特别是依靠政治不稳定的中东。

1973年的石油危机，再加上继之而来的发生于20世纪70年代后期的两伊战争，造成了世界石油价格的震荡，其影响是深远的。它突然终止了世界经济快速增长和繁荣的时期。世界因此受到了高通货膨胀、不平衡的贸易和支付、高失业率、萧条的商业气氛、低消费者信心等的打击。1973年的石油危机产生了一个石油市场发展的新时期，这个时期维持到80年代的中期。这个时期的显著特征是石油进口国纷纷努力减少对石油的依赖。在这个时期的大部分时间内，石油进口国采取这些努力的动力是当时过于高昂的油价。然而在80年代前期，随着石油供应量的增加和从70年代中期开始的节约用油方法的成功，石油的市场价格开始下跌。在阿拉斯加和北海的新油田也开始生产了，削弱了OPEC组织的垄断局面。核能、天然气和煤炭代替了相当多的石油用于发电，而且能源节约措施也被广泛地引进采用。

在80年代中期，石油进口的衰落期终止了。直到90年代末期，由于很长一段时间的低价以及经济的稳步增长，石油消费再次复苏，石油进口国的净进口量高于 70 年代早期很多。大量的额外进口继续来自中东、俄罗斯和其他生产国。

近几年石油价格直线上涨，在 2008 年夏季达到了超过 140 美元/桶的历史最高位，然后又出现了短暂的快速下落，到 2009 年的上半年跌到了 30～70 美元/桶的价格范围。这样的价格波动虽然有些过度，却并非完全出乎意料。尽管由于经济的下滑和其他社会经济因素的影响，油价可能经历短暂的大幅下降，但随着资源日益减少，需求日益增加，未来油价继续上升的趋势似乎是不可避免的。以下几个因素造成了这个价格上涨的趋势：以中国和印度为首的经济高速发展的亚洲国家以及世界各地其他发展中国家的石油消耗的增长，石油生产国富余生产能力的减少，还有在中东、委内瑞拉、尼日利亚等国家影响石油产量的政治不稳定性等。这些因素还将继续极大地影响未来的石油市场。

与所有的市场一样，石油价格最终是由供求机制调节的。我们可以人为控制增加或减少石油产量供应来影响价格（OPEC 经常这么做）。这样做会严重影响石油进口国的经济，但这个过程也是可逆的。它会加快石油进口国寻找其他能源代替石油的努力，而这对许多石油生产国是不利的。不论怎样，由于石油资源的枯竭导致了世界石油产量的不可避免的、长期且不可逆的下降，这会对现代社会产生长期的破坏性影响，所以我们自己必须开展计划、并做好准备，去力求找到解决的方法。

近阶段，中东地区由于蕴藏了全世界最多的石油而成为了"石油战争"的中心。石油储备排名前五位的国家，即沙特阿拉伯、伊拉克、伊朗、阿拉伯联合酋长国和科威特都在中东地区。俄罗斯、委内瑞拉以及尼日利亚和利比亚等非洲国家也都拥有可观的石油储备。虽然中东含有 62% 的世界石油储备[2]，但其产量目前仅占全球的 1/3。在中东提取石油价格低廉，生产费用是世界上最低的（每桶少于 2 美元）。相比之下，在北海生产一桶石油要超过 10 美元[49]。沙特阿拉伯拥有世界上最大的石油储备量，同时也是最大的石油生产国。沙特阿拉伯的探明石油储备达到大约 2600 亿桶，即使在不再发现新的石油资源的情况下，也能以每天 800 万桶的速度连续不停地生产 75 年。世界上已发现的最大油田是在沙特阿拉伯的加沃油田（占有全世界 7% 的石油储备量）。沙特阿拉伯拥有将近 80 个油田，但现在只有少数已被开采。加沃及其他 5 个巨型油田（都集中在沙特王国东部的狭小地带里）的原油产量差不多占据了沙特全国产量的 90%[53]。所有沙特阿拉伯油田的储备合起来差不多占到全球石油储备的 1/4。这些油田不仅规模庞大，而且产量极高。沙特国有的石油公司 Aramco（沙特阿美）是世界上最大的综合性石油公司，其 2007 年的产量占到世界石油产量的 12.8%。相比之下，西方最大的石油公司埃克森美孚在同期只占全球产量的 3.2%[54]。超过世界上 50% 的石油集中在一个相对较小的中东地理区域内必定会造成巨大的经济和地缘政治影响（图 4.6）。中东国家的石油市场占有率甚至还在继续增加，因为在其他地方很少再有新的大油田被发现。

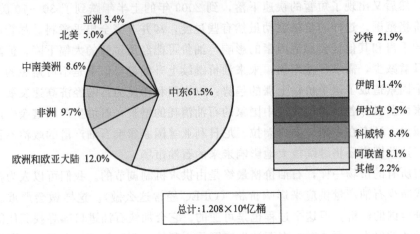

图 4.6　2006 年世界石油储备地区分布图（数据来源：
BP 2007 年世界能源统计综述[2]）

目前，新的油田被发现的速度已经减慢了，主要是因为世界上大部分的地区已经被勘探过了。从阿拉伯炎热的沙漠到冰冷的北极，还有海洋深处，世界上最偏僻荒凉的地方也已经被勘探过。上一个主要的油田发现还是在北海和阿拉斯加北斯洛蒲地区。如今，不太可能再发现新的大型油田了。还剩下的较有勘探前景的地区包括巴西的近海地区、北极地区和中国的南海地区，其中有些已经开始开发。然而，它们似乎都不可能成为第二个中东。虽然里海地区的储备总量也许被高估了，但该地区肯定拥有巨大的储备量，且目前已经在开发中。

4.3　非常规石油资源

利用那些非常规的石油资源来增加或至少维持未来的石油储备水平的做法已经开始发挥日益重要的作用。只要不是以常规的生产油井从地下烃类资源矿井开采的石油，又或是在生产类似原油的复合物（有时称之为合成原油）的过程中需要附加的处理过程者，这些石油都被认为是非常规的。非常规石油的来源包括：油页岩、重油、沥青砂、煤液化产物、生物质转化油、加工后得到的液化气（GTL），以及天然气经过化学处理得到的油。

4.3.1　沥青砂（tar sands）

在所有的非常规石油能源中，用沥青砂回收石油的方法是目前发展最快的。

沥青砂，顾名思义，是一类与沥青或高黏度重油相似的含有高硫量焦油的砂土沉积物。当油田从地底缓慢上升，浸蚀了地表的砂土、石油中一些较轻的组分便会挥发掉，留下了类似固体状的焦油。于是，在某种程度上这类油田也可被认为是"死"油田。沥青砂矿床分布于世界各地，但比较大的是在加拿大和委内瑞拉。在加拿大的阿尔伯塔省有 2 处巨大的矿藏：阿萨巴斯卡河（图 4.7 和图 4.8）和冷湖。这两处蕴藏着 25000 亿桶沥青油，其中 12%（3000 亿桶）是可以开采获取的。这个数量已经可以和沙特的石油储备相媲美。在委内瑞拉的奥里诺科地带和马拉开波沉积盆地也有超过 12000 亿桶的沥青原油，其中 2700 亿桶利用目前的技术可以经济回收[49]。作为非常规能源，沥青砂的发展潜力在很大程度上取决于其生产成本。为了从这些重焦油中用热法提取石油，目前还需要燃烧大量的天然气。在加拿大，由于大规模投资和技术革新，（采用现场回收法的）生产费用从 1980 年的 22 美元/桶下降到了 2003 年的低于 10 美元/桶，从而让这个非常规石油资源具备了和常规石油资源一样的竞争力[49]。2004 年，阿斯巴斯卡河地区每天可以生产 100 万桶石油。随着投资的引进，在未来 10 年内产量将会逐步提升到每天 200 万桶。然而，为油砂加工供热所需的廉价天然气资源日益减少，已越来越为人们所担忧。估计将来可能需要使用包括原子能在内的其他热源[55]。

图 4.7　阿尔伯塔省的油砂采矿（Suncore 能源公司提供）

4.3.2　油页岩（oil shale）

如果沥青砂矿藏可以被称之为"已死"的油田，那么油页岩矿床就是"未出生"的油田。油页岩是一类埋藏得不够深以至于不能使有机物质转化为石油的一种烃源岩。油页岩实际上既不含有石油，也不是页岩，之所以叫它油页岩很可能只是为了吸引投资者。它含有油母岩质，即一种固体的沥青物质，可以作为原油

图 4.8 位于阿尔伯塔省的 Suncore 公司油砂矿厂
(Suncore 能源公司提供)

的替代品。当油母岩被高温加热时,通过热裂解可以得到精制的石油馏出物。

在很长时间里我们一直是小量地使用油页岩来提炼石油。在 17 世纪欧洲的一些国家就已经开始提炼油页岩。在瑞典,他们用木头生火煅烧油页岩,其目的并不是为了提取石油,而是获得硫酸铝钾———一种运用在制革上,可以在织物上起到固色作用的盐。在 19 世纪后期,类似的油页岩沉积物才被用来生产烃类(碳氢化合物)。早在 1839 年,就在法国的 Autun 发现了油页岩储备。然而开始工业化规模提取油页岩却要追溯到 1859 年的苏格兰。在 1881 年的不同时期有 20 个油页岩矿藏被开采出来,那时每年油页岩的开采量达到 100 万吨/年。除了第二次世界大战时期以外,从 1881~1955 年,油页岩每年开采数量都在 100 万~400 万吨之间,接着产量便开始下降,到 1962 年最终停止了。在巴西、爱沙尼亚、俄罗斯、中国也曾进行过油页岩的商业运作。从 1930 年油页岩生产量开始上升,直到 20 世纪 80 年代达到顶峰,那时每年生产 4600 万吨,其中爱沙尼亚占了 70%。直到 2006 年,爱沙尼亚仍然从油页岩中生产其所需的 90% 电力。随后油页岩产量持续下降,到 2000 年时产量为 1500 万吨。这并不是因为它的供应量减少了,而是因为它不足以在经济上和石油竞争。世界上潜在的油页岩储备是巨大的,估计达到 32000 亿桶,而这些储备几乎还没有被开采过[56]。迄今为止最大的格林河油页岩矿藏位于美国西部的落基山脉,蕴藏着估计相当于 15000 亿桶石油的总量。仅在(该矿脉的)科罗拉多段,油页岩矿藏就达到了相当于 10000 亿桶石油的储量。这些数据所代表的仅仅是那些富集了足够的油含量、且离地表足够近,可实现露天开采并因而具有经济开采价值的资源。众多石油公司如壳牌、埃克森、阿莫科、优尼科、西方石油等在过去数十年里已经在这块区域中建造了大量中试工厂，通过不同的提取技术获取石油，然而当时这些尝试都因被认为并不经济而最终停止了。优尼科公司（现在属于雪弗隆公司）建造了最后一个大型实验性采矿设施，从1980年开始直到1991年关闭为止，从油页岩中生产了450万桶石油，平均能从每吨岩石中提炼出34gal石油。油页岩工业未来的发展显然将取决于原油的供给能力和价格，以及成本和加工技术的改进。一旦由于技术改进或者油价上涨而导致从油页岩提炼石油的价格可以跟从常规石油资源提炼的石油价格相竞争的话，那么油页岩将会在矿物能源原料市场中占有一席之地。最近的油价水平已经重新激发起人们对油页岩的关切[57~59]。举例来说，Shell正在测试一种从地下的油页岩中提炼石油的新方法。历史上，油页岩是通过开矿过程开挖到地面上，然后通过加热处理来从岩石中提炼出油品的。在提炼过程中，页岩会发生膨胀而留下堆积如山的膨胀后的岩石，导致严重的损害环境的后果。Shell采用原地加热的工艺技术来取消开矿过程，油页岩仍然留在地下并加热到350℃以上的温度。加热后的油页岩会慢慢释放出液体（主要是轻油和天然气凝结液）并被收集到井中，然后用泵输送到地面，并精炼成与石油产品十分相似的高附加值运输燃料。但目前仍然有一些重大问题需要解决，比如工艺过程所需的大量热量的来源，这也许可以像加拿大在开采沥青砂时提出的那样用核能发热来提供。对于该技术的环境影响，包括温室气体的排放等，必须认真加以评估。提炼油页岩所需的大量水资源的供应情况在相对干旱的美国西部各州也可能成为问题，还有加工地点附近的地下水质保护问题等。

由于沥青砂与油页岩在物理特性和开发技术上的相似性，加拿大阿斯卡巴斯沥青砂矿成功开发且达到每天100万桶高产水平的宝贵经验将是油页岩工业、尤其是美国西部的油页岩工业启动和成长发展的优秀样板。

4.4 天然气

在过去的三十年中，全球对天然气需求量的增长速度比石油和煤炭快很多。在2006年，世界天然气消耗量达到2.8万亿立方米，占了世界全部初级能源的21%，而煤炭和石油分别占了26%和34%（图4.9）。美国单独占了大约全球天然气需求的1/4，而且也是仅次于俄罗斯的第二大天然气生产国。然而，因为它巨大的需求量，美国也是最大的天然气进口国。与其他化石燃料相比，由于天然气具有大量可得、使用方便、有竞争力的成本、环保等优势，预计天然气的全球市场将继续快速地扩大。天然气被认为是一种优质的燃料。它具有很高的热值、清洁燃烧、处理相对容易等优点。因为这些原因，它对于家庭使用和供暖是不错

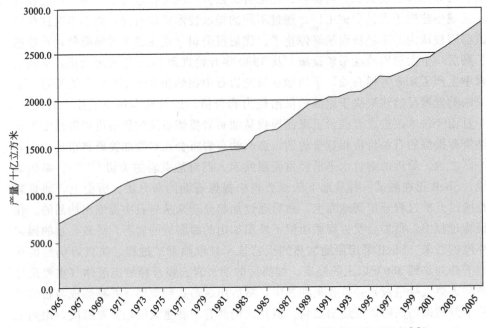

图 4.9　世界天然气生产（数据来源：BP 2007 年世界能源统计综述[2]）

的燃料。然而天然气需求的大量增加将来自新的发电厂。虽然如前面所提到的，煤炭发电有强劲回潮的势头，但近年来在美国，基本上所有新建的发电设施都是用天然气作为燃料的。特别对于所谓的"调峰"型发电厂（也就是使用燃气涡轮来驱动发电机而且能根据需求的变化很快开车或停车的发电厂）来说，天然气已经成为首选燃料。由于在燃气发电效率上的巨大进步，电厂实际的天然气消耗量并没有比产生的电量增加得快。除了灵活性和相对较高的清洁性，天然气还具有每单位释放的能量对大气层增加的 CO_2 量最少的优点。典型的释放碳量对于含沥青的煤炭来说大约是 105kg/Gcal，对于精制燃料来说大约是 80kg/Gcal，而对于甲烷（天然气中的主要成分）来说大约低于 59kg/Gcal。原因是甲烷的氢碳比是 4，是所有烃中最高的，而且质量上仅仅含有 75% 的碳，而原油的碳含量大约是 85%，煤炭的碳含量超过 90%。考虑到对全球变暖问题的日益关注，通过使用天然气来达到 CO_2 低释放量将是一个正确的方向。然而有一点必须记住，那就是甲烷本身是一种能有效导致温室效应的气体，在 100 年中它导致全球变暖的潜势比 CO_2 高出 23 倍。在 1750～2005 年之间，甲烷占了累积温室效应大约 18%，人类活动导致生成甲烷的最大来源是家畜、水稻田、垃圾填充物等[60,61]。即使在石油和天然气还没有被燃烧之前，它们的生产过程所放出的甲烷就相当于甲烷排放总量的 15%，主要是由于在天然气运输过程中的泄漏。在发达国家管道内不会泄漏超过1%的运输气体。然而，在欠发展国家，5%或者更多的泄漏是很正常的。随着天然气开采的增加和长距离的运输，这些泄漏问题应该被解决，不仅仅是为了减少甲烷对于全球变暖的作用，而且从经济角度来看，也是为了做到对这宝贵资源最好的利用。

天然气是一种充足的能源，已被证实的储备量在2006年估计大约在180万亿立方米（图4.10)[2]，远远超过了世界上已被证实的石油储备量。尽管开采量在不断增长，天然气的储备量却在过去30年中翻了三倍。这是因为新的重要天然气田在世界许多地方被陆续发现，而且深度钻探和定向钻探等技术的发展使老的天然气储备量得以提升、许多新储备则得以实现。以2006年的实际消耗速度，探明储备量能维持60多年的开采，相比之下石油储备能维持的时间却少于40年。我们所有剩余的天然气资源估计在450万亿～530万亿立方米之间。自从化石燃料开始开采以来，只有稍稍多于10%的世界天然气资源被消耗了，而对石油来说消耗量却已占到全世界石油资源估测总量的25%（图4.11）。

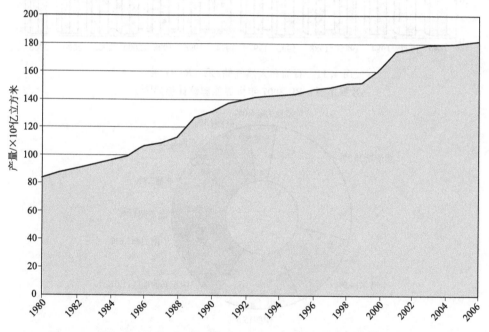

图4.10 世界天然气探明储备（数据来源：BP 2007年世界能源统计综述[2]）

与石油储备相似，少数国家控制了大部分天然气的储备量。已知最大的天然气储地是在西西伯利亚（Western Siberia）和波斯湾。在2006年，半数以上的全球天然气储备量都落在下面三个国家中：俄罗斯占了26%，伊朗和卡塔尔分别占15%和14%（图4.12）。北美和欧洲分别只占了4%。像石油一样，探明的

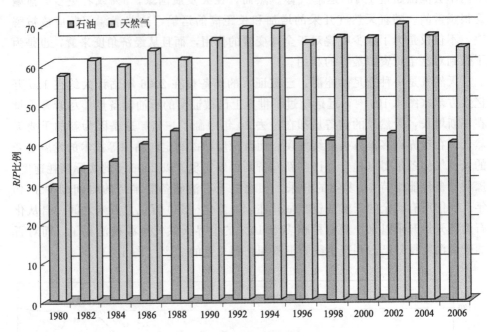

图 4.11 石油和天然气储/采（R/P）比
（数据来源：BP 2007 年世界能源统计综述[2]）

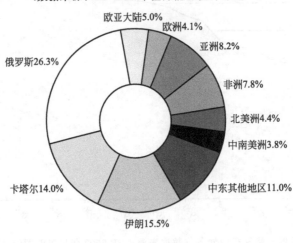

图 4.12 2006 年世界天然气探明储备分布（数据来源：
BP 2007 年世界能源统计综述[2]）

天然气储备量也集中在为数不多的几个巨型气田。大约190个巨型蓄气田包含了57%的全球天然气储备量，而另外约28000个气田只占了28%。剩余的15%是刚刚够资格可用于经济开采的小气田[25]。虽然已经被证实的储备量是丰富的，但是新的资源一般都是在远离消费中心很遥远的区域、在困难的地形区、或者在很小的气田被发现。因此，即使今天，天然气生产地区的地理分布仍然很不均匀。大部分的需求都集中在北美和欧洲，但是这些地区只有相对有限的天然气资源（部分原因是他们已经开采了相当多的他们的最初储备量）。在欧洲，像挪威、荷兰、英国这些国家仍然含有大量北海的储备量，但其储备正在逐渐减少。中欧地区新发现的一个天然气储地（匈牙利南部的Mako地槽）看来很有希望，但由于其埋深超过5000m，这种深度和相应的地下高温将给开采带来很大难度。欧洲天然气消费量增加的部分必须从天然气充足但是遥远的俄罗斯西西伯利亚、高加索地区和阿尔及利亚进口。北美在天然气上仍然是可以自给充足的，美国大部分天然气进口是由管道从加拿大引进的。然而，由于可以预计的天然气产量下降趋势，再加上消耗量的稳定增长，北美不得不更多地依靠主要以液化天然气的形式从阿尔及利亚、特立尼达岛、多巴哥岛、尼日利亚和中东这些国家进口。不过LNG也有它自己的局限性和危险。

为了将天然气运输到海外，生产国首先必须将其在某个港口附近的液化工厂液化成LNG。液化过程除去了几乎所有的杂质（CO_2、硫化物、水等），使天然气成为高纯度的甲烷。经过低温液化后，LNG通过管道输送到足有三个足球场大、拥有$1.5 \times 10^5 \sim 2.0 \times 10^5 m^3$容量的巨型油轮上，储存在高度保温的双层外壳容器中（图4.13）。经10~15天的运输以后，LNG被从轮船上转移到一个陆

图4.13 用于跨海运输天然气的液化天然气（LNG）油轮

上或海上再气化终端，经重新加热后成为便于配送的气体。建设 LNG 基础设施需要花费许多资金，液化工厂和再气化工厂的成本分别在 10 亿~20 亿美元之间[41]。如果这些工厂建设在近岸的海上，那么费用会更昂贵。然而，最近埃克森美孚和卡塔尔石油公司签了一个 120 亿美元的合同来建造 LNG 基础设施，旨在每天向美国和英国分别输送 $1.0 \times 10^5 \, m^3$ 天然气。在美国，大约 10 个新的 LNG 再气化终端的建设计划在十年内完成，而目前美国运行中的再气化终端只有 6 个。因为 LNG 的运输和处理过程中涉及的安全性问题，预计未来大多数 LNG 终端将建造在近岸的海上。在美国和其他一些大国，关于新 LNG 终端的建设引发了大量的讨论和策划。由于涉及潜在的危险性，现在的趋势是这些设施将选址在远离主要人口中心的地方。不管怎么说，LNG 油轮和终端设施都是易遭受破坏活动和恐怖袭击的所在，由此可能引发灾难性的后果。

2007 年，没有天然气资源的日本、韩国和中国台湾共进口了世界 LNG 生产总量的 60% 以上，主要出口国是印度尼西亚和马来西亚，但也有越来越多的进口量来自于卡塔尔和阿曼等波斯湾国家[62]。对他们来说，LNG 是唯一经济的方法，因为他们远离天然气生产地区而且建造长距离的海上管道的成本是极其昂贵的。通常当距离相对较短而且海不是很深的时候，海底管道衔接才可行，例如北海的海底天然气网络以及计划铺设在波罗的海的浅海海底、从俄罗斯直接通往德国向西欧供气的北方管线 (nord stream)。然而，在过去的十年中，海上管道技术的发展降低了成本，使一些原本不可能的水底工程成为可能，例如黑海海底 2150m 的蓝色管线 (bluestream)。3000~3500m 深度的天然气海底管道在不久的将来也可能具备可行性，且其成本能与 LNG 进行竞争。整个天然气液化网络，包括液化、海运、再气化和储存设施等，是一个昂贵且高耗能的过程。在液化过程中气体必须被冷却到 -162℃，这一步骤大约占了总成本的一半；海运和再气化分别占了大约 25%。通常当气体要运送到海外，或者陆路距离大于 4000~5000km 时才选择液化。在这种情况下，一个管道的建筑成本将高于 LNG 本身。特别对于中东来说，它占了世界天然气储备量的 40%，但是距离欧洲、美国和远东的主要消费中心太遥远了。在 2001 年，这个地区仅占了 LNG 出口市场的 21% 和整个天然气出口市场的 4.5%。当然，正如前面提到的，这里主要还涉及与天然气运输、配送相关的重要安全问题。

另一种运输和利用遥远天然气储备资源的方法是在气井旁边把天然气转化成液态产品，这样就能更容易地在常规容器中运输——这就是常被提到的"气变液"(GTL) 技术。技术进步和石油价格的上涨刺激了人们对 GTL 新技术的兴趣。在这个大范围的战略框架里面，有两种方法似乎是最可行的：(ⅰ) 把天然气转化成像石油中的轻烃类液态产品；(ⅱ) 转化为甲醇。迄今为止，这些工艺过程都是依靠费-托合成技术通过合成气（syn-gas）来完成的。其中使用的合成气是最初在 20 世纪 20 年代，德国人通过使用煤炭作为原材料发展起来的。煤炭首先被转化成合成气（一种由氢气和一氧化碳组成的混合物），随后根据催化剂、反应条件的不同，生产出甲醇或其他合成液态烃类产品。由于能耗和生产成本都比较高等原因，由基于煤炭（后来改成天然气）的合成气生产的燃料，过去仅在特殊情况下得到有限应用，像第二次世界大战时期的德国和种族隔离（各国抵制提供石油）时期的南非。最近以来的科技进步，包括反应器设计和催化剂改良，都很大程度地提高了产率和热效率，同时减少了建设和生产操作成本。特别在南非，由于几十年在这个领域"强制性"的经验，在 20 世纪 90 年代已经创建了名为 Mossgas 的 GTL 工厂，每天的产量是 3 万~6 万桶的柴油和汽油。GTL 工厂是比较复杂的，建造成本昂贵，而且能耗很大（消耗高达 45% 的天然气原料用于供能）。这就增加了人们对其 CO_2 高释放量的关注。在世界的大部分地区，如新西兰和马来西亚，基于合成气的工厂都使用天然气（甲烷）。如今甲烷向柴油或汽油类产品的转化还没有任何实质意义上的应用。然而，由于预期原油储备会日益消耗殆尽，最近一些石油公司正在大量引进 GTL 技术。与卡塔尔石油公司合资的 Sasol 公司新近在靠近卡塔尔巨型天然气储备地北部油田（north field，包含大约 15% 的世界天然气储备量）建成了每天 3.4 万桶规模的工厂[63]。Shell 也已经在卡塔尔开工建设一座投资 180 亿美元（为最初估算投资的三倍）的 GTL 生产设施，生产能力为每天 14 万桶。而埃克森美孚则因建设费用高涨而决定放弃一项类似 15.4 万桶/天产能的项目计划[64,65]。建于卡塔尔的 GTL 装置将主要生产柴油和少量的其他产品，包括润滑油和电动机油等。得益于如此大规模生产的经济性，生产一桶 GTL 柴油的成本有望在 20 美元以下，与现今的油价相比赢利性非常之高。此外，从 GTL 生产中得到的柴油其一大优点是几乎完全没有普通柴油中所含的大部分杂质（特别是硫），因此其燃烧过程更为清洁。但采用经由合成气的技术将产生大量的二氧化碳，促进全球变暖，因此必须采取相应的补救措施。

我们提出的"甲醇经济"也为天然气提供了多种可行的新用途。为了更容易处理以及长距离的运输，天然气（甲烷）也能被转变成甲醇———一种很方便的液体。如今世界上大部分甲醇的生产都来自于甲烷。甲烷首先转化成合成气，合成气然后再转化为甲醇。然而，不通过合成气这一步，由甲烷直接氧化成甲醇的转化过程是将来令人向往的技术，而且作为"甲醇经济"的一部分正在被开发中（第 12 章）。

通常被提到的属于常规天然资源的天然气储备是指在不可渗透的岩石下单独存在或者与石油一起积聚的天然气。另外，还有相当可观的所谓的非常规天然气资源，其中一些已经正在被开采。它们包括从煤层（煤层甲烷），从叫做"致密砂"（tight sand）的低渗透砂岩，以及从页岩形成物中提取的气体。天然气水合物，也是储量很丰富而且很重要的。天然气水合物主要是甲烷水合物，它存在于海底的大陆架或者西伯利亚等极地区域的苔原下，也是未来的重要资源。虽然现在还没有适当的技术来有效地开发利用这些甲烷水合物，但是它们代表了相当大的未被使用的非常规天然气资源。在过去的二十年中，美国的非常规天然气的使用快速增长，很大程度上是由于收到税收优惠政策的激励。因为常规天然气生产的降低和价格的上涨，现在煤层甲烷和致密砂气体大约占了美国全部国内天然气生产的近50%，而仅仅十年以前它们还只占美国国内天然气生产的1/4。然而，非常规天然气的生产仍然比常规天然气更昂贵。在世界其他国家中由于仍然可获得充足的常规天然气资源，目前还很少有兴趣去开发非常规天然气资源[44]。

4.5 煤层气

煤层气，顾名思义，它衍生于煤。在这里煤不仅扮演着源岩的角色，也是甲烷的储存体。在高温高压状态下的地质成煤过程中，水和甲烷之类容易挥发的物质被释放出来。一些气体可能从煤炭中逃逸出去。但是如果成煤时的压力足够，大量的甲烷便会以一种被吸附的形式保留在加压的煤层基质里面。由于煤炭的表面积巨大，煤炭可以吸附超过煤碳自身体积（等价岩石体积）6~7倍的天然气。随着煤层深度和地下压力的增加，煤炭中气体的含量也会相应增加。煤层之间会有裂缝（也有人称之为割理），它会使煤层之间常常被水浸湿，较深的煤层含水量相对少些，但是含盐量反而增加。为了生产甲烷，矿井往往会钻透煤层并通过排水减压使甲烷可以从煤炭中解吸附，变成气态进入气相。之后我们再通过常规的方法进行生产，利用管道将它们输送出去。虽然经济性获取甲烷是可能的，但是在煤层开采过程中排出的污水对环境造成的影响会引起关注。积聚的煤层分布较广，而且一般规模庞大。因为天然煤层都是不同的，所以即使在小范围内的生产率也是相当不同的。因为天然煤层的构造是非均相的，所以即使在较小的范围其开采速度也会不停变化。USGS统计的资源总量达到210万亿立方米，但这个数字并不可靠，因为缺乏煤层资源和它们所含气体数量的基本数据。最大的气体资源都在煤炭富裕的地方，就像美国、中国、俄罗斯、澳大利亚、德国和加拿大。为了尝试利用这些资源，无数的试验性项目正在进行当中。许多国家都在积极开发煤层上的甲烷气井，但美国是唯一正在进行商业化大规模生产煤层天然气的国家。2006年，美国以煤层气生产的甲烷已经占其甲烷总生产量的10%左右。这些煤层气中大部分都来自于落基山地区。澳大利亚目前也在计划大型的液化装置，用来从煤层气中生产LNG并出口。

人们对于煤层气的兴趣还在于它可以用来提供为减少二氧化碳排放而对燃煤

电厂所生成的二氧化碳进行化学回收时所需的氢气。

4.6 致密砂岩和页岩

致密砂岩（tight sands）和页岩（shales）都具有低渗透性的地质构成，有时它们还含有大量积聚的天然气。这意味着含有天然气的地下岩石层非常密集，因此我们并不能轻易地通过常规开钻矿井使气体涌出，这样使得天然气的开采获取率较低。不过我们可以通过横向钻孔技术，或者使用爆破炸开岩石来提高获取率，还能用液压使岩石之间的气体更易流向矿井钻孔处，从而最后可以被泵抽至地面。2006年，美国通过这种资源所生产的甲烷占据全国产量的30%以上，其中利用致密气砂技术生产的甲烷占绝大多数。尽管从致密砂岩和页岩中能获得的天然气资源如此巨大，但是关于它们的生产费用还有许多不确定因素。在2006年，美国能源信息署评估了美国境内所有利用适当技术可从这类资源中开发回收的天然气总量，其数目大约在12万亿立方米，即相当于20年的天然气需求量。

4.7 甲烷水合物

另一个在近几年引起人们重视的非常规天然气资源是甲烷水合物（图4.14）。天然气水合物是天然的冰状晶状固体，在其分子结构中气体分子被水分

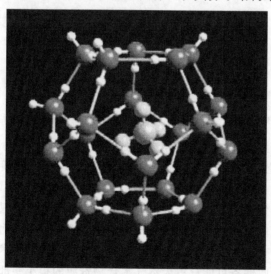

图4.14 甲烷水合物［一个甲烷分子被关在由水分子组成的笼状结构里（来源：NETL）］

子以一种笼状的结构包住（称为"包合物"，clathrates）。虽然在自然界中许多气体可以以水合物形式存在，但甲烷水合物是迄今最常见的。在19世纪头10年各种各样的包合物在实验室里被发现并加以研究。然而，当时自然界发生的甲烷水合现象还没被发现。对气体水合物的纯学术的好奇心一直持续到了1930年，那时发现了固态的水合物堵塞了天然气管道。在20世纪60年代，天然的"固体天然气"或甲烷水合物在西伯利亚天然气田被观察到。从那时开始，全球到处都发现了天然气水合物，譬如在大陆的海洋沉积物、海岛的斜坡、内陆沉积深水海域、湖泊、大陆和大陆架海洋的极性沉积物里（图4.15）。在北极冻土地区，天然气水合物能存在于深150~2000m的地方，但大多数发生在水深超过500m的海底下几百米处的海洋沉积物中。

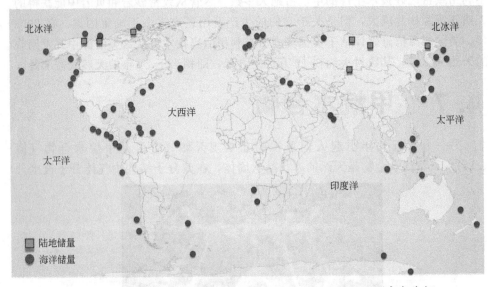

图4.15　全球甲烷水合物分布图（来源：Lawrence Livermore国家实验室）

虽然世界上究竟存在多少甲烷水合物还存在争论（主要是因为缺乏现场数据），但是共识是它的总量是巨大的。目前对于甲烷水合物的预测在21000万亿立方米左右（图4.16）。这个数字是我们已知的常规天然气的100倍！然而，就考虑以甲烷水合物作为未来能源来讲，了解甲烷水合物的总量只是问题的一小部分。就如从沥青砂中提取石油的情况一样，在最终把甲烷水合物作为廉价的甲烷来源之前，必须进行大量的研究和开发投入用来解决重大的技术问题。此外，天然气水合物的可采收储备可能只占天然气水合物资源的很小一部分，因为有些储备太分散，或者天然气的浓度太低，以至于没有经济回收的价值。不管怎样，天然气水合物总量是如此巨大，只开发很小部分就足够我们使用到下个世纪。日本和印度这两个本国能源有限、但能源需求很大的国家,以及美国和加拿大,都在开展关于甲烷水合物开采回收的研究项目。尤其是日本,从 2001 年开始已经耗资 3 亿美元用于开发甲烷水合物的相关技术。2007 年,一支日本-加拿大联合研究队伍通过设法降低加拿大冻土源下 1100m 深处的甲烷水合物矿藏的压力,首次成功地抽出持续数日的稳定、连续的甲烷气流。用加热方法来释放气体也是一种有效的方法,但需耗费大量能源。从目前看来,甲烷水合物是个极有潜力、但还比较遥远的能源。

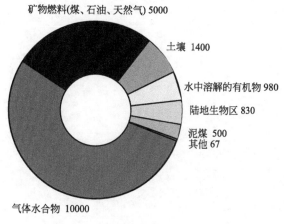

图 4.16 有机碳元素在地球上的分布
(单位:十亿吨。来源:USGS)

4.8 展望

照目前的生产速度,已知的石油储备足够满足至少 40 年的需求,天然气可以满足超过 60 年的需求。随着新储备的发现和技术的演进,它们可维持供给的时限很可能还将延长数十年。这些储备随着时间的推移确实在不断增加,目前比以往任何历史时期都高。然而随着人口和人均消费的增长,世界的总消费也在增长。新发现的油气资源的增长曲线已经接近于所谓的 Hubbert 峰值(以地质学家 King Hubbert 命名),即实际消耗的速度超过新资源发现(以填补消耗掉的资源)的速度。这意味着我们从现在开始将要用掉超过我们新发现的储备量的化石能源(煤炭除外)。非常规的石油和天然气能源,比如沥青砂、重油、油页岩或未来将发展的气体水合物等,将在扩大我们资源的过程中扮演很重要的角色。而对较为丰富的煤炭资源而言,其发展前景不仅受到资源供应和成本的限制,还将受到环境保护因素的制约。必须引进新的或改进原有的燃烧和排放控制技术,以便更为清洁地利用煤炭。但对于煤炭及所有其他含碳化石燃料来说，最大的挑战就在于减少甚至完全消除作为导致人为温室气体效应和气候变化主要原因的二氧化碳和其他气体的排放。我们将如何来准备和应对石油和天然气不再容易获取的未来时代的挑战，也是本书中以下章节所要讨论的内容，其重点就是我们所建议的"甲醇经济"。我们认为烃类曾经、并将继续在我们的生活中发挥重要而不可或缺的作用，但从环境的角度而言，烃类应当是对 CO_2 中性的，能够在技术意义上的碳循环中通过化学回收而实现再生。

第5章
日益减少的油气储备

这个世界在很大程度上依靠着石油。尤其是运输业,它在社会中担任了运送人员、货物、食物、材料等至关重要的职责。运输业所需燃料中的95%都是衍生于石油的汽油、柴油和煤油,而这些燃料又几乎占据了全世界石油生产量的60%。我们也依赖石油作为生产各种不同的石油化工品和衍生物如塑料、合成纤维、合成材料和种类繁多的化学品等的出发原料。这些产品在我们的生活中是如此的普遍,以至于我们很少想到它们的来源。

石油之所以这么重要是因为它是三大化石燃料中用途最广的。它具有高能量、运输方便、体积小等优点。相比较而言,煤炭在重量、体积、污染等方面都要比石油大。天然气虽然燃烧产生的污染少,但其体积巨大,需要提供管道和昂贵的液化费用来运输,而且这还会引起对其安全性的忧虑。

石油和天然气与煤炭不同,它们的价格、储量、产量等都是高度公开化的,并即时体现在我们的经济和生活中。每次OPEC会议的结果也如同国会或总统选举一样被全世界的媒体迅速报道。

在第4章中讨论到,已探明的石油储备量在1万亿~1.2万亿桶之间[22]。将上述储备量除以每年300亿桶的开采速度,石油储备的供应应能维持30~40年。这个数字被称为储/采比或者R/P比。这个数值常常被用在大石油公司发布的业绩报告中。当这个数值开始下降,就能起到一个资源将被耗尽的警示作用。当今,这个数值比过去的50年都来得要高。上述事实常常会导致出现如下的预测:我们还有一个较长且舒适的石油价格较低、供应充足的时期,在这段时间里,我们可以逐渐向其他能源形式平稳过渡。某些经济学家所支持的这一对于未来石油前景的乐观看法,是那些坚信市场价格的关键作用和勘探、钻井和生产技术的不断提高必能在未来的许多年里保证足够的石油产量供应的那些人所拥护的。相应地，人们认为尽管地球上可获得的石油量是有限的，这一点本身并无决定性的意义，因为在石油真正耗尽枯竭之前很久，石油的商业开采就会停止，而关键是要看勘探和开采新的石油储备所需的成本。当勘探和开采的成本变得过高，这时石油将被一些其他的能源所取代，而剩余的部分石油将被留在地壳里。我们面临的挑战是在石油成本过高而无法再开采生产之前找到可接受的代替品，以避免我们经济和社会结构遭到破坏。有观点认为，在木柴被煤炭取代或者煤炭被石油取代时，同样的过渡情况在过去也发生过。基于这个观点，石油逐渐耗尽这事本身（对我们社会）不会有显著的直接关系。然而这个观点是不切实际的。更合乎现实的评估是：石油将被不可避免地消耗，一个石油价格较便宜且易得的时代终将结束。我们可能已经进入了石油生产顶峰过后的一个不可逆转的衰落期。这个预言是基于对石油消费量与新油田发现量、储备量、开采量等数据所作的比较得出的。实际上，R/P 比值并不能给出有关各种资源长期演变走向的任何信息。此外，有人认为石油开采生产仍将持续很多年，但是这种概率非常之低。同样，认为最后剩下的一些石油也能像今天这样容易而且很快从油井里抽出来的假定也是不大可能的。全球对石油的需求预期是在接下来的几十年中每年大约增加 1.3%[66]。偶发性的经济波动或政治事件可能在一段时间内减少需求，但对长期趋势不会有很大影响。在计划石油生产的未来时，三个重要的参数是必

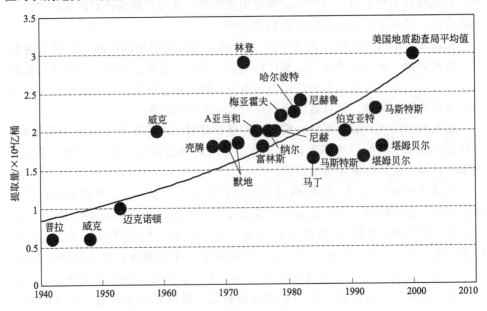

图 5.1　全球最终石油提取量随时间推移预测图
（数据来源：EIA、USGS、科林·堪姆贝尔）

须要考虑到的：（ⅰ）到目前为止的累计石油生产量；（ⅱ）在已知油田中的可开采获取的储备量；（ⅲ）对仍可勘探和开采的新的石油储备的估计值。以上三项的总和即为到石油的经济性开采生产最终停止时被提取出来的石油的总量。由美国地质勘探局（USGS）对最终石油可开采量的当前估计平均值是 3 万亿桶[67]。然而很多地质学家质疑这个估计值高得不切实际，他们认为最终的可开采总量为 2 万亿桶左右（图 5.1）。很自然，迄今还未发现的、也就是现在还未探明的油田是这些估计中最具推测性和争议性的部分。然而，石油的数量显然是有限的，问题不在于我们是否会将易得的石油资源用完，而是我们会在什么时候将它们用完。

实际上，一口油井、一个产油地区或者一个国家的石油产量首先总是先达到顶峰，然后在一半以上的石油储备被开采以后，产量才逐渐下降到没有生产意义的水平。这个趋势是由 M. King Hubbert 发现的，他是一位著名的美国地球物理学者，为 USGS 和 Shell 的科研项目工作。他发现在任何一个足够大的地区，对一种有限资源的开采是沿着一条钟形曲线上升的，在大约一半资源被开采完时该曲线达到顶点。这个理论假定在石油抽取和开采上没有外部的干扰，也没有法律或者其他重大限制。依照这个理论，1956 年 Hubbert 预言在美国本土石油生产将在 1965～1972 年间的某段时间达到一个最大值（图 5.2）[68]。美国石油生产在 1970 年的确到达顶峰，可是从那以后开始下滑。较大的油田通常首先被发现和开采，形成新石油储备发现的高峰——在 20 世纪 30 年代美国本土 48 个州的情况就是如此。石油生产的高峰出现在一段时间间隔以后（如果是美国就是 40 年），这段时间间隔是根据当地的储备量和开采速度来决定的。类似模式的高峰和衰减也存在于许多其他的国家，包括前苏联、英国（北海）和最近的挪威。英国的石油生产在 1999 年达到了每天 270 万桶的顶峰，此后即开始快速回落，2005 年仅为 190 万桶/天，2009 年跌至 140 万桶/天[69]。在不到 10 年的时间里，英国已经从石油净出口国变成了净进口国。像墨西哥等其他一些国家目前已接近

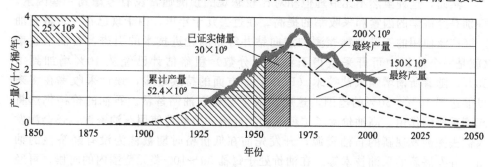

图 5.2 Hubbert 1956 年提出的原始图表（显示了根据 1500 亿～2000 亿桶的初步估计储量测算的美国本土 48 个州的原油产量。其中叠加的粗线表示依据 Hubbert 的 2000 亿桶预测值，到 2004 年为止的实际原油产量）

中点，而另有一些国家，具体说就是中东的沙特阿拉伯、阿拉伯联合酋长国、伊拉克和科威特等，仍然处于石油资源耗尽过程中的早期阶段[34]。

Hubbert 及包括 Campbell、Laherrere[45]和 Deffeyes[70]在内的另一些分析家都曾将这个方法应用于全球石油生产，并用来判断世界石油生产的顶峰（就是所谓的"Hubbert 顶峰"）发生的时间。根据他们的计算，估计最终的世界石油开采总量在 1.9 万亿～2.1 万亿桶之间。而到现在，大约 1 万亿桶石油已经被生产。因此我们接近了石油时代的中时间，即相应于最终石油开采总量一半的时间点。预测全球石油产量将会在 2005～2015 年之间达到顶峰[71,72]。值得注意的是，即使储备量和生产量的估计存在着大约几千亿桶的误差，上述预测也不会有很大的改变[70]。在高峰以后全球石油生产将开始衰减。真正明确产生影响的并不是石油将在什么时候被明显消耗殆尽（不一定是"消失"），而是什么时候我们的需求将超过生产。超过了那一点，价格将不可避免地快速上升（除非是需求相当大地下降）。由此引出的结论是：一个持久性的石油危机正在到来，而且是不可避免的。

预测中假定大约 90%能被开采的石油都已经被发现了，因此，如果现有储备量为 9000 亿桶，还有待发现的石油便只剩下 1500 亿桶了。这个结论起因于这样一个事实：如今大约 3/4 的世界石油储备量分布在大约 370 个大型油田（每个含量都超过 5 亿桶石油），而这些油田都已被比较彻底地勘探过了[25]。大型油田的发现在 20 世纪 60 年代就已达到了顶峰，因此除非在先前没有探测过的区域发现新的大油田，否则探明石油储量再有大幅度增加是不大可能的[70]。然而，正如上面所提到的，人类已经越来越接近于"世界的尽头"——甚至已经在最恶劣的气候条件下探测石油，如今只剩下南极洲和中国南海等少数区域还未经勘探。再发现一个新的中东几乎是不可能的。如今，80%生产出的石油来自于 20 世纪 70 年代初以前所发现的油田，其中一大部分已经处于生产衰减期。

然而，这种虽然不无道理但相对比较悲观的预测通常没有考虑到一些因素，特别是经济学的因素和采收率的提高。在过去几十年里，由于现已在大多数石油产区广泛使用的三维地震探测和定向钻井等新的先进技术的引进，石油采收率（就是一个油田中可开采获得石油的百分数）粗略估计已经从 10%增加到了 35%。随着所谓增强采油技术（EOR）等方面的持续进步，预计采收率在将来可能达到 40%～50%的范围，这就扩大了全球石油储备量。石油的价格仍然将起到重要的作用。高油价除了迫使人们更经济和节约地使用石油资源，还会激发人们去探测发现新的石油资源，开发先前在低价格时期被认为没有经济性的油田，并发展新的采油技术等。在油价处于每桶 50～100 美元范围内的时候，可经济开采的油田要比油价处于 20 美元/桶时多得多，这样也就增加了我们的石油储备总量。

正如前面所讨论的，除了常规的石油资源以外，还有许多非常规的石油资源，包括重油、沥青砂和油页岩。随着石油价格的上涨，它们的开采变得越来越有利可图，这些就大大增加了石油资源。正如已经讨论的，它们的储备量是很多的。估计在委内瑞拉的奥里诺科河带地区含有1.2万亿桶庞大的重油储备[73]，其中的2700亿桶在经济上被认为是可开采回收的。加拿大阿萨巴斯卡和冷湖沥青砂的矿藏量也相当于3000亿桶可经济开采的石油[73]。科罗拉多的油页岩资源及其他重油资源也都有很可观的潜在储量。非常规石油由于它本身的性质，比常规石油更难抽取。然而，随着技术革新和大量投资，以前认为太昂贵而不开采的资源在经济上变得可行了。在加拿大，由沥青砂（采用现场采收技术）生产1桶石油的操作费用在1980～2003年间从22美元降至10美元，使这类非常规石油供应能与常规石油资源竞争[22]。然而热力采油处理所需的大量天然气或原子能等其他能源也许会限制了其发展。从阿萨巴斯卡地区抽取出来的石油的数量有望在不超过十年的短期内从2004年的每天100万桶上升为每天200万桶。"Hubbert顶峰"理论的支持者虽也承认非传统石油资源数量是相当大的，但又认为工业界将因非常规石油的开采生产所需的能源、资金和时间上的强大压力而难以以非常规资源的产量弥补传统石油的减产。以他们的观点，非传统石油的开采对世界石油生产顶峰何时到来所起的作用有限。正如以前提到的，这些代替品的生产都是高耗能的。例如，无论在矿源还是在处理工厂，沥青砂必须通过热处理来抽取石油，使用的是不可再生、有限而且昂贵的天然气。另外，产生的CO_2总量比生产传统石油时多得多。这些因素必须被认真考虑。最后，原子能和所有其他非矿物的替代能源也能被用来辅助这些重质烃（如沥青砂）的开采[63,74,75]（原著索引编号为[63,87,89]，疑有误，此处按本版的引用文献序号更正之。——译者注）。

在过去关于全球石油生产顶峰期有很多种预言。人类自从工业化规模使用石油后，不断有预言称石油将会被很快用完。早在1874年，那时最大的石油产区宾夕法尼亚州的地质学者就估计当时的石油只够维持点亮这个州所有煤油灯4年多的时间。在1919年，美国地质勘探局通过使用R/P比率的数据预测在10年内"石油的末日"将会到来。事实上，20世纪20年代和30年代见证了那时已知最大油田的发现。从那以后，很多人预言石油的末日不久会到来（一般是几年内或者几十年内）。BP和其他人曾在1979年预测世界生产高峰将出现在1985年[76]，还有一些人则预测这个高峰将出现在1996～2000年之间。由于这段较长历史中充满着太多的错误预言，以至于人们开始怀疑关于未来石油情况的新的且通常是悲观的预测[77]。

虽然世纪末日式的未来情势预测通常被（总是乐意报道坏消息的）媒体优先向公众宣传，但是也有很多关于石油生产将来发展的更乐观的观点[78]。

例如，与USGS评估相似，Odell和Rosing也基于30000亿桶常规石油"最终"开采量估计值，在1984年预测常规石油的全球生产将大约在2025年才到达顶峰[76]。对非常规石油资源进行稳定增长的开采还能把"顶峰"时间推至2060年，但是显然石油价格将远远高于我们现在所享受的"低价油"时期。

正如我们看到的，包括作家马克·吐温在内的很多名人都曾这样说过：对未来进行预测是不容易的。然而确定无疑的是，地球这个行星上可以获取的石油（和天然气）资源毕竟是有限的，包括常规和非常规资源在内的石油生产将很快——最晚不超过今后的几十年内——达到最高峰，然后开始下滑（图5.3）。因此现在开始把基于石油的燃料逐渐过渡到其他燃料是必须的。

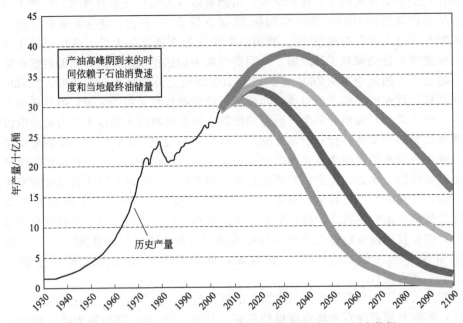

图5.3 世界石油产量的Hubbert峰值（数据来源：BP历史数据）

这个过渡过程不能耽搁太久，以避免造成一个油气价格过高、又没有合理代用品可用的真正危机，并由此造成严重的经济学和地缘政治学后果。从某种意义上来讲，适度高的石油价格未必一定不好，因为它们缓和或者减小了过度的需求，同时还可以鼓励节约能源和开发过渡到其他燃料资源。石油和天然气是我们的基本必需品，它提供我们生活中的各种基本服务、燃料、材料等，还包括取暖、运输和出行能力等。如果能找到具有同样功能的其他资源，且具有竞争力或甚至更好，我们就会转向这些新的资源。过去在英格兰和大多数工业国家，当木材变得稀少而昂贵时，而且木材在热值和使用方便程度上也不如煤炭，于是煤炭便代替了木材。在20世纪期间，在很多方面石油取代了煤炭。其原因不但由于它成本低，而且因为它易于运输、更为清洁、更有灵活性、能量密度更高。石油作为一种运输燃料以及在家用燃料、工业生产和发电等方面使用都是很方便的。

20 世纪 70 年代的石油危机过后，石油的使用在很多领域大幅度减少，人们更倾向于使用天然气，在发电方面则更多使用核能或重新转向燃煤发电。如今在大多数工业国家里，消费石油最大的行业是运输业，对石油的依赖度达到 95%。因此，石油消费的主要节约和削减必须来自于运输业，这可以通过以下途径来实现：如采用更高效的内燃机，引进混合推进动力和燃料电池等新技术，或者使用其他燃料等。在 20 世纪 30 年代，从煤炭出发生产液体燃料（叫做合成燃料）被证实在技术上是可行的。这种技术在第二次世界大战期间的德国和后来因种族隔离受到禁运抵制的南非都曾实现工业化的大规模应用。考虑到其自身拥有大量可得的煤炭储备，美国也研究了类似的工业技术，以用来应对国内石油生产的减少和石油价格的上涨（特别是在 20 世纪 70 年代石油危机以后）。然而当石油价格在 20 世纪 80 年代中期又趋于稳定时，这些计划很快被放弃了。普遍认为只有当每桶石油的价格上升到 35~40 美元以上而且在这水平保持很长一段时间时，考虑生产合成燃料在经济上才变得可行。

不过即使从煤炭或者天然气出发生产液体燃料在经济上成为可行，这也会迫使我们大量增加这些不可再生的化石燃料（煤炭和天然气）的生产，而且从能源角度来看仍然是非常浪费的。这还会释放大量的温室效应气体 CO_2，以及 SO_2 和其他污染性气体，并增加固体废弃物的数量。正如前面讨论到的，作为一种远程运输的便捷方法和作为生产液体烃燃料和产品的一种资源，天然气的液化技术具有越来越大的意义。费-托合成工艺的化学原理是首先把天然气或煤炭转化为合成气，然后再转为烃燃料，该过程将产生大量的 CO_2 副产物。该工艺也可以用来生产甲醇及其衍生物。因此省去第一步生产合成气，而主要通过甲醇直接把天然气（甲烷）转为液体燃料的技术引起了广泛兴趣，它是一项很有前途的工艺（第 12 章）。仍然处于发展中的这种工艺能实现从现仍十分丰富的甲烷资源直接制取甲醇的商业化生产。甲醇作为一种液体，远比甲烷更容易运输。它也是便于内燃机或燃料电池使用的燃料，并能被催化转化为乙烯和丙烯，并进一步转化成合成烃类及其下游产品。

目前在许多方面，天然气被常常看做是石油的"接班人"，因为它比任何其他化石燃料燃烧时更清洁，生产单位能量时释放的 CO_2 更少，而且仍然还有大量可开采的储备。然而，由于天然气需要陆地上巨大的管道网络或进行海运所需的液化过程，天然气的运输和储藏的成本远大于石油。此外，由于其较低的能量密度，其以 CNG（压缩天然气）的形式作为交通燃料的应用仅限于那些能承载大型高压气罐的交通工具上（如巴士和重载卡车）。因此天然气主要被用于静态应用，如加热、烹调、发电等。尽管天然气消耗量有巨大的增长，从 1970 年以来翻了一番以上，但已探明的天然气储存量相比起 30 年前增长了 3 倍之多，R/P 比值在 60 年以上。与石油相似，关于最终可获取的天然气总量及其作为燃料的未来前景，主要有两大对立的观点：一方认为最终可开采的天然气总量最多等于或甚至小于石油的可采量；另一方则认为如果能利用先进的采收技术和非常规资源，就仍然有足够的天然气留下，来满足很长一段时间内我们增长的需求。

Hubbert 预测理论的两位最有名的支持者 Campbell 和 Laherrere 在采用这一方法预测未来的世界天然气产量时，预言天然气田的发现和生产将遵从与石油同样的模式，并且全球天然气供应量将紧随石油之后出现减退。Laherrere 估计世界天然气的最终储量为 350 万亿立方米，其中常规型资源为 280 万亿立方米，而煤层气、致密砂或者页岩气之类非常规资源估计约为 70 万亿立方米。基于这些估计，如果消费以目前的速度继续增加，世界天然气产量大约会在 2030 年将达到顶峰[79]。因此 Hubbert 理论的支持者否定了天然气作为一种长期的石油代替品来满足未来能源需求的可能性。然而，新气田的发现和新生产方法的开发以及各种经济条件可能会延长天然气的可供年限。与石油的情形相似，也有另一些较为乐观的估计。美国地质勘探局估计全球常规天然气资源超过 430 万亿立方米，其能量值约相当于 26000 亿桶即 3450 亿吨的石油[67]。其他各种对常规天然气最终可采量的估计均在 3800 亿～4900 亿吨石油当量的范围之间[80]。因此，Odell 预言常规天然气产量的顶峰会出现在 2050 年左右[81,82]。如果将非常规天然气资源考虑在内，他预测常规和非常规天然气的开采总量将在 2090 年前后达到顶峰。因为人们知道的关于非常规天然气可采量的信息比常规天然气的相关信息还要少，因此上述预测充其量也仅仅是粗略的猜测而已。包括煤层气和致密砂岩等在内的一些非常规天然气资源，已经在美国被大范围开采。甲烷水合物的开发利用也有很大的潜力，因为普遍认为在海底和北极圈内的永久冻土带以下存在着数量惊人的甲烷水合物。不过，首先必须对这些资源量进行更为精确的估计。其次，它们能否实际开采必须借助于新的高效技术的开发来加以演示。在此之前，甲烷水合物只能说是一种前景不错、但仍然充满不确定性的能源。

在考虑非常规的天然气资源时，还应当讨论一下由 Thomas Gold（一位已故的著名天体物理学家）提出并强力坚持的一种十分有趣但至今还未被证实的理论。该理论提出，从更深的地壳深处可能得到来源于非生物体或无生命体的大量天然气资源（非生物性深层甲烷）[35]。按照这一猜想，在地表深处的高温高压条件下来自外星体的宇宙碳可能与氢化合而形成烃类。然后这些烃中最稳定的甲烷会向上方迁移并聚积在条件合适的地质矿藏生成层中。如果承认这一理论，至少一部分天然气资源可能具有非生物性的起源。但至少就目前而言，关于这种非生物起源天然气的说法仍无定论。在海洋底部深处的某些裂隙处观察到的排出甲烷的现象，后来认识到其实放出的是硫化氢，只是在一些在如此深度和没有光作为能源的条件下仍然活跃的微生物的作用下，这些硫化氢把海水中的 CO_2 转变为甲烷了。不管怎么说，非生物性甲烷是一种确实存在的可能性。这也可以用来解释最近观察到的火星大气和土星的卫星 Titan 表面有甲烷存在的事实，这些甲烷很可能具有非生物性的起源[83,84]。

基于我们目前的知识，天然气也必须被认为是有限的资源，其产量像石油的产量一样，很有可能在 21 世纪后期达到一个顶峰。与石油的情形相似，也必须寻找到新的解决方案来替代逐渐减少的天然气储备量，用于发电、作为运输和家用燃料以及烃类物质生产的原料。从 CO_2 出发生产的甲醇和 DME 作为可能的天然气替代品都是可行的。

第6章
对碳基燃料、烃类及其产品的持续需求

化石燃料不仅满足了我们对能源的大量需求，而且也是碳氢（烃类）燃料及其相应产品的重要来源。碳氢化合物是碳和氢的化合物，其中以不同的比例含有这两种元素。甲烷是最简单的饱和碳氢化合物（烷烃），也是天然气的主要成分。在甲烷分子中，1个碳原子与4个氢原子以碳氢键相连。甲烷的高级同系物有乙烷、丙烷、丁烷等，它们的分子式都满足 C_nH_{2n+2}，这说明碳原子有通过 C—C 键形成碳链的趋势，形成的碳链既可以是直链也可以含有支链。碳原子还可以和另一碳原子形成重键，得到含有碳碳双键或碳碳三键的不饱和碳氢化合物。另外，碳原子通过成环可以形成环状化合物。这些环状化合物既可以是饱和体系也可以是非饱和体系，以苯为母体的芳香族类碳氢化合物就属于不饱和的环状化合物（图 6.1）。

所有的化石燃料，包括天然气、煤、石油，其主要成分都是碳氢化合物，但它们在碳氢的比例以及结构上存在着非常大的差别。天然气中的主要成分是甲烷（含量一般在 80%～90%），此外还含有一些甲烷同系物（如乙烷、丙烷、丁烷等）。在"湿"天然气中，C_2～C_6 烷烃含量的增加导致天然气的沸点降低，人们形象地称之为"天然气液体"。这类天然气，人们通常只会考虑它们的热值。近年来，"天然气液体"已被逐渐认识到可以作为原材料来生产更有价值的产品（比如汽油）。尽管甲烷的主要用途是燃料，但它也是当前氢气的主要来源，而且甲烷还可以转化为（本来需要利用石油来生产的）化工产品，虽然这过程（通过合成气）耗费较大。石油或原油是极其复杂的物质，无论在自身成分组成上还是

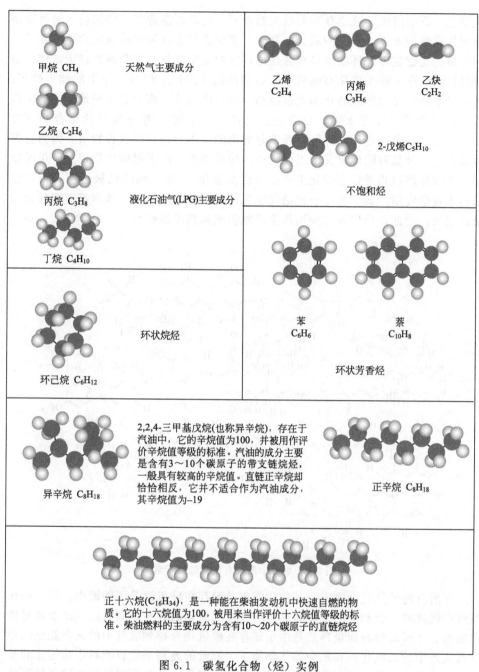

图 6.1 碳氢化合物（烃）实例

在用途上都是多样的。无论是从组成上还是用途上，它们与天然气都有非常大的区别。根据来源不同，石油的颜色变化很大，从无色到琥珀色、棕色、黑色甚至是绿色。石油的流动性也存在着很大的差别，它既可能像水一样流动，也可能是半固体状黏稠液体。石油的组分很复杂，至少含有上百种的碳氢化合物。除了一些少量的支链烷烃、环状烷烃和芳烃外，它的主要成分是饱和的直链碳氢化合物（即烷烃）。在三种主要化石燃料中，石油的用途最广。经过工业上的加工处理，它可以既经济又简便地转化为大量商品。与石油相比，煤是含氢量最少的固体物质，含有分子尺寸很大的、复杂的烃类结构，主要是芳香族环状化合物（图6.2）。也许我们应当用"煤种"而不是简单的"煤"来称呼这种物质，因为它根本就不是一种具有明确定义的组成结构的简单物质。除了燃烧供能以外，煤可以转化为液体燃料和其他石油化工产品（煤炭液化）。这一路线已被证明可行且已获得大规模应用，其工艺过程包括化学氧化、裂解、加氢等，通常都需要耗费大量的能量。因此，目前煤主要用作生产能源或加热用的燃料。

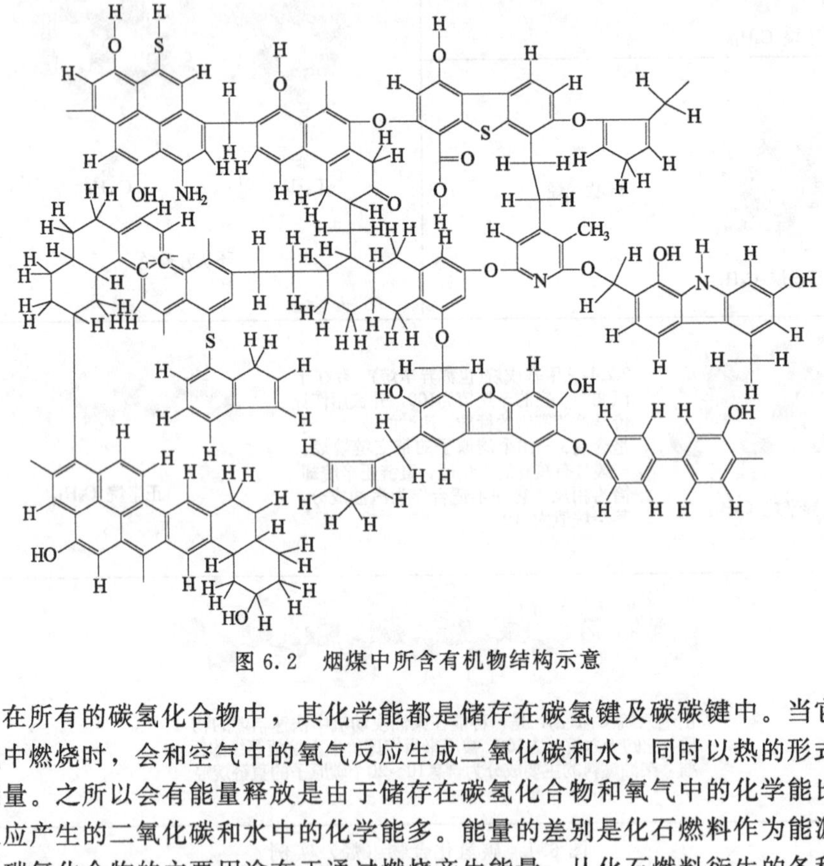

图 6.2　烟煤中所含有机物结构示意

在所有的碳氢化合物中，其化学能都是储存在碳氢键及碳碳键中。当它们在空气中燃烧时，会和空气中的氧气反应生成二氧化碳和水，同时以热的形式释放出能量。之所以会有能量释放是由于储存在碳氢化合物和氧气中的化学能比储存在反应产生的二氧化碳和水中的化学能多。能量的差别是化石燃料作为能源的基础。碳氢化合物的主要用途在于通过燃烧产生能量。从化石燃料衍生的各种石油化工产品也已被广泛应用于各种领域。

由于石油的多种功能，越来越技术化的人类社会今天特别依赖于石油。石油及其衍生产品已经深深与我们的日常生活紧密相连，以至于我们很少意识到它们的重要作用。前面几章已经提到，人类使用石油可追溯到最早有记载的历史。古文明中像闪族人（Sumerians）和美索不达米亚人（Mesopotamians）已经利用柏油和沥青加固天然水池、密封木船接头以及将图案嵌入墙壁或地板中。当时，液态的油料也是点亮油灯的理想燃料。古埃及人利用柏油保存木乃伊，而古罗马人把石油装入金属罐中点燃后充当武器。美洲土著居民则用原油制作医用软膏。但现代石油工业直到19世纪中叶才真正诞生。随着煤油灯的广泛使用，宾夕法尼亚州成立了第一家石油公司。当时公司的生产仅仅是为了满足人们对煤油的大量需求。在蒸馏原油提炼煤油的过程中产生的质量更轻的汽油，却作为副产物被废弃。直到19世纪初期，随着汽车和柴油机的普及，石油才被充分利用。同样，以汽油和柴油为燃料的农场机器的广泛应用，极大地提高了农业生产力。19世纪30~40年代，民用燃料油市场逐渐兴起。当今，现代文明的发展已完全依赖于石油化工产品，它们已涉足人类生活的方方面面。比如说，机动车靠石油来启动、行使；我们用燃料油来取暖。在交通领域，各种交通工具如汽车、卡车、工农业运输车、火车、轮船、飞机等所消耗的能源中，汽油、柴油和航空喷气燃油占到95％以上。全世界范围内，仅仅交通运输这一项消耗的石油占石油总消耗量的60％[42]。作为燃料只是石油的用途之一，它（也包括天然气在内）还是合成各类产品的原材料。利用石油我们还可以生产各类化工产品、染料、化妆品、纤维、医药、塑料和不能胜数的各类生活必需品。为了更好地说明我们对石油的依赖性，也许是过分的依赖性，我们以美国为例，这个国家平均每天要消耗2000万桶石油，即每人每天要消耗约11L（接近3gal）石油。

虽然石油的应用如此广泛，然而未经处理的原油的用处并不大，只有经过精炼后的石油才能被充分利用。早在18世纪中叶，人们已开始通过蒸馏精炼石油得到商品——煤油。尽管为了使商品多样化，当今的石油工艺中增加了许多复杂的工艺处理过程如石油的裂解、重整、烷基化等，但人们至今仍采用当时的蒸馏技术作为石油炼制的第一个步骤。

6.1 分馏

常压分馏是石油精炼过程中最开始也是最核心的步骤。它是利用石油中各碳氢化合物的沸点不同，通过加热的方式将其分为若干个馏分。原油中最易挥发的组分是溶解在石油中的含有1~4个碳原子的气态碳氢化合物。其次是液态石油气（LPG）可用来作为燃料或转化为化工产品。随着蒸馏温度的升高，馏分中的碳原子数也随之增加。汽油、石油精、航空喷气燃油、煤油、燃料油等相继被蒸出。最重的馏分——残油，最后出来，其沸点高达600℃，经过进一步分离可得到焦炭、沥青、焦油和蜡。重质产物还可进一步通过裂解得到汽油、柴油等质量较轻、更有价值的产品，使残油得到更充分的利用。通过常压蒸馏，从原油中得到的具有一定比例的可用馏分还并不符合市场的需求，因此对这些馏分要进行进一步的"下游"加工。通常，这些"下游"加工过程包括真空蒸馏、热裂解、重整、烷基化、异构化、低聚化等，主要是为了提高质量更轻但更有价值的诸如汽油类产品的产率。

6.2 热裂化

热裂化是下游加工过程的第一步，它将原油中较重、低价值的组分裂解成质量更轻、更有价值的燃料油——柴油和汽油。19世纪20~30年代，继热裂解之后，不断涌现出其他的加工工艺。热裂解过程中得到的副产物——烯烃，通过低聚，可以得到高辛烷值的汽油。真空蒸馏可以把在常压蒸馏过程中残留在蒸馏柱底部的残油蒸出，进行进一步的分离利用。减黏裂化装置通过热处理，可以降低来自各蒸馏塔的渣油黏度，使其更易流动，更易被加工成产品。焦化则进一步利用常压蒸馏和真空蒸馏后的残留物，在高温下进行热处理得到汽油、重油、可燃气体和一种几乎只含碳原子的固体——石油焦炭。

第二次世界大战期间，石油工业转向满足战争的需求，快速发展并大量生产航空燃料。这促进了石油烷基化过程的产生。烷基化过程是指在催化剂（通常是硫酸或氢氟酸）的作用下，含支链的烷烃与烯烃反应得到高辛烷值、落在汽油馏程范围内的化合物。这些化合物是高质量汽油中的重要成分。当今，烷基化是生产适用于内燃机类汽车的高辛烷值汽油过程中的关键步骤之一。第二次世界大战期间，石油工业其他的一些发展还包括催化裂解和异构化。催化裂解是在裂解的过程中加入催化剂以加快裂解的进程。异构化是将直链烷烃转化为具有更高辛烷值的支链烷烃。催化重整是把从蒸馏过程中回收的具有低辛烷值的石脑油转化成具有高辛烷值的汽油。

随着时代的发展，石油工艺不断进步。为了适应新的市场需求，人们增加了一些新的处理过程如脱氢（把烷烃转化为更有用的烯烃）和氢化裂解。如果没有这一系列的加工过程，人们不可能从那些中等重油和重油（原油的大部分组分）中获得大量较轻的、有价值的各类产品。

原油是由多种碳氢化合物混合在一起形成的。依据其来源不同，原油的颜色、黏度以及硫、氮和其他杂质的含量等特征也不一样。通常，原油根据其密度和含硫量来划分等级。对于密度较低（或较轻）的原油，它含有更多价值较高、质量较轻的碳氢化合物组分，而这些组分通过简单的蒸馏就可以得到。密度较大（或较重）的原油，则含有更多价值较小、质量较重的碳氢化合物。除了蒸馏外，它们还需进一步的加工处理才能得到我们所需的产品。一些原油中还含有大量的硫和重金属，它们作为杂质存在不仅不利于大部分精炼过程，而且极大地影响了最终成品的质量。对于这类原油的处理,我们还必须添加一些额外的纯化过程。由于粗油的来源不同,产品要求也不同,相应的精炼过程也有很大的区别。为了增加灵活性,现代炼油厂(图 6.3)通常都设计为能够处理不同原油的各种混配比例。但有许多炼油厂按设计不能适合重质原油的处理,因此无法加工来自委内瑞拉或伊朗的原油。

图 6.3 BP 格兰其毛斯炼油厂(英国,版权:BP p.l.c.)

原油的加工处理,为石油化工产品的生产打开了新局面。热裂解过程除了可以获得大量燃料外,还可以产生含有一个或多个碳碳双键的不饱和碳氢化合物如乙烯、丙烯、丁烯和丁二烯等烯烃。与石蜡烃(饱和的烷烃,原油中的主要成分)不同,烯烃可被直接利用或通过化学反应进一步转化。烯烃是多种产品的合成砌块,各类烯烃的年产量非常高。每年,全世界乙烯的产量大约有 1 亿吨,丙烯的产量也高达 6000 万吨。烯烃主要被用来合成聚合物和其他一些产品。例如,乙烯是合成聚乙烯的原料,丙烯是合成聚丙烯的原料,而丁二烯是合成橡胶的原材料。除烯烃之外,在原油的精炼过程中还可以得到苯、甲苯和二甲苯这类芳香族化合物。它们是合成聚苯乙烯、尼龙、聚氨酯和聚酯的重要原料。据统计,当今大约有 6% 的原油被用来生产石油化工产品。原油和天然气为 95% 左右的有机化工产品提供了原材料，如润滑剂、洗涤剂、溶剂、蜡、橡胶、绝缘材料、杀虫剂、除草剂、合成纤维、塑料、化肥等。不仅20世纪化学工业的发展离不开石油，而且当今化学工业的发展也很大程度上依赖于石油化工提供的丰富原料。

石油化学的历史起始于20世纪初。当时由于机动车轮胎的大量生产使得从三叶胶中提取的天然橡胶供不应求，市场急需一种替代品。于是，合成橡胶应运而生。合成橡胶是由丁二烯聚合而成，它比天然橡胶更具优越性。

1907年，首例全合成塑料——酚醛树脂（"胶木"），由苯酚和甲醛缩合得到，这种新型的液体树脂硬化时可按照模板的形状成型。与早期塑料（如赛璐珞）不同的是，胶木不能再溶，在一般条件下都能保持原形。胶木的性质很稳定，在空气中不能燃烧，在普通的酸或溶剂中也不会分解。目前，胶木仍大量应用于电绝缘体中。20世纪20年代，首例透明、柔软、防水的包装材料——玻璃纸诞生。在随后的20年里，石油化工溶剂批量生产，大量新型塑料和聚合物包括尼龙、聚氯乙烯、聚四氟乙烯、聚酯和聚乙烯等相继出现。20世纪40年代，第二次世界大战期间，石油化学工业的发展尤其迅速。战争时期，由于大量原料急缺，用合成材料取代不易得到的、昂贵的且又低效的天然产物已迫在眉睫。这导致了石油化工的迅猛发展，确立了石油化工在当今工业中的主导地位。第二次世界大战期间，许多合成材料如丙烯酸树脂、氯丁橡胶、丁苯橡胶等大量投入使用，取代了日益紧缺的天然材料。尼龙的应用十分广泛，除了可以用来制造降落伞、轮胎帘子布以外，还可用来合成纤维。尼龙袜就是一个典型的例子。有机玻璃用以制造飞机的座舱罩。采用密度小的聚乙烯作原料，大大减轻了飞机上雷达的重量。自第二次世界大战以来，石油化工产品迅速席卷了人类生活的各个方面。事实上，人们如此广泛地使用石油化工产品以至于已不再意识到它们是由石油加工而来的。值得注意的是，许多低级烯烃包括乙烯、丙烯和各种丁烯异构物都可以用甲醇作为原料高效、方便地生产出来，然后用于进一步生产几乎所有烃类化合物及它们的衍生物，包括高聚物在内。

当今，我们居住的房屋中到处都是由碳氢化合物衍生而来的产品。在浴室中，香波和沐浴露是合成皂。盛装它们的瓶子是用聚乙烯、聚丙烯或聚氯乙烯制造的，不易摔碎。牙刷、吹风机、梳子、浴帘、马桶刷等都是由塑料制成的。厨房里，冰箱、咖啡机、烘烤机、微波炉等无一不含有部分聚酯材料。如果没有聚氨酯良好的绝缘作用，冰箱和冷藏机将消耗更多的能量。在炊具上涂上一层聚四氟乙烯膜可以达到不粘效果。食物用保鲜膜包装后可以更好地保存。装各种饮料的塑料瓶和容器绝大部分都是由聚对苯二甲酸乙二醇酯（PET）制成的，比玻璃瓶更安全、更轻便。人们经常使用的一次性垃圾袋也是塑料制品。卧室里，从床上用品到每天早上叫醒我们的闹钟都是由聚酯合成而来的。挂在衣橱和叠放在衣柜中的大部分衣物都是由合成纤维如聚酯、聚丙烯酸酯、人造丝等制成的。我们洗衣服用的洗涤剂和干洗剂也都是由碳氢化合物合成的。在起居室里，地毯、家具、家具罩、电视、录影机、家庭娱乐设备、DVD、CD机以及遥控器，无不包含有塑料。从过时的乙烯树脂录音机到录像带、录音带以及当今流行的CD和DVD，它们的原材料都是聚合物。遍及房屋各处的为各类电器输送电流的电线，如果没有塑料的绝缘保护，将会十分危险。甚至为我们输送天然气和自来水的管道现在也都是塑料制品如聚氯乙烯（PVC）。PVC材料现在越来越多地应用于建筑方面，如门窗的设计，它逐渐取代了需更多维护的木质材料。我们还利用天然气、燃料油或电来取暖或制冷，而这些能量大多数是来自化石燃料的燃烧。花园里，我们躺在防风雨的塑料椅上休憩，把洒水器连接到埋藏在地下的PVC管中给草坪浇水，用合成肥料给花草施肥。

一旦步入内燃机汽车，我们就马上被碳氢化合物产品所包围。座位和扶手是由合成纤维制成的，装饰用的衬垫是由聚氨酯泡沫制成的。仪表板、方向盘、车门板以及车内的地垫等几乎所有能看到的内部设施都离不开各种具有特殊性质的塑料。各种安全装置如缓冲器、婴儿椅、安全气袋也都是用聚合材料制得的。甚至车的主体钢铝结构中的某些部分也将逐渐被高性能的复合塑料取代。由于塑料用途广、寿命长、价格便宜，它们在汽车工业中扮演着越来越重要的角色。尤其是与钢相比，塑料更轻便。如果在汽车中使用更多的塑料，汽车的重量就会大大减轻，相应的也就提高了燃料的效率。与轮胎一样，机动车上的引擎、传送装置、冷却装置、操控装置以及为使其更好的运行所需的机油都是以碳氢化合物为基础的。机动车行驶的马路也是经过沥青处理的。在汽油中加入含氧添加剂或其他通过石化加工生产的添加剂是为了提高引擎的效率，减少空气污染。

不仅从我们的家具、地毯、电脑、打印机、电话、传呼机、移动电话到圆珠笔都离不开塑料，我们户外活动所必需的运动装备也都是石油化工产品。从溜冰鞋、滑雪橇、滑雪靴、滑雪板到高尔夫装备、篮球、乒乓球、帆船、汽艇、自行车头盔、泳衣甚至蹦极所需的弹性绳索都与塑料息息相关。

石油化工产品对医疗卫生的发展也起着不可忽视的作用。多年来，从静脉输液管、血浆袋到一次性针头、人造心脏瓣膜，帮助医护人员挽救了无数的生命。重伤患者和残疾人能恢复行动自由主要归功于用塑料和树脂制造的人造关节和假肢。由于塑料医疗设备清晰、透明、柔韧性好、利于消毒及易于操作，已广泛应用于各个医院。如今，人们开始研究具有特殊性质的聚合物，使其更好地为人类服务。塑料能长期植入人体内，主要是依赖于它的生物相容性和稳定性。石油化工产品也是生产药物的基础。例如，苯酚一直以来都是合成阿司匹林的原料。其他一些化工原料是生产降低胆固醇、降血压和治疗皮肤疾病等药物的起始原料。在预防方面，由弹性塑料制成的避孕套大大降低了性病如艾滋病等的传播，而且还有效地控制了人口的增长。

碳氢化合物在提高粮食及其他农作物的产量方面也功不可没。通过引进以汽油或柴油为燃料的现代化农业机器如拖拉机、收割机，农业早已实现机械化，大大减少了对人力及牲畜的需求。为了提高农作物的产量，避免过度消耗土壤中的养分，我们对土地施肥。肥料中的钾、磷、钙、镁、铁及其他矿物元素可以相对比较容易地从天然资源中提取，氮——可能是肥料中最重要的元素，自然界中含量却很少。19世纪，含氮的肥料主要来自"海鸟粪"。人们从智利海岸线附近的岛屿中收集海鸟的排泄物，然后运输到欧洲或其他一些地区进行加工处理制成氮肥。20世纪初期，两位化学家——Fritz Haber 和 Carl Bosch 利用空气中的氮气和从甲烷中得到的氢气成功地合成了氨气（NH_3），使氮肥的生产获得了革命性的发展。直到如今，氨气仍是包括尿素在内的氮肥的主要原料。使用农药是为了减少病虫害对农作物的影响，为持续增长的人口提供充足的粮食，而农药也是从石油化工原料中合成的。

正如我们所看到的一样，从矿物原料中得到的碳氢化合物及其相应的产品，以及化学工业的进展，让我们的生活变得更美好、更安全、更舒适。它们已经改变甚至改革了人们的生活和工作方式如交通、信息传递、交流、娱乐和医疗等。石油化工的长足发展将会使未来的生活越来越美好。

然而，随着化石燃料这类非再生能源的日趋减少，我们迫切需要用其他资源来替代以满足人们对能源的需求。目前，石油化工产品（交通燃料、塑料、合成纤维、弹性体、橡胶、油漆及包括合成蛋白质在内的无数种其他产品）的市场需求不会减少，我们必须保证生产出足够多的合成烃类及相关衍生物作为上述产品生产的原料。短期来说，我们仍可依赖于石油、天然气以及数量更大的煤资源。利用从天然气和煤中获得的合成气，可以通过费-托合成工艺大量生产各种合成烃类。但是费-托合成工艺从化学原理上说，除了需要消耗大量能源、花费大量资金且污染环境外，更重要的是它也是以日益减少的化石原料为基础的。因此，如何利用生物质能等可再生能源或从甲醇（由二氧化碳的循环利用制得）中获取能量解决能源危机便成为亟待解决的问题（第10~14章）。

很显然，即使人类能够使用化石燃料以外的替代性能源，如太阳能、风能、地热和原子能等可再生能源来解决其能源需求，但在化石燃料充分易得的时代消逝以后，我们仍然会需要大量价廉且可再生的合成烃类及相关产品。这些产品提供了便利的运输燃料和各种衍生的材料和产品（图6.4和图6.5）。很多人提出可以用农业和天然的生物资源来替代上述产品。尽管通过甘蔗、玉米和其他谷物甚至纤维素作物的发酵可以大量生产农业乙醇，并将其用作运输燃料和化学原料，但其大规模使用，包括乙醇脱水制乙烯并进一步转化为合成烃类和衍生产品等的经济性和农业-政治现实性都是成问题的（早在俄国布尔什维克革命后的20世纪20年代，列宁就已提出类似的主张，但马上放弃了）。乙醇的需求量是惊人的，而相应数量的农作物生产不仅需要大量的烃类燃料、肥料、杀虫剂和水资源，更需要占用大量的农地，以致影响到世界的粮食供应。不过，我们还是应当采用一切可行的替代方法，包括本书建议的甲醇及甲醇衍生物的生产和使用。甲

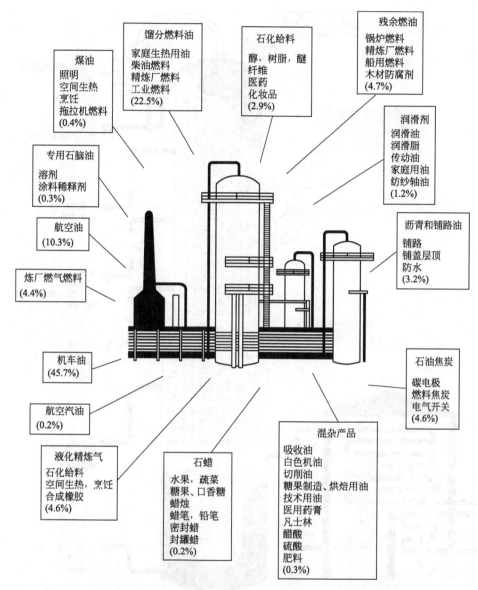

图 6.4 石油产品及其在美国的使用 [(1997年炼油厂各种成品油的收率,%)
资料来源:《石油:能源的一个侧面》,1999 年版,美国能源信息署]

醇可以从各种来源出发进行生产,其中最重要的是,可以通过二氧化碳的化学循环回收,而所需的氢气可以借助任何形式的能源,包括可再生能源和原子能,通过水的电解而获取。甲醇不仅是一种便利的、可再生的和环境友好的燃料,在我们所提出的"甲醇经济"中,它也是生产各种合成烃类和衍生产品的起始原料。

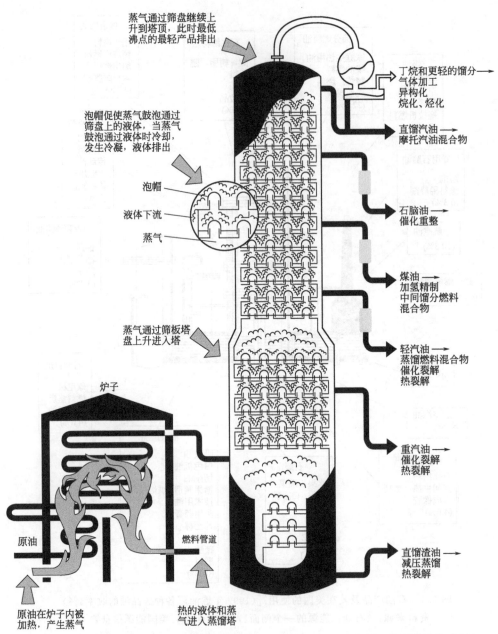

图 6.5 原油蒸馏（资料来源：《石油：能源的一个侧面》，1999 年版，美国能源信息署）

在我们看来，那种认为我们应当完全戒绝使用烃类物质的想法是不切实际的。而且，从长远来看，CO_2 的化学循环回收将为人类提供取之不尽的可再生碳资源，足以取代各种行将耗竭的化石燃料型碳资源。

第7章
化石燃料和气候变化

7.1 化石燃料对气候变化的影响

气候变化,特别是全球变暖,正越来越多地引起了人们的关注,而且被列入了人类面临的最严重的全球环境问题的行列。媒体对于环境问题严重性的广泛讨论和报道,总是强调着全球变暖所可能带来的灾难性后果,习惯地把它和过去人们所遭遇到的备受非议的恶劣天气联系起来。好莱坞以自然灾害为背景的影片《后天》,正是描述了北半球遭受的一次灾难性的新冰河世纪的情景。这也使得人们产生了焦虑:日益严重的温室效应势必将对全球气候产生持续的、不可想象的灾难性影响。同时,人们还担心全球变暖会带来小范围生态系统的破坏,从而引起更为强烈、更具有破坏性的风雪和飓风的到来,甚至于两极冰雪消融,以及随之而来海平面的上升带来的不良后果——地势较低的孟加拉国、荷兰、马尔代夫、佛罗里达等地方的沿海区域将面临被淹没的可能。

为了弄清楚这些恐惧担心是否有真实的依据,我们必须进行实际的考察。目前,最值得信赖并被国际社会所认证的主要信息来源是政府间气候变化专门委员会(IPCC)。政府间气候变化专门委员会是由世界气象组织(WMO)和联合国环境署(UNEP)在1988年共同建立的。政府间气候变化专门委员会的评估报告为各国的决策者、科学家以及各个方面的专家们提供了关于全球气候变化的详尽的信息。发表于2007年的第四次评估报告显示:在1850~2006年间,地表的平均温度升高了(0.8±0.2)℃(图7.1)[85]。更为仔细地观察发现大多数的气候变暖现象是发生在1910~1945年和1976~2006年这两段时间内,虽然目前还没

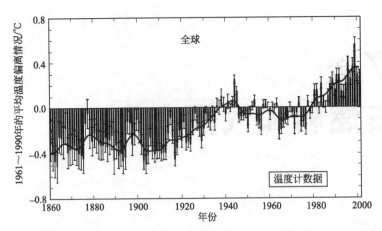

图 7.1　1850～2006 年间地球上年均地表气温的变化［以 1961～1990 年间的平均值为比较基准。经过圆整的光滑曲线所显示的是 10 年平均的气温变化（资料来源：IPCC，《2007 年气候变化第四次评估报告：科学基础》）］

有清晰的原因来解释这一现象。而在 1995～2006 年的 12 年中有 11 年都属于自 1850 年通过在全球有系统性地使用温度仪表建立气象记录以来（虽然测定地球表面的平均温度至今仍然十分复杂而困难）最为温暖的年份[85]。在此之前的温度只能通过间接地从一些对于温度较为敏感的事物、今天还依然保留着且能加以测定的所谓"代用信息"中推测得到，例如树的年轮、冰芯、珊瑚等。虽然收集到的这些信息并没有直接测量来得准确，但是，从结果我们也可以看到，20 世纪及 21 世纪的最初几年中温度的持续攀升是过去 1000 年中最快的。这一温升曲线的形状就是大家熟知的"冰球杆"（图 7.2）。最近有些科学家对这种被广泛认同的"冰球杆"状温升图提出了质疑，指出某些资料数据是有问题的，且用复杂的统计方法处理数据并进行分析也未必得当[86]。尤其是用从代用信息中收集到的数据来断定 18 世纪以前温度的做法受到了更多的批评。不过，无可否认的事实是近年来确实显现了全球变暖的趋势[87]。全球气候变暖趋势带来的另一个严重的后果是：从 1950 年以来，除了春夏季北极海面的冰层前伸距离已经退缩了 20%～25% 外，非两极区域的高山冰川也出现了大面积的消融。20 世纪以来，全球平均的海平面上升了 0.1～0.2m，并且，自 50 年代以来，全球的海洋热容量也在逐步的提高。不过，全球的某些区域，主要集中在南半球，在最近的几十年里并没有变暖；自 70 年代末以来，南极海面冰层区域的消融趋势也不明显；甚至于整个 20 世纪中也没有发现龙卷风、雷电以及冰雹这一类的灾害天气有变得更为活跃、更加频繁的趋势。我们也应该意识到，早在地球上出现人类活动之前，就曾出现过多次在冰河时期之后跟随着气候变暖的情形。因此，人类活动所导致的气候变化,只能看做是叠加在自然周期引起的变化上的而已。我们无法改变大自然的周期,比如地球自转轴相对于太阳轴线的倾斜程度,或者太阳的活动强度(太阳黑子),但应尽一切努力来减轻人类活动所造成的不利环境影响,包括利用一切时机实施合理的节能措施、采用新技术、减少 CO_2 排放等,而不是那种纯粹出于政治-经济考虑的不切实际的政策法规。

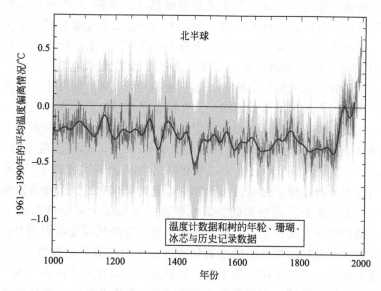

图 7.2 过去 1000 年地球表面温度变化(资料来源:IPCC,《2001 年气候变化第三次评估报告:科学基础》)

考虑到过去气候的波动,我们必须提出这样的问题:自然界天气的变化是我们能够预测的吗?首先,我们必须弄清过去气候变暖的原因所在。现在人们普遍认为全球变暖是由温室效应所造成的:在大气层中存在着一种吸收热量的气体,它们可以吸收由地表反射的太阳光中的红外线,就像一个巨大的毯子一样包裹着地球,这些气体被称为"温室气体",其中包括水蒸气、二氧化碳、甲烷、一氧化二氮、臭氧等。众所周知,臭氧层可以防止大地受到紫外线的侵害,而最近,人们已经确认是人工合成的氯氟烃(CFC)化合物对臭氧层产生了很严重的破坏作用,而臭氧层能保护地球免受来自太阳的、具有破坏性的紫外线(UV)的过量辐射。臭氧层破坏最严重的地方是发生在两极地区,而且在两极的部分地区已经发现了臭氧层空洞。如果没有大气层中这些自然产生的温室气体,如二氧化碳、水蒸气、甲烷等的保护,地球地表的平均温度就会低得多,接近于火星大气的温度。在平均 $-18℃$ 的条件下,大部分的水几乎常年都是冰冻的,如我们今天所知的生命产生和进化过程即使有可能发生,也会困难得多。而另一方面,温室效应太强了也是有害的。例如,金星的大气中二氧化碳的含量过高,造成了金星的地表温度比金属铅的熔点还要高,从而使得金星与寒冷的火星一样成为生命无法存活的环境。人为造成的温室效应增强是确实存在的,也已经引起关注。为了保护地球的温度免于受到人类活动的不利影响,并维持生命的延续,密切关注大气中温室气体的浓度是非常重要的。如果二氧化碳或其他的温室气体的浓度持续上升,其影响势必会造成全球平均温度的继续攀升。早在1895年,瑞典化学家斯万特·阿伦尼乌斯就通过计算得到:如果大气中的二氧化碳含量由于人类活动而翻一番,地球的平均表面温度就将会上升5～6℃[15]。他还计算出要产生这些量的CO_2所需要燃烧的煤的总量,以及这个过程所需要的时间。当然,后来我们还消耗了大量的其他的碳化石燃料,如石油和天然气等。实际上,大气中的二氧化碳的含量在过去的一个多世纪中一直在持续的稳步上升。在工业时代之前的几千年中,二氧化碳的含量还是相对稳定地保持在270ppm左右的水平上,但自1750年以来大气中二氧化碳的含量就已经升高了36%,达到了现今的380ppm(图7.3和图7.4)。现如今,大气中二氧化碳的含量达到了过去42万年中的最高点,而当前的增长速度在过去的2万年中也是绝无仅有的。现在普遍被人们所接受的观点认为,现今所观察到的二氧化碳含量大幅度上升应该归因于人源因素,讲得更确切些是人类活动及其叠加在大自然自身的气候变化周期上所产生的影响。化石燃料的燃烧所释放出的二氧化碳占了人为二氧化碳排放的绝大部分,其余部分则主要是由土地使用性质变更,特别是采伐森林所造成的(图7.5和图7.6)。在很长时间内美国一直是世界上排放CO_2最多的国家,但有报道说中国已经在2008年超过了美国。大约一半的人为二氧化碳排放又重新被海洋和陆地植被所吸收,而剩下部分则进入了大气层,构成了大气中二氧化碳的增长。同时,我们知道,二氧化碳在大气中的含量仅仅只有0.038%(380ppm),但是,

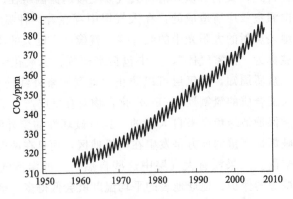

图7.3 1958～2008年间从夏威夷莫纳罗亚山测得的大气中CO_2浓度
(资料来源:CDIAC,二氧化碳信息分析中心)

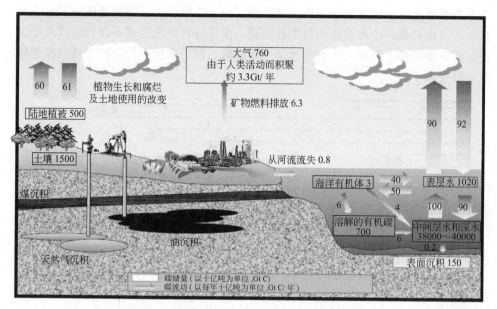

图 7.4 全球碳循环（依据 IPCC 提供的数据）

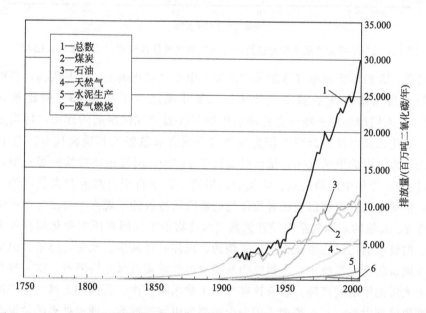

图 7.5 1750～2005 年间全球源自化石燃料燃烧、水泥生产和火炬放空的二氧化碳的排放量（资料来源：G. Marland、T. A. Boden 和 R. J. Andres：《2008 年全球性、分地区和分国别的 CO_2 排放变化趋势：关于全球气候变化的数据汇编》，美国能源部 橡树岭国家实验室 二氧化碳信息分析中心，美国田纳西州橡树岭）

它对于地球上生命的延续却是至关重要的。由人类燃烧化石燃料造成的二氧化碳排放本身也只是一个相对较短时期的问题，因为这种情况至多不过能持续几个世纪，在地质历史上所能代表的不过是一个瞬间，然后就会迫使我们去寻找其他能源和碳资源了。

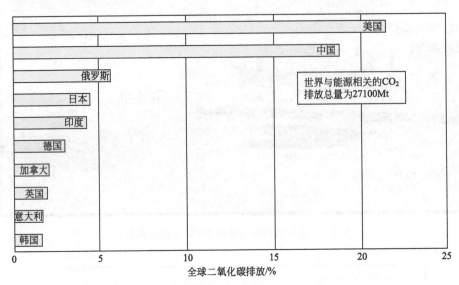

图7.6　2005年世界最大的与能源相关的二氧化碳排放国家（资料来源：IEA）

目前，人们对于温室气体的关注主要集中在二氧化碳上。这是因为，在组成大气的人为因素造成的温室气体中，二氧化碳就占了高达63%的比重（图7.7）[61]。人们却忽视一些一直在增长中的其他温室气体所起的作用，特别是甲烷、一氧化二氮以及最近报道较为频繁的合成含氯氟烃及其他卤代烃。自1750年以来，大气中的甲烷气体含量已经增长了150%，而且还在持续的增长中，达到了过去65万年中的最高点。大气中的甲烷主要来自于自然界和人类活动两个部分：沼泽地区的植物以及稻谷类作物的腐败所排放的甲烷占自然界中甲烷排放的3/4，其他的来源包括海洋和天然气水合物由于气温和压力变化所释放出的甲烷；白蚁的消化过程也是会产生甲烷的。同样，在黄牛、水牛、绵羊、山羊和骆驼等家畜的消化系统中，从植物中所摄取的纤维素被微生物降解，这一过程会产生了大量的甲烷副产物。所有这些构成了除水稻耕作、石油和天然气生产以及垃圾埋地处理以外，与人类相关的一个主要的甲烷排放源。埋地处理的垃圾在厌氧（缺乏氧气）条件下降解时所释放的甲烷，现在越来越多地被当作一种能源而加以利用，而不让它逸入大气。总的来说，当前大约一半的甲烷排放是人为因素所造成的。虽然大气中甲烷的总含量升高了只有1060ppb，但却是造成温室效应加重的占 18% 权重的原因[61]。甲烷是一种更为有效的温室气体,具有较高的全球暖化潜势(GWP)(表 7.1)。GWP 是以二氧化碳为参照,某种给定物质的热吸收能力在某一给定的时间区间上的积分值。在 100 年中,甲烷的 GWP 要比二氧化碳高出 23 倍。

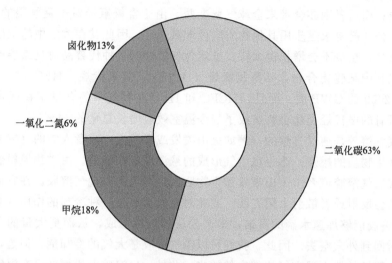

图 7.7 各温室气体在由人类活动所造成的温室效应中所占的权重(资料来源:IPCC 第四次评估报告。《气候变化 2007:科学基础》,表 2.1。1750~2005 年间全部人为造成的变化达到 2.63W/m²)

表 7.1 各类温室气体的全球变暖潜能指数(GWP)

气 体	分子式	全球变暖潜能指数(GWP)①	大气层寿命/年
二氧化碳	CO_2	1	
甲烷	CH_4	23	12
一氧化二氮	N_2O	296	114
氢氟烃(HFC)实例		12~12000	0.3~260
HFC-23	CHF_3	12000	260
HFC-32	CH_2F_2	550	5
HFC-134a	CH_2FCF_3	1300	14
全氟代烃 实例		5700~22200	2600~50000
全氟甲烷	CF_4	5700	50000
全氟乙烷	C_2F_6	11900	10000
六氟化硫	SF_6	22200	3200

① 在相当于 100 年的时间横坐标上的积分。

注:数据来自于 IPCC,第三次评价报告,2001 年[60]。

在工业时代中，一氧化二氮（亦称"笑气"，N_2O）在大气中的浓度也上升了 16%，达到了过去 1000 年中从未达到的高点。由于一氧化二氮的 GWP 高达 296，它是造成温室效应加重的占 6% 权重的原因。

含氯氟烃（CFCs）不仅对于大气的臭氧层会产生破坏，同时也会吸收大量的红外线；而后者则亦会带来全球气候变暖。由于含氯氟烃对于臭氧层的破坏，蒙特利尔公约已要求逐步用其他物质取代含氯氟烃，因此其在大气中的浓度也会渐渐地减少，至少不会增长得太快。虽然含氯氟烃的各种代替品对臭氧层的危害较小，但其中某些化合物，如氢氯氟烃（HCFC）、氢氟代烃（HFC）等，都有着高达 12000 的 GWP 值。而且，HCFC 和 HFC 在大气中的含量正在逐步地增长中。所有的卤代烃类化合物造成了当今温室效应增长总量的 14%。

大气气溶胶是通过自然的（例如火山喷发或者沙尘）或者人为的（主要是化石燃料和生物质的燃烧）途径在空气形成的悬浮颗粒或液滴。由矿物原料燃烧产生的硫酸盐气溶胶或者由火山喷发和生物质燃烧产生的其他气溶胶，在它们到达地面之前会反射或者散射太阳光线，因此对大气会产生一种冷却的作用（全球变冷）。气溶胶能够加速水滴的凝结，带来云层的加速形成，从而更大量的太阳光会被反射回到外太空去。因此，我们可以说气溶胶是大气的冷却剂，但是，这种效应并不能够补偿由温室气体带来的效应。此外，气溶胶的周期并没有温室气体在大气中的生命周期长。

当谈到全球气温变迁时，我们必须记住，大气中浓度压倒其他所有温室气体总和的温室气体是水分，而我们几乎无法对其加以控制。因此大自然自身对气候有着最主要的控制作用，包括地球自转与环绕太阳公转轨道之间的偏角形成的气候周期[86,88]。尽管温度和大气中的二氧化碳含量是明显相关的，有一些证据却指出大自然本身的升温周期有可能引起了二氧化碳浓度水平的上升，而不一定是反过来的因果关系[89]。

通过收集到的关于温室气体和其他会影响到地球大气的因素的大量信息的分析，我们已经开发出通过电脑模拟的方法来研究大气温度变化的成因，更重要的是，造成现在所观察到地球变暖趋势的原因。数年来，这项技术已经日趋成熟，但是，在某些地方对于一些更为复杂的天气系统却显得不是那么的有效。不过，这项技术已经可以提供一个合理的并且较为精确的关于过去 150 年内气候变化的模型。在过去的 50 年里，气候变暖的速率和加速似乎是跟大气中温室气体的含量有关。根据这些数据，IPCC 在它的第四次评估报告中指出：

"过去 50 年里全球温度上升中的主要部分很可能是与人类活动造成的温室气体相关的……而最近的 30 年中人为因素造成的全球变暖可能已经产生了在整个地球的尺度上可以鉴别出来的明显影响，与许多物理和生物体系中人们所观察到的变化有关"[90]。

尽管，持续增长的人类的活动势必造成全球气候的变化是毫无疑问的，但是，人类的活动是否会加重自然界自身的循环仍然值得商榷。由于持续的温室气体排放，人类在 21 世纪中、甚至更长的时间里也将会一直影响着大气的组成。由化石燃料的消耗所带来的二氧化碳的排放无疑将是全球变暖趋势的一个主要影响因素。但是，由于化石燃料（即使包括煤在内）的储量逐步地减少，剩余的储量最多可以坚持 1～2 个世纪的时间，故而，这种趋势是不会这样一直下去的。

尽管在关于气候变化的争论中，人们没有对石油和天然气产量的高峰期予以太多的关注，但这些因素确实对未来 CO_2 的排放会有重大的影响[91]。基于用来描述过去气候变化的数学模型，人们还建立了一个模拟未来天气变化的模型。当然这个模型是基于大量的推测，如未来温室气体的排放，还有大量的可能发生的情况的预想。然而，他们还是给出了一个全球平均气温增长的数值，大致是在本世纪剩余的年代里将升高 1.1～6.4℃，在此期间大气中的二氧化碳含量则在 450～1000ppm 以上的范围内。但是，实际上不大于 3℃ 的上升比 6℃ 的上升的可能性更大。虽然如此，这样的一个温度变化也会带来地球上大范围的反响。首先，天气变化会影响到海平面的变化：推测在下个世纪大概要上升 0.6m，主要是由热膨胀和冰川及极地的冰帽消融造成的[85]。即使地球整体的温室气体组成得以保持恒定，格陵兰岛的局部升温如果持续下去的话也会造成冰层的进一步消融，从而导致海平面的上升。这对于孟加拉国、马尔代夫、荷兰等地势较低的岛屿和国家来说无疑是一个坏消息。由于海洋的变暖和水分大量的蒸发，全球范围的降雨势必会更加的严重和剧烈，这些结果将会带来更为频繁的洪涝灾害。但与此同时，大量的云的形成和降水又会缓和一下大气的变暖。

高温的气候，不仅会影响到敏感的生态系统，还会对很多地区的农作物的产量产生巨大的影响。这样的结果对于发达国家与发展中国家是不同的。就全球而言，位于合适气候地区的发达国家，作物将会有更加长的生长时节，而高含量的二氧化碳只是作为一种肥料，不过是增加了农作物的生长和产量[92]。高温的天气同样可以延长位于加拿大极北地区以及西伯利亚部分地区小麦的生长时间。同时，其他地区的农作物的产量会因为干旱而大幅度下降。不断改进的灌溉技术、先进的种植技术以及更易生长的农作物的筛选是必须解决的问题。

总的来说，对于那些贫穷的国家，特别是热带地区的国家而言，他们没有更多的资源来应对气候变化所带来的负面影响，故而，全球变暖带来的这些不利因素对他们的影响也是最大的。但是，由于适度的温度变化带来的有利的一面一直在增长，全球变化的平衡是很难预测的。现在，大家所了解的事实是，人类对于气候变化的影响必须引起我们时刻的关注，此外，更为重要的是，我们必须尽快采取适当的措施来减轻温室气体的排放及其带来的严重后果。同时必须指出，在一个大的时间范围内，人为造成的气候变化，就目前来说主要是气候变暖，在很多情况下只是暂时性的，在较为长远的将来终将让位于新的气温变冷周期。由于全球的化石燃料的储量是有限而且不可以再生的，因此等到全球人口分布趋于平均时，过量的二氧化碳排放肯定会减少。不仅是自然界自身的光合作用循环机制，而且更为高效的二氧化碳化学循环技术（参考第 10~14 章关于甲醇经济的内容）都可以保持大气中二氧化碳水平的平衡。

7.2 缓解

现在，人类已经发明了好几种可行的方案可以在小范围内限制或减少人为温室气体的排放。其中一个有效的方案，就是通过改进消耗燃料的各个环节的功效来提高单位体积二氧化碳排放的能源利用率。为了达到更高的利用率，我们可以利用先进的技术设计效率更高的发电厂，可以驾驶更高燃料效率的汽车，还可以使用耗能更低的家用电器等。商业大厦和私人住宅都可以采用更好的保温措施来实现节能，从而大大降低取暖或空调的能源消耗。这些措施不仅可以减少二氧化碳的排放和其他对环境不利的影响，而且还是非常经济有效的，因为它们同时还减少了必需的能源消耗，从而节省了维持费用。与此同时，它们还可以减轻类似于欧洲、美国和日本这样的能源输入国对外国石油和天然气供应商的依赖。不过，这样一些节约措施最多只能在相对较短的时期内延长这些必需且易得的化石燃料的供应。

因此，我们不可避免地要转换到使用按单位发生能量排放二氧化碳较少的其他燃料。事实证明，用天然气来作为发电行业的燃料确实是可行有效的，它以较少的废气排放量的优势在发电行业中所起的作用是越来越重要，而且已经开始逐渐取代原始的煤炭。非化石燃料的能量来源，也势必将在我们未来的能源需求中占有越来越重要的地位。其中，水能已经在很多地方都得到了应用，水力发电也被很好地应用到了很多地方，但是，由于自然地理条件的缘故，水资源（如河流、瀑布等）的应用受到很大的限制。风能、太阳能、地热能及生物质能在人类能源消耗中的比重正在不断的增长，虽然仍然只是很小的一部分。除了技术的限制以外，阻碍这些所谓的新能源的广泛应用的另一个主要原因，就是成本太高，尽管目前在许多地方，风能与采用化石燃料发生的能量相比已具有竞争力。除了各种可再生能源，核裂变作为一种已经开发成熟、十分可靠且不排放二氧化碳的能源，预期未来将得到广泛应用和发展。当然，对于核能的安全性工作需要进一步的加强，而且，核废料的储存和后处理问题也需要很好的解决。同时，发展新的核反应堆，例如增值反应堆甚至于可控的核聚变，是它必然的发展趋势。

在我们应用化石燃料的过程中，燃料燃烧会产生大量的二氧化碳，特别是火力发电站和水泥工厂会产生很大的烟尘；为了避免它们大量地直接进入大气，我们可以利用工厂排气系统把排入大气的废气先进行一下处理。除去二氧化碳的方法有很多，包括化学吸收法、固体吸附法、滤膜法等。虽然这些方法是确实可行的，并且在一些地方进行过小范围的测试，但是在大型的商业发电站中，它们至今都没有得到很好的应用。最近，世界各地许多国家的政府都声称将拨付总额达到数十亿美元的款项用于 CO_2 捕集和封存（CCS），其目的就是要使 CO_2 捕集技术达到在放大的规模上可行并具有经济性的水平[93]。随后，这些分离出来的 CO_2 可以被压缩起来，然后，按照现在的一些方案，注入地下的地质构成之间，或者是使之融入逐渐消耗的石油和天然气里面，甚至于大海的深处（图 7.8）[94]。举个实际的例子，自 1996 年以来，挪威的 Statoil 石油公司就一直将它们在北海的 Sleipner 钻井平台上所钻得的天然气中的 CO_2 重新注入北海下面的含盐量较高的蓄水层中[95]。CO_2 同时还可以用来提高老油田的采收率。在正式开始将数十亿吨的 CO_2 注入地下或海底之前，我们必须对大规模封存的环境影响进行认真的评估。就在不久之前，喀麦隆便曾发生过震惊世人的灾难性的大量 CO_2 的自然排放，造成了致命的后果。1986 年，原本积聚在尼奥斯湖底、起

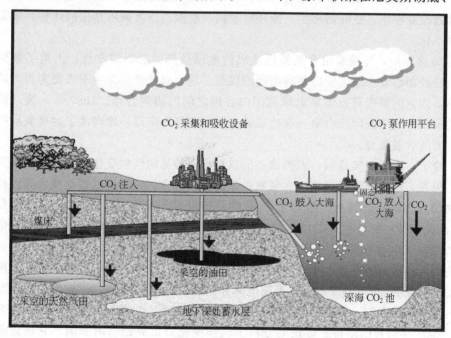

图 7.8 设想中的二氧化碳隔离技术一览图

源于火山活动的高浓度 CO_2 突然迸发，形成的 CO_2 云迅速散布到邻近的多个村落中，致使 1700 多人及数千只大动物因窒息而死亡[77]。这次喷发的确切原因至今尚不清楚，但有可能是火山活动、地震或雨水在湖中迅速聚积所造成的。同一地区的莫农湖在 1984 年也曾发生过类似的 CO_2 "爆发"，造成了 34 人死亡。

从许多方面而言，CO_2 的封存处理只是一个暂时的途径。长远来看，本书所提出的"甲醇经济"（第 10～14 章），则可以经过化学的手段把 CO_2 转化为甲醇，将其作为一种高效的能量存储方式，作为燃料，或进一步转化为合成烃类及下游衍生产品。这样就可以发挥 CO_2 二次利用的经济价值，从而减少 CO_2 后处理的成本并减轻对环境的有害影响。最重要的是，这将为我们的后代提供可再生的碳资源。

除了 CO_2，其他的温室气体，如甲烷，由农业方面（家畜、动物代谢物、稻米、含氮肥料等）产生的一氧化二氮，则可以通过在农业生产过程中采取适当的手段来消除，而甲烷同时还可以通过分离加以利用。现如今，垃圾产生的甲烷气已经被用来当作一种能量来源，或者作为其他的用途。工业生产（如脂肪酸）中产生的一氧化二氮已经在逐步地消除。

含氟气体的唯一来源是工业生产，它们在大气中的存在完全是人类造成的。由于其较高的全球暖化潜势，这些气体应该严格地被监测和控制。它们的排放可以通过改变程序、更好的再生、循环以及调控政策，或者采用其他的代替品来实现最小化。

20 多年前，伴随着由含氯氟烃造成的地球臭氧层空洞的发现，人类了解到我们已经面临着全球范围内环境问题的挑战。这个问题恐怕将会带来更为长久的影响，而它的解决只有依靠全球范围内各国之间的协调合作。1987 年，通过的蒙特利尔协定是国际社会第一次达成的共识，并且决定逐步地淘汰了对臭氧层产生危害的含氯氟烃。

今天，科学事实证明，人类确实应该对显而易见的气候变化负上一部分的责任。但是，这个问题远远没有含氯氟烃来的简单。含氯氟烃通过禁止或者寻找替代物的方法就可以解决，但对于 CO_2 排放情况则不是这样。控制 CO_2 排放是《京都议定书》的目的。有大约 140 个国家批准了《京都议定书》，但美国和其他一些国家至今未予批准，而澳大利亚直到 2008 年政府更迭后才加以批准。《京都议定书》还豁免了印度、中国和巴西等正处于高速工业化进程中的某些发展中国家的相应义务。《京都议定书》正确地陈述了环境问题的现状，并提出了对于温室气体排放的限制，但是，除了排放交易配额制度外，它并没有提出好的解决方案。2006 年颁布的斯特恩修正案分析了气候变化对世界经济的影响。它还讨论了尽量减少因全球变暖而造成的经济和社会破坏，及稳定大气中温室气体浓度的途径和措施[96,97]。人们期待在哥本哈根联合国气候变化大会上能够达成一份可取代《京都议定书》（京都议定书的有效期为 2012 年）的新文件，这很可能是一份更为全面的解决全球变暖问题的纲领[98,99]。时至今日，我们需要有解决问题的新技术方案，其中之一就是本书提出的"甲醇经济"。从本质上说，甲醇经济的概念是建筑在由 CO_2 通过化学循环回收、经甲醇而转化为新型燃料和材料的基础上的。这样一种方法还可以提供一个可再生的、用之不竭的碳资源，同时减轻了人为造成的全球气候变化，并把人类从对日益消耗的化石燃料的依赖中解放出来。

考虑到 CO_2 是一种主要的温室气体，对人为原因的全球变暖起了重大的作用，包括诺贝尔和平奖得主阿尔·戈尔（克林顿任期内的副总统）和其他一些环保主义者在内的许多人都在竭力鼓吹完全放弃使用含碳燃料，包括其工业应用，从而使人类摆脱"碳瘾症"。包括现任总统巴拉克·奥巴马在内的另一些人则在最近提出要协调各方努力来找出一种能涵盖一切合理途径的解决方案。我们相信，"甲醇经济"与这一想法是一致的，并正在赢得更多人的关注。

也许部分是受到蒙特利尔公约禁用含氯氟烃所取得的成功的鼓舞，一些人提出了"禁碳"方案，但考虑到碳元素对人类及其他生命体在地球上生存延续的重要作用，这显然是不现实的。在我们生活的所有各个方面，碳元素都是一个基本的构筑单元，对于丰富多样的产品而言，它也是不可或缺的基本原料。

为了减轻 CO_2 排放问题，目前提出的方法中，除了分配给各国和主要用户的碳交易配额外，只有将 CO_2 捕集起来、然后封存在地下或海底。正如前面已经强调指出的那样，这种储存技术只是暂时性的，而且具有潜在的不安全性。

在我们看来，我们所需要的不仅仅是努力去治愈我们对 CO_2 排放的恐惧症，而应是找出一个解决问题的合理方案。碳基燃料及其衍生产品可以做到对环境而言是碳中性的，同时在人类生命的时间尺度上是可再生的。我们认为，化学循环回收就是一种可行的、经济的、永久性的解决过量 CO_2 排放的办法，也为化石燃料之后的未来时代提供了一种可再生的、用之不竭的碳资源。

第8章
可再生能源和原子能

8.1 概述

如前面章节所述，今天我们需求的很大一部分能源和相关的碳氢燃料及其产品主要依靠不可再生的化石燃料。在前工业时期，能源供应主要依靠可再生能源，今天在一些发展中国家仍然是这种情况。人们利用水磨或风车来磨面、榨油、汲水，利用海上的风能来驱动船只，利用生物质能，如木柴、家畜粪便来取暖做饭。然而，随着工业化进程的发展，在全球能源供应中，可再生能源逐渐被化石燃料所取代，起先是煤炭，接下来是石油和天然气。在过去的2个世纪里，我们的能源需求依赖的主要是化石燃料，虽然这段时间在人类历史的长河中是微不足道的。尽管各种矿藏仍然是很丰富的，然而毕竟是有限的，正在一天一天的减少。从长远看来，在未来几百年里，不可能一直长久地维持我们的生活方式和发展需要。因此，为了满足我们未来的能源需求，我们必须大力依靠和发展替代能源来代替化石燃料，包括可再生能源以及核能。然而为了满足对燃料和材料不断增长的需求，生产合成碳氢化合物也需要大量的能源，而这一部分必须从非化石燃料中获得。因此，不仅有必要讨论我们将来需要依赖的替代能源以及原子能的可能性及可行性，而且还有必要找到储藏、运输、分配、利用能源的各种新的有效方式，从而进一步突出本书所建议的"甲醇经济"的优越性。

跟化石燃料不一样，可再生能源取自用之不竭的自然资源，容易自身修复，包括来自太阳的光和热、风、生物质、水力、潮汐、波浪以及来自地壳的地热。不过，所谓的"可再生"不一定意味着无污染或者是"绿色"。可再生能源正在得到人们越来越多的重视，尤其是20世纪70年代石油危机以后的美国。突如其来的石油短缺，导致了油价和电价的急剧增长，使得那些习惯了廉价能源的国家深受震惊，促使政府寻求解决方法来实现能源自主。采取了若干措施，重建能源工业以减少对进口石油的依赖，包括通过政府刺激和减免税收鼓励可再生替代能源的发展。在20世纪80年代早期，其中的很多措施都即将执行，但是到了80年代中期，随着化石燃料价格的大幅回落，由于成本太高，可再生能源的概念不再是能源政策的核心。然而最近，由于能源自主的需要以及《京都议定书》中对减少温室气体排放的规定，许多只有很少或者几乎没有矿藏的欧洲国家以及日本，重新开始大力开发可再生能源。增加利用可再生能源技术有助于减轻环境影响并最终同时达到环境和能源安全的目标。然而，由于人类对能源的总体需求是巨大的，因此至少在可以预见的将来，还不能仅仅把这些技术看做是唯一解决的方法。鉴于替代能源几乎都不依靠燃烧来产生热或电，与化石燃料技术相比，可以给环境带来很多好处（见后文）。可再生能源通常取材于国内的资源，其供应不会轻易受到干扰，因此发展和利用可再生能源同样可以提高能源安全性。

可再生能源很有希望成为将来安全能源发展的重要因素。原则上，由于可再生能源不依赖有限的自然资源，这一优点使其有着巨大的潜力和未来前景。到达地球表面的太阳能与人类消耗的所有化石燃料产生的能量相比，要多大约10000倍。尽管可开采的大量初级能源通常是分散的，但是可以通过多种方式转化为有利用价值的热能和电能。不过，普遍应用还面临着众多挑战，许多形式的可再生能源目前还不具有经济可行性，况且在可再生能源与现存能源体系的整合方面仍然存在着严重的技术问题。这些能源方式也不像人们通常所相信的那样对环境友好。不管公众如何认为，事实上没有任何形式的能源是无污染的，不论是可再生的还是一次性的。在建设、操作或者处理生产设备和燃料的过程中，总会存在着一些负面的影响，例如：

地热能从严格意义上讲的不是可再生能源，一方面地下水库由于长时间使用从而被废弃，另一方面也会产生固体废物，并且排放出有害的气体；

修建大型水电站需要在河流上筑坝，建成后还会淹没大片田地；

利用太阳能需要生产光伏太阳能电池，生产过程中需要的大量能量很可能来源于化石燃料，并且通常涉及有毒材料，如镉、砷的使用。同时，广泛应用太阳能还需要大面积铺设光吸收面板，从而占据很多地面。

从目前情况来说，与常规能源相比，成本太高是广泛而大规模利用风能、太阳能、地热能等可再生能源及其他可再生资源的主要障碍。这些可再生工艺相对来说是资本密集型的，聚集这些分散的能源需要大量的投入，这使得它们在短期内不为人们所看好。然而，从长远来看，当已经进行初期投入以后，可再生能源的经济效益就会不断提高，这是因为与消耗化石燃料的常规能源相比，操作和维护成本相对比较低，尤其是当后者价格不可避免地被显著提高时。近几年，美国和欧洲政府越来越放松对电力市场的政策管制，导致了能源供应商之间的竞争日趋激烈，而且这种竞争更多地集中在短期目标上，例如成本最小化策略等。这些政策使得可再生能源看上去处于劣势。因此各种形式的政府支持，包括研究资助、奖励、补贴、减免税收等在发展可持续而富有深远意义的能源政策上是必要的。在今天全球能源利用中，可再生能源仍然占且仅占相对很小的一部分，因此政府必须在促进可再生能源的发展和利用中发挥必要的作用。

根据国际能源机构（IEA）的数据，2005年可再生能源仅占世界总初级能源供应（TPES）的12.8%（图8.1）。更为传统的能源，如可燃烧的生物质以及废弃物等，合在一起占TPES的10.1%，另外2.2%是水电。用来发电和取热的新可再生能源，包括地热能、风能和太阳能在一起还占不足0.5%。

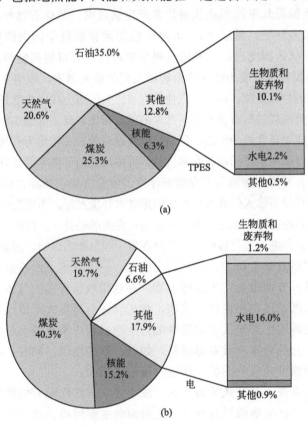

图8.1 (a) 2005年可再生能源占世界总初级能源供应（TPES）的比重；(b) 2005年可再生能源发电占世界总发电的比重
（资料来源：2007年国际能源机构IEA可再生能源信息）

今天，各种可再生能源仍然处在不同的发展阶段。有的技术已经发展得很完善，像水电、地热蒸汽、生物质和废弃物的燃烧利用等。有的尽管是新出现的，但是在蓬勃发展之中，像风能、把太阳能转化为电能的光伏发电技术、把生物质转化为气体或液体燃料的技术。还有一些仅仅是刚出现的概念，仍然处在研发阶段，像利用海洋潮汐、波浪、洋流、温度梯度发电。在下面的各节中将对这些能源方式的优越性、局限性以及可能的前景展开讨论。

8.2 水电

在各种可再生能源发电方式中，水电在世界上是应用最广泛的。水力的利用

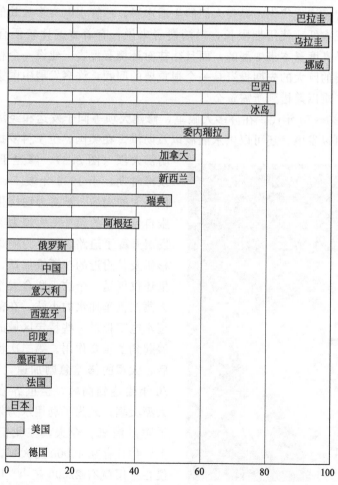

图 8.2　各国水力发电百分比（来源：中央情报局世界手册，2003 年 12 月）

可以追溯到古代，那时候人们利用河水的冲击或者从水坝和瀑布上倾斜下的水的重力来驱动水轮。随着发电机和水力涡轮的发明，自从19世纪以来，水电已成为一种重要的发电方式。事实上，今天，水电占了世界电力需要的17%。水电是某些国家的主要电力来源（图8.2）。例如，在加拿大和瑞典，水电占到总发电量的50%，巴西超过80%，而挪威几乎是100%。水电尽管还有提高的潜力，但该技术已经发展成熟。在发达国家，由于适合修建水电站的地方已经开发殆尽，因此这必然限制了进一步修建新的大型水电项目。但是目前世界上已开发的水电仅占了总潜力的18%[100]，在发展中国家和转轨经济中，仍然有巨大的资源未得到开发。例如，拉丁美洲开采了其潜力的20%，亚洲占11%，非洲仅仅占4%，因此未来90%的水电厂有望在这些大洲建立。合理利用水电有助于这些发展中地区实现经济现代化，提高人们的生活水平。尽管水电与多数其他发电形式相比，操作成本低，使用期限长，对消费者来说，有着普遍比较便宜的能源价格，但是也是高度资本集中型的，而且往往对环境有侵害。建设一个相当规模的水电站所需要的巨大的先期投资是一个很重要的问题，许多发展中国家可能会发现投入太高，难以筹措到所需资金。

20世纪30～70年代，在许多人眼里，修建大坝等同于发达和经济进步。这些大坝不仅可以发电，还可以供水灌溉以及防洪。在美国，位于科罗拉多河上的胡佛大坝（图8.3），修建于大萧条的顶峰时期，于1936年竣工，是那个时代最大的大坝，被视为现代化和人类征服自然能力的象征。大坝为美国西部的发展开辟了道路，把电力输送到远至洛杉矶及其附近的拉斯维加斯，那时候那里还仅仅是一个位于联合太平洋铁路上为蒸汽机车加水的小站。在前苏联，大型水电工程对一些特定区域的工业化发展起到了重要作用。第二次世界大战以后，大坝的修建急剧加速，到20世纪70年代达到高峰，全世界修建了许多大型大坝，既为了利用水力发电，也为了防洪灌溉。今天，在我们这个星球上，估计存在45000座大坝，其中，仅仅在中国就有22000座[101]！大坝是人类可以修建的最大建筑物之一。在南美

图8.3 美国科罗拉多河上的胡佛大坝

洲，位于巴拉那河上的伊泰普水电站，直到不久之前还是世界上最大的水电站，总装机容量达到12600MW，相当于大约12个大型商业核反应堆，所输送的电力分别占到巴西和巴拉圭能源供应总量的25%和78%。然而近期，大型水电工程遭到了许多环境和社会方面的批判。建设水电站必须修建大坝和水库，淹没大量被占用的土地，并可能破坏当地的生态系统，减少生物多样性，改变水质，同时由于对当地居民的转移和重新安置，对社会经济也会导致严重的破坏作用。被淹没的土地面积之大，有时达到成千上万平方千米。世界上最大的两座大坝蓄水库，位于加纳沃尔特河上的阿科松博水库有8730km^2，位于俄罗斯伏尔加河上的古比雪夫水库有6500km^2，接近于像黎巴嫩、塞浦路斯这样的小国的面积。在热带地区，如此多的水也会为携带疟疾的蚊子以及其他水生疾病创造滋生的场所。在20世纪60年代以前，大多大型水电工程并没有涉及大规模的人口安置，但是随着大坝开始在人口密集地区修建，尤其是在亚洲，需要重新安置的人口数量大量增长。据估计，在20世纪期间，由于修建大坝，被重新安置的人口已经达到4千~8千万。在中国，仅仅修建正在施工中的长江三峡大坝（图8.4），就需要重新安置一百多万人口。这座2000m长、200m高的大坝目前是世界上最大的水电站，总输出功率达到18000MW，这是中国快速发展的经济所非常急需的，但是其公布的造价接近300亿美元。为了完成这个巨大的工程，在大坝上游要修建一个500多千米长的人工湖，这将淹没4500个城镇和村庄、古庙、墓地以及若干世纪以来曾经激发了众多诗人、画家灵感、吸引来自世界各地游客的三峡美景。一些环境学家坚持认为，大坝会阻塞鱼类洄流路线，造成某些稀有物种灭绝。目前白鳍豚就已经被列为濒危物种。也有人关心，大坝会截获到成千上万吨从中国最大的工业城市之一重庆大量排放的污染物。在埃及，完工于1970年的

图8.4 中国的三峡大坝

阿斯旺大坝，将尼罗河截留在世界第三大水库纳赛尔湖中。在大坝建成以前，尼罗河每年泛滥一次，可以在谷底沉淀大量营养丰富的淤泥，使本来干旱的土地变得肥沃而且高产。然而在个别年份上，当河水不上涨的时候，就会导致旱灾，出现饥荒。大坝建成后，洪水得到了控制，旱灾通过放水得到了缓解，同时还可以大批量发电。不幸的是，曾经在每年的洪水期间使干旱的沙土地变得肥沃的淤泥，现在已经沉积在纳赛尔湖底，迫使埃及人每年用大约100万吨的化肥来代替那些曾经肥沃了贫瘠的泛滥平原的自然养分[102]。这例证了与大坝修建有关的一个主要问题：淤泥在水库中随着时间的逐渐沉积，尤其是在易于被侵蚀的地区，像喜马拉雅山脉以及中国的黄土高原地区。在技术上可能的解决方法就是冲洗排淤或者是挖除淤泥，加高坝堤。

小水电系统在水电的进一步开发中有很大潜力，一般对环境和人口的影响相对适中并且范围很小。其发电容量在1～30MW之间，有些小型或微型水电站的发电量甚至更小。对远离电网的偏远地区来说，这种供电方式尤其具有吸引力。这种装置直接将河水或溪水的动能转化为电能，属于典型的"径流式"水电站，蓄水能力很小或几乎没有。与大型水电装备相比，降低了对环境的影响，但是受季节变化影响大，在旱季不能发电。今天，"小水电"仅占世界水力发电的比例大约为5%。

大多与水电发展有关的人们所关心的问题已经被提出来，许多已经得到了成功的解决。经济可行性分析不再仅仅是未来工程的关键问题，还要把环境和社会因素也考虑在内，仔细衡量每个工程潜在的利弊。尽管关于大坝有许多反面宣传以及负面媒体评论，但这不应该掩盖由于大坝修建带来的众多好处。水电装备与其他能源装备相比，除了可以以低廉的价格供电以外，还可以发挥其他的重要作用，诸如防洪、灌溉、饮水、改善通航等。尽管新建大坝会导致数以万计的人口转移，但同时可以给数以百万计的人们供电，后者带来的好处应该远远胜过前者带来的影响。水电作为一种可靠易得的能源方式，其进一步开发仍将是许多发展中国家实现现代化的关键举措。修建水电厂而非火电厂，也会减少相当数量的二氧化硫和氮氧化物等主要空气污染物以及温室气体二氧化碳的排放。

8.3 地热能

地球的温度随着深度的增加而逐渐升高，地核温度高达4500℃。其中有一部分热能是大约45亿年前地球形成时遗留下来的，但大部分是天然存在的放射性元素衰变时放出的。由于热从高温传向低温，因此地球的热量会逐渐从地核传向地表。从地表不断辐射掉的热量，估计高达4.2×10^7 MW，尽管平均每平方米只有0.087W。如此巨大的热能，其中大部分是无法被实际获取的。然而，在某些地区，通常是地壳构造板块的边缘地带，热可以很快传到地表。在那里，富集的热量可以通过火山口、热蒸汽、温泉等天然出口释放出来。在这些地方非常适合建立热电厂，并且效率最高。早在很久以前，罗马人、土耳其人及其他古代民族就开始使用温泉和温池来洗浴，而把地热资源用作其他用途，还是很近期的事情。1812年，在意大利，人们开始利用拉德雷诺地热场的热蒸汽来生产硼酸。1904年，那儿地热场的地热第一次被用来发电，但是地热发电在世界其他地方大规模的发展始于20世纪后半期。尽管历史短暂，目前地热能在世界各地已经相当普遍（图8.5和图8.6）。20世纪60年代早期，新西兰修建了两座170MW的地热电厂。1960年，在美国，加利福尼亚间歇热泉（图8.7）迎来了世界上地热发电的最大发展。今天，美国是第一地热发电大国，其次是菲律宾、墨西哥和印度尼西亚。然而，其总发电容量甚至都不到10000MW，总供电量大约$5.7×10^4$亿瓦·时，仅占全球发电的0.3%。不过，地热发电在一些发展中国家起到了关键作用，2005年，在萨尔瓦多占到22%，在菲律宾和肯尼亚分别占19%，在冰岛则占到17%[103]。

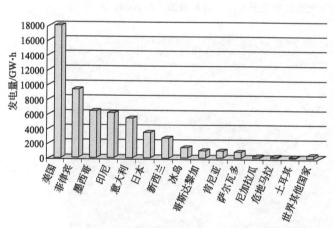

图8.5 2005年地热发电状况（来源：Bertani, R.[103]）

用于发电的天然地热储集层的常规类型是水热，由限定在裂缝性多孔岩石中聚集起来的热水或蒸汽来产生。最有利润和价值的地热方式是以产生超过220℃的高温过热水蒸气（也叫"干汽"）为主的蒸汽储集层，当然也是最稀少的。这种蒸汽从4000m深的地热井中产生，可以直接驱动汽轮机来发电。有名的例子是意大利拉德雷诺地热场，美国加州北部的间歇热泉以及日本的松川步地热场。更普遍的是水温在150~300℃的地热体系。在这种情况下，热水被提取到地面后，由于压力降低，剧烈沸腾，产生大量的水蒸气，供给汽轮机来发电，也就是所谓的闪蒸热电厂。不管哪一种情形，使用后剩余的水以及冷凝蒸汽可以被重新

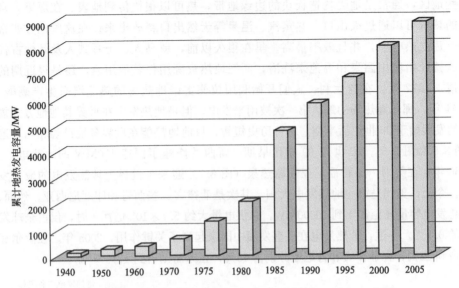

图 8.6 世界范围地热发电发展状况（资料来源：Bertani，R.[103]）

图 8.7 加利福尼亚的间歇热泉（来源：美国国家能源部
可再生能源实验室 NREL）

注入到水库中，来保持压力，提高发电能力。对于 100～150℃ 的低温地热体系，不能保证闪蒸发电的有效进行。这种情况下，抽取的热水可以用来汽化其他低沸点的液体（例如异戊烷），再用产生的蒸汽来驱动涡轮-发电机组来发电，这样的电厂称为二元循环电厂。

尽管一些地热活跃地区有丰富的水热条件，但是大多数仅仅由灼热的岩石构成,不存在水或蒸汽。采集存在于这种地层中的热量是相当富有挑战性的。必须在通常深于4000m的地方至少凿两眼深井,人为地将岩石断裂,以便让水循环到输水井,然后产生的蒸汽或热水经产热井返回到地表。这种资源潜力巨大,已经在日本、美国、欧洲进行技术可行性研究。目前,这一课题的一项先驱性研究正在法国阿尔萨斯的一组热岩构造中进行着[104]。在高压下向地下岩腔中注水并非是完全没有风险的。2006年12月,在向瑞士巴塞尔的一处在建的地热发电厂的地下注水企图造成岩石开裂时,引发了一系列地震,最大的一次震级达到3.4级。这项工程立即被停了下来,至今尚不清楚该电厂最终能否完工。

中低温度(35~150℃)的地热资源也可以直接用来给住房、办公室、温室甚至低温地区的养鱼场来供暖。冰岛正好坐落在地质上非常活跃的大西洋中脊,那里大多数人一年中相当一段时间要一直通过地热来采暖。地热能也可以通过热泵来产生,利用相对恒定的土壤温度为房屋冬季供暖,夏季降温。现在,至少有55个国家在利用地热能,总装机容量超过17000MW。目前世界上装机最大的是美国,其次是中国、冰岛和日本[100]。

从严格意义上讲,地热能不是可再生资源。从地球中以热量的形式取走的能量在将来是不会恢复的。在一个特定的地方,如果提取过多的热水或蒸汽后不进行补充的话,那儿的地热资源可以很快被耗尽,就像加利福尼亚州的间歇热泉那样。然而,全球的地热资源分布如此广阔,数量如此巨大,在人类历程中,枯竭的可能性不大。目前,只有用最大型的地热资源来发电才最经济,平均生产成本为每度电0.03~0.10美元[100],最低价格跟火电相比非常具有竞争力。地热资源的优点是随时都可以获得,在电力输出中波动很小或几乎没有,适合可靠长远的电力生产。由于用过的水可以重新灌注到蓄水池里面,并且排放的废气非常有限而且处理非常严格,因此它们的环境影响也很小。随热水或蒸汽排出的不凝性气体(NDG)如H_2S、CH_4、NH_3等数量不大,且都是法规管制禁止随意排放的。但占NDG总量90%的二氧化碳在世界大多数地方都不受法规管制[105]。因此,在大多数地热电厂的运行中,可能达到抽出热水或蒸汽质量10%的大量CO_2排放气体都被直接引入大气中[105,106]。采用现有的技术,CO_2能够相对容易地从这种高浓度的气源(NDG总量的90%)捕集下来,然后加以封存或回收用来生产甲醇或其他化学品。与燃烧化石燃料的电厂排放的CO_2相比,地热电厂排放的要少得多。据估算,地热电厂每发一度电,平均需排放128g CO_2,而燃烧化石燃料的电厂排放的量相当于该数值的3~10倍[105,106]。

地热发电装置还会产生少量的固体废弃物,除了盐类或者重金属等需要进行处理,其他的如硅土、硫黄或者锌盐可以进行提炼或直接出售。加快全世界地热发展的主要障碍通常是由于技术原因带来的勘探、钻井及修建电厂的高成本投入。凭借现有的技术，在经济上具有开采价值的场所还非常有限。大多数未来的新开发项目预期都将建在一些已探明的地段，主要是在地质构造活跃的太平洋地区的板块边缘地带，尤其是在东亚。如前文所提及的，目前地热发电仅占全球总发电量的0.3%。尽管预测会持续增长，但是在未来二十年里，增长幅度很小。尽管局部看来，地热在一些国家发挥着重要的作用，但是从全球范围看来，地热仅仅是电力的一个外围来源。热岩技术的成功发展，也许会改变这种情形，那时就可以在一些现在不适合开采的地区安装这种设备来开发那里的地热能了。MIT在2006年开展的一项研究认为，借助于未来强化的地热系统开发，美国10%甚至更多的电力可以从地热能中以经济的方式生产出来[107]。欧洲和其他地区也有望从这些新技术中获益匪浅。

8.4 风能

风实际上也是太阳能的一种形式，是由太阳使地面和空气受热不均引起的。当空气受热时，密度减小，体积膨胀并向上升腾。冷空气会从其他地方流过来补充上升的热空气，从而产生了风。丘陵、山脉、峡谷、平原或者是大的开阔空间等各种地貌会影响风的速度、强度以及方向。

风能的利用，跟水能一样，也要追溯到几千年以前。公元前2000年，埃及人就开始制造并使用船只了。后来的航船使世界探险和远行成为可能，才有了哥伦布发现美洲大陆和麦哲伦完成人类首次环球航行的壮举。直到19世纪末期，随着蒸汽轮船的发展，风作为海上运输的主要能源方式才被快速取代掉。在陆地上，在很早以前的地中海和东方文明国家以及中世纪的欧洲如荷兰和西班牙等，风车被用来磨面或抽水。在美国和澳大利亚的农村地区，直到20世纪风车还在发挥着重要作用，主要为偏远的农场供能汲水，用来灌溉农田和饮牲口。在19世纪晚期，风车开始用来发电，使得远离供电线路的农民和农场工人可以自己发电，并且使用收音机等小电器。在第二次世界大战前期，由于火电和水电廉价易得，并且更可靠，可以通过稳步延伸的输电网直接从中央发电厂输送到各地，因此风车的应用曾一度逐渐被人们淘汰。一直到19世纪70年代早期，在那个廉价石油和天然气的时代，人们对风力发电基本不感兴趣。19世纪70~80年代早期的石油价格波动才使人们重新开始努力开发设计能够与火电相比具有充分的价格竞争优势的新型风力发电机。在19世纪80年代早期，国家津贴、奖励、税收减免等政策又使风力产业的发展重新复苏，所有的增长几乎都集中在美国以及丹麦。1985年，仅美国装机总量就达到1GW，占到世界总量的90%以上，并且还在旧金山附近的阿塔蒙关口安装了世界上最大的风车装置。然而随着1985年美国税收刺激的终止以及油价的回落，风力发电的发展也几乎停滞。接下来由于涡轮设计技术的改进以及人们对风力发电的积极倡导，20世纪90年代，风力发电在德国、丹麦以及西班牙等欧洲国家的引领下，又重新恢复了发展。在过去的十年里，装机容量从1992年的2500MW增加到2007年底的90000MW以上，年增长速度几乎达到30%[108]。今天，风能是发展最为迅速的可再生能源，实际上，在所有各种形式的能源中，也是发展速度最快的。在丹麦，风力发电占到该国总电量需求的20%。近几年，德国风力发电也取得了惊人的增长，其装机总量已接近22000MW，能满足该国7%的电力需求，在世界风力发电中排在第一位[108]。其次是西班牙，其装机总量为15000MW，从风力中供应其全国电力的12%。目前，占世界60%以上的风力发电集中在欧盟，能够满足其2007年电力需求的3.8%，而15年前则几乎是零[109]。十大风力涡轮制造商中有九个在欧洲，欧洲的公司占据了全球风力能源市场大约90%的份额，在欧洲以外的市场为美国、印度和中国所主导。2007年新建风能发电装置最多的是美国，新增发电能力超过5000MW。这主要是因为美国给予新建风能发电装置最初十年运行期间所发电力以每度电1.9美分的税收减免政策[110]。风能也有望在包括巴西、加拿大和澳大利亚在内的许多国家取得巨大的发展（图8.8）。

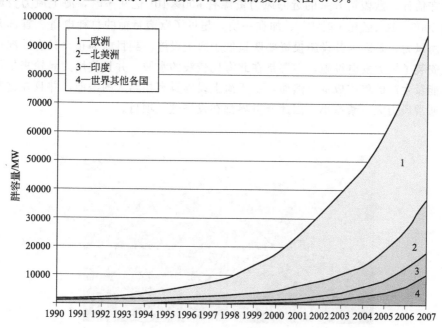

图 8.8　世界风能装机容量（资料来源：全球风能委员会、
欧洲风能协会、国际能源机构）

在考虑安装风力发电设施时，最重要的影响因素就是风速的大小和风密度。由于功率与速度的三次方成正比，只要平均风速增加1倍，风力功率就可以增加到8倍，结果使得即使风速改变很小，输出能量也会发生很大的变化。因此在上马新设备前，必须仔细研究风的流动情况。如果在全年很长一段时间内风速相对稳定，即使速率中等，也是非常适合发电的，要比风速虽然强劲，但是经常间歇或风速不稳定的情况可靠得多。一旦要开采风能，必须安装风力涡轮机将风能转化为有用的电能。现代风力涡轮机由连接在发电机上的三叶转子构成，固定在最上面的一个轮毂上，可以在很宽的风速范围内作业（即变速风力发电机。——译者注）。在大多数情况下，几百个风力涡轮机构成一个发电机组，所有发电机组集中在所谓的"风力发电场"上（图8.9）。在过去的20年里，涡轮机的功率得到了明显的提高，转子的直径从大约20m增加到超过100m，功率从20~60kW提高到接近2MW的用于商业生产的发电机组，甚至还造出了转子直径为126m、发电功率达6MW的原型机组[110,111]。由于风速随距离地平面高度的增加而加大，更高更大的涡轮机可以更充分利用这一条件。涡轮机的增大、工艺技术的提高以及随着风力发电的快速发展而出现的规模经济，已经大大降低了风力发电的成本，一些位于海边的发电量很大的风力发电场，其电价竞争力正在接近火电。据保守估计，欧盟可开采的近海风力资源有 600×10^4 亿瓦·时，海上风力资源高达 3000×10^4 亿瓦·时[111]。加在一块，超过了欧盟目前的总耗电量。首选开发近海风力，是因为其设施投资要明显低于海上设施。到目前为止，只有欧洲在海上安装了风力发电设施，主要是在北海比较浅的水域，并且使用大涡轮来尽量减少能量生产的单位成本。然而，由于海上设施具有相当大的潜能，并且在这些地点通常风力大、紊流小，因此全世界都在发展这类项目。

图8.9 丹麦的海上风力发电场（图片引用已征得丹麦 ElsamA/S 电力公司同意）

资源的变化性很大是风力发电的一个主要问题，每一天、每一个季节、每一个年份都在变化着，因此不好预测电力输出。在风速低的时候，可能需要附加的发电设施以及充足的后备电力。风力涡轮机修建在暴露的、非常显眼的地方，可能会因为遮挡视野或者发出噪声而遭到人们的抗议。为了兼顾这些情况，在修建的时候应该选择在远离人口密集点和风景名胜的地方。尽管每台风轮机的安装仅占用很少的土地，但是为了防止相互干扰，安装的时候必须保持充分的间距，这样，建立一个风力发电场就需要占用广阔的土地。不过，风塔的覆盖区是很小的，风场上的许多土地仍然可以用作其他用途，比如耕作或者放牧。另一方面，风场也有着一些其他的对环境的危害，譬如可以伤害鸟类，从而破坏生态体系。当然，如果修建海上风场，对环境的影响可以大大减小或完全消除。

由于风力资源储量大、分布广、成本低，技术已经成熟，对环境的影响相对较小，只要有些国家愿意投资这项资源，风能必将大有前景，将会为该国提供越来越多的电力。没有温室气体产生，没有污染物排放，这也是促进发展风力发电的一大因素。与其他替代性能源相似，风力发电也必须直接联入电网，因为储存电力目前来说还十分困难。另一种方法是将发生的电力用来生产氢气和其他产品，包括通过回收转化 CO_2 来生产甲醇。

8.5 太阳能：光电转换和热能

太阳距离地球大约有15000万千米，虽然离我们很远，却是一个巨大而有效的由氢供能的核聚变反应堆，可在未来的45亿年里向地球提供能量。从太阳发出的太阳光或者称作太阳能，是最丰富的能源。在任何时候，以光和热的形式传递到地球的阳光大约是全世界正在消耗能量的10000倍。在进入地球大气层以前，太阳辐射强度为$1370W/m^2$[23]。每年透过大气层的太阳光，只有大约一半到达了地球表面，另一半被云层和大气散射或反射回了太空，或者是被大气中的二氧化碳和水蒸气、空气以及云层等吸收。由于地球表面71%的面积被水覆盖，因此海洋吸收了到达地球表面的大部分能量。在天气晴朗的正午，地球表面接收到的辐射强度大约有$1000W/m^2$[100]。地球表面接收到的能量的多少（称作日照量）通常以"$kW \cdot h/m^2$"来衡量。不同的地方，年平均日照量是不同的，在炎热的沙漠地区最高，在极地地区最低。在远离赤道的地区，季节的变化更重要，因为在冬天和夏天，白天的长短有着明显的差别。在极端情况下，北极的冬天，太阳从不升起，一年中有接近6个月的时间日照几乎为零。在美国日照量最高的西南部各州，包括亚利桑那州、新墨西哥州和内华达州以及加利福尼亚州南部，平均日照量超过$6kW \cdot h/m^2$，空气干燥，大部分时间都晴朗无云，尤其是南加州的莫哈韦沙漠，很多太阳能技术就是在这儿测试的。利用目前的太阳能技术，在这个地区160km×160km的区域所产生的太阳能就足够满足整个美国目前的能量需求[112]。由于太阳所发射出的巨大能量是用之不尽的（至少是在人类时代），这为给人类持续提供清洁能源创造了无限潜力。跟风能一样，人们对利用太阳能真正感兴趣也是由于20世纪70年代石油危机的原因。今天，有多种方式可以利用太阳能，包括发电、热水、给房屋供暖或降温。在技术开发上，这些方式分别处在不同的发展和实用阶段。

8.5.1 光电转换生电

把太阳光转化为电能，称作光电效应，是由法国科学家埃蒙德·贝克勒尔（Edmond Becquerel）于1839年首次发现的，其解释后来由爱因斯坦（Albert Einstein）提出，并因这项工作（而不是相对论）荣获诺贝尔物理学奖。然而直到1954年，人们才在贝尔电话实验室制造出第一块有实用价值的光电电池，它是一块半导体硅电池，只有6%的光电转化效率。在20世纪60年代，最初发展该技术是为了给军队的空间设施供电，接下来用于商业卫星，现在作为一种潜在民用能源，已经引起人们更多关注。光电（PV）系统可以把阳光中光子的能量直接转换为电能，所用的半导体器件就是通常所熟悉的太阳能电池。当光子进入电池后，电子从半导体材料上释放出来，定向流动形成电流。为了得到更高的电压和更强的电流，通常组成太阳能电池板，大小从<1~300W不等。如果需要更多的电量，可以把电池板并联或串联成光电堆。太阳能电池有着广泛的用途，从像腕表那样的小功率电器，到由上百万块太阳能电池组成的兆瓦级的发电站，都可以派得上用场。

太阳能电池通常是由单晶硅或多晶硅做成的。其光电转换效率在20世纪70年代中期只有大约15%，到今天，在实验室条件下已经超过35%[113,114]。其它的材料如镉-碲合金、镓-砷合金、铜-铟二硒化合物以及通常以沉淀薄层的形式存在的无定形硅，也都已经被用来制造太阳能电池。但是由于这些材料做成的电池寿命短、效率低，以及生产和处理中的有毒作用，因此其大规模使用过去一直受到局限。但最近，镉-碲基薄膜太阳能电池引起了许多关注。第一太阳能等许多公司开发了高度自动化的制造工艺，能够大批量、低成本地生产这种电池[113~116]（原著索引编号为[113,114,116]，此处按原作者提供的引用文献一览增加115。——译者注）。采用这种技术的大规模光电转换电厂已经在德国和美国建成。例如，在德国Waldpolenz原来的一处军用机场，建成了一座占地40万平方米的40MW太阳能发电厂。但是，碲是地球上最稀有的元素之一，2007年全球只生产了147t（仅为黄金产量的1/15)[117]。这种元素的稀有性有可能成为镉-碲基光电转换技术大规模使用的严重障碍。基于有机材料的光电电池目前也在设计和测试中,目前正在开发相对比较廉价的可嵌入柔性塑料的光电转换材质[118]。

在过去的十年里,世界累计光电发电容量正在以每年大于30%的速率增长,到2007年底已经超过8GW,而1992年时还不足0.2GW(图8.10)[114,119]。尽管这样的增长速度是不寻常的,但仍仅仅相当于8台1GW核反应堆的发电量。世界90%以上的光电发电装机容量都集中在4个国家:日本、德国、美国和西班牙。单单德国就安装了几乎占50%的光电发电能力。因此毫不奇怪,日本、德国和西班牙也是主要的太阳能电池生产国。中国台湾和中国内地厂商最近也进入了重要的太阳能电池生产者的行列。5年前还不过处于白手起家的阶段,而在未来几年里中国已经有望成为世界最大的太阳能电池和集成模块的生产国。

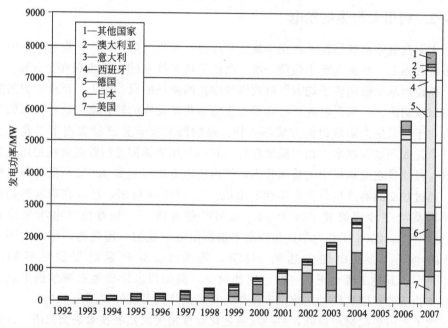

图 8.10　IEA 各成员国历年累计光伏(PV)发电功率
(资料来源:IEA 光伏发电体系纲要)

光电技术有着广泛的应用,可以给远离输电线路的孤立设施如电信通讯塔、发展中国家的抽水机等供电。但未来太阳能电力的主要增长点预计将来自于为已经与城市电网相连的建筑物提供全部和部分所需电力的新安装 PV 发电装置。

太阳能电池有许多优点:没有噪声,零排放,没有移动部件,容易维护,几乎可以随处安置,容易满足使用者的要求,并且不用燃料。

太阳能电池的缺点是只能白天产生能量。晚上太阳照射不到，即使白天，当阴天的时候，能量输出也会降低，只有日照充足时的5%~20%。光电体系的间歇性是一个必须解决的问题，可以通过安装附加的常规发电设备或有效的能量储存装置以备阴天或日照不充足时使用。然而，目前的主要挑战是利用太阳能电池发电的成本问题。根据地理位置的不同，太阳能发电的成本为每度0.2~0.8美元不等[120,121]，与每度只有大约0.03美元的天然气发电成本相比高出了一个数量级。随着需求的增长，可以生产更多电力的时候，其成本会有所降低。但要大幅度降低成本，则有待于在太阳能电池的生产方面取得重大突破。在此之前，太阳能电池发电在全球电力生产中所占的比重不大可能出现明显增长，而且将在很大程度上依赖于政府的刺激政策。不管怎样，对电力生产来说，这仍然不失为一种前景看好、技术可行的替代性能源。

8.5.2　利用太阳热能发电

太阳热电体系利用镜子和光学装置来反射，聚焦太阳光线，并把它们集中在一个接收器上，在那儿产生热量。第一次使用这种技术的记录出现在公元前212年，据说阿基米德用镜子烧毁了进攻锡拉库扎的罗马船只。今天，所产生的热能还可以驱动蒸汽引擎发电或者提高甲烷重整等化学反应的转化率。这些技术的不同点在于其聚集太阳辐射的方式不一样。抛物槽采集装置已经实现了工业化生产，也是太阳热能技术中相对最便宜的。它们利用单轴阳光跟踪抛物镜把阳光聚集到一根铺设在抛物槽中的玻璃管内，管内还盛有可以达到400℃高温的导热流体，通过热交换器产生蒸汽来驱动发电机。自1991年以来，已经在南加利福尼亚州的莫哈韦沙漠修建了9个10~80MW的发电厂，总峰值供电功率达到354MW[122]。2008年在内华达州拉斯韦加斯附近建成的一座名为内华达太阳能1号的电厂，总发电能力达到64MW，能为14000户家庭提供足够的电力[123,124]。其他工程也正在一些国家建设中，例如西班牙已经在阿尔梅里亚太阳能实验基地尝试利用过热蒸汽直接作为导热流体的可能性（图8.11）。

除了太阳能抛物槽以外，另一项商业化程度稍欠成熟的技术是太阳塔。该技术用很多被称做定日镜的镜子，在全天跟踪太阳光，并把它们聚集在接收器上，来加热工作流体（通常是熔盐）产生蒸汽发电。部分能量可以以热能的形式储存在熔盐中，用来在夜间生产电力。由于是把太阳光聚集在一个点上，而不是像抛物槽那样聚焦在一条线上，因此能够产生更高的温度，一般可达500~1500℃。直到1999年以前一直在莫哈韦沙漠运行的太阳能一号（Solar One）和太阳能二号（Solar Two）两个项目，都以10MW的中试规模演示了这项技术。

小型太阳塔也正在不同的国家进行实地实验，包括意大利、法国、西班牙及

图 8.11 在西班牙阿尔梅里亚太阳能实验基地
正在运行的两台欧洲碟形-碟形/斯特林体系
（资料来源：施来西-博格曼工程技术事务所，
世界可再生能源信息系统 WIRE）

日本等，不仅仅用来发电，还可以用来获取高温（如生产甲烷或进行材料测试）[122]。太阳碟很像碟形的卫星接收天线，用双轴抛物镜来对太阳定向，把阳光汇聚到焦点上，以跟太阳塔类似的方式产生热量。最普遍的方式是用汇聚的太阳能来加热斯特林引擎（Stirling engine）中的氢气或氦气等工作流体[122]，然后将产生的机械能转化为电能。一般来说，太阳碟的直径为 8～10m，尽管有一些会更大，如澳大利亚的"大碟（Big Dish）"，表面积有 400m^2。现有的设施都是很小的，发电功率只有 10～25kW。像光电装置一样，为了满足需要，可以把大批太阳碟呈组安装，也可以只安装少量太阳碟以满足分散的能源需求。斯特林能源体系（Stirling energy system）最近宣布了一项计划，要在南加利福尼亚州的莫哈韦沙漠修建世界上最大的太阳能装置。全部安装完工后，整套装置将由 20000 个 25kW 的太阳碟组成，发电容量为 500MW，相当于一个典型的火电厂[125,126]。另外还要建一座由 12000 个太阳碟组成的 300MW 级发电厂用来为加利福尼亚州的圣地亚哥市供电。在所有太阳能技术中，太阳碟-热泵机组的转换效率最高，达到 29%，其他太阳热电技术的效率则约为 20%[122]。由于太阳塔或太阳碟的接收器温度能超过 1000℃，因此可以用来开发利用热化学作用生产氢气的技术，此类技术目前已经在研究之中。利用抛物槽发电，尽管是最成熟的技术，在效率最高的太阳能电厂中其发电成本仍然高达每度 0.10～0.15 美元[112]。为了能够把太阳热能发电推向市场，最关键的问题就是降低成本，目前世界各地都在通过各种基础研究和技术开发项目努力解决这一问题。太阳能热电装置目前看来是最有可能发展成为大规模太阳能电力生产厂的。

8.5.3 利用盐湖太阳池发电

盐湖太阳池（saline solar ponds）一般有几米深，底部的密度比表面高，由人工来维持盐度。盐度的不同是通过在池底溶解大量的盐产生的，并且保持向表层供应低盐度的水，来维持需要的盐度梯度。由于盐度不同，层与层之间有少量的混合，因而避免了对流的发生。池底吸收的太阳能使较浅层的水受热，由于底层密度比上面的大，因而其上升受到阻止。在这种情况下，池底的水可以获得接近90℃的高温。盐湖太阳池研究始于19世纪50年代的以色列，80年代早期在死海附近的Beith Ha'aravah建成了一座$25hm^2$（$1hm^2=10^4m^2$。——译者注）的示范电厂[127]。使用了一台5MW的低温涡轮机，利用低沸点工作流体将盐池水层间的温差转化为电能。这样一个相对低温的体系，其总效率只有大约1%。如果持续工作，盐池可以提供大约800kW的电能。然而盐湖太阳池有一个特殊之处，就是能够以热的形式储存太阳能，即使在晚上或阴天的时候也可以供电。以色列的盐湖太阳池直到1990年才投入运行，从那时以后，仅仅在德克萨斯州又修建了一个利用这种技术的电厂，用来为一家食用罐头厂供电和热。但是由于盐湖太阳池效率相当低，并且占用大片的土地，因此利用这种技术进行能量生产的潜力是很有限的。

8.5.4 利用太阳能供热

太阳热能系统被广泛用来给住房、商业或工业设施提供热水。其使用兴起于20世纪70年代，也是由于油价上涨的原因，在全世界安装了数以百万的太阳能热水设备。仅在东京，就有150万座建筑安装了太阳能热水器[100]。一些小的国家，像以色列，也在家庭和其他设施中广泛使用太阳能[127]。太阳能热水是使用太阳能的最广泛最简易的方式，因为仅仅需要中等温度的热水，并且技术简单。太阳能加热系统是由集热器［里面装有被加热的流体（通常是水）］以及水泵组成的。水泵可以把水输送到住处或者蓄水容器，以备以后使用。集热器坐落在屋顶上，向着太阳，以便流经塑料管或铜管的流体被太阳光加热。在一些应用中，太阳能热水系统是很受欢迎的，例如在美国西部，给游泳池加热的热水系统占到20世纪90年代后期安装的太阳能热水系统中的90%以上[100]。尽管政府刺激和进一步降低成本仍然是需要的，但是该技术已经成熟，其竞争性已经在越来越多的国家得到认可。另一方面，利用太阳能给房屋供暖或降温与利用常规能源相比，现在仍然不具有竞争优势，因此通常还很少。

8.5.5 太阳能的经济局限性

今天,利用太阳能,尤其用来发电面临的主要问题是成本太高。不仅与火力和原子能发电相比,而且与利用可再生能源的风力、水力发电相比,其成本仍然很高。尽管太阳能是免费的,取之不尽、用之不竭,但是太阳能采集和储存设备的先期投入是很大的。同样,由于阳光是漫射传播的,生产大量太阳能要不可避免地占用很大的采光面积。由于晚上没有阳光,阴天的时候光照也会削弱很多,这就必需备用发电机或者不但昂贵而且容量有限的储能电池[128]。也有人提出了用高温熔盐或压缩空气的形式来储存能量,并进行了相应的试验。对于后一种设想,可以利用太阳能来压缩空气,然后将其泵送到地下的岩洞、蓄水层、废弃的矿井或枯竭的天然气田中。在需要的时候,再将压缩空气释放出来驱动透平机发电。在德国的Huntorf,一座290MW的压缩空气能量储存设施(CAES)已经十分平稳可靠地运行了30多年。在这座装置上,在用电低谷期将电力从电网上拉下来加以储存,然后在用电高峰期再送回电网。美国亚拉巴马州McIntosh也有一座类似的110MW的装置,从1991年以来一直运行至今。压缩空气储能设施与水泵储能一样,适用于容量数百兆瓦的大型能量储存,这种情况下使用电池、飞轮、高能电容器或其他储能技术都不适合,而且成本很高[129,130]。同样的压缩空气储能设施也可用于其他间歇性的非稳态能源,尤其是风能[131~133]。当然,增加能量储存装置也必定会增加从这类可再生能源发电的成本。随着研究的不断进行以及技术的不断提高,从长远看来,太阳能必将成为能源组成的一个重要部分。前面已经提到过,利用太阳能来电解水制氢并将制得的氢气用于与CO_2反应来转化回收CO_2肯定是一种前景不错的做法。

8.6 生物质能

生物质能(biomass energy)或称生物能(bioenergy)指的是利用广泛的有机材料作燃料,这些有机材料由生物过程产生,包括森林产品、农业残余物、草本和水生植物以及城市废物。原则上讲,只要在收割了用来获取能量的那部分植物后,及时的补种,生物质是用之不竭的,是可再生的。生物质既可以用来燃烧产生热或者发电,也可以转化成生物燃料,如乙醇、甲醇或生物柴油。直到顺利进入19世纪以来,生物质一直是我们所需燃料的主要来源。尽管植物秸秆、植物油、动物脂肪以及晒干的动物粪便都曾被用来照明做饭,但是最常用的生物质源还是木材。在19~20世纪,其主导地位逐渐被化石燃料所取代,首先是煤,然后是石油和天然气。今天,生物质大约占了世界初级能源消耗的10%。事实上，在许多贫穷的国家，生物质能仍然是用来取暖做饭的最重要的能源，而在发达国家，只有一小部分所需能量是通过生物质能获得的。

8.6.1 生物质能发电

最便宜、最常用、最简单的生物质利用方式是燃烧产生能量。在商业规模中，是通过类似于燃烧煤来发电或取热的过程来完成的。在这些应用中，木材、木材废料、城市固体废物是最常用的燃料。一般发电厂通常规模很小（大约20MW），发电效率在15%~30%范围内[100]。如果热电联供的话，效率可以达到60%。富有甲烷的沼气，如果能够从垃圾填埋场收集起来的话，也可用来产生相当多的能量。可以通过商业途径获得的将生物质转化为电的新技术包括共燃技术和气化技术。共燃电厂以生物质作为常规燃料主要是煤的补充能源。气化法是把固态生物质在高温下通过部分氧化转化为易燃气体，主要包括一氧化碳和氢气。产生的气体然后在燃气涡轮机或内燃机中燃烧发电。值得注意的是在大萧条和第二次世界大战期间，小型气化器曾经被用在汽车上，将木材和木炭转化为气体给发动机提供燃料。这些推进装置并不是非常有效的，它们需要额外维护，但是功能非常好。

根据燃料种类和质量以及所用技术的不同，生物质能成本差别很大。与燃烧化石燃料的火电相比，发电成本仍然很高，这是由于效率比较低、资本大、燃料成本高的原因。对燃料成本的大多估计都在每吨150~250美元，但是当所需燃料是一些其他过程的副产物的时候，成本可以大大降低[100]。

在OCED（经济合作与发展组织，包括大多数发达国家）成员国中，2005年生物质能发电占总发电量的1.5%[121]。多于一半来源于木材和农业残余物等

表8.1 2006年利用生物质和废弃物发电状况

国　　家	2006年发电量 /TW·h	占世界同类发电量 百分比/%	占各国总发电量 百分比/%
美国	58.7	29.3	1.5
德国	19.7	9.9	3.4
巴西	14.6	7.3	3.9
芬兰	11.8	5.9	14.0
日本	11.6	5.8	1.1
英国	9.3	4.6	2.5
加拿大	9	4.5	1.6
西班牙	8.2	4.1	3.1
世界其他国家	57.2	28.6	0.6
世界合计	200.1	100	1.2

来源：法国电力公司（EDF）和国际能源机构（IEA）统计数据。

固体材料，废弃物也占了生物质能发电中很重要的一部分。2006年，在森林资源丰富的芬兰，生物质能发电占到总发电量的14%，在美国只有1.5%（尽管总体上其生物能发电量最大，但是耗电量也是最大的）（表8.1）。

8.6.2 液体生物燃料

生物燃料（biofuel）是指通过各种生物或化学过程从农作物或生物质原料生产的液态燃料。今天，生物质是唯一可获得的用来生产乙醇或生物柴油等高燃烧值的液态生物燃料的可再生能源。这些燃料可以作为可再生替换品来代替目前几乎以石油为唯一来源的运输用燃油。生物乙醇作为最常见的生物燃料，是从每年种植的农作物（甘蔗、玉米、葡萄等）中发酵制得的。在这个过程中，淀粉或碳水化合物（糖类）通过微生物分解产生乙醇。乙醇可以由各种糖料或淀粉作物来生产，包括甜菜或甘蔗以及其加工副产物、马铃薯及多余的玉米。在布尔什维克革命后的俄国，列宁曾提议使用农业酒精来生产工业燃料和产品，然而这种转向意味着要使用俄国人所钟爱的伏特加酒原料，因此这项计划很快就被放弃了。第二次世界大战期间的欧洲，曾使用过乙醇汽油混合燃料，但是只有无水乙醇是可以混溶的，否则就会与汽油分相导致发动机熄火。最近期，在巴西和美国，作为对欧佩克（OPEC）石油禁运和油价上涨的回应（也是为了补贴农民），开始推行并广泛使用乙醇。从那时开始，巴西作为世界上最大的甘蔗生产国之一，给农民财政鼓励，将蔗糖用于生产乙醇。这个计划得到了贯彻执行，到20世纪90年代中期，大约有450万辆机动车是单独靠乙醇驱动的，其余车辆用的是乙醇体积分数为24%的混合燃油。随着油价的回落，以及20世纪90年代末对乙醇价格补贴的终止，纯乙醇燃料汽车的销售量几乎降到零（图8.12）[134,135]。现在刚刚经历过去的油价上涨，又重新引起了人们对乙醇的兴趣。到2007年，巴西利用甘蔗生产乙醇的产量达到每年2200万立方米[136]。高得出奇的甘蔗产量（可以达到每公顷80t，相比而言，在温带气候条件下，大多数农作物只有10~20t的产量），加上廉价的工资，使得乙醇在巴西有很强的竞争优势。最近又引入了能够以任意比例的汽油和乙醇组成的混合燃料运行的灵活燃油车（flexible fuel vehicles，FFV）概念。在短短几年中，FFV车的市场份额就占到了巴西销售汽车总量的70%。然而，必须指出的是巴西的乙醇年产量仅仅相当于1000万~1100万吨的石油，还不够全世界一天所消耗的量。除了乙醇，生产蔗糖的副产物——甘蔗渣（主要是甘蔗皮），燃烧以后可以为巴西的电网提供大约600MW的电力[137]。但是，这同样不足单独一座大型火电厂或核电厂的输出功率。

在美国，自从20世纪80年代早期，从玉米生产的乙醇就被用在汽油醇（一种由10%的乙醇与90%的汽油组成的混合燃料）中，还被用作汽油里面的一种

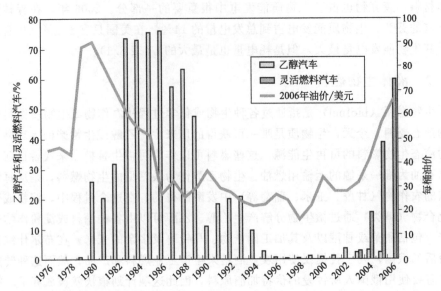

图 8.12 巴西生产的乙醇燃料汽车占该国汽车总产量的百分比 [资料来源：巴西全国汽车制造厂商协会（ANFAVEA），2007年巴西汽车工业年鉴]

氧化添加剂（图 8.13）。少数加油站还供应由 85%乙醇和 15%汽油调和而成的 E85 汽油。但乙醇必须脱水，否则在与汽油调和时会出现相分离。乙醇脱水是一项高耗能的工艺过程，因为乙醇很容易与水形成共沸混合物，而共沸混合物无法用简单精馏方法来分离。而且，只有当给予相当高的补贴时（目前是每加仑

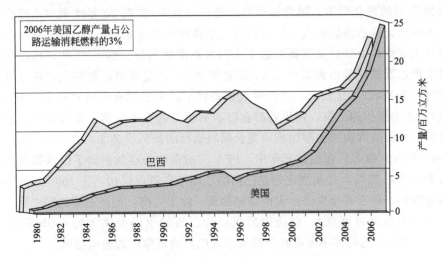

图 8.13 美国和巴西乙醇产量历史数据 [根据可再生燃料协会和圣保罗农业公会（UNICA）提供的数据制作]

0.54美元),乙醇才具有经济竞争优势。除了目前给予用于调和汽油的乙醇每加仑51美分的联邦补贴外,美国联邦及各州政府还制定了其他直接或间接的补贴政策来引导使用乙醇燃料。估计美国对乙醇燃料的各种补贴合计在每加仑1.05~1.38美元之间[138]。种植玉米用来生产乙醇也是高度能源密集的,因为中间需要施肥、收获、运输,并且需要成本投入,以及接下来的发酵,蒸馏也需要消耗大量的能量,通常由石油和天然气来提供。需要强调的是,事实上,从玉米生产来的乙醇所产生的能量比生产过程中所耗的能量最多仅仅多出25%~35%[139,140]。事实上,有些人甚至声称那是一个净耗能的过程[141~143]。不管怎么说,玉米远远不是用来生产乙醇的理想原料,尽管专门的能源作物和新培育的转基因作物可以提高能量效率。植物的纤维部分是不容易被发酵的,在过去,必须先用稀硫酸进行水解处理后,才可以用来生产乙醇。目前,正在探索开发能够直接消化纤维素的新品系微生物,这也为利用生产成本低的其他草本植物来加工乙醇提供了可能,从而可以降低整个过程的成本,提高效率。

生物柴油,是从油料作物如油菜、向日葵、大豆中提取的,目前主要在欧洲(图8.14)和美国少量生产,尽管越来越引起人们的兴趣,但由于生产成本相对很高,故市场渗透额很小。2006年,生物柴油还仅仅占欧洲(EU 25,即当时的欧盟25国)公路运输所耗3亿吨燃料(包括汽油和柴油)的1.8%[145,146]。把

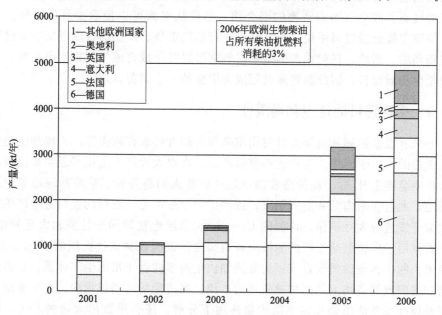

图8.14 欧洲的生物柴油产量 [资料来源:欧洲生物柴油理事会和Eurobserver(欧洲观察家网站)]

植物油直接用于柴油发动机是不可取的,那样会相当程度的缩短发动机寿命。这个弊端已经通过让植物油与甲醇或乙醇在所谓的酯交换过程中发生反应,产生商品化的生物柴油得到缓解。生物柴油可以跟普通柴油以任意比例混合,中间不会有任何大的问题。生产生物柴油与从玉米生产乙醇相比,由于中间不用进行发酵或蒸馏,能源不再那么密集。然而,从油料作物中获取生物柴油与生产乙醇相比,每生产单位能量要多需要 5 倍的土地。有一种植物作为生物柴油的原料正在引起更多人的兴趣,那就是麻风树。这种树的果实中含有很多油,但不宜于人类食用。因为麻风树在很贫瘠的土地上也能生长,因此不会与农作物争夺耕地[147,148]。印度已经划出 4000 万公顷的土地用于种植麻风树,并期待到 2011 年能用这一资源来替代其 20% 的柴油消耗量。中国、菲律宾、美国和其他许多国家也在努力开发麻风树的用途。

在巴西,也有从甘蔗制得的乙醇出发生产生物柴油的,其工艺过程中的中间体是乙烯。

8.6.3 生物甲醇

甲醇曾经是从木材中生产的,因此有时仍然被称作木醇。在 20 世纪初期,仍然沿用这种生产过程(称作高温裂解),在没有空气的条件下,将木材加热产生各种气态、液态、固态产物的混合物,然后从里面可以提取少量的甲醇。今天,甲醇主要是通过对甲烷(天然气)进行蒸汽重整,产生的合成气接下来进行反应得到的。当然,任何来源的碳素材料都可以转化成合成气用来生产甲醇。这也包括生物质材料,因此在将来有望成为甲醇的一个来源。

8.6.4 生物燃料的优点和局限性

近来有很多挑剔和批评是针对用本来作为粮食的农作物去生产乙醇和生物柴油的做法的。由于转用去生产这些燃料产品,在很大程度上造成了近年来出现的粮食价格急剧上升[10]。高价格和高津贴还促使人们将森林、草原和绿地等专用作耕地,尤其在东南亚和美洲国家,这种情形十分严重。巴西的亚马逊地区正在被大量开发进行大豆耕作,该国的 Cerrado 大草原也被转用于甘蔗和大豆种植。马来西亚用于生物柴油生产的油棕榈种植园应为该国森林砍伐面积的 87% 负责。不断增长的生物柴油需求肯定还会继续加快生物多样性丰富的生态体系,如苏门答腊和婆罗洲等岛屿上的雨林被破坏的步伐。在清理场地的过程中,由于焚烧残桩以及树叶及其他植物残留在微生物作用下分解,还会排放出大量的 CO_2。这种因土地用途变化而放出的巨量 CO_2 被称为是"碳负债"。有些研究认为,以目前因使用生物燃料(玉米甲醇、油棕榈/大豆生物柴油)而比使用化石燃料的汽

油少排放的 CO_2 来偿还上述的"碳负债"将需要 35～450 年的时间才能还清[149,150]。这些研究结果不禁使人产生目前这种以农作物为原料生产的生物燃料来减少温室气体排放的做法究竟是否有意义的疑问。在欧洲，此类意见已经促使政府修改未来的能源政策[151~154]。除了温室气体排放外，生物燃料的生产还会产生其他环境影响，比如大面积砍伐雨林用于甘蔗和棕榈等单一作物的生产必然导致生物多样性的损失，以及需要大量的水用于灌溉等[155~158]。

但生物质作为能源毕竟有许多优点：它是可再生的，提供了一种方便的储能方式（例如以木材的形式），不像风能和太阳能，在全世界可以以各种方式找到；可以减少对国外能源的依赖。生物质也是各种各样的，包括木材和农作物残余物等固态燃料，乙醇和生物柴油等液态生物燃料，以及以沼气或合成气形式存在的气态燃料。从环境角度来看，利用生物质燃料有助于缓解气候变暖，因为使用生物能所排放的二氧化碳可以被生长的植物从大气中捕获，因此应该不会导致二氧化碳净排放（是碳中性的）。另一方面，太阳能转化为生物质的效率只有不到 1%，这是非常低的，尽管利用太阳能电池进行的光电转换效率不高，但还可以超过 10%。为了能够大规模生产生物质能，需要大面积的土地和大量水资源。而且在挑选能源作物时必须非常仔细，应该选择那些光合作用效率高，生长快，使用化肥、除草剂，杀虫剂少，需水少的作物以减少培育过程中的能源投入。为了避免与粮食生产竞争土地，这些"能源作物"最好还应该种植在非粮食作物农田中。尤其应当提倡使用那些因人类的长期活动而被贫瘠化的土地，由此可以减缓水土流失以及与之相关的土地沙漠化和水源地劣质化等后果。广阔的海域也可以用来养殖藻类，以此来生产生物能。在美国和日本，已有相关实验设施在探索这种可能。按照目前的技术，如果依靠能源作物来提供我们所需相当一部分能量，则全世界一大部分农田都将用来种植能源作物。尽管在某些情况下，利用能源植物生产热量或发电是有成本效益的，但是总的说来，其成本要高于常规能源。因此要经济有效而且大规模地利用这种资源，需要技术上的进步或突破，尤其是在生物工程学领域，亟待设计出合适的高产能源作物。针对交通运输方面来讲，从纤维素生产乙醇或其他液态燃料，尤其是利用生物质气化生产甲醇，将会在单位面积土地上获得更高的（用作交通动力的能量）效率[159]。在池塘、水槽和海洋中养殖藻类也是扩大生物能范围的一种可能[160]。

8.7 海洋能：热能、潮汐能和波浪能

海洋覆盖了大于地球表面70%的面积，海洋能以两种形式存在：①波浪、

潮汐和洋流中的机械能；②来自太阳照射的热能。由于海洋能非常丰富，所有这些资源已经被考虑用作能量生产，并且处于不同的发展阶段。

8.7.1 潮汐能

潮汐能就是利用月球与太阳之间引力作用引起的潮水涨落。潮水运动是有周期性的，因此可以预测。在英国和法国，早在公元1100年之前，人们就用潮汐磨来碾磨谷物了。潮汐能的现代利用形式是潮汐发电厂，利用的是潮涨潮落时的水位差，其运行原理跟普通水电厂相同。在横断在海湾或河口修建的大坝后面，潮水上涨时流经泄水道的水被收集起来，然后在潮水回落时，通过水轮机放水发电。然而，为了适合开采发电，潮水的涨落一定要有明显的水位差，全世界合适的位置并不是很多，通常在河口一带。今天唯一的大型潮汐发电站坐落在法国圣玛洛附近的兰斯河上，装机总容量为240MW。该水电站修建于20世纪60年代，到目前已经顺利运行了30多年。其后出现的唯一一个具有一定规模的发电站修建在加拿大安纳波利斯的芬迪湾，装机总容量为18MW，另外在中国有一个3.2MW的电站，在俄罗斯摩尔曼斯克的科拉湾附近还装有一个更小的发电装置，只有0.4MW[161]。在欧盟国家中，技术上可以开发利用的资源估计有100万亿瓦·时/年，但只有大约50万亿瓦·时/年的电力在经济上是可行的。大多数（90％）可能建站的位置坐落在法国和英国。除了欧盟，加拿大、前苏联各国、阿根廷、澳大利亚西部以及朝鲜都有值得开发的地方，并且已经进行勘查。韩国最近已经宣布了利用这种资源修建世界上最大的潮汐电厂（260MW容量）的计划。潮汐能本质上是一项成熟的技术，但是由于资本开支高、建设时间长、负载系数低，从而导致回收期长及发电成本高。因而政府很可能仍然是承担这一领域大型工程的唯一组织。潮汐能发电利用有限的一个主要因素是由生态学家提出的此类工程对环境有潜在影响。然而在英国进行的研究表明此项技术不会必然引起环境的重大变化，相反，经济顾虑才是潮汐能进一步发展的真正障碍。不过即使开发了所有在技术上有潜在开采价值的地方，这种可供选择的能源仍然仅仅是所需能源的一小部分。

潮汐也可以推动洋流。尽管洋流中的能量通常是分散的，在海岸附近的一些地方，海水流经如海峡或岛屿等约束地形时，能量是集中的。与风力涡轮机类似，可以安装潮汐涡轮机利用洋流来发电，不过安在水下。由于水的密度大约是空气的1000倍，洋流的功率密度要比风的大一些，因此只需要更小的涡轮机就可以。与风相比，洋流具有高度可预测性，与建设潮汐大坝相比，对环境的影响相比较小。然而潮汐涡轮仍然仅仅处于研发阶段，目前仅有少量样机在英国、爱尔兰和挪威等地试运行[162]。最近在纽约市也安有一个总发电容量为200kW的潮汐涡轮[163,164]。最近，北爱尔兰的贝尔法斯特附近也安装了一套1.2MW功率的工业规模潮汐涡轮[165]。

8.7.2 波浪能

波浪是由风吹过海面产生的，因此波浪能是太阳能的一种聚集形式。波浪能的大小取决于风的速度和强度，特别是幅度大的深海波浪，蕴涵有相当高的能量。劲风吹过大西洋时，可以引起巨浪，因此非常适合在欧洲西海岸开发波浪能。世界上波浪能丰富的其他地方包括加拿大、美国北部、南非以及澳大利亚海岸。波浪能是一项相对比较新的技术，仍然处于研发和示范阶段，20世纪70～80年代其研究最为活跃。为了能够以多种开采方法利用风能，人们提出了各种各样的设计方案。然而，这些方法中只有很少一部分被实际用来在实验场进行试验。利用近海或海上装置，可以把波浪能转换成电能。在苏格兰、印度、挪威、日本和其他国家已经修建了许多近海装置，主要利用三种不同的方式：①聚波水库波浪能装置；②驱动水泵的摆式波浪能装置；③利用波浪在气室里面压缩空气的振荡水柱波浪能装置[166]。通过这些装置产生的机械能可以直接利用，或者通过水或空气等工作流体驱动电动涡轮-发电机组。海岸线装置的优点是易于维护，但是海上装置的能量潜能更高，已经试验了几种装置。最近，已经在葡萄牙开始了第一个商业化波浪能发电场的修建，将由一个被称为Pelamis的装置来发电，该装置是由希腊神话中一条巨大的海蛇的名字命名的[167]。这个名称来源于该装置的形状，它是由一系列由铰链连接在一起的长圆柱状部件构成的，其总长度为150m，直径仅3.5m。在此工程初期，在离海岸5km的地方将会安装三台这样的机器，每台容量为750kW，合计发电2.25MW。全部工程完工时，将一共安装25台Pelamis发电机，总发电量达到21MW[168]。全球波浪能资源估计超过20000亿瓦，发电潜能每年超过200万亿瓦·时（大约占目前全球耗电量的10%）。然而，跟潮汐发电一样，波能发电尽管成本一直在降低，但是在不远的将来，与其他发电资源相比，除一些特殊情况外，像远离电网的一些偏僻的海岸村落，不可能具有经济竞争力。

8.7.3 海洋热能

海洋热能也是一种很有潜力的能源。海洋覆盖了超过地球70%的表面，是世界上最大的太阳能集热器，以热能的形式吸收了巨大的太阳能，叫做海洋热能转化（OTEC）的过程用储藏在海洋中的热能来发电。海洋表层水温由于太阳照射而高于下层水温，发电就是利用这种水温差异。首先用表层较热的水使工作流体气化，或直接将这些水在减压条件下转化为蒸汽，然后工作流体推动涡轮或发电机系统以产生电能，通常还要用从 1000m 以下抽出来的冷水使蒸汽冷凝，完成一个循环。要产生相当数量的电能，上下层的水温差异一般不少于 20℃，而这样的条件一般要在赤道地区才能满足。利用海洋热能发电的计划最早是在 1881 年由法国物理学家雅克·达松伐尔（Jacque Arsene d'Arsonval）提出的，但却是他的学生乔治·克劳德于 1930 年首次在古巴建立了陆地上的 OTEC 系统，并随后在巴西海域建立了漂浮的模型。由于地理位置选择上的失误以及一些技术困难，这个发电站还没有产生足够的电量来维持自身运转就被放弃了。在 20 世纪 70 年代末，人们又重新对这个计划产生兴趣，并且在夏威夷、日本及太平洋上的瑙鲁共和国境内建立了几个试验场。另外，电站内排出的深海冷水富含营养元素，可以为附近的海洋生物或岸上的植物提供养分。当用水作为工作流体时，还可以通过减压蒸馏从海水中提取淡水。尽管有以上诸多优点，高昂的建设费用却阻碍了这项技术的发展。事实上，OTEC 是在试图用一个小到通常被认为不能制造电能的温度差异来发电。为了弥补这个缺陷，必须有大量的表层海水参与，并且必须有大量的下层冷水被抽出来，才能产生一定量的电能。怎样以经济的成本来达到这个目的就成为最大的挑战。所以，尽管有着巨大的潜能，这项技术在现在以及可以预见的将来都只能停留在试验阶段。如果这项技术足够成熟，而且经济上可行，它的市场将首先出现在赤道地区的岛国，被用来同时发电和提取淡水。

8.8 核能

核能现在几乎全部被用来发电以供商业用途。2006 年，核能发电已达 2800 万亿瓦·时，占世界电量消耗总量的 15%（图 8.15），占世界初级能量总量的 6.2%[42]。今天，大约 439 个商业用途的核反应堆分布于 30 个国家内，有着超过 3.7×10^5 MW 的生产能力。美国有 104 个商业核电站，发电量占全国总量的 19%。在西欧，核电约占电能总量的 35%，据所有电能来源的首位。例如，法国和比利时分别有 77% 和 54% 的电能来自核电。其他石油资源有限的工业国家如日本和韩国也非常倚重核能作为电能来源。

现在所有的商业用途核电站都是用金属铀作燃料。铀是天然存在于地壳中的轻微放射性金属，含量约为金的 500 倍，而与锡、钨、钼相当。铀最初形成于濒临爆炸的恒星，而这些恒星散落的尘埃聚集而成我们的地球。铀以 2~4ppm 的浓度广泛存在于绝大部分岩石中。在可用作肥料的磷酸岩中，其浓度可达 400ppm，在煤矿石中含量也超过 100ppm，在海水中的浓度约为 3~4ppm。在有些区域，铀的浓度要远远高于以上的情况，可以被商业开发。对于全球最大的铀

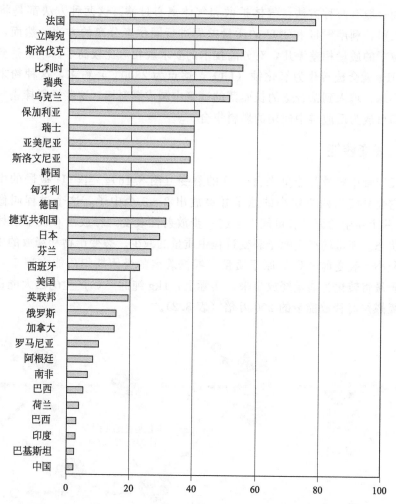

图 8.15　2004 年世界核能发电比重图（根据国际原子能机构数据）

生产者——澳大利亚和加拿大，铀的富集就显得格外重要。加拿大的一些铀富集区，每吨原矿石中铀的含量可超过 100kg。像采煤一样，根据矿区的不同情况，开采也可以分为地表和地下两种，然后粗矿石被运往提炼工场被粉碎，在强酸或强碱性溶液中过滤，所得沉淀即氧化铀（U_2O_3）粉末（因为其颜色而被戏称为"黄蛋糕"）。天然的铀含两种同位素：铀 235（^{235}U）和铀 238（^{238}U），只有同位素丰度为 0.7％的 ^{235}U 才能在核反应堆中发生裂变并发电。尽管有些反应堆可以用天然的铀发电，但绝大多数反应堆都需要高浓度的 ^{235}U，这就需要将天然铀中 ^{235}U 的丰度从 0.7％提高至 3％～5％。^{235}U 的提纯必须发生在气态，于是人们把它转化为气化温度相对较低的六氟化铀（固态 UF_6 的升华温度为 56℃）。

富集提纯一般有两种方法：气体扩散和气体离心过滤。这两种方法都是将 UF_6 作为投入料，利用 ^{235}U 和 ^{238}U 的质量差异进行同位素分离的方法。然而，因为两种同位素的质量相差无几，对分离技术的要求就相对比较高了。一旦达到丰度要求，UF_6 就会被转化为氧化铀（UO_2，熔点为 2800℃）粉末，这种粉末将会被压成小球，填入到锆合金的长而薄的试管中制成燃料棒，这些燃料棒密封后排列成簇即可成为反应堆中使用的燃料集合。

8.8.1 裂变核能

核反应堆中释放的能量来自 ^{235}U 的裂变（图 8.16）。当 ^{235}U 被慢的中子轰击时，它会分裂为两个较小的原子并释放出 2~3 个中子，这个过程叫做"裂变"。这两个新生的原子有可能发生进一步放射性衰变，释放出 β 或 γ 射线以达到稳定状态。能量的产生源于裂变过程中质量的减少。裂变产物和释放的中子的质量之和小于裂变前 ^{235}U 的原子质量，根据著名的爱因斯坦质能方程 $E=mc^2$，这部分质量将转化为能量释放出来。实际上，1kg 纯的 ^{235}U 产生的巨大能量相当于 1kg 煤燃烧时释放能量的 200 万倍（表 8.2）。

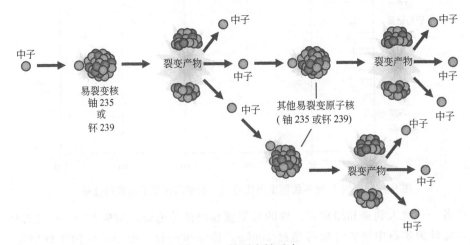

图 8.16 核裂变链反应

表 8.2 不同燃料蕴含能量值

燃 料	平均每克所含能量/kcal	燃 料	平均每克所含能量/kcal
木材	3.5	液化天然气	11
煤炭	7	铀(LWR,一次性)	150000
石油	10		

资料来源：核能管理局（《今日核能》，核能管理局/OECD 出版物，巴黎 2003 年，可从 http://www.nea.fr/html/pub/neuclearenergytoday/welcome.html 下载）。

因为裂变产生的中子又可以轰击其他铀原子,而每次裂变就可以产生 2~3 个中子,所以裂变的次数会呈几何级数增长,发生俗称的链反应并使释放的能量不断增长。如果妥善地加以控制,这种链反应就可以持续地产生巨大的能量,这种设想最早由雷奥·茨拉德(Leo Szilard)提出。在 1942 年,以在芝加哥大学橄榄球场看台下的壁球场里建立了第一个核反应堆的艾里克·费米(Erico. Fermi)为首的一批杰出科学家实现了这个设想。那时,这项计划的目的是研究用核裂变反应制造原子弹的可能性。被称为"原子堆"的第一个核反应堆由高纯度石墨、铀、氧化铀和镉控制棒组成,相当于两个停车场大小。控制链反应速度的关键是控制中子流速。当一个铀原子核发生裂变时,释放的中子动能很高,速度相当于 20000km/s,这种高速运动的中子极有可能被占大部分的 ^{238}U 原子捕获而不会发生有效的核裂变。低速的中子含有较低的能量,但它们能使 ^{235}U 原子核发生裂变,但却不太可能与其他原子发生反应。他们使用缓和剂来控制中子速度,最好的缓和剂是一些低质量的原子如氘、氦或碳原子,这些原子将会通过连续的碰撞来有效地降低中子能量,而本身却不会发生裂变。早期的许多缓和剂采用石墨,主要因为它价格低廉且易于操控,而水和重水(即水分子的两个氢原子被氘取代,D_2O)作为更为有效的缓和剂在今天被广泛使用。要控制链反应速度,使用能够吸收中子的控制棒也是必需的。这些控制棒通常含有镉或硼元素并且能够方便地放入和取出反应堆,以达到控制中子流量进而控制能量的释放速度,完全地插入反应堆中将中止链反应。

1942 年 12 月,在综合使用了铀、氧化铀、石墨缓和剂和镉控制棒之后,费米的第一个核反应堆的尝试运行取得了成功。尽管只有几个瓦特的能量产生,但原子能的控制使用的可行性却得到了证明。

当然,这次试验最大的意义在于证明了制造原子弹是可行的,并直接促成了曼哈顿计划的提出。这个计划于 1945 年成功地爆破了第一枚原子弹并为第二次世界大战划上了句号。最初,军事用途成为原子能使用的主导。例如,在 1954 年第一艘核动力潜艇——美国军舰纳提拉斯(Nautilus)下水,它可以在水下停留更长的时间而不必补充燃料,而这在核能源问世之前是不可想象的。

有趣的是费米的核反应堆并不是地球上的第一个。我们现在已经知道,早在 20 亿年以前,在现在的加蓬共和国奥克劳地区附近,由于铀的富集,一个天然的核反应堆就已经在运作。那时,此地 ^{235}U 的天然丰度约为 3%,而现在由于衰变而变成了 0.7%。在水作缓和剂的情况下,天然的链反应自发地进行了 200 万年才停止。核裂变反应生成了许多钚和其他超铀元素[169]。

世界上第一个商业级的核电站于 1956 年在英联邦投入运行。它装备了一个以石墨为缓和剂、二氧化碳气体为冷却剂的镁诺克斯合金的反应堆,使用 ^{235}U 丰度为 0.7% 的天然铀作原料。在美国,第一个商业用途核电站于 1957 年在宾西法尼亚州的史宾堡（Shippingport）投入运行，它使用了叫做加压水反应堆（PWR）的技术，现在仍然有60%的核电站在使用这种技术。裂变产生的能量先加热燃料棒周围的水，反应温度可达300℃，高压使水不能沸腾。这里的高压水既是缓和剂又是冷却剂。通过热交换器，高压热水使二级循环体系内的水沸腾，产生的蒸汽推动涡轮转动发电机产生电能。

另一种普遍使用的核反应堆叫做沸水反应堆（BWR），目前有90多个核电站在使用这种技术。这种反应堆与前面介绍的加压水反应堆在设计上非常相似，只是冷却燃料棒的水将会沸腾并直接转化为蒸汽以推动涡轮来发电，蒸汽冷凝之后的水又回到反应堆中完成循环。这种反应堆相对于PWR来说更加简单，但是经过燃料棒周围的水已经被痕量的放射性材料污染，尽管这些放射性材料半衰期很短，仍然必须对涡轮进行保护以防止射线泄漏。出于安全考虑，西方社会普遍青睐PWR，例如，法国所有正在运行的59个反应堆都是PWR类型的。

世界范围内使用的PWR和BWR约占商业核反应堆总量的80%，都是用水（H_2O）作缓和剂和丰度为3%~5%的易裂变的^{235}U作原料。因为水不仅可以减慢中子速度，而且会吸收中子，它并不像重水（D_2O）和石墨那样有选择性，所以加拿大还发展了一种用重水作缓和剂、用天然铀（0.7% ^{235}U）作原料的CANDU（加拿大氘铀）加压水反应堆。这种技术虽然避免了天然铀的浓缩过程，却使用了大量昂贵的重水。大约40个CANDU反应堆分布于包括加拿大、印度、韩国、中国在内的7个国家。在英联邦，一种从早期的用石墨作缓和剂、二氧化碳为冷却剂、含量为2.5%~3.5%的铀为原料的镁诺克斯合金的反应堆发展出的高级的气冷反应堆（AGR）正在使用中。

建于1970~2000年的商业反应堆（PWR、BWR、CANDU、AGR等）通常被称作第二代反应堆（图8.17）。现在，从第二代~第三代的过渡正在进行。

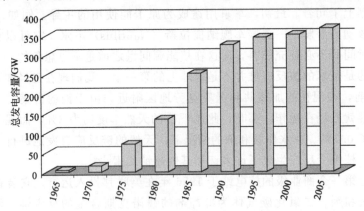

图8.17 核能的历史增长（资料来源：国际原子能机构）

两个新一代的反应堆在日本已经完成，在中国台湾、法国和韩国，另外几个反应堆也在建设之中。它们是从第二代进化而来的，特点是有更好的安全系统，无论建造、运作还是维护都更加廉价。与此同时，有革命性的设计的新型原创性反应堆和燃料循环系统的第四代发电系统正在研发之中[170,171]。也有人提出建设小规模（10~100MW）的密封式、模块式本质安全型核反应堆来用于分散的发电和供热用途，目前劳伦斯·利弗莫尔实验室（SSTAR：小型密封式可移动自动反应堆）、东芝公司（4S：超安全小型简化反应堆）、Hyperion 发电公司等都在开发这样的技术[172,173]。

绝大多数仍在使用中的商业反应堆的富集铀都是一次性使用的（图 8.18），使用完后必须被处理掉。因为只有 ^{235}U 可以通过裂变产生能量，所以这个循环会有大部分的铀剩余，占燃料中的 97%，天然铀中 99.7% 的 ^{238}U 在整个反应过程中几乎没有变化。解决这种浪费的有效办法是使用另一种燃料循环过程。在典型的反应堆中，高速的中子被缓和剂减速以提高其与 ^{235}U 核发生碰撞的概率，并进而增加裂变产生的能量。实际上，高速的中子可以与 ^{238}U 反应，虽然不能直接发生裂变，但可以将 ^{238}U 转化为容易裂变并产生能量的钚 239（^{239}Pu），这样 ^{238}U 实际上就成了"种子"同位素。^{239}Pu 在宇宙生成时就已经存在，但是由于只有 24110 年的半衰期，它在自然界中早就消失了。在现有的使用富集铀的燃料体系中，核废料仍然含有 1% 的 ^{235}U、4% 的裂变产物、0.1% 的锕系金属和

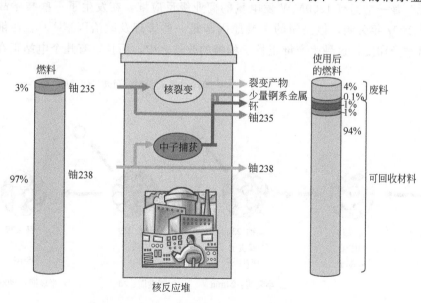

图 8.18　一次性反应堆中的核燃料循环

1%的^{239}Pu。对废料进行富集处理可以回收有用的^{235}U，^{239}Pu也可以以氧化物的形态混合到铀中，制成俗称MO_x的混合燃料。MO_x现在在德国、比利时和法国的核电站内都经常使用。在美国，吉米·卡特总统于1977年禁止了核废料的再处理，尽管这个禁令在1981年已经被取消，现在仍然没有核电站对使用过的核燃料再处理的。在核反应堆中使用^{239}Pu发电不仅可以销毁高放射性的^{239}Pu（否则只能堆积起来、进行废弃处理或用于制造原子弹），而且可以显著地节省^{235}U。由于钚是制造某些类型的原子弹的基本材料，因商业目的而对其进行再处理仍然会引起极大的关注，担心造成核扩散甚至被恐怖集团所掌握。

8.8.2 增殖反应堆

另一种更吸引人的设想是通过核反应制造比原料更多的燃料，所以叫做"增殖反应堆"。在这样的反应堆里，通过高速中子将^{238}U转化为^{239}Pu，将会有比消耗的^{235}U更多的易裂变材料生成（图8.19）。因为需要高速的中子，所以这类反应堆将不再需要缓和剂。液态钠由于良好的导热功能，并且不会明显地减缓中子速度而被用作冷却剂。在过去几年内，有几个国家已经建立了这种高速生产堆，最著名的当属法国的"凤凰（Phénix）"和"超级凤凰（Superphénix）"反应堆。"凤凰"是一个有250MW发电量的处于试验阶段的反应堆，它的下一代——"超级凤凰"是一个拥有1300MW发电量的商业级反应堆，在发生了一些技术故障之后于1997年关闭，但关闭的主要原因却是一些管理及政治因素[174]。在俄罗斯、日本及印度，这种生产堆正处于积极的改进之中，而且，有几个电站正在建

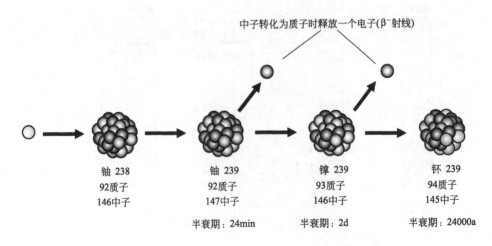

图8.19 铀238通过中子捕获再生新燃料钚239

设当中。1951年在阿尔贡（Argonne）国家实验室[175]建造了全球第一个生产堆的美国正在考虑将这种技术应用于未来的核电站中。实际上，在2000年由美国发起的，其他9个国家参加的第四代国际核电论坛（GIF）上就讨论了如何发展最有前景的第四代核反应堆以满足世界范围内的电力需求，并且能够同时制备氢气和其他副产品。在选出的6个方案中，有3个就是燃料可以回收的封闭燃料循环的高速中子反应堆[170]。

全球大约有460万吨的铀可以以低于130美元/kg的费用进行开采，按照现在每年6万吨的消耗速度，这个储量可以满足75年的需求，根据地质勘探，地球上能够以大约130美元/kg的开采成本开发的潜在的铀矿储量可以满足280年的需求[176]。虽然铀的价格在最近几年里上涨了很多，由于原有矿藏的储量仍很丰富，因此没有足够的动力来促使人们开发新矿或探求新的铀资源。然而，如果核电要在能源消耗总量中占据更大的比重，那么出于长期的打算，向增殖堆的过渡还是非常有必要的。这样不仅丰度为0.7%的^{235}U，而且所有的铀都可以作为原料，这就相当于燃料的储量增加了100多倍，这至少可以满足我们1000年的能量需求。最后，在海洋中以碳酸形式存在的铀矿也将被开采。因为燃料价格只占生产堆发电价格的一小部分，所以尽管海洋中铀的浓度非常低（3～4mg/m^3），提纯价格估计可能达到每千克1000美元，这个计划仍然是可行的。这将为我们提供取之不尽的能源[177]。

除了^{238}U，自然界还存在另一种可能转化为可裂变元素的"种子"同位素，钍232（^{232}Th）。尽管已知的钍的同位素有近30种，但只有^{232}Th（半衰期约为140亿年）仍然存在于自然界中。被中子轰击后，^{232}Th转化为^{233}Th，并最终衰变为^{233}U。^{233}U是一种物理性质与^{235}U相似的可裂变材料，同样可以用作核燃料。钍的天然储量相当于铀的4倍，所以通过钍的开采而获得的能量将是非常可观的。人们对钍作为燃料发电也进行了研究，而且在几个反应堆原型中的试验也已经取得了成功，其中包括高温气冷反应堆（HTGR）和熔盐反应堆（MSR）。20世纪50年代初，美国最早考虑用MSR作航行器的动力系统。使用^{232}Th-^{233}U燃料循环的MSR也是第四代国际核电论坛中选出的6个未来核反应堆之一。像印度这些国家，铀储量有限，而钍储量却大得多，所以他们对这类反应堆尤为感兴趣。与铀相比，用钍作燃料产生的钚和锕系金属要少得多，所以还可以显著地降低核污染的程度。这是因为^{232}Th比^{238}U少了2个质子和4个中子，所以连续捕获中子而转化为寿命较长的、有毒的超铀元素如镎、镅、锔、锫等锕系金属的可能性就相对要小得多。从减少核废料的长远观点出发，钍燃料体系更值得期待。

8.8.3 对核能的需求

从 65 年多以前费米研究小组建立了第一个核反应堆以来，人们对核能利用的观点一直很复杂。早年在第二次世界大战之后，核能作为一种廉价而充足的能源而得到了大多数人的支持，而另一方面，因为核能最早被用来制造原子弹，所以对许多人来说，核能就意味着毁灭和杀戮。多年以后，在 1979 年发生的三里岛事故和 1986 年发生的更严重的切尔诺贝利事故引起了人们的关注，人们开始利用核能，许多国家和政府也被迫重新考虑他们关于原子能发电的政策。尽管三里岛事故侥幸没有造成伤亡，但激进的反原子能组织仍然成功地延缓并最终制止了 1973 年后建设核电站的计划。通过对公共设施公司提出难以计数的诉讼，建设被迫中止并对电力公司造成了上亿美元的损失，这还有效地恐吓了任何计划建设新电站的企业。例如，纽约的绍海姆（Shoreham）核电站最初估计的建设费用为 2.4 亿美元，但最后建成时却花费了 40 亿美元，位于新罕布什尔州的希布鲁克（Seabrook）核电站计划投资约 10 亿美元，但却在花费了 60 亿美元之后因为数年的延期而最后被放弃。同样，在欧洲诸如瑞典、西班牙和德国都因为害怕可能发生的事故而中止了建设新核电站的计划。然而，法国、韩国、日本等国家因为缺乏化石燃料，仍然在积极地发展壮大自己的核电部门，法国在 20 世纪 70 年代乔治·蓬皮杜总统任期内就决定启动一个大的核电建设计划以降低对进口石油的依赖程度，就像一句流行的俗语所说："没有石油，没有天然气，没有煤炭，我们已经没有选择了"，当时的法国政府得出的结论是：要实现国家的能源独立，建设核电站不是一种选择，而是必须的。在他们解释了可能的利益与风险之后，民众也理解了如果不使用核能源，生活将会非常困难。作为世界上唯一一个受到原子弹袭击的国家，日本也强烈支持使用核能，他们也许对如何安全而和平地使用这种技术更有发言权。最近几年，一种不再激进、更加理性的、建立在事实基础上的对核能合理使用的观点开始出现，认为核能可进一步提高安全控制、增加能源需求并降低二氧化碳排放，特别是在亚洲，这种观点促成了许多核电站的建设（表 8.3），美国也开始慢慢考虑建设新的核电站。

8.8.4 经济性

有趣的是，反对原子能的激进主义对核能的利用却产生了长期的积极影响，它迫使政府和能源公司在比绝大多数其他电力行业更加严格的公共检查下，建造更加安全可靠、更加有效的核电站。同时，美国核电站的平均运行负荷系数也从 1980 年的 58% 增加到 1990 年的 70%，而自 2001 年后一直保持在 90% 左右的水平。发电功率的上升还降低了发电成本，提高了核电的电供应量，1990～2003

年核电站发电量的增加相当于新建了 20 多个核反应堆。在美国，核电站发电成本包括燃料、运作和维护费用，从 1990 年的 0.03 美元/(kW·h) 多下降到 2004 年的低于 0.02 美元/(kW·h)（图 8.20），这与煤发电的成本相当，而远低于石油和天然气的发电成本。即使算上初期建设投资、旧发电厂的报废以及核废料的处理，在法国核电的成本也不高于 0.03 欧元/(kW·h)（图 8.21）。法国低的发电成本主要靠国内反应堆的标准化和统一化，他们所有的 59 个反应堆都是 PWR 系统，而低成本也使得法国成为世界上最大的电能出口国[42]。那些经常被引用的核电成本高的论点已经不攻自破了。

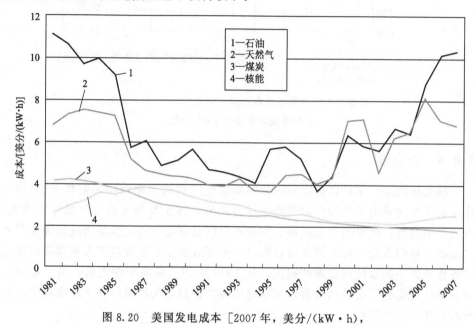

图 8.20　美国发电成本[2007 年，美分/(kW·h)，成本包括燃料、运行及维护费用（根据来自美国核能研究所 NEI 的数据）]

表 8.3　世界在建核反应堆

国家	数量	总发电能力/MW	国家	数量	总发电能力/MW
中国	9	8220	阿根廷	1	692
俄罗斯	8	5809	芬兰	1	1600
印度	6	2910	法国	1	1600
韩国	5	5180	伊朗	1	915
日本	2	2191	巴基斯坦	1	300
乌克兰	2	1900	美国	1	1165
保加利亚	2	1906	合计	42	36988
中国台湾	2	2600			

注：信息来源于 IAEA（2008 年 12 月）。

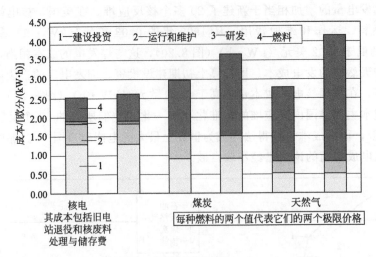

图 8.21 法国发电成本比较[欧分/(kW·h),根据美国消费电子协会 CEA 数据]

8.8.5 安全性

核电站的运作维护都是在国内和国际的专门机构严格管理和监督下进行的。在过去几年内核电站的安全记录是值得称道的,这主要是通过电站设计的改进、高质量的建设、经常的员工培训、安全操作以及仔细的制定紧急情况处理方案来实现的。他们设置了种类繁多的设施以防止事故发生,还设置了多重屏障以降低可能性非常小的事故所带来的损失。从 1979 年的三里岛事件之后,核工业的安全状况已经得到了显著的改善,而在这场西方世界最为严重的核工业事故中,甚至没有任何人类伤亡。

切尔诺贝利灾难则完全是另一回事。这次事件完全是由于员工错误、安全措施的缺乏和低劣的建筑和设计造成的,那里的反应堆外没有建防辐射的容器以阻止射线泄漏到空气中,这样的核电站在西方国家中根本不可能获得运行的许可。切尔诺贝利的爆炸完全是化学性的而不是核爆炸。当反应堆失去控制之后,核裂变产生的大量热量使用于冷却燃料棒的水迅速蒸发,产生的蒸汽又与高温的金属锆反应生成氢气,与石墨缓和剂反应生成一氧化碳和氢气。产生的大量气体使反应堆的压力井内气压急剧升高,冲开了 2200t 的混凝土井盖,剩余的石墨被点燃后,火苗携带着高放射性材料没有受到任何的阻碍便冲入大气中。35 个试图灭火的人在事故发生后不久就因为曾经直接暴露于核辐射中而丧生,根据联合国最新的综合调查,20 年内有近 50 人直接死于那次事件的核泄漏[178],然而,仍有多达 4000 人将最终死于这次事件中的核辐射,而贫穷和"生活方式"疾病的肆虐在前苏联对当地居民来说是更严重的威胁。尽管切尔诺贝利是有史以来最为严重的核事故，和其他的与能源有关的伤亡事故相比却显得无足轻重了，每年死于煤矿开采的人数成千上万，但是却很少引起人们的注意。切尔诺贝利事件被认为是人类能够想到的最糟糕的核事故。据原子能安全专家们估计，在西方世界现已建成的反应堆中每年发生同等级别事故的可能性约为百万分之一，而对于下一代安全性能更高的反应堆，这种事故的可能性更小，其他类型的事故如大坝坍塌、LNG 槽爆炸等发生并造成重大伤亡的可能性要大得多。还有重要的一点需要指出，民用反应堆部可能发生类似原子弹的核爆炸，事实上与流行的观点恰恰相反。民用反应堆中 ^{235}U 的含量不超过 5%，而核弹中 ^{235}U 的含量至少为 90%，而且必须在专门设计的设备中才能发生爆炸。

8.8.6 辐射危险

不稳定的原子核可以分裂为其他粒子同时放出不同类型的射线（α、β、γ 以及 X 射线），这个过程最早在 1896 年由亨利·贝克勒尔（Henri Becquerel）发现，称为放射现象。这些射线可以穿透物质，可以顺利通过人体细胞并干扰生物系统，穿透能力的强弱取决于射线能量的大小，γ 射线和 X 射线能量最高。现在，放射现象已经成为我们生活的一部分，射线从无处不在的天然源头射向我们，宇宙射线、地壳中的铀和钍、建筑材料中的花岗岩、天然铀衰变后产生的氡气、化肥和食物中的钾等都是放射源，一个人平均每年受到的放射性辐射月为 2.4mSv（毫西韦特，计量辐射在人体内造成的生物影响的单位）。

除了天然辐射，发达国家的人们还会受到总量小于 1mSv 的人造辐射，这些辐射主要来自于医疗检查（X 射线）以及看电视（0.015mSv）、坐飞机（从纽约到巴黎的往返行程相当于 0.05mSv）等日常行为（表 8.4 和图 8.22）。

表 8.4 各种人类活动所受核辐射

活动类型	辐射量/(mSv/年)	活动类型	辐射量/(mSv/年)
天然背景辐射	2.4	看电视	0.015
工作于核电站	1.15	荧光腕表	0.0006
一次 X 射线检查	0.2	火力发电厂附近 80km	0.0003
居住于石头、砖或混凝土建筑中	0.07	核能发电的平均辐射	0.0002
一次巴黎到纽约的往返飞行	0.05	烟雾探测器	0.00008
居住于核电站附近	0.03		

注：数据来源于联合国原子辐射效应科学委员会 UNSCEAR，美国核能研究所 NEI 和 R. Morris 的《核能发电的环境案件：经济、医学和政治因素》，2000[184]。

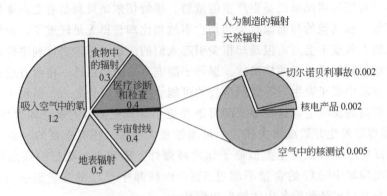

图 8.22 公众所受平均辐射 [mSv/年，数据来源：
UNSCEAR，电离辐射源和影响（纽约，2000）]

核电站每年释放 0.0002mSv 的辐射，相当于普遍使用的含镅的烟雾探测器，只是天然射线的万分之一，所以，在正常操作的情况下，它们不会造成辐射危害。De facto 核电站放出的辐射甚至比燃煤发电场还要少！煤里的一些放射性杂质，如铀和钍一部分通过烟筒排入空气中，另一部分仍然残留在灰烬中[179,180]。据计算，每年由于煤的燃烧，约有 13000t 钍和 5000t 铀被排入环境中[181]。

8.8.7 核副产物、核废料及其管理

核废料通常是根据它们的活性和寿命进行分类的。有些放射性元素半衰期只有几秒，有的却要几百万年甚至几十亿年，核废料的危险性和半衰期成反比（表8.5）。原子核的半衰期越长，单位时间内的分裂就越少。

表 8.5 常见放射性元素的半衰期　　　　　　　　　　单位：年

铀 238	4470000000	镭 226	1600
铀 235	704000000	铯 137	30
镎 237	210000	锶 90	29
钚 239	24000	钴 60	5.3
镅 243	7400	磷 30	2.55min
碳 14	5730		

注：资料来源于核能管理局（《今日核能》，核能管理局/OECD 出版物，巴黎 2003 年，可从 http://www.nea.fr/html/pub/neuclearenergytoday/welcome.html 下载）。

谈到核废料处理时，人们更多关注的是那些使用过的高活性的核废料。通常，核燃料棒被放入商业反应堆中后，会在 3～4 年的时间内被缓慢消耗，然后将被新的燃料棒置换以保证稳定的电量输出。然而，用过的燃料并不等于废料，它们仍然含有 95% 的铀（其中的 1% 是 ^{235}U）和 1% 的钚，还含有大约 0.1% 的、

仍可以产生能量的锕系金属（镎、镅、锔等），还有 4% 的没有潜能的裂变产物，只有这些裂变产物才是必须被处理掉的废料。在欧洲和日本，使用特殊的装置对使用过的燃料进行处理还可以回收 ^{235}U 和钚，这样还可以减少高放射性废料的量，对天然资源的使用更加合理。由于害怕核扩散的政治原因，美国在 1977 年禁止了核燃料的再处理，尽管这个禁令几年后就已经解除，直到最近几年人们才开始重新考虑这个问题。颇具讽刺意味的是，最初禁止核燃料再处理是因为害怕核扩散，现在再处理程序却成为销毁军用级别的钚并将其转化为核反应堆的 MO_x 燃料的最好办法。再处理在产生能量的同时也减少了有毒废料的量，其费用甚至比把这些钚当作废料，找一个存放处（例如犹他州的尤卡山下）放置更少[182]。这些存放处当初设计建造时是按照可以安全储存核废料至少 1 万年的标准，但现在由于反对弃置核废料的组织施加的压力，环境保护署（EPA）随后把这个标准提高到 10 万年，后来又修改为 100 万年，以保护居住在附近的未来 25000 代居民[183]。这样的时间跨度很难认为是合理的要求。然而，对使用过的核燃料不进行再处理而直接掩埋于地下显然是对潜在能量和资源的浪费，这些被掩埋的有害材料非常适合制造能量，所以，掩埋显然不是最佳的处理方式。不管怎样，将核材料放在专门选择的地下设施中，至少是可行的，对于今后的数千年来说也是安全的，而且没有任何难以克服的技术困难。而且，单个商业反应堆每年制造的核废料不过数吨，可以很容易地处理，所以，核废料的处理从来就不像某些人试图让大家相信的那样，是什么"无法解决的难题"。因此放射性核副产物和核废料这个问题与其说是一个技术问题，倒不如说是一个伦理和政治问题。

将已用燃料再处理、建造生产堆同时将 ^{235}U 和 ^{238}U 转化为能量是降低使用过的燃料的放射毒性及更彻底地利用铀矿资源最好的办法。生产堆中的高速中子还可以使裂变中产生的少量锕系金属如镎、镅、锔等停止运动，这些锕系金属是使用过的核燃料中除钚以外主要的放射性来源。

8.8.8 排放

在今天所有大量使用的能源中，原子能可能是对环境影响最小的一种。核电站不像那些靠燃烧化石燃料的发电厂那样，会释放出温室气体以及污染空气的 SO_2、NO_x 和微尘，所以核能的使用有助于保持空气清洁，减缓地球气候变化，防止地平面臭氧层的形成和酸雨产生。尽管并没有向公众公布，在 2007 年，美国的核电站为公众减少了 310 万吨 SO_2、100 万吨 NO_x 和 6.9 亿吨 CO_2 排放[184]。在全球范围内，因采用核能发电而避免了每年 20 亿吨以上的 CO_2 排放。据估计，空气污染，特别是燃煤发电厂排放的 SO_2 和硫酸盐微尘，每年将导致大约 4 万美国人死亡[185]，而同样在美国，近 50 年内没有任何人因为核电站的运行而丧生。煤中还含有汞、铬、砷、硒和前面曾提到的放射性元素铀和钍，所有这些都被直接排放到空气中或残留在灰烬中。由于没有任何真正的条文限制，每年数以百万吨计的煤渣可以到处倾倒，而不用考虑公众健康[186]。仅就发电而言，燃煤显然要比原子能危害更大。即使是最清洁的化石燃料——天然气，也会产生大量的CO_2和NO_x。在人们日益关注CO_2的排放带来的温室效应和全球气候变化的背景之下，"干净"的核能将会越来越重要。

8.8.9 核聚变

与其他无数的恒星一样，我们的太阳也是一个巨大的热核反应堆，通过小的原子的核聚变反应，生成较大的原子来获得能量。小原子主要是氢，而产物绝大部分为氦原子，然后再转化成更重的元素。聚变反应产物的质量小于反应前的粒子质量之和，这部分损失的质量将根据爱因斯坦的质能方程$E=mc^2$，转化为能量。聚变反应产生的能量是同等质量的裂变燃料产生能量的10倍。由于原子核之间有非常强的正电荷之间的排斥作用，要使聚变反应以足够的、持续的速率进行，原料粒子的能量和温度都必须非常高。在恒星的中心，由于重力作用可以形成一个高温的等离子区（温度高达15000000℃），等离子态是固态、液态和气态之外的第四种物质状态，在这种状态下的物质原子核与外层电子分离，而且可以自由地相互运动。然而在地球上，天然的重力作用不可能控制这种状态，所以必须使用其他的技术来保存这些高能粒子，并阻止它们在反应之前逃逸出来。现在考虑的两种可能的技术是：①磁力控制，将高温的等离子体保存在强磁场区域内，维持适当时间；②惯性控制，用高能激光迅速加热压缩小体积的等离子体以实现核聚变。对发电而言，磁力控制是最先进、最好的方案。从20世纪50年代起，许多国家就在进行这方面的实验，然而真正的突破是前苏联在一个叫做托卡马克（Tokamak，回旋真空舱和磁力线圈的俄文缩写）的装置中获得了温度为10000000℃的等离子体。以托卡马克为范本，相继有其他的大型核聚变反应成功，如日本的JT-60、美国的TFTR和欧洲的JET。托卡马克其实就是一个内部存在强磁场的面包圈形状的圆筒。自由的带电离子和电子混合的等离子体被磁场控制，在托卡马克的圆圈内高速回旋。要维持核聚变，必须获得1亿摄氏度的体系温度，为了获得如此高的温度，必须向等离子体中注射高能的中性粒子作为燃料，而且还要有特定频率的电磁波通过控制舱内的天线将自身能量转移给等离子体。通过磁场的控制，热的等离子体离托卡马克内壁足够远以防止自身冷却。聚变反应产生的能量通过反应堆壁上的热交换器转移出来。与其他化石燃料和核燃料发电过程相似，用这些热量制造出蒸汽，再通过涡轮发电系统就可以得到电能。

以能量生产的观点，要使这一过程可行并达到所谓的收支平衡点，核聚变反应产生的能量应该至少与加热系统投入的热量相当。而一旦越过这个收支平衡点，就必须使制造的能量远多于投入的能量，从而使受控的核聚变反应成为一种经济上可行的能量来源。氢弹就是一个由裂变型的原子弹爆炸而引发的不受控的聚变装置。

我们把制造的能量与投入的能量之比称为增益，用符号 Q 表示。现在最高的增益出现在联合欧洲花托（JET）这个反应堆里，其 $Q=0.65$，已经接近收支平衡点。ITER（国际热核试验反应堆）是一个由欧洲各国、日本、俄罗斯、中国、印度、美国和韩国等国家合作制造的功率为 500MW 的核聚变反应堆，有望获得 5～10 的增益值（图 8.23）。由于反应堆体积越大，聚变反应效率越高，所以这台即将在法国卡达拉希（Cadarache）建造的下一代托卡马克将会比上一代反应器大得多，这将是制造 Q 值大于 30 的更大的商业反应堆的第一步。

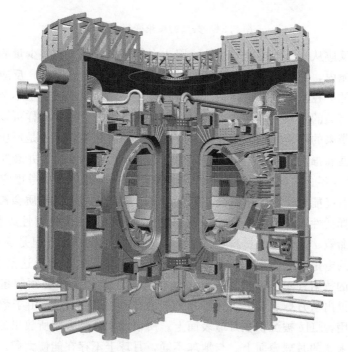

图 8.23　ITER 核聚变反应堆（来源：www.iter.org）

在地球上，大多数关于聚变反应的研究都集中于氢的两个同位素——氘（D）和氚（T）之间的反应，因为这是最现实可行的，也是利润率最高的反应（图 8.24）。氘是一种广泛存在于水中（33g/m³）的稳定元素，可以从水中提取。现有的氘可以维持全球能量消耗 100 亿年！而氚则是自然界中没有的放射性元素，必须通过中子轰击锂而制备。锂矿可以使用2000年，但是如果能够从海水中提取，则可以维持几百万年。在现有的试验反应堆中，氚都是在外面制备并注射进反应堆的，然而，在未来的系统中，将会在反应堆中直接制备。反应堆的内壁将由含锂材料制成，这种材料被聚变反应中产生的中子轰击后就会转化为氚。

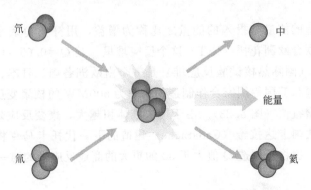

图8.24 典型的核聚变反应

核聚变反应从本质上说是安全的，因为在任何时候都只有很少量的燃料存在于等离子体舱内，而且少量穿透舱壁的材料的温度将会迅速降低，反应也会立即中止，可能的失控状况也就不存在了。与核裂变一样，聚变反应也不会生成与全球气候变化有关的温室气体和造成酸雨的空气污染物质，因而同样可以缓解化石燃料的燃烧带来的环境问题。不管是反应的初始原料氘和锂，还是反应生成的氦都没有放射性和毒性。反应中现场生成的氚会放出低能的β射线并衰变为氦，半衰期仅为12.3年。它的放射性并不强，但设计反应堆时仍然要考虑它对物质的穿透性。同有高能粒子流的所有其他装置一样，构成反应堆的物质会被活化，然而适当的选择活性可以迅速降低的材料却能最大限度地减少放射性废料的数量，使其变成寿命短、活性低的材料。氘-氘核聚变的放射性较低，但是要产生与氘-氚反应同等的电量，它需要高一个数量级的等离子体压力，所以这是不可行的。^{3}He-D反应的放射性更低，但^{3}He并不天然存在于地球上而必须制备。有趣的是，有些人提出从月球表面上开采那里所存在的少量^{3}He[187]。由于数百万年来太阳风的作用，^{3}He被沉积在月球表面上。所谓太阳风是太阳所放出的一种粒子流撞击在粉末状的月球表面上。与地球不同，月球上不存在能使太阳风中的带电粒子转向的磁场。在我们获得了更多的知识和更高级的技术之后，这两种聚变反应才能最终被实现。

现在，核聚变反应只能是一种未来的能源，虽然已经取得了很多进展，实现它的应用仍然需要长期的研究和发展。然而，有了ITER以及跟随其后的大计划，很少有人会怀疑这项技术会在21世纪成为可能。核聚变反应与现有的能源相比，有着难以计数的优势：它的燃料——氘和锂，是广泛存在，甚至取之不尽、用之不竭的，消除了能源安全问题和与资源有关的冲突；它还能以对环境最小的影响产生大量的电能；它在本质上是安全的；可以使用液态金属或氦气代替水作为工作流体，起到热交换、冷却反应堆以及发电的功能，这样就能达到高的操作温度（1000℃），在发电的同时通过水的热化学分解制备氢气，这种可能性在前面讨论核裂变时就已经提出（第9章）。考虑到核聚变发电站所需要的复杂技术和高昂的建设费用，似乎应该建尽量少的电站以满足大部分的用电需求，然后用小的核裂变发电站点缀其间以满足不太集中的用电需求，而超导电线的发展也会充分减轻现在的输电问题。

8.8.10　核能：未来的能源

核电量目前已经占了世界发电量的较大比重，未来的作用可能更大，而它对未来的作用却不只是发电，还可以生产氢气（第9章）和将海水脱盐。在过去，西方国家建造的反应堆有着令人瞩目的安全记录，而且未来更高级的反应堆安全性能会更好；考虑到空气污染和越来越受到关注的全球气候变化，核电的零排放与化石燃料发电相比有着明显的优势；而且，绝大部分的铀、钍矿都集中在世界上稳定的地区，它们的价格和产量也将会明显改善；进步的生产堆的出现还会优化这些资源的利用效率，保障世界能源供应，直到更好的能源技术的出现。这种能源技术很可能就是核聚变。

8.9　未来展望

化石燃料的替代产品很多，然而都有各自的缺点和局限性。大型的水力发电站的使用已经有一百多年的历史，但是建造新的电站却越来越受到限制，因为最好的位置都已经有了电站，而且，在大片区域被洪水淹没成为水库之前，人们不得不仔细考虑它所带来的环境问题和其他社会经济因素。地热资源发电可以解决一些国家的区域性用电问题，但这种资源在全球的分布却极为有限。太阳能光电和热电仍然太昂贵，而且持续性也难以保证。适当的能量储备或其他能源的补充是必须的，因为在阴天时光照有限，夜晚则根本没有光照。尽管如此，在合适的区域尤其是沙漠中，其应用正在发展。因为风速不断变化，风力发电也同样存在间歇性的问题，但风力发电比太阳能发电成本要低得多，所以相对来说应用前景也要广阔得多。风能在欧洲、美国和其他国家中越来越多地使用是可再生能源增长用量中很重要的一个方面。生物能发电可以提供数量可观的电能，但却仍然无法满足现代社会的需求。海洋的潮汐、海浪和热能至少在可以预见的未来还不能为解决世界能源提供明显的帮助。综合考虑以上所有发电方式，这些可再生资源必然会在未来世界能源体系中占据越来越重要的地位，但仍然不可能完全替代不可再生的化石燃料。随着石油和天然气的储量越来越少，我们只能越来越倚重储量更大的煤炭资源。但转而使用煤炭的做法也只能是暂时的，因为在不远的将来，煤炭产量也必然会减少。而且在目前的技术条件下，煤炭的燃烧还会带来空气污染和温室气体排放等问题，继而影响全球气候变化并严重地影响人类健康。因此甲醇经济所提出的对化石燃料燃烧所排放的二氧化碳进行化学回收是为减缓全球变暖问题的一项十分有意义的技术进步（后续各章）。

在目前所知的所有能源中，尽管有放射性副产物的再处理和储存问题有待进一步解决，从环境、能源安全和长期稳定性的观点出发，核能显然将成为最主要的一种。实际上，在不久的将来，它就可以为人类提供巨大的、日益增长的能量。高级的生产堆和新的核聚变技术将在未来几个世纪甚至几千年内解决我们的能源需求。

也许我们最终能发现目前尚未知的更高效利用太阳能的这种我们所拥有的用之不竭的主要能源方式，但那已经是后代们的事情了。核反应也不能看做是纯粹的人类发明，它在宇宙中各处自然地发生，而人类直到最近才成功地控制并驾驭了原子能。如果没有太阳内部的热核反应和地球内部的核衰变，地球上也就不会有诸如太阳能、风能、生物能、地热和水力这些可再生资源，甚至也不会有化石燃料的存在。一旦我们制造出能量，它必须被储存、传输并转化为可用的适当形式，这也是我们主要的挑战之一。此外，我们还必须发展新的方法来从可再生和可持续的资源中生产出方便的烃类燃料以满足运输和家用的需求，以及其他各种产品和材料。这些工艺过程所需要使用的大量能源可以从前面所讨论的各种来源中得到。后续各章将要讨论的"甲醇经济"将为达成这些目标提供一条可行的新途径。

第9章
氢经济及其局限性

很多人认为氢是一种永不枯竭而且毫无污染的、为我们的将来提供能源的理想燃料。目前，对政府部门和众多大型的与能源相关的公司、汽车制造商及其他工业部门来说，投入到所谓的氢经济中来是他们义不容辞的责任。他们的想法似乎很简单：将氢气——地球和宇宙上最丰富的一种元素——作为一种清洁的燃料，或者制成燃料电池以驱动汽车、为房屋供暖或者用于发电；产生的副产物仅仅是水而已，而没有当前以化石燃料为基础的经济所产生的CO_2之类的污染物。由于我们石油消耗的60%用于运输行业，因此全球已经启动了为数众多的项目来发展以氢燃料电池驱动的汽车。2003年，美国宣布了一项5年内投入预算为12亿美元的氢燃料开发计划，用来支持氢能研究并努力使氢能汽车在2020年之前实现商业化[188,189]；欧盟以公私合作的方式计划在2011年之前的10年内投入28亿欧元用以发展氢燃料电池；日本2003年开始的新氢项目的目标也是实现氢燃料电池技术的商业化。为该项目提供的政府预算持续增长，到2006年达到340亿日元[189]；其他国家如中国和加拿大也增加了它们在这一领域的研究力度。多数的汽车制造商已经投入巨资用于氢燃料电池汽车的发展；主要的能源和石油公司正在测验为这种新型的交通工具提供和更新燃料氢的方式。尽管付出了如此大的努力，然而，通向氢经济的道路仍然充满了看来无法克服的重重困难。如果氢气要成为一种如现在的石油和天然气那样实用的日常燃料——可以加入我们的汽车油箱里面，或者输送到我们的家里面——仍有很多基础问题需要解决。

9.1 氢气及其性质

氢是元素周期表中最轻的元素，是宇宙"大爆炸"之后冷却过程中第一个形

图 9.1　太阳每秒钟把 6 亿吨氢转化为氦
（照片来源：NOAA）

成的元素，至今仍然占据宇宙的 90%，其余部分主要由氦所占据。在恒星内部，氢通过聚变形成氦和其他更重的元素，因此可以认为氢是它们的共同祖先。氢是恒星的燃料，在我们的太阳上每秒钟就有 6 亿吨的氢通过核聚变被转化成氦，同时释放出巨大的能量，也为我们地球的生命提供必需的光和热（图 9.1）。

氢也是地球上分布最广、最多的元素。然而由于它的高反应活性，氢通常与其他元素结合在一起。由于我们的大气中含有 20% 的氧气，分子态的氢仅在大气层外围少量存在；氢在自然界通常是与其他元素化合存在的；在覆盖了地球表面 70% 的水中，每一个水分子（H_2O）中都有 2 个氢原子连到 1 个氧原子上；氢存在于碳氢化合物中，也存在于所有的生物体、植物以及草木之中。

表 9.1　氢气的性质

化学式	H_2	含能量	28670kcal/kg
相对分子质量	2.0159		57.7kcal/mol
外观	无色、无味的气体	辛烷值	130+
熔点	−259.1℃	自燃温度	520℃
沸点	−252.9℃	在空气中可燃性极限	4%～74%
密度(0℃)	0.09kg/m³	在空气中爆炸极限	15%～59%
液态密度(−253℃)	70.8kg/m³	点燃能	0.005mcal(milli-calorie)

　　氢作为一种元素是由英国科学家亨利·卡文迪许于 1766 年首次发现的，卡文迪许将其命名为"燃气"（表 9.1）。将氢气引燃会产生水，这个现象使法国化学家安东尼·拉瓦锡将这种气体命名为"氢"，它的英文名称"hydrogen"是一个从希腊语而来的合成词，其中"hydro"表示"水"，"genes"表示"出自于"。法国大革命之后不久（拉瓦锡就是在大革命期间作为旧政府的税务官被处死于断头台之上，尽管他的许多科学家同事要求免除他的死刑），氢气被首次应用于军事上；充满氢气的气球可以飞过敌人防线进行侦察。最初，使用的大量氢气是由高温水蒸气通过铁屑产生的；19 世纪初期，两个英国人威廉·尼科尔森和安东尼·卡莱尔发现通过电解水可以产生氢气和氧气；1839 年威廉·格鲁夫发现电解过程是可逆的：在后来称为燃料电池的装置中，将氢气和氧气化合可以产生电流。

正如前文所提到的，与木材、煤炭和天然气那种可以直接得到并为我们应用的燃料不同，氢气的产生需要消耗大量的能量，将氢与其他元素分开——就像水和碳氢化合物那样，然后才能作为燃料。因此氢气并不是初级能源而仅仅是能源载体。然而，它的一些物理和化学性质使它并不胜任这一使命，特别是作为交通工具的燃料。反常的是，这些方面对它却存在着巨大的需求。它是如此之轻，以至于如何在气态对它进行储存、运输和使用都成为障碍。微小的氢分子可以轻易地从大部分材料中扩散出去，例如质脆的钢铁，特别是在高温高压的情况下。作为一种挥发性气体，氢气只有在极低的温度下才能冷凝为液体，-253℃，仅仅高于热力学零度20℃。按照阿伏伽德罗定律，1mol(2g)氢气在1atm和0℃条件下的体积为22.4L。因此其储运通常需要在很低的温度或很高的压力条件下进行。在与空气接触时，氢气也可以燃烧甚至爆炸，因此处理起来需要特别小心。

9.2 氢能的开发

自从19世纪早期以来，在工业化程度越来越高的城市里，由煤炭的不完全燃烧而来的一种被称作"民用煤气"的氢气和一氧化碳的混合气体被广泛地用于房屋的加热、照明和街道照明。然而，随着电的发明，以及石油和天然气的发展——它们不需要进一步的处理就可以直接使用，氢气作为燃料的重要性迅速地下降了。今天，氢气作为燃料的使用仅限于有限的领域中，主要是作为火箭推进剂以及用于特种交通燃料的实验性开发。然而，自19世纪以来，氢以其独特的性质吸引了一代又一代的科学家、未来学家甚至科幻小说家的兴趣。早在1874年，儒勒·凡尔纳就在他的幻想小说《神秘岛》中通过人物对话对此作了描述。当提到几个世纪之后煤炭消耗殆尽，美国的工业和商业将会如何时，工程师赛勒斯·哈定解释说，人们将转而寻求其他燃料。对那些惊讶不已的同伴，他进一步解释道："水将会成为将来的燃料。准确地说，依靠电，水将分解成更基本的元素，到时候电将成为一种强大而操纵自如的力量。"

"是的，朋友们，我相信总有一天水会变成燃料，组成水的氢和氧也许分开来、也许合起来，它会成为热和光的无尽源泉，它的力量之大，是煤所比不上的。将来轮船的藏煤室和火车的煤水车里装的就不再是煤，而是这两种压缩气体了，这两种气体在炉子里燃烧起来，会产生极大的热能……我相信，等煤用完了以后，我们就要用水来取得热能和温暖了。水就是将来的煤。"

据我所知，这也许是对"氢经济"的最早的注解了。但是，凡尔纳从未提到那种将水电解制备氢气的原始能源又是从何而来的。

20世纪20年代，加拿大电解公司开创了电解水大规模生产氢气的先河，他们利用水电站的多余的电力来生产氢气和氧气。这些气体主要应用于与燃料无关的领域例如钢铁切割和合成肥料。几乎与此同时，以鲁道夫·艾文为代表的德国工程师们开始以氢气作为载重卡车、小汽车、火车、巴士以及其他内燃机驱动装置的燃料[190]。在航空领域，氢气首先被德国的齐柏林飞艇用于跨越大西洋的定

图 9.2　LZ-129 兴登堡号齐柏林飞船在纽约上空飞行

期航班中（德国没有氦气资源），这比飞机航班要早好多年（图 9.2）。在航行途中，大量的液态燃料被消耗掉，使飞艇的重量逐渐减轻。为了维持适当的浮力，用于使飞艇飘浮空中的氢气并没有简单的排掉，而是作为补充燃料。然而，1937

图 9.3　一架航天飞机在佛罗里达州卡纳维拉尔角发射升空

年兴登堡号飞艇发生的一场灾难性的大火终止了这种灌充氢气的齐柏林飞艇时代。第二次世界大战期间，氢气燃料曾经引起了潜艇和无轨鱼雷的兴趣。但是战争结束不久，随着廉价油气时代的来临，除了在航天和军事领域的应用之外（图9.3），氢气这种燃料的使用一直无人问津。20世纪70年代的石油危机使人们需要寻找石油的替代品，于是氢气重新出现于视野。同时，随着公众对污染问题的认识越来越深，要求使用清洁的氢气燃料的呼声日益高涨，但这些意见也许只考虑了氢气的燃烧而未必考虑到氢气的生产。正是在这段时期，"氢经济"这个词出现了，国际氢能协会也于此时成立。然而，随着20世纪80年代油价的大幅下降，政府和企业

对氢气的热情也迅速衰退了，氢能和替代能源的研发资金也急剧减少。例如，美国在80年代初对可再生能源方面的预算减少了80%。不过，1988年，前苏联一架图-155试验飞机曾测试了以液态氢气和天然气作为喷气式飞机替代燃料的使用情况[191]。这种冰冷的燃料使用起来很不方便，操作也有很多技术方面的挑战，例如，密封的大型氢气储运罐需要使气体保持液态，这使它体积庞大、容量有限，而且运输距离不能太远；同时与煤油燃料相比，液态氢气也显得过于昂贵。20世纪90年代，基于油气储藏量的日益减少以及日益增加的CO_2排放量被认为是引起全球气候变化的主要原因，人们对氢气又重视起来。与此同时，燃料电池方面取得了相当大的进展，特别是质子交换膜（PEM）燃料电池的出现，使得可商用的氢燃料电池驱动的汽车成为可能。这项技术进步引发了交通部门对与氢气相关的开发项目迄今最大的投资。包括戴姆勒-克莱斯勒、本田、丰田、通用和福特在内的许多主要汽车制造商都已经造出了燃料电池汽车、巴士或卡车的原型，由此"氢经济"逐渐变得流行起来，引起了公众更多的注意。今天，氢气驱动的交通工具吸引了大量资金和大众媒体的注意，有众多的机构建立起来，通过刊物、电视、会议和展览等形式来推广氢燃料。正如前文我们提到的，工业化国家的政府已经承诺并提供了巨额的预算资金用于氢经济的发展。

作为一种燃料，氢无疑具有很多的优点。用它来发电和产热是清洁的，仅仅产生水而没有污染。在航天工业等某些特殊领域内，其作用是非常重要、难以替代的。但是最为关键的问题是如何经济、安全地生产并使用我们所需要的大量氢气。如果就像现在的情况一样，依靠化石燃料转化来生产大部分的氢气，这只能转移甚至加重污染和温室气体排放的问题，而不能解决问题。然而，如果可以利用核能和可再生能源电解无穷无尽的水资源得到氢气，那么它将成为一种低排放甚至无排放的燃料源或者能量载体。但是另一方面，由于氢气的物理性质并不好、反应性过高，它的储存、运输和使用都是当前主要的挑战。

9.3　氢气的生产和使用

今天，氢气主要用作化学工业和石油化工的原料大量使用，包括生产氨气、精制石油产品以及多种化合物，它的应用范围还包括冶金、电力和制药工业（图9.4）。除了作为火箭和航天飞机的推进剂之外，氢气在今天仍然很少被当作燃料使用。工业企业通常都建有自己的氢气生产部门以保证其供应的可靠和安全，也可以避免运输方面的难题。因此，氢气市场表现为一种"垄断"的市场。为满足当前的需求，全世界每年生产大约5000万吨氢气，大约相当于1.4亿（吨石油当量toe)，即不到全世界初级能源需求量的2%。如果把氢气作为主要的能源供应,将需要巨大的投资来增加其生产能力并建立储存和配给所需的附属机构。

前面提到,氢气并非一种初级能源,它只是一种能源载体,需要首先制备然后才能用作燃料。当前世界所需的氢有96%是从化石燃料制备得到的[192],其中有约一半是由甲烷的水蒸气重整来生产的(图9.5)。虽然这种方法价格相当低廉,但是它依赖于日益减少的天然气或石油资源,并且排放出大量的CO_2。现在,电解水的方法要昂贵得多,只占总产量的4%,只有当需要高纯度氢气的时候才会倾向于采用这种方法。但同时,正如前面所说,它只需使用无穷无尽的水作为资源,而所耗能量可来自任何能源,包括原子能和与化石能源无关的各种替代能源。

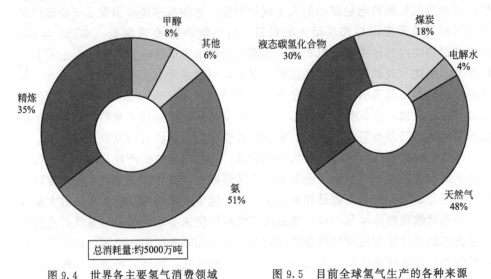

图9.4 世界各主要氢气消费领域　　图9.5 目前全球氢气生产的各种来源

9.3.1 化石燃料制氢

与其他化石燃料相比,天然气是生产氢气最合适的原料,因为它分布广泛易得、容易处理,并且拥有最高的氢碳比(4∶1),因此副产CO_2的量最少。甲烷可以通过水蒸气重整或者氧气的部分氧化转化成氢气,或者两种方法按序兼用(自发热重整)。水蒸气重整是当前优先使用的方法,占世界氢气产量的50%,在美国则占到90%。重整过程中,在金属催化剂的催化下,天然气在高温高压的反应器中与水蒸气反应产生CO和氢气的混合物;第二个阶段,CO与水蒸气(水气转化反应)反应产生氢气和CO_2;纯化之后,氢气被回收而CO_2副产物则通常被排放到大气中。不过,如果将来施行更加严格的标准,则需要将CO_2俘获并隔离起来以减轻它对气候的影响。甲烷水蒸气重整也可以使用多种小型反应器来进行，这样就可以在加油站之类的地方就地生产，与大型工业化生产方式相比，这种分散的方式也许会有更高的生产价格和较低的效率，但是却避免了从遥远的集中生产中心运送氢气的麻烦和危险。不过这种情况下，捕获和处理 CO_2 的费用将很高。尤其是在燃料电池类的用途中，即使只有少量的一氧化碳，也必须将其完全除去，否则会使催化剂中毒。与催化重整相比，部分氧化和自热重整是更有效的方法，但需要氧气，而以低廉的方式从空气中分离氧气仍是技术上的难题。虽然从石油和天然气生产氢气是早已成熟的技术，但是决非长远之计，因为它不能解决我们对日益减少的石油和天然气资源的依赖，以及相关的环境问题。

与其他石化燃料相比，煤炭拥有最大的储量，可以很好地为我们提供充足的氢气直到下个世纪。目前能达到这个目标的是一种叫做整体煤气化联合循环（IGCC）的技术，这种"洁净煤"的技术可以在发电的同时生产氢气，因此与现在商业运营的发电站相比，它的能源利用率大幅度提高了。这个过程与甲烷精炼非常相似，煤炭也是在高温高压下与氧气和水蒸气发生部分氧化而气化的。产生的合成气体，是一种主要包含 CO 和氢气（也有 CO_2）的混合气体，可以用水气转化反应利用 CO 来进一步提高氢气的产率，气体净化后即可得到氢气。但是由于煤炭的氢碳比较低，因此生产同样多的氢气或者电力释放的 CO_2 比甲烷甚至石油都要多。在当前的计划中，将排放的 CO_2 俘获并脱除到地下或者已经耗竭油气储存区可以视为解决问题的一个方法。美国政府通过能源部资助的 21 世纪愿景计划（vision21）和其他项目计划[193,194]，将采用这种技术来推广使用煤炭和其他国内资源生产氢气的做法。而 2003 年开始的耗资 10 亿美元的未来一代（FutureGen）计划，其最初的目标是在一套 275MW 规模的零排放燃煤原型装置上同时生产氢气并发电[195,196]，但此后这项计划进行了调整。调整后的计划虽然仍保留了 CO_2 捕获和封存的部分，但不再考虑同时联产氢气。不过，考虑到美国仍然拥有的大量可用煤炭储存量，美国能源部提出的摆脱对外国进口能源依赖的目标确实是有道理的。然而，与其他的生产氢气的方法相比，煤炭气化仍然是一项不太成熟的技术，虽然这是当前可用的技术中氢气生产成本最低的。在大型集约化的工厂中，现在的氢气生产成本预期只有每千克 1 美元略多一些[192]，并且仍有相当大的改进和降价空间。但是，从燃烧煤炭和其他化石燃料的发电厂释放的大量 CO_2 的封存将是技术和经济上的一个巨大挑战。现有的 CO_2 分离和俘获技术中还没有一个曾被用于大型电站上，而且其成本也不确定。迄今为止，CO_2 封存技术也只以相对较小的规模进行过测试。在将数十亿吨 CO_2 注入地下或者海底之前，我们必须对大规模的 CO_2 封存对环境的影响做详细的评估。捕集并封存 CO_2 的过程所需的能源将使发电厂的总效率下降 14% 之多[197]。只要易于开采，煤炭就会是大量集中生产氢气的可行之选，虽然它并不适合于分散式的氢气生产。

为了减少温室气体的排放，减轻其对全球气候变化的影响，当以化石燃料生产氢气时，俘获和脱除作为副产品排放的 CO_2 就必不可少了。这种储存方式虽然可以接受，但是并非没有危险，因为地震或火山爆发等地壳运动都有可能导致大量 CO_2 灾难性地释放。而本书后面将提出的 CO_2 化学循环回收制甲醇方案则可以避免这一问题。尽管如此，化石燃料的使用将只是一种暂时的解决方案，因为石油、天然气和煤炭终有一天会被耗尽。因此，需要有更多可持续性的方法来生产氢气，例如从生物质或者从水电解生产氢气，使用的能源可来自各种可再生能源以及原子能等。

9.3.2 生物质制氢

生物质有潜力能成为氢气的一个重要来源[198]，它包括多种多样的材料，例如农场生产和木材加工的残余物、专门用于产生物质的作物如柳枝稷以及海洋中的藻类。我们在第 8 章提到过，生物质可以用于生产一些液体燃料例如乙醇、生物柴油以及甲醇等。与烃类化合物相似，生物质也可以通过气化或者高温热解与水蒸气重整转化为氢气。这个方法很大程度上得益于这些年来在化石燃料转化与精炼领域所积累的经验。生物质气化工厂一般只能限于中等规模，因为收集和运输这些有限而又分散的生物质需要的费用过高。当今，这种生物质气化工厂的生产效率只有 26%，而估计其氢气生产成本将超过 7 美元/kgH_2[192]。尽管随着技术的进步，效率预期将会提高，氢气的价格也将下降，其成本预计至少仍有 3 美元/kgH_2。另一种曾进行工业化演示的令人感兴趣的替代方案是将生物质与煤炭一起气化，其中生物质的比例达到 25%[13]。建造专门用于生物质气化的设备是没有必要的，因为生物质的供应是季节性的，这种时候气化工厂将只用煤炭维持生产。

至于温室气体的排放，由于生物质燃烧释放的 CO_2 是此前它自身通过大自然的光合作用从大气中俘获而来的，因此在这个循环中，CO_2 的排放量是接近于零的。然而，作物的生长需要土地、水和肥料（在氨的生产中需要用氢），以及耕作、收获和运输中所需的大量能量。所有这些因素，加上它们在土壤、水源和生物多样性方面对环境造成的影响都必须考虑进去；大型的能源密集型的作物农场可能引起的后果也是需要详细评估的。柳枝稷之类的高能作物的生长需要投入的能量较少，可以作为优先考虑，然而如果作为能源生物质将不得不与其他农作物的生产竞争大量的耕地。不过，生长于广阔海洋中的藻类也许将来会改变这种状况。无论如何，生物质能只能作为我们需求的大量氢气供应中的一部分。

9.3.3　水的光生物学分解

除了生物质转化，一项致力于利用微生物直接将水分解生产氢气的技术正在出现，而不需要生产生物质（biomass）。这种直接利用太阳能和绿藻、蓝藻等合适的微生物的光生物学工艺有可能达到相当于现在使用的生物质气化技术数倍的效率，但现在所用的微生物其分解水的速度仍然很低，无法用于高效率的氢气生产。光生物学分解水的技术仍然处于早期研究阶段，在成为一种有实际意义的潜在氢气来源之前还要进行大量的努力并取得突破[199,200]。

9.3.4　水的电解

电解是一种能量密集型但也是一种被证明很好的生产氢气的方法，它用电将水直接断裂为氢和氧：

$$H_2O \xrightarrow{e^-} H_2 + \frac{1}{2}O_2 \qquad \Delta H_{298K} = 68.3 \text{kcal/mol}$$

但目前在大多数场合，它比通过天然气重整生产氢气的方法要贵3~4倍，这也就解释了为什么它在当前全球的氢气生产中所占的比例如此之小。然而，考虑到温室气体的排放，这也许是生产氢气的最清洁的方法了，因为所需的电力来自于可再生的能源或者核能，而非化石燃料。在谈论氢气是一种清洁、环境友好的能源的特征时，人们不能忘记这种特征还决定于氢气生产过程本身的清洁和环境友好程度。大规模电解水是一项成熟的技术，用来生产高纯氢气大约已经有一个世纪。联产的氧气也是一种有价值的副产品，可用于炼铁制钢、金属切割及焊接等，也广泛用于现代化的燃煤电厂和合成气生产中。

但电解水目前仅仅在那些拥有大量的廉价电力资源的地区被采用，例如水电发达的加拿大和挪威。在达到100%的理论电解效率时，生产1kg氢气的电耗为39.4kW·h，而实际生产中往往接近于50~65kW·h[201]。因此一个典型的工业电解装置的效率约为70%~80%，如果提高水温或者采用水蒸气电解可以达到更高的效率[202,203]。因为电解反应的效率与电池的尺寸或电池堆无关，电解槽既能够集中生产氢气，又能分散生产氢气，比如在当地的服务站。由于没有移动部分，所以电解槽保养费用低，还能很好地适用于间歇性和易变的能量资源中，比如风能或太阳能。而且，在非高峰期所生产的过量的电能够以氢的形式储存起来，然后在高峰需求时，能够用来生产额外的能量。

基本上，任何能生产电的能量资源都能通过电解来生产氢气。今天，世界上超过60%的电仍旧通过燃烧化石燃料的电厂来进行生产。但是用化石燃料先生产电，然后再用这种电生产氢气是不合理的，因为每次转换都有能量损失，总效率将会降低,并且,这比直接将化石燃料转化为氢气所释放的 CO_2 更多。从可持续和环境友好的长远观点来看,电解水所需的电力最好来源于可再生的能源或核能,且不会释放出 CO_2 和污染大气的气体,如 SO_2 和 NO_x。

水力所发出的电是目前最大的可再生电力资源,显然,它很适合用于生产氢,尽管它的实用性有限,这在第 8 章中已经讨论过。

在一些地热活跃区域,如冰岛、菲律宾和意大利,来自地热能的电也能用于电解制氢。但是即使在某些地区经济可行,在全球范围内这个方法也是次要的,因为能够生产电的地热源是相当有限的。

资源的有限、成熟技术的缺乏、勘测的困难或环境的关系限制了从海洋中吸取能量的发展,这些能量有不同的形式:潮汐能、波浪能或者热能,它们在氢的生产中不期望扮演任何重要的角色。

风能相对于其他所有的可再生能源有更大的潜力,在可预测的将来,以合理的成本生产无污染氢,风能可能是最有效果的。在某些区域,来自风能的电已经和来自化石燃料的电形成了竞争,而且,由于涡轮技术的不断发展和改进,风能生产电的成本有望能够大大降低。在另外一方面,风能具有间歇性,仅有约 30% 的利用率,是一个严重的缺点,这导致了生产氢的电解槽只能在有限的时间里以全容量运行,并且在不刮风的时候,要用相当数量的氢的储存容量来弥补生产的不足。随着风耦合电解和氢储存系统的重大优化,生产氢的费用能够从当前估计的 6~7 美元/kg 降低到 3 美元/kg[192]。

氢的另一种来源是太阳能,它能够潜在地满足我们将来所有的能源需求。像风能一样,太阳能是一种没有污染和丰富的能源,但是,因为它也是一种间歇性的能源,也有着和风能一样的缺点。但和风能所不同的是,用它来发电费用很高。在当前的技术条件下,用光电系统生产氢的费用估计是 28 美元/kg[192],这比基于用化石燃料的费用高了许多,而且也高于其他可再生能源的费用。即使进一步发展,包括提高效率和使用薄片技术代替晶体硅太阳能电池,估计费用仍超过 5~6 美元/kg[192]。需要重大的技术突破才能使太阳电能的费用得到很大的减少,从而氢才能由光电电池来生产。当前,基于对导电有机聚合物或纳米结构膜的研究相当有前途,有新的观点认为,与硅光电池相比,它能够以更低的费用进行大量生产氢。为了不将光电设备和电解槽连接在一起,人们正研究在一个所谓的光电(PE)器里直接将太阳光和水生成氢的可能性[204]。除了光电能之外,来自热太阳能厂的电能也能用来生产氢。但是,在将来这可能也是太贵了。在法国、加拿大、以色列和其他国家也进行了实验,使用太阳能装置在高温下(2000~2500℃)把水热解为氧气和氢气,但是在这方面研究成功有限并且没有看到实际的应用。太阳能的热化学水分解生成氢是另一种可能,但必须进行更深的探索[205]。太阳能显然是一种低成本的适用于未来的可持续制氢技术，深入进行研究肯定是有意义的。

9.3.5 核能制氢

作为可再生的能量资源，核能不会释放 CO_2 或其他污染气体到大气中。在用电非高峰时期，氢能够由核能通过电解的形式生产，使这些工厂能够更大地利用。在前面提到过，更高的温度能够提高这个过程的热力学和动力学：氢可以在更少时间内更高效地产生。大多数新的 IV 反应器计划要在更高的温度（700~1000℃）下运转，而现存的反应器温度在 300~400℃ 之间[170]。因此，这些新的反应器很适合用于氢生产中水蒸气的高温电解。水直接热分解是不现实的，因为它要求最少 2000℃ 的温度，但是通过化学循环，热化学反应把水分解成氢和氧能够在 800~1000℃ 温度下有效地实现[206]。在不同的工艺中，当前研究最多的是所谓的碘-硫循环，在这个循环中，SO_2 和碘被加入到水中，反应为放热过程，形成硫酸和碘化氢（图 9.6）[192]。当温度超过 350℃ 时，HI 分解成氢气和碘，碘进一步参与循环。硫酸在超过 850℃ 时分解成 SO_2（SO_2 也进一步参与循环）、水和氧气。在这个过程中，随着 SO_2 和碘的不断循环，被消耗掉而需要补加的是水和高温热，放出的是氢气、氧气和低温热。因为是零排放，核能尤其适合用于氢的生产，并且这种工艺的发展已经在一些地方进行了，包括日本原子能研究所（JAERI）、美国橡树岭国家实验室和法国原子能委员会（CEA）。由核工厂产生的高温热也能够在其他高耗能的工业中使用，也可用于甲醇生产的相关工艺。如果用于天然气（甲烷）蒸汽重整或二元重整，由高温核反应器提供的热量能够

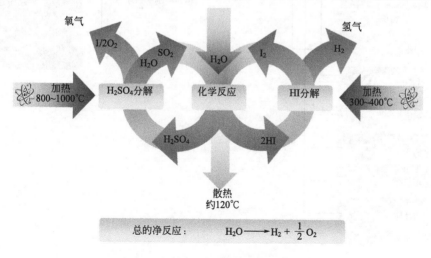

图 9.6 用于制氢的硫-碘热化学循环

显著提高合成气生产的效率并减少 CO_2 的释放。

如果核聚变反应堆最终能得以实现，它所产生的热量也能够在氢的生产和其他高温用途中使用。

9.4 氢储存的挑战性

生产氢仅仅是在预想氢经济中的第一步（图 9.7），接下来就是氢的储存，它应该以一种经济、实用、安全和用户支持的方式储存。因为氢是一种非常轻的气体，在相同的压力下，它与常规的液体燃料相比，单位体积含有的能量更少。

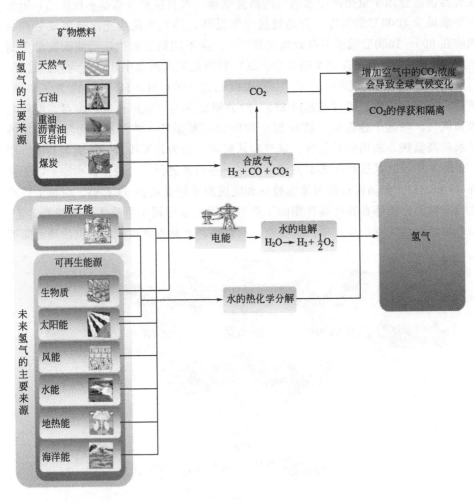

图 9.7 制氢的不同路径

在通常的条件下，氢气和汽油相同能量时，氢气所占的体积大约相当于汽油的3000多倍。因此，氢必须压缩、液化或者吸附在一种固态材料中进行能量储存的实际应用。

取决于固定应用和移动应用，氢气将有非常不同的储存特性。在固定应用中，包括家和建筑物的供热和空调系统、电的产生和各种工业使用，氢储存系统能够占用相当大的空间并且它们的重量不是主要的因素。相反，在运输中的氢储存，比如在汽车中，为了达到一个合理的500km的驾驶范围，氢储存是受体积和重量限制的，体积和重量必须保持最小。因此，将氢气作为运输燃料（这是目前所考虑的氢经济的主要应用）成功的关键在于氢的储存。在运输中，氢的储存所面临的挑战是非常大的，并且远未解决。一个500km的驾驶范围，即使对于燃料电池驱动的车辆，储存5~10kg的氢也是必要的，而且必须是完全不含一氧化碳的高纯度氢。同时，燃料的补给应该花少于5min的时间，并且应该和今天的碳氢燃料一样容易和安全。最后，这个储存系统当然也应该是能够经济合理地运行的。

当前的储氢技术包括物理或化学的储存方式。物理储存就是在绝缘或高压容器里将氢以液态或者压缩气的形式储存。化学储存包括能够吸附或容纳氢，然后又能方便地将氢释放出来使用的金属和其他材料。每一种方法都有它的优点，但是同时也存在严重的缺点。

9.4.1 液态氢

在相同重量的基础上，在所知道的燃料中氢有着最高的能量含量（几乎是汽油的3倍）。但是，因为是最轻的气体，液态氢的密度仅仅为70.8kg/m^3，在相同体积的基础上，能量含量比汽油的3倍要少。然而，液态氢是氢的压缩形式，使它在原则上成为氢储存的具有吸引力的选择，特别在运输方面。事实上，以这种形式的氢是作为太空飞船的推进物使用的。但是，氢的沸点是-253℃，排在氦的后面，是最难液化的气体。为了获得液态的氢需要复杂且昂贵的多步冷却系统。具有代表性的是：首先，先用液氨将氢气预冷到-40℃，然后用液氮将其冷却到-196℃；接下来，在多级压缩-膨胀系统中，利用氦将其冷却到-253℃，获得液态的氢。这个复杂过程的效率随着工厂规模的扩大而提高，因此更适合应用于集中生产氢。这个过程不仅复杂和昂贵，而且还需要很多外界能量：液化所消耗的外界能量大概占氢能量的30%~40%[207]。此外，随着时间的流逝，液态氢储存系统不可避免地以蒸气或沸腾的形式失去氢。失去的速率依赖于储存的数量和容器的绝缘性，并且通常液态氢的数量越大其失去的比例越低。在小容量的汽车罐中，为了避免压力的增大甚至造成爆炸，所含的氢每天将有1%~5%释放到大气中[13]。假设从生产液态氢所投入的费用和能量来看,无论是从经济的角度还是从环境的观点来看都是不可接受的。尽管可以安装合适的指示装置,过一些天后就要去猜测储存罐里还有多少燃料,这种烦心的事当然不是大多数人能够接受的!除了低温储存的费用使得液态氢昂贵外,因为温度极低,使得液态氢的处理必须非常小心。而且,氢的泄漏始终是一项重大的安全隐患。

9.4.2 压缩氢

为了在一个给定的空间内储存足够的能量,将氢气压缩是目前在大多数以氢燃料电池为能源的原型汽车中的首选方法(见后文介绍)。因为压力升高后,能将相同量的氢储存在容积较小的罐里,故而长期以来,人们一直在开发能够经受更高压力的容器(储罐)。如今,氢能够在350atm(1atm=101325Pa)甚至700atm的压力下保存在罐中,这些罐是由新的、轻质的材料制成的,比如碳纤维加固的复合物。但是,即使在这种条件下,氢气与汽油相比每单位体积所含的能量仍然更低[H_2压力为700bar(70MPa)时,每单位体积所含能量仍然比汽油少4.6倍,图9.8],因此要求好几倍的体积大的容器罐。液态燃料罐能够是各种形状,并且容易适用于任何车辆,而压缩氢气的罐,为了确保它在高压下的气密性,必须采用圆柱形。车辆设计者和工程师需认真考虑高压氢气罐和他们所设计的车辆之间的完美结合方式和位置。尽管氢气的压缩比氢气的液化需要的能量较少,但仍然需要用掉相当于氢燃料中所含能量的10%~15%,具体耗能量与压力有关[207]。正如前面所说,氢分子非常小,它能够通过许多材料进行扩

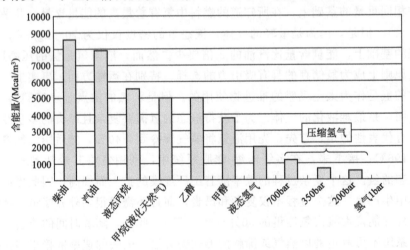

图9.8 氢气与其他燃料在单位体积含能量上的比较

注:1bar=10^5Pa。

散，包括金属，如果长期暴露在氢中，一些金属也会变得易碎。燃料系统中许多与氢相接触的都将是金属，所以防止材料故障是必须的，因为材料故障可能有严重的后果，特别是在高压下。氢气泄漏是一种重大安全隐患，因为与空气接触时氢气是一种高度易燃和易爆的气体。当然须采取更严密的措施来防止发生碰撞事故时的泄漏。尽管采用高科技材料制成的高压氢气储存系统目前还十分复杂且非常昂贵，通过技术改进和大批量生产其成本肯定将有所降低。

9.4.3 金属氢化物和固体吸收剂

除了液态氢和压缩氢，在固体中储存氢也是可选择的，固体中储存氢既有物理吸收又有化学键合。在这个领域的大部分研究都是集中在金属和金属合金，这些金属能像海绵一样吸收氢，从而形成氢化物。在这些材料中，金属矩阵膨胀并且填满了氢，这个过程根据键的特性既可以是可逆的，也可以是不可逆的。当氢在材料（包括化学氢化物）中以不可逆形式储存时，只有通过这些化合物和另一种物质（如水）发生化学反应才能将氢释放出来，同时生成副产物，这些副产物必须收集和重新处理以便能够重新用来储存氢。因此，为了实用的目的，以不可逆形式储存的氢化物并没有吸引力。

可逆氢化物通常是固体，它能够将含在金属中的氢以氢分子（H_2）形式释放出来。吸收和释放氢气通常是由温度和压力来控制的，并且对各种氢化物都是不同的。一些金属吸收氢非常快，但是释放氢却很慢，而有些在释放氢时可能要求更高的温度。释放出来的氢可能只是所吸收氢的一部分。在任何情况下，氢的储存和释放都应该适用在运输领域的温度和时间范围。设计储存容器时还要考虑到因为氢化物的形成所引起的体积和温度的升高。常规的金属氢化物及它们储存氢的能力都已经表征过，大多数都含有重金属元素：TiFe、$ZrMn_2$、$LaNi_5$ 等。因为每个金属原子只能和几个氢原子键合，这解释了为什么实际上能使用的氢只有金属氢化物质量的 1%～3%。换句话说，为了储存一罐 5kg 的氢，将需要质量为 200kg 或者更多的金属氢化物。因此，除非在车辆的其他部位使用轻质材料，额外增加的罐重量将降低燃料的效率，而这燃料效率是发展氢动力车辆的最主要目的之一。但是，金属氢化物也有优势，在储存相同能量的情况下，金属氢化物比压缩氢气要求更少的空间。因为只有中等的压力，氢化物的储存罐能够是各种形状，这使它们能方便地融合到车辆中去。今天，金属氢化物的研究主要集中在轻金属化合物，比如 $NaAlH_4$、Na_3AlH_6、$LiAlH_4$、$NaBH_4$、$LiBH_4$ 和 MgH_2，这使每单位质量的这些化合物能提供更多的氢。

除了金属氢化物，其他可能用来储存氢的固体吸收材料也正在研究中。最近，富勒烯和碳纳米管已经引起了人们的注意，但是将它们应用到燃料罐中还需要很长时间，可能是因为它们价格过高而且性能有待进一步证实。新近开发出来的金属-有机物框架体系（MOF）是一类新型的多孔性材料，具有很高的比表面积，作为高容量储氢介质显示出良好的前景[208,209]。

9.4.4 其他储氢方法

为了能够找到解决氢储存和分配的难题，许多研究者已经开始着手使用含氢丰富的液体作为氢源，如汽油或甲醇。与纯的氢相比，它们更紧密（在单位体积里，甚至比液态氢包含更多的氢），并且更容易储存和处理。通过携带汽油的重组生成氢的可能性已经被证实，而且效率超过80%。重组生成了H_2和CO的混合气，而后者必须被分离并处理成CO_2，CO_2将增加大气温室气体指标。另外，CO将使燃料电池中毒，微量的CO都必须除去。重组过程花费很高且具有挑战性，因为它涉及高温，并且到达稳定运转状态还需要一定的时间。其优势是碳氢燃料的分布网络已经存在，尽管它解决不了日益减少的石油和天然气资源的难题。

采用在低得多的温度（250～350℃）下工作的甲醇重整反应器[13]，尽管仍然很昂贵，但比较适合于车辆随车携带方式的应用。甲醇中不存在C—C键，这使它很容易通过重整制得氢气，而且它也是戴姆勒Necar 5燃料电池示范车中用来生成氢气的燃料。作为一种液体，甲醇与汽油很相像，能够通过现有的包括加油站在内的基础设施来进行输配，仅需做一些较小的改动。而且，甲醇能够由不同方法制备而得，包括CO_2的再循环使用（第12章）。如果采用直接甲醇燃料电池（DMFC），则更可以免除首先将甲醇重整制氢的步骤（见后文介绍）。

9.5 氢：集中还是分散地分配？

如果氢是通过随车携带的汽油或柴油的重整而生成的，那么现有的分配网络基本上不用更改就能够使用。但即使重整技术在经济上可行，也解决不了我们对日益减少的石油资源的依赖，而且仍然将产生大量的新增CO_2的排放。

如果氢气成了将来的能量载体，在任何地方它都应该能方便得到，价格也应该可以承受，并且它的分配应该是安全和使用友好的——与今天的碳氢燃料相类似。这些准则意味着需要建立一个为了氢的运输、储存和分配而特别设计的全新的基础设施。氢也能直接在当地的加油站通过天然气的重组或通过电解水生成。氢的分散式生产将不会涉及卡车或管道的全国范围内的传送系统，但是它将非常贵且很耗能。当前，在全球范围内的德国、美国、日本和其他国家，只有大约100个氢的生产和燃料补给站，向为数不多的汽车和公共汽车供氢[210]。加利福尼亚在它的氢高速公路计划中曾经考虑在 10 年内建立大量这样的燃料站。在 2004 年提出的原计划中，曾要求在 2010 年前沿加州全境的高速公路建设数百个加氢站来为数千辆氢动力轿车、卡车和巴士供应动力[211]。但直到 2009 年，只建成了大约 20 个加氢站，其中很少是对公众开放的。如果氢动力车辆少和对氢的需求低，在本地生产氢可能较好。但即使这样，还是有缺点：生产有限数量的氢成本很高；并且重整天然气所放出的 CO_2，因为地点分散且规模小，在目前的技术条件下进行捕集或再循环可能会相当昂贵。电解反应本身虽不排放 CO_2，但前提是所使用的电来自可再生的能源或原子能。在大多数国家，电来自现存电网系统，大部分都是通过燃烧化石燃料的电厂来生产的，因此从氢的使用中可能得不到任何期望的利益。在居住区，易泄漏和爆炸的氢工厂也将是个严重的安全问题。

另一个解决方法是在集中的工厂里大量地生产氢，然后通过公路、铁路或管道运输到各地的加氢站。在这样的工厂里，氢的生产成本更低，效率更高，并且 CO_2 更容易捕获和吸收（或者是再循环）。此外，氢的生成并不仅限于甲烷（天然气）的重整或水的电解，也能使用其他技术，比如：煤和生物气化或者通过高温核反应器热解水。但是，为了供应给消费者，这样生产氢的方法要求建立一个大的储存和运输体系。当前，氢运输所选择的是在深冷液态或高压状态下用拖车进行公路运输或通过氢气管道运输。

如今，当要将氢运输去一个工厂，该工厂对氢的需求不是很大，而且该工厂生产氢也不经济时，通常把氢以低温液态的形式用卡车进行运输。例如，氢作为航天飞船的推进剂要从路易斯安那运到佛罗里达的 NASA 发射中心就是采用的这种方法。但是液态氢的密度比汽油或柴油低 10 倍，而与被压缩氢相比，它相对更紧密，仍具有一定的优势。商业上用带拖车的卡车一次能够运输大概 3500kg 的液态氢，这相当于 13000L 汽油的能量[212]。为了避免额外的损失，低温的拖车必须有双层的外壳，并且两层之间是真空的，所以它们都是昂贵的。把液态形式的氢从集中生产中心运输到当地的分配站，在氢基础结构的最初过渡阶段可能扮演一个重要的角色。但是当对氢有大量的需求时，该方法并不适用。在前面已经提到，大约所运送氢能量的 40% 在它的液化过程中已经被消耗了，使得这个方法无论从能量方面还是经济方面来讲都是太昂贵了。氢的压缩比氢的液化需要更少的能量。为了安全处理高压氢，钢的圆柱体和其他随车携带的装置是必需的，这些既重又贵。此外，公路运输是限制重量的，而且氢的密度极端低，当前用来运输高压氢（200atm）的管状拖车每次仅能运输大约 300kg 的氢。即使将来技术进步了，一辆 40000kg 的拖车每次也仅能运输 400kg 的氢，也就是相当于拖车自重的 1%[207]。与汽油相比，同样大小的卡车每次能够运输大概

26t汽油，包含的能量是压缩氢的20多倍。因此，为了运输和汽油一次运输相当的能量，需要的不是1个司机和卡车，而是超过20个司机和卡车，这将导致更高的费用和交通堵塞。为了储存高压氢，采用轻质材料可能有潜在用途，比如当前正在汽车上发展使用的轻质材料，但是运输能力预期仍然是中等。除了经济和能量的考虑，液态和压缩态的氢容易燃烧和爆炸，在公路运输中还将增加很大的安全问题和风险。

化学和石化工业大量运输氢，通常使用的是管道。到目前为止，在全球范围内仅有大概2500km长的管道，其中1500km是在欧洲，900km在美国[213]。管道运输要求在主要的氢生产者和使用者之间建起了一个直接的联系。由于氢能够扩散透过普通的材料甚至与之进行反应，氢管道要求使用特殊的钢（或金属）、封条和泵，并且它们的建立、维修和运转也是昂贵的。尽管在世界范围内已经建成了无数运输天然气、石油和其他碳氢产品的管道，但它们并不能适用于氢的运输。大多数金属管道、密封件、泵和其他设备，与氢接触时，氢将会从它们中扩散，并且过一段时间这些金属就变脆了。因为氢分子的尺寸小，泄漏（特别在长距离的运输中）有可能出现，因此，为了减小氢的损失和降低爆炸的危险，应该小心地控制。运输氢的成本至少比运输相同体积的天然气高50%[214]，而所含的能量却不到天然气的1/3。在当前的技术条件下，氢的管道运输和加气站加气成本合在一起大概是1美元/kg（随着将来技术的改进可能降至0.7美元/kg）。因此比当前汽油运输和加油所付出的0.19美元/gal的费用[192]实在要高出很多。但是，氢的管道运输也许是到目前为止最好的方法，虽然安装一个大的氢管道的基础设施将是高资本的投入。确实，着眼长远这只是一个选择，在将来使用氢的汽车的数量和其他用氢来运行的燃料电池驱动设备就足够支持这样巨大的投资需求。

9.6 氢的安全性

就像早先所提及的，氢已经在化学和石化工业中使用好几年了，而航空工业已经使用几十年了。为了安全地使用氢，在工业环境中，氢的生产、储存和运输的基础设施已经发展好了。但是，必须牢记氢是一种易挥发、危险和易爆气体。也许关于这个最生动的典型是前面提到过的1937年那场摧毁了降落在新泽西州Lakehurst的兴登堡号齐柏林飞艇的大火。起初认为事故原因是用来使飞艇保持在高处的氢，后来的研究表明，事故的真正原因是涂在飞艇外壳易燃的漆（与火箭燃料有着相同的性能），因为静电放热而被点燃。接下来的火在氢的促进下，大概仅30s的时间就烧掉了全部的飞艇。

在过去，氢已经以城市煤气的形式在家庭中用于做饭和取暖（主人往往没有意识到），它是氢气和一氧化碳的混合气，其中氢气含60%。很可能是因为CO的高毒性而不只是由于氢气的危险特性，现在城市煤气已经被天然气所替代了。氢与液态和气态的碳氢燃料相对比，因为独特的物理性能（是小而轻且最容易泄露的气体）使得氢的使用所涉及的安全问题就显得非常特殊。氢本身是没有毒的，但是它是易爆、易燃的。因为无色、无臭、无味，要发现氢泄漏就很困难。而天然气也是无色、无臭、无味，为了容易检测气体的泄漏，在气体中添加了易挥发的硫化物，但是在氢气里添加这样的臭味剂是不可行的。而且，臭味剂与极小的氢分子相比，泄漏速率是完全不同的。因此，为了探测氢有必要使用传感器，尽管效果也不太好。添加剂也会污染和毒害氢燃料电池。在空气中，氢在一个很宽的浓度范围内能够燃烧（4%～75%），点燃它所需要的最小的能量（0.005mcal）比天然气和汽油小20倍。如果氢在空气中的浓度恰当，普通的电子设备如手机甚至是仅仅滑过一个机动车座位而产生的摩擦也可能将氢点燃[190,13]。氢气的燃烧有着一个几乎肉眼看不见的淡蓝色火焰，这就意味着一个人可能实际上已经进入了氢的火焰中而没有察觉。就像前面所提及到的，随着时间的延长，氢也会使金属变脆（包括钢），从而增加了裂缝和破碎的危险，这样的事故可能导致灾难性的后果，特别是在高压系统里。因此，对于氢的储存需要特别的结构材料或增加内衬。

直到现在，在工业中使用的氢的好的安全记录很大程度上是因为高度的预防、记号和处理氢所要求的专业培训标准。也与大多数的氢是本地化生产的事实有关，因此不需要大数量的长距离的运输。但是，如果氢是由更广泛的公众并且是由没有正规培训或意识到氢有潜在危险的人员来操作，那么引入严格的新的安全措施是至关重要的。对于引入这样的安全措施可能非常昂贵，但还很难确保公众都遵守。

9.7　用于运输的氢

除了早先所讨论的困难，一个氢的基础设施的发展正面临着"鸡和蛋的尴尬"。只要没有足够氢分配的基础设施，尽管它作为一种能量储存材料有明显的吸引人的地方，以氢为动力的汽车和其他应用都将是有限的。相反，除非对氢有一个固定的持续的需求，否则对于一个要投资成百上亿美元的氢基础设施是没有真正的刺激性的。需要回答的问题就是：氢是否是未来的一种可行、经济而且安全的能源？如果是，应该怎样来刺激和发展氢的生产、运输和销售呢？今天，氢经济的命运好像与燃料电池的发展紧紧地联系在一起，燃料电池为非常高效率和零排放车辆提供了保证。但是不幸的是氢的生产、操作和分配所引起的问题却经常被忽略。因为重大的技术和经济上的挑战,进入商业化仍然有很长一段路。当前,大多数氢动力原型车辆标价非常高,即使乐观的假设,美国能源部也估计将来的燃料电池车辆(FCV)可能比传统的贵 40%~60%[13]。因此,FCV 开始成批替代内燃机(ICE)汽车和卡车,可能要几十年的时间。为了加速转变氢经济的到来,已经有建议在传统的 ICE 中使用氢燃料。除了用氢罐代替燃料罐之外,用氢来运转 ICE 可能只需要很小且相对不贵的改变。但是安全的预防必须慎重考虑,许多汽车制造者正在这条路中前进。尤其是宝马(BMW)汽车公司,在 1978 年就开始了对氢动力发动机的研究,一年后测试了第一辆原型汽车。公司的第 6 代氢动力汽车 BMW Hydrogen7 已经开始小批量生产。从 2006 年起,已经有 100 辆该型号的轿车面世,出售给全球各地的权贵名人。Hydrogen7 有一台混合动力发动机,既能用氢来运行又能用汽油来运行。尽管今天的公路网上加氢站仍然很少且彼此之间相隔较远,混合动力汽车仍可在这样的公路上方便地驾驶。一个 170L 的氢罐中能装下 8kg 液态氢,使汽车能运行大概 200km 的距离。再加上一个 60L 的辅助油箱便能使行驶距离延伸到 680km(图 9.9)。除了宝马公司之外,福特(氢动力 U 型概念汽车)和马自达公司也正在开发氢动力 ICE 汽车。福特生产的 30 辆氢动力短途往返大巴从 2007 年以来已经在美国和加拿大投入使用,包括在一些大型机场、拉斯维加斯市内以及佛罗里达州奥兰多市的海洋

图 9.9 宝马氢动力 ICE 汽车
(BMW 汽车公司惠予同意使用此照片)

世界等处。马自达生产的氢-汽油混合动力版 RX-8 型汽车正在进行公路测试，车上配装有旋转式的发动机及车载高压储氢设备。30 辆这种 RX-8HydrogenRE 已经供挪威的氢气公路计划（HyNor）使用，开始阶段将主要在从奥斯陆到斯塔万格的一段 580km 的公路上使用。2007 年 HyNor 计划还购买了 15 辆丰田 Prius 混合动力汽车，经 Quantum 公司改装后能用氢燃料行驶。这些车辆有几乎不产生污染的优势（除了少量的 NO_x），并且能够在不久后引入市场，与燃料电池汽车（FCV）形成对比。为了显著提高的效率，氢 ICE 也能连接一个电动混合系统，就像在丰田公司的 Prius 车一样（汽油 ICE 发动机也能给电池充电，在缓慢的城市交通条件下，充过电的电池能接手提供电力以驱动车辆）。遗憾的是，正在本书写作的期间，由于经济增长减缓和偏低的汽油价格，丰田已经宣布无限期推迟其在美国的 Prius 汽车生产计划[215]。但是氢动力 ICE 车的总体效率估计仍旧比燃料电池车辆低。尽管氢动力 ICE 有某些优势，目前仍然存在的随车携带的氢储存问题限制了车辆行驶距离。氢燃料汽车除了在生产氢的中心区域和在通过电解水来生产氢的燃料补给站获得氢之外，也可能通过重整随车携带的各种碳氢燃料来生产氢。但相对于传统使用碳氢燃料的 ICE，这并没有优势。一氧化碳必须小心地从生成的合成气中分离开，以免毒害燃料电池。如果 CO 被氧化成 CO_2，并且 CO_2 没有被吸收，那么释放 CO_2 又是重新回到了生产氢的设备或装置，并没有除去。

9.8 燃料电池

9.8.1 历史

  燃料电池是通过电化学反应将燃料的化学能直接转变为电能的设备。燃料电池被认为是化石燃料衍生电池高效使用的主要解决方案。燃料电池的概念是在 19 世纪 30 年代后期由一个威尔士人威廉·R·格罗夫所提出的。格罗夫发现，将 2 个铂电极一端浸在一个装有硫酸溶液的容器中，另一末端分别密封在装有氢和氧的容器中，这样在 2 个电极间就会有持续的电流。密封的容器中除了有气体之外还会有水，格罗夫注意到随着电流的流动，在 2 个管中的水位升高了。在 1800 年，英国的威廉·尼科尔逊和安东尼·卡尔斯雷描述了用电把水分解成氢和氧的方法（水的电解）。但是氢和氧的结合产生电和水，按照格罗夫的说法是"……在任何至今所有的记录中走得更远的一步"。格罗夫意识到在一电路中通过串联几组这样的电极也许能实现"……按照水本身的组成成分来进行它的分解"。他的设备被他命名为"气体电池"，是第一个燃料电池。

但是这个装置在当时并没有看到它的实用价值,直到一个世纪后的 1953 年,弗朗西斯·T·培根建立了第一个能量输出在千瓦级范围内的燃料电池原型。在 20 世纪 30 年代后期,培根开始用碱性电解质进行实验,用的是氢氧化钾(KOH)电解质而不是格罗夫所用的酸性电解质。KOH 电解质能达到酸电解质一样的结果,但对电极腐蚀性没有酸电解质那么强。培根电池采用的是多孔的"气体扩散镍电极",而不是格罗夫所用的实心电极。气体扩散电极增加了电解质、电极和燃料间反应的表面积。培根也使用加压气体来防止电解质涌入电极的小孔中。在接下来的 20 年间,为了展现大规模的燃料电池示范单位,培根对碱电池做了足够的发展。美国航空局(NASA)为航天飞机选择了碱性燃料电池,阿波罗计划同样也选择了碱性燃料电池,主要是因为它产生能量的效率达到了 70%。重要的是,碱性电池还能为宇航员提供了干净的饮用水。电池使用铂催化剂是昂贵的(可能对于商业上的应用太贵了),但一些公司正用各种方法来减少其费用,并通过使用不贵的钴催化剂来提高电池的多功能性。当前,大部分这些碱性燃料电池是为运输的应用而设计。

9.8.2 燃料电池的效率

与热机(汽油机和柴油机)不同的是燃料电池不涉及将热能转变为机械能,总的热效率可以很高(图 9.10)。

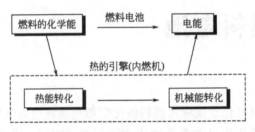

图 9.10 燃料到能量的转化

热机的卡诺(Carnot)循环所阐述的是供应给热机的热不能全部转变为机械能,一部分热损失了。来自高温(开尔文温度 T_H)物体的热能,一部分转变为机械能,剩余部分被低温物体吸收(开尔文温度 T_S)。这两个温度相差越大,效率就越高。热机的卡诺效率由以下的公式给出(式 9.1)。另外一方面,燃料电池的效率与两种热性能的比有关,吉布斯自由能($\Delta G^\ominus$)和全部的热能或焓($\Delta H^\ominus$)(式 9.2)。

最大的效率(卡诺效率), $\eta_{\text{Carnot}} = (T_H - T_S)/T_H$ (9.1)

燃料电池效率, $\eta_{\text{燃料电池}} = \Delta G^\ominus / \Delta H^\ominus$ (9.2)

理论上，在室温下一个氢-氧燃料电池的热力学效率约为93%。为了达到可接受的效率，在理想条件下的一个内燃机必须在一个非常高的温度下运转。氢燃料电池理论效率与相对应的热机的卡诺效率的不同如图9.11所示。

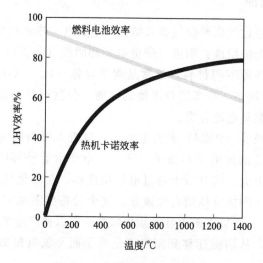

图9.11 氢燃料电池和热机的
理论效率随温度的变化曲线

室温下，不同燃料电池固有的最大热效率能够非常高。这些数据，连同所选的可逆电池电位都列在表9.2中。

表9.2 标准条件下（25℃）燃料电池反应的理论可逆电池势（$E_{rev}^{\ominus}$）和最大内在效率

燃料	反应	n	$-\Delta H^{\ominus①}$	$-\Delta G^{\ominus②}$	$E_{rev}^{\ominus②}$	$E/\%$
氢气	$H_2 + 0.5O_2 \longrightarrow H_2O(l)$	2	286.0	237.3	1.229	82.97
甲烷	$CH_4 + 2O_2 \longrightarrow CO_2 + 2H_2O(l)$	8	890.8	818.4	1.060	91.87
甲醇	$CH_3OH + 1.5O_2 \longrightarrow CO_2 + 2H_2O(l)$	6	726.6	702.5	1.214	96.68
甲酸	$HCOOH + 0.5O_2 \longrightarrow CO_2 + H_2O(l)$	2	270.3	285.5	1.480	105.62
氨气	$NH_3 + 0.75O_2 \longrightarrow 0.5N_2 + 1.5H_2O(l)$	6	382.8	338.2	1.170	88.36

① kJ/mol（千焦/摩尔）；② V（伏特）。

因此，燃料电池被认为是非常高效的电子能量生产设备，在相对低的温度下有着高的功率密度。燃料电池能够应用到广泛的领域，从用在手机中只需要产生几瓦的微型燃料电池，到用在车辆部位随车携带的燃料电池，并且大到用在为建筑物供电的能够产生几兆瓦的电池。燃料电池广泛商业化的主要缺点是技术（可信赖的问题、材料的耐久性、催化剂的利用、大规模的运输等）和相关的费用。燃料电池的设计存在不同的类型，对于特定的应用，有些比其他的更适合。但是，它们都有相同的电化学原理。原则上，燃料电池是能够建立在任何放热化学反应的基础上。

9.8.3 氢燃料电池

氢燃料电池是通过催化剂使氢和氧结合，生成电、热和水的电池。它们由两个被电解质分开的电极组成：阳极（带负电）和阴极（带正电）。电解质可以是从聚合物到陶瓷的各种不同材料，通常是离子导体（H^+、OH^-、CO_3^{2-}、O^{2-}等）。电解质的特性决定了许多燃料电池的性能，包括运行的温度，因此根据电解质的不同可以将燃料电池分类。

在一个质子交换膜（PEM）燃料电池里，氢进入燃料电池，在阳极电极催化（通常是铂）下分解成电子和质子（H^+）。电子沿着外部电路移动，形成电流给电子设备提供电力，同时质子通过电解质迁移。在催化剂的作用下，电子、质子和空气中的氧于阴极重新结合生成水。这个设备如图 9.12 所示。每个电池产生的电压小于 1V，所以许多电池必须串联在一起以便产生更高的电压。

在碱性电池里，从阴极迁移到阳极不是质子而是氢氧根离子（OH^-）（图

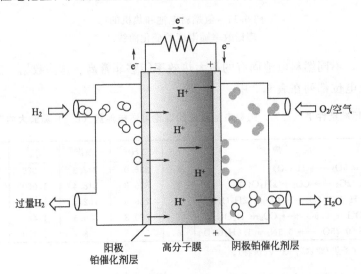

阳极	$H_2 \longrightarrow 2H^+ + 2e^-$	$E^{\ominus}$=0.00V
阴极	$\frac{1}{2}O_2 + 2H^+ + 2e^- \longrightarrow H_2O$	$E^{\ominus}$=1.23V
总反应	$H_2 + \frac{1}{2}O_2 \longrightarrow H_2O$	E_{cell}=1.23V

图 9.12 质子交换膜（PEM）氢燃料电池

9.13)。碱性电池已经在太空领域中使用了,但因为碱会和 CO_2 反应,使它们在商业上的应用受到了阻碍。

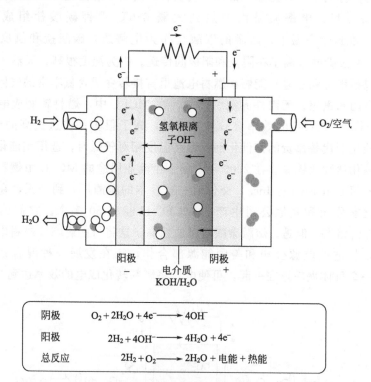

图 9.13　碱性燃料电池

目前,研究最多的燃料电池有磷酸燃料电池(PAFC)、熔融碳酸盐燃料电池(MCFC)、固体氧化物燃料电池(SOFC)、质子交换膜(PEM)燃料电池和直接甲醇燃料电池(DMFC)。直接甲醇燃料电池在后面第 11 章中将更详细地讨论。

PAFC、MCFC 和 SOFC 通常是在静止中使用,因为它们很重、体积大并且 PAFC 的运行温度大概是 200℃,MCFC 和 SOFC 的运行温度大概是 650～1000℃。PAFC 是技术最成熟的燃料电池,能在联合技术公司(United Technologies Corp.)买到,在全世界范围内已经安装了将近 300 个。正如它名字所显示,这些燃料电池是使用液态磷酸作为电解质,电极是由炭组成的,在炭的表面涂上了一层细的铂催化剂。所需要的氢是由甲烷(天然气)的重组来获得的,由甲烷转变成电的总效率是 37%～42%。随着废能的利用,热效率能够达到将近 80%,与燃烧天然气的传统系统效率相当。PAFC 大概有 4500 美元/kW 的电容量[216],与传统的石化燃料技术相比仍然是昂贵的。但是,因为这些燃料电池没有可移动部分,通常是非常可靠的,并且所需要的操作和维修费用低,这就解释了为什么 PAFC

进入的仅是一些有特殊需求的小市场,它们主要供给需要一种非常稳定、可靠和干净的电力资源的客户,比如说银行、机场、医院或军事基地。

在 MCFC 里,电解质是由加热到大概 650℃ 锂-钾碳酸盐组成的(图 9.14)[216]。在这个高温下,熔融的碳酸盐作为电解质,碳酸盐和氢反应生成 CO_2,CO_2 通过碳酸根离子在阴极和阳极间传送。因为温度很高,天然气(或其他的燃料包括甲醇和乙醇)能够在燃料电池里直接转变成含氢丰富的气体,这个过程被叫做内部重组。无需外界重组助剂,在 MCFC 中,燃料转变成电的效率超过了 50%,比 PAFC 的效率(37%~42%)高了很多。在这么高的温度下,可以用镍催化剂代替昂贵的铂催化剂,但在温度相对较低时,选用铂催化剂,是因为铂的催化活性比镍高。在 2003 年,第一个商业用途的 MCFC 由燃料电池能源公司(Fuel Cell Energy Inc.)交付给一家日本的酿酒厂,到今天,在世界范围内,由这家公司和其他公司生产的 MCFC 已经有 50 多个。它们的价格和 PAFC 的价格相当。但是,熔融碳酸盐腐蚀性高,这将可能影响该燃料电池的使用寿命。燃料电池能源公司和美国能源部合作,正在发展一种混合系统,将 MCFC 和一个气体涡轮连在一起,可使电厂将燃料转化成电的效率达到 75%。

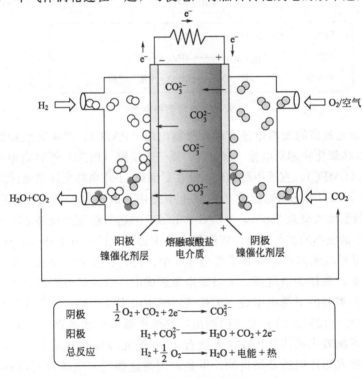

图 9.14 熔融碳酸盐燃料电池(MCFC)

在当前，需要在静止中使用燃料电池时，SOFC 技术吸引了大多数人的注意力。这些电池也在高温（800～1000℃）下运行，因此像 MCFC 一样，不需另外重组气体。但是，与 PAFC 和 MCFC 所不同是，SOFC 使用固态的陶瓷（通常是 $Y_2O_3 \cdot ZrO_2$）代替液体电解质。O^{2-} 从阴极运输到阳极，阳极是由 Co-ZrO_2 和 NiZrO_2（图 9.15）组成。这个特性使电解质能够做成各种不同的形状，比如管状或扁平的盘状，使燃料电池的设计更自由，还避免了使用腐蚀性液体。SOFC 的效率大概为 50%～60%。废气所产生的高温能够进一步利用或用于联合循环电厂。与气体涡轮相结合后效率能够达到 80% 或者更高。在废能利用部门，对废热的使用能使燃料效率达到 80%～85%。2000 年，美国能源部成立了固相能量转化联盟（SECA），它由公司、大学和国家实验室组成，其目标是在 2010 年时生产出投资费用仅为 400 美元/kW 的高效 SOFC 系统，使该技术能够与柴油发动机和天然气涡轮进行竞争，从而快速地被市场广泛接受。利用与电子产品相类似的生产技术使标准化的陶瓷模型大规模生产，这可能是降低生产成本的关键因素[217]。

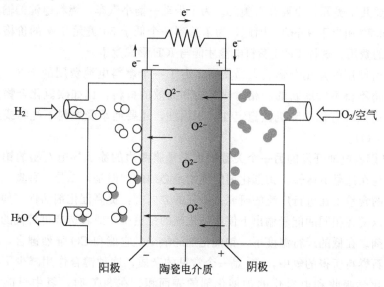

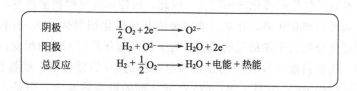

图 9.15　固体氧化物燃料电池（SOFC）

9.8.4　用于运输的质子交换膜燃料电池

对于运输业，PEM燃料电池目前是最有望能够代替当前内燃式发动机的。像一个充电电池一样，只要补充氢和氧（来自空气）它们就能够发电。在这些燃料电池的中心，一个薄的聚合物膜组成了电解质。直到现在，PEM主要都是基于由杜邦公司生产的氟碳聚合物，商业名称是特氟隆®。当浸在水里时，质子能够穿过这个聚合物，但该聚合物不能传导电子。它是一个夹心结构，聚合物两侧是注入了多孔炭（石墨）的铂电极。在理论上，PEM燃料电池能将燃料50%的能量转变成能够使用的能量。它们有一个更高的功率密度，能够适应低的重量和小的体积要求。另外，它们是在低温（通常是80℃）下运行，因此能够快速启动，并且能够按照所需要的功率非常快地改变它们能量输出。此外，它们是安全的、低噪声的、容易操作的和便于维护保养的。因为所有这些原因，PEM燃料电池被认为最适合汽车应用，但也在发展小功率的应用。但是，在PEM燃料电池汽车成千上亿的离开组装线之前，很多难题将不得不解决。今天，一个原型PEM燃料电池的价格每千瓦如果不要几千美元，也要几百美元。为了带动一辆小汽车，燃料电池的输出大概为65～70kW（相当于90hp）。因此，为了达到一个低于50美元/kW的价格，必须减少大量的费用，这样PEM燃料电池才能与ICE形成竞争。

目前所使用的氟化合物膜太昂贵了，占了一个燃料电池费用的1/3。为了替代它们，将不得不发展新的、相对便宜的和高效的材料，比如碳氢化合物膜。同时，它们应该具有化学和机械稳定性、耐用性，还要能承受燃料不纯物或反应副产物（如CO）。

PEM燃料电池开发的另一个关键的因素是膜两边的涂了导电石墨的铂催化剂薄层。因为在低温下运转，铂催化剂的使用是必须的。但是，铂是一种贵金属，为了减少铂的含量正在进行广泛的研究。研究的方向有：提高催化剂活性（如使用纳米金属）以便在相同的能量输出下使用催化剂的量更少，或者选择可替代的和更便宜的催化剂。在低的运行温度下，铂催化剂的缺陷是它能和CO强烈键合，而在通过重组化石燃料所得的氢中，CO是一个常见的杂质，这种键合作用减少了可供用于对氢的化学吸收和电氧化的铂催化剂的表面积。在80℃时，氢中只能有几个ppm的CO才不至于降低铂催化剂的活性。因此，所使用的氢燃料必须有非常高的纯度，需要有额外的纯化步骤，比如：通过金或其他催化剂氧化CO。所有的这些都将增加以碳氢化合物为来源的氢的费用。为了提高催化剂对CO的耐受性，新的双组分催化剂，比如目前正发展应用在燃料电池里的铂/钌催化剂。能够在120℃或更高温度下运行的PEM燃料电池，CO对催化剂的毒害将减少，但是，在高温条件下还具有足够的水和质子传导性的膜还有待发展来实现该目标。

今天，在全世界范围内，很多大汽车公司都在试验各种 PEM 燃料电池带动的原型车辆，包括福特、通用、本田、丰田、雷诺和大众等。比如戴姆勒汽车公司在 20 世纪 90 年代初就开始集中研究燃料电池技术。如今，该公司有 60 辆最新型的 F-Cell 氢燃料电池小汽车正由美国、欧洲和亚洲各地的用户在各种日常行驶条件下测试性能。另外，该公司也研发了 1 款轻型汽车和 1 款氢气带动的巴士。目前，这样的巴士小车队正作为日常交通工具在阿姆斯特丹、卢森堡、雷克雅末克及其他城市使用。运输巴士车队引入可替换燃料是理想的，因为它们只是短距离行驶并且通常是在一个中心车站补加燃料。此外，在这些稍微大一点的车辆上安装大体积的燃料罐也比在客车上安装容易。事实上，在运输巴士上应用可替换燃料是最成功的领域之一。在许多城市，柴油机巴士已经逐步被污染更小的压缩天然气（CNG）巴士所替代。但是，为了使燃料电池带动的车辆能够供应得起，需要实现多项技术突破来大大降低生产费用和减少安全问题。如果一定要用氢来作为这些汽车的燃料，那么随车携带的氢储存能力必须充分提高，并且一个能够将氢运送给所需用户的大规模和昂贵的基础设施也必须从零建起。因此我们必须在其他选择上看得更仔细，例如：ICE 的改进已经超过了一个世纪，正变得效率更高并且污染更少。ICE 与电池和电动机在混合动力型车上的组合能使其效率进一步得到提高。为了比较采用不同燃料、发动机、电动机和传动装置的车辆，通常要进行一项代表能源总效率的 WTW（well-to-wheel，表示从油气井直到车轮子）分析，它代表的是任意形式的能源从地球中开采出来或从其他来源初次得到之时直到其最终用来转动车轮之时的全程能源效率。具有常规内燃机（ICE）的汽油车，WTW 分析给出其总效率仅为 14%。但是，一辆汽油 ICE 混合动力型汽车的 WTW 效率有 28%，与目前以从天然气中得到的压缩氢为燃料的燃料电池车的 29% 相当。柴油混合动力型 ICE 车的效率甚至比燃料电池发动机汽车的效率还更高[198]。燃料电池也许在将氢转变成电的效率比通过机械转变成电的更高，但是生产、处理和储存氢需要能量，从而使总效率降低了很多。考虑到温室效应气体的排放，WTW 分析表明，如果氢来源于化石资源，氢燃料电池的车辆仅稍微优越于以烃类燃料为基本动力的混合动力型车辆。

  ICE 是被证明并且可信赖的技术，并且它与电池/电动机的组合已经应用在当前的混合动力型车中（丰田 Prius、本田 Insight 等）。它们比常规的汽车稍微贵一些，但是它们能够大大地降低燃料的消耗和减少气体释放。另外一方面，燃料电池车正处在发展阶段，开发者正在努力地降低生产费用，提高燃料电池模块的使用寿命和工作可靠性。为了减少汽油的消耗和二氧化碳的释放，在燃料电池发展还不确定的情况下，虽然燃料电池从长期来讲可能经济实用，但在短期内大规模地配置混合动力型汽车可能是一个更好并更合理的选择。

9.8.5 再生燃料电池

如果一个氢-氧燃料电池反过来也作为一个电解槽来设计,那么电就能够把水转回成氢气和氧气。这个双功能系统称为再生燃料电池(也称为整体式再生燃料电池,URFC),这样的组合比分别设置的电解槽和电池更为轻巧,当重量是重要考虑因素时,它是一种很聪明的能源设计[218,219]。

加利福尼亚州蒙罗维亚的 Aero Vironment 中心和美国宇航局(NASA)的科学家们开发了一种名叫 Helios 螺旋桨式的航行器,用来高空侦察、通信和大气遥感。Helios 是太阳能电子项目,造价 15 亿美元。这个无人驾驶的航行器翼展 75m,被有些人描述为飞行的翅膀,而不像传统的飞机。2001 年,在一次飞行测试中,Helios 达到了几乎 29.4km 的高度,该高度被国家航空和宇宙航行局认为是螺旋桨式有翼航行器的最高纪录。Helios 是为了大气科学、成像任务和 30km 继通信传播而设计的。这个 5kW 的螺旋推进器原型在白天由太阳能电池供给能量,而在晚上由燃料电池(一套 URFC 装置)供给能量。遗憾的是,在 2003 年的另一次飞行测试中,Helios 坠毁了。

在汽车应用方面,里弗莫尔国家实验室和联合技术公司哈密尔顿标准分部已经详细地研究了 URFC,发现与电池动力系统相比,URFC 更轻,并能提供与汽油动力车辆相当的驾驶范围[220]。在一辆车的全部使用寿命中,URFC 更有成本效益,因为它不要求有替换物。在电解(充电)模式下,来自民用或商用充电站的电能将水电解生成氢。当驾驶者刹车或下坡时,URFC 带动的汽车还能回收氢和氧。这个再生制动特性提高了大概 10% 的车程,并且能够给一个大小与一个足球相当的低压(约 14atm)氧气罐补充氧气。

在燃料电池(放电)模式下,储存的氢和空气结合产生了电能。URFC 也能通过使用氧气罐中的氧代替大气中的氧来实现超动力,从而达到峰值功率,比如车辆进入高速公路时就需要大功率。这使车辆驾驶者能将车速增加到与常规的内燃机车辆相当的速度。

汽车中的 URFC 必须产生 Helios 航空器 10 倍的功率,大约 50kW。车辆慢驶时,仅需几千瓦,高速公路上行驶大概需要 10kW,上坡大概需要 40kW,但是进入高速公路的加速或超车行驶时需要爆发 60~100kW。对此,URFC 的超动力特性能够提供车辆的额外功率。一个 URFC 带动的汽车必须能够随车储存氢,但是现有的储存罐相当重,减少了汽车的效率或行程。为执行新生代汽车合作项目(为发展低燃耗车辆的政府与工业界合作开发项目),福特公司向劳伦斯·里弗莫尔国家实验室、EDO 公司及航空技术实验室提供资金去开发轻质氢储存罐(压力容器)。这个团队将一个碳纤维罐与一个层压的、填充金属材料的聚合物气囊组合起来，制成了一个储氢压力容器，它比常规的氢储存罐更轻且更便宜。更重要的是它的性能因素（一个突爆压力、内部体积和罐的重量的函数），比相类似的碳纤维氢储存罐高30%。装有该种储存罐的汽车从高处坠落或高速碰撞时，汽车通常被毁坏了，而罐依然完好——罐安全性的有效指示。与其他完全依靠商业供应商提供氢燃料的燃料电池车不同，URFC带动的车随车携带了大部分的氢基础设施。不过，即使是高效的URFC车也需要定期地补给燃料，而且在商业化的氢供应网建设起来之前，小汽车在家里一个晚上充电所能行驶的距离约为240km(150mile)，超过了目前电动车的行程。随着基础设施的到位，5min就能充满的350atm(5000psi)氢气罐便足以维持达到580km(360mile)的行程。然而，在汽车领域中，URFC的商业化发展最少还有5～10年的时间。

可再生燃料电池也被提议用于大规模能量储存系统。该系统是通过存放在2个不同罐中的两种液体电解质（如溴化钠和多硫化钠）之间的电化学反应来储存或释放电能的（图9.16）[130]。在电池里，这种电解质是由一个薄的离子选择膜

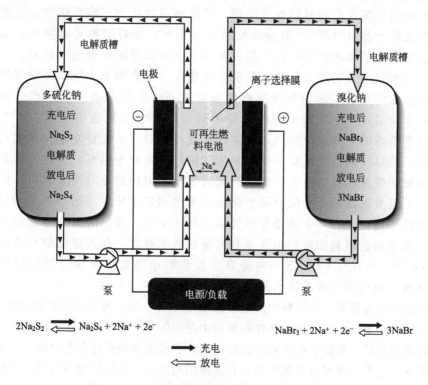

图9.16 多硫化物/溴化物电池示意（资料来源：EPRI[130]和电力储存学会）

隔开。在这个像可充电电池的大设备中，当充电时，溴在阳极产生，并与电解质中的溴离子结合产生过溴离子；在放电时，过溴离子转变成溴离子，同时生成电能[221]。基于钒盐、锌/溴或钠/硫的体系也正在发展，并且已经商品化了[130,222,223]，这样的可再生燃料储存系统预期能够在12h里储存起高达500MW的能量[224]。

9.9 展望

尽管氢在地球上分布广泛且储存丰富，但是要将它从水或碳氢化合物中提炼出来需要很多的能量。今天，为了高效又经济地生产氢，所做的大部分努力都集中在利用天然气和煤，因为它们仍然是氢的最便宜的来源。氢经济的一个目标是减轻温室气体的释放，但这意味着在一个非常大的范围内捕获和吸收 CO_2。即使这在技术上和经济上可能，在地底下或海洋底下储存巨大数量的 CO_2 可能产生怎样的后果谁也无法预知。而通过化学循环回收将 CO_2 转化为甲醇及能够减轻这个问题，还能将氢转化为更容易储存、运输和使用的液体产品（甲醇）。但是从长远观点来看，化石燃料是有限的，氢的生产必须越来越多地使用可再生的能源如风能和太阳能，也包括核能。一旦氢生产出来了，其物理和化学性质使它在储存、运输和安全操作方面有困难并且有潜在的危害。因为氢所具有的独特性质，不管是集中生产或分散生产，一个全新昂贵的基础设施将不得不建立，以方便顾客供应氢。对于车辆，随车携带的氢的储存仍然是大体积并且昂贵的，从能量效率和排放的观点来看，最好与燃料电池联合使用，才能使氢作为汽车燃料。高效、可靠且价格能够承受的燃料电池有可能最终成为现实，但还需要时间来开发。除非人们真正开发出高效安全的金属氢化物或其他储氢系统，否则一想到他们正驾驶的汽车座位下有一个易爆易燃气体的高压罐时，他们的安全感肯定值得怀疑。意识到氢燃料的使用中还存在大量的技术难题，美国能源部长朱棣文在2009年5月宣布DOE已经叫停有关氢燃料电池在汽车中应用的研究项目，并停止拨付用于相关技术开发的经费[225]。

在适合的情况下，氢燃料的其他静态使用是可行的，并且最终会得到发展。我们早就对这里所讨论的氢能储存和运输中存在的严重弊端和难题提出过严肃且切实有理的质疑。氢确实是未来向运输、工业和民用领域供能方案中的一个重要组成部分。但是，更可行的做法是不直接使用易挥发、不便使用的氢气，而是将氢转变成一种使用方便而安全的液体，即甲醇。本书所提出的"甲醇经济"（第10章和第14章）建议将 CO_2 与氢反应、通过化学循环回收转化为甲醇，而不是

简单地进行 CO_2 封存。这将提供一个无穷无尽的燃料来源也为合成碳氢化合物和它们的产品提供了碳源,同时减轻了因为燃烧化石燃料产生过多的 CO_2 而导致的全球变暖问题。为了实现这个目标,甲醇经济还提出通过电解水的方式或其他分解水的技术进行大规模制氢,所用的电可以来自任何非石化燃料能源(可再生能源和原子能)。以这个方式,能量的储存将不是以易挥发氢气的形式,而是通过氢和 CO_2 反应转变成方便和容易操作的液态甲醇,然后仍以甲醇的形式进行使用。

第10章
"甲醇经济"：概述

石油和天然气是除了煤炭以外的主要化石燃料，它们不但是我们今后主要的能量来源和燃料，而且是很多衍生烃类物质和产品的原材料，从汽油、柴油到各种石化、化学产品包括合成材料、塑料和药品都是由它们制备而来的。但是大自然经过无数年代才形成的这些东西很快就要用光了。世界人口的膨胀（现已接近70亿，在21世纪内可能达到80亿～100亿）、生活水平的提高和中国、印度等快速发展中国家对能源的需求都在向日益减少的化石燃料资源施加越来越大的压力，并使它们更加昂贵。现有的煤炭储量也许还能持续两三个世纪，但石油和天然气的储存，即使将新矿藏的发现、技术的改进、节约使用和非常规资源（如重油沉积矿、油页岩、沥青砂、甲烷水化物、煤层气等）考虑在内，估计也不能维持到21世纪之后太长时间。化石燃料在燃烧或使用中会生成CO_2和H_2O，因此在人类生命的时间尺度上它们是无法以自然的方式进行再生的。

为了满足人类日益增长的能量需求，所有可选择的和可再生的能量来源都必须考虑来使用。这些包括生物质、水资源、地热能，以及太阳能、风能、海浪能、海洋潮汐能及其他形式的能量。核能也必须进行更深的发展和利用。但是，我们在这里讨论并不是能量的产生问题，我们相信这是人类必须也终将会解决的问题（因为说到底，我们绝大部分的能量来源是来自太阳这个巨大而持久不衰的能量资源），而是怎样去储存、运输和最好地使用能量这个具有挑战性的问题。

我们大多数的能量资源首先用来提供热和电。当存在合适的电网时，电被认为是短距离传输能量的最好方式，但是很难大规模储存，例如今天的电池仍然效率低、造价贵而体积大。长距离输电仍然十分困难，而且浪费很大，而以今天的技术水平而言，铺设越洋输电线路根本是不可能的。因此除了寻找新能源外，还有必要找到新的、高效的能量储存和配送方式，无论这些能量来源于何处。

最近被建议和广泛讨论的方法是使用氢。从长远来说，氢可以由任何可用的能量资源电解水来产生，然后作为一种干净的燃料在所谓的"氢经济"模式下使用。氢的燃烧过程是清洁的，这一过程产生的只有水，但如果氢气生产所需的能量来自化石燃料，由于化石燃料使用中必然附带的污染，它的生产过程就不那么清洁了。如第9章所述，氢在能源储备方面具有一定的特性，但是作为燃料，由于其易挥发及爆炸，所以如果作为日常能源和燃料，需要大量使用时，很多困难还需解决。作为最轻的元素，氢在储存、运输和供能方面都受到很多限制。处理易挥发且有潜在爆炸危险性的氢气需要特殊的条件，包括深冷、高压技术及特种材质等，以防止扩散和泄漏，另外还需切实遵守严密的安全防范规定，所有这些都使氢的使用相当困难而且代价很高。除了这些困难，为实施"氢经济"还需要建立目前不存在的基础设施，而至少目前的经济条件下，这些基础设施几乎都是无法实现的。而且，氢能本身并不能解决我们对碳氢化合物及其相关产品的持久需求。要解决这个问题，必须开发新的实用合成方法来利用可再生或可回收的资源，并发展像二氧化碳加氢化学循环回收这样的新技术（见后文介绍）。

如今，石油主要应用于交通领域，主要的石油产品，如汽油、柴油、喷气燃料及合成烃类等的生产规模都是很大的。因为已经存在庞大的专用基础设施，处理、运输和分配这些产品都比较简单，而且相对比较安全。因此，交通领域中所使用的替代油品应尽量与现有的基础设施和相关用途能够兼容。

多年以前，本书作者之一（G. A. 奥拉）提出了一种更高效地利用现存的石油和天然气资源，从而使人类最终摆脱对化石燃料依赖的新的可行途径。这种方法本质上基于甲醇和衍生于甲醇的二甲醚（DME）以及与此相关的各种烃类产品，它们形成了"甲醇经济"的基础[226~229]。甲醇（CH_3OH）是最简单、最安全、最容易储存和运输的液体含氧碳氢化合物。目前，它几乎都是从合成气（CO 和 H_2 混合气）制备而得，这种合成气来自化石燃料（主要是天然气或煤）在加入水蒸气（某些情况下加二氧化碳）情况下的不完全燃烧和重整反应。另外，甲醇也可以由木材、农业副产物、市政垃圾等生物质来制备，但这种生产方法是次要的。在第12章中我们还会讲到甲醇（及二甲醚）的制备还可以通过来自于天然气或其他来源的甲烷的直接氧化转化，从而避免了首先制备合成气的步骤。更重要的另一种方法是通过对来自于自然或工业过程（包括燃烧化石燃料的电厂、水泥厂等，最终将包括来自大气中的）CO_2 进行还原加氢反应而实现 CO_2 回收并制得甲醇。这一过程所需要的氢气可利用任何能源从水中分解制得，通过这一过程后以一种安全和易于运输的液体形式加以储存。同时，CO_2 的化学再循环可减轻甚至消除由于过量燃烧化石燃料引起的人为原因的气候转变。

甲醇本身是一种很好的燃料,辛烷值为100,还可以掺杂汽油作为含氧添加剂;此外,即使纯甲醇也可以应用于当今的内燃机(ICE)上,只需对ICE稍做改动。甲醇还可以在燃料电池中高效率地产生电。最初的做法是首先将甲醇催化重整为 H_2 和 CO,H_2 和 CO 分离之后再供给一组氢燃料电池。在后来开发的直接甲醇燃料电池(DMFC)中,甲醇无需重整,可以直接和空气反应。DMFC在很大程度上简化了燃料电池技术,使它在很大范围内都得到应用,如便携式电子设备(手机、笔记本电脑)及小型摩托车等,很快将会应用到汽车上。它还可以用来在世界上某些电网还未延伸到的区域作为发电机和紧急备份系统。

将天然气(甲烷)转化为甲醇另一个潜在的重大应用就是在没有管道的地方可以方便安全地运送。目前,液化天然气(LNG)是通过巨型油轮(>200000t)在低温条件下实现越洋运送的。到终点之后,将其卸载并充进管道来满足不断增长的需求或代替当地的一部分正逐渐减少的天然气资源。但是LNG有潜在的危险,因为可能发生事故或恐怖主义行为。如果一个大的油轮在人口密集地区发生爆炸,其产生的灾难性影响将相当于一颗小型的原子弹。希望这种情况永远不会发生,但从实际出发,我们还是必须找到其他可代替方法来更安全地运送天然气。在这方面,在天然气产地附近将其转化为甲醇是一个可行的方法。采用已有技术或采用无需首先生产合成气的直接甲烷氧化等新的改进技术都可以将天然气转化为液态甲醇(第12章)。在天然气产地附近生产甲醇之后可以很方便、安全地运输。

除了可以作为能源储备和燃料之外,甲醇和DME还可以作为方便的起始原料用于许多基础化学品的生产,如甲醛、乙酸和其他很多产品,包括聚合物、油漆、黏合剂、建筑材料、合成化学品、药物甚至单细胞蛋白质等。甲醇和DME还可以通过一步简单的催化反应转化为乙烯及丙烯(甲醇制烯烃:MTO工艺)。乙烯和丙烯可以用来合成碳氢化合物及其相关产品(第13章)。事实上,目前从化石燃料中得到的烃类燃料及其产品都可以甲醇为原料得到,而甲醇则像我们一再强调的那样,可以由来自自然资源或工业副产的 CO_2 通过化学再循环得到(第12章)。因此,通过 CO_2 加氢再循环而生产甲醇,可以使人类不再依赖于化石燃料来提供运输燃料和烃类产品,弥补甚至从许多方面消除自然界光合作用的局限性。

"甲醇经济"具有显著的优点和可行性。甲醇及由其衍生的二甲醚可以用来作为:①一种便利的能量储备媒介;②一种便于运输和分配的、可用于内燃机、压缩点火式发动机和燃料电池的燃料;③一种用于合成碳氢化合物及包括各种燃料、聚合物甚至单细胞蛋白质(作为动物饲料或供人类食用)等在内的许多产品生产的原料。甲醇生产所需的再生性碳资源最终将来自空气中的 CO_2,而空气在地球上无处不在，又是取之不尽的。CO_2 再生为甲醇所需要的能源也可以从任何现成的能源中得到。

需要重点指出的是为生产甲醇无需特定选用某种能源，所有能源包括可替代能源和原子能都能以最经济、最安全、最环境友好的方式加以利用。甲醇很容易转化为碳氢化合物及相关产品，这就为我们的后代子孙保证了数量充沛、永不枯竭的资源，从中获取生活中必不可少的合成产品和材料。同时，"甲醇经济"通过再循环大气中过多的 CO_2 将减轻人类给地球气候所造成的不利影响，也就是全球气候变暖。

"甲醇经济"概念的提出已经整整 10 年了，在此期间甲醇作为一种燃料和汽油添加剂正在引起人们日益增长的兴趣，尤其是在化石燃料供应短缺、价格较高的时候。在谈到"醇燃料"的时候，人们通常是指乙醇，以及如何从农业资源中获取乙醇，包括玉米发酵（美国）、甘蔗发酵（巴西）或其他天然原料的生物转化等。在第 8 章已经讨论过乙醇作为交通燃料的生产、利用及局限性，虽然这在某些国家、特定条件下是可行的（如巴西和美国），但充其量只能满足我们的燃料总需求量的一小部分，而且，如果乙醇是从玉米、小麦、甘蔗及其他粮食作物出发生产的话，还会严重影响到粮食的供应和价格。

虽然甲醇和乙醇在化学上很相近（乙醇是比甲醇高一阶的同系物，分子式分别为 CH_3CH_2OH 和 CH_3OH），但是考虑到将醇类作为交通燃料时，人们往往意识不到这两种醇类之间存在很大的区别。两种醇都能够从农产品或天然产品的发酵而获得，包括从纤维（主要是木材）中获得的"木醇"（也就是甲醇），但是如今甲醇几乎完全是以合成途径来生产的。在工业上，合成乙醇可以很容易地通过乙烯水合来制得，但目前已很少这样做了。反之，从天然物质发酵制得的生物乙醇则被作为一种非来自于化石燃料的可再生的燃料而得到很大发展，但其生产需大量土地来种植甘蔗、玉米、小麦或其他农作物作为原料。农业上生产乙醇也是很耗能的，目前，大部分能源都是来自化石燃料。因此，生物乙醇和甲醇的生产过程中的基本区别在于后者不仅仅依靠农业资源，也能很容易地从包括化石燃料在内的其他原料制得，最重要的是能从来自自然或工业资源的二氧化碳通过化学循环回收而得到。

最终，我们可利用电解水（电解水可用各种形式能源，包括可再生的非化石燃料能源和原子能）所产生的氢气通过化学转变将空气中的 CO_2 转化为甲醇。用这种方式，人类可以将空气和水作为出发原料，通过空气中的 CO_2 化学再循环来生产甲醇，而 CO_2 和水在地球上都是取之不尽的。就当前来说，目前仍有一定存量的化石燃料也可以更为高效地转化为甲醇。

Olah 小组长期以来一直致力于对甲醇化学的各方面研究。在 20 世纪 70 年代，开始研究用超强酸将甲烷选择性地氧化为甲醇，并防止过度氧化。在 80 年代期间，研究发现在双功能酸碱催化下，可以将甲醇或二甲醚转化为乙烯及丙烯，并通过它们进一步生成汽油馏程范围的脂肪族和芳香族碳氢化合物。这些研究是独立于 Mobil（现为 ExxonMobil）和 UOP 及其他研究单位开发的通过沸石催化化学机理将来自于合成气的甲醇转化为碳氢化合物的研究活动而进行的（第 13 章）。

近几年，人们普遍认识到不可再生化石燃料确实在逐渐减少，为抵消它们的损耗，人们正在努力寻找解决方案。除了更有效和更经济地利用化石燃料的技术，人们也试图更多地利用非化石燃料代替能源和更安全的原子能。在这里需要强调指出的是，除了找到能满足我们总体能源需求的新方案之外，在化石燃料耗尽后，人们仍然还有对方便安全的能量储存方式、对运输燃料以及对多种合成烃类产品的持续需求，为此必须制造出大量的合成烃类原料。前面讨论过的"氢经济"并不能满足这些需求，只有像本书提出的"甲醇经济"所建议的那样将生产出来的氢与二氧化碳的化学循环回收结合起来才是一种可行的替代方法。

总而言之，"甲醇经济"的目标包含以下内容：

① 用现存的天然气资源（主要是天然气），以一种新的更高效的方法即通过它们的氧化转化来生产甲醇及其衍生的二甲醚，而无需首先生成合成气；

② 利用来自自然或工业资源的 CO_2 进行加氢再循环生产甲醇，而最终 CO_2 将来自于空气本身这一无穷无尽的碳源；

③ 甲醇及其衍生的二甲醚可作为一种很方便的交通燃料能量储存介质，不仅可用在内燃机中，也可用在 DMFC 等新一代燃料电池中；

④ 利用甲醇为原料可生产乙烯和丙烯，并为合成碳氢化合物及它们的产物提供了基础。

"甲醇经济"使人类不再依赖于日益减少的石油和天然气资源，同时更好地利用和储存所有各种形式的能源（可再生能源和原子能）。而且，通过 CO_2 的化学再循环，还可以减轻由于人类造成的全球气候变暖的主要原因之一，并使含碳燃料和材料具备可再生性。这些都将在第 11 章~第 14 章中详细讨论。

第11章
甲醇和二甲醚作为燃料和能量载体

11.1 性质和历史背景

甲醇,也叫甲基醇或者木精,是一种无色、略带酒精味道、水溶性的液体。凝固点-97.6℃,沸点64.6℃,20℃时的密度为$0.791kg/m^3$(表11.1)。1661年,罗伯特·波义耳首先分离出甲醇[230],由于他是通过蒸馏黄杨木而得到相对较纯的甲醇的,所以称之为"黄杨精"。1834年,让-巴蒂斯特·仲马和尤金·佩里高指出了甲醇的化学本质和元素组成为CH_3OH。他们也分别从意指酒和木材的两个希腊语词根 methu 和 hyle,创造了亚甲基这个术语并将其引入有机化学。甲基由亚甲基衍生而来,最初用于代指甲基醇,后来则由系统命名法称为甲醇。由于只含有一个碳原子,所以甲醇是醇类中最简单的。甲醇通常被称为木精,是因为最初它是作为木炭生产的一种不太重要的副产物,在木材的解构性蒸馏过程中得到的。以这一工艺处理1t的木材,仅得到$10\sim20L$的甲醇,同时伴随着其他副产物。19世纪30年代初,由这种方法产生的甲醇,被用于照明、烹饪和加热,但是后来在应用过程中被更便宜的燃料,尤其是煤油代替。直到20世纪20年代,木材一直是甲醇的唯一来源,而甲醇在化学工业的需求日益增加。比如,第一次世界大战中需要的甲醇都是来自于木炭炉,同时伴随着丙酮和其他基本的化学产品[231],这在今天人们难以相信。随着工业革命,在许多应用领域,木材大量地被煤取代。通过蒸汽和加热作用,人们发展了煤和焦炭的气化技术，通过这种方法可以得到的含有一氧化碳和氢气的混合气，供城乡使用。利用由这种技术产生的氢气，弗利茨·哈伯和卡尔·博什发展了高温高压下氮气加氢生产氨的方法。这项技术的突破，导致了许多其他需要相似严格条件和原料的化学过程的发展，包括甲醇的合成。事实上，从最早时期，甲醇和氨的合成是如此相关，以至于它们经常在同一工厂生产。1905年，法国化学家保罗·萨巴蒂尔首先提出了由一氧化碳和氢气反应产生甲醇的路线[232]。1913年，德国巴登苯胺苏打公司（BASF）在A.密塔希和C.施耐德的研究基础上申请了由合成气（从煤中产生）出发、以锌/氧化铬为催化剂，在300～400℃和250～350atm下合成甲醇工艺的专利[234,235]。第一次世界大战后，BASF重新开始了合成甲醇的研究，并于1923年在德国洛伊纳建造了第一个商业化的高压合成甲醇工厂。在1923～1926年间，米尔海姆煤炭研究实验室的F.费歇尔和H.托洛普什报道了关于他们从合成气（一氧化碳和氢气的混合物）出发生产包括甲醇在内的各种烃类化合物的深入研究，这也就是著名的费-托合成的基础[234,235]。1927年，美国商业溶剂公司从发酵副产的CO/H_2气体混合物出发，用高压技术生产出了甲醇[234～236]。同时，杜邦公司开始了使用由煤产生的合成气，在同一工厂里产生甲醇和氨。20世纪40年代，美国部分借鉴了BASF公司30年代的开发内容，开始了天然气蒸汽重整。由于天然气更加干净、便宜和大量，从那时起，煤作为合成气的供给逐渐地被放弃。几年之后，其他的合成气供给包括重油和石脑油也已经被使用，尽管在一定程度上比较少。由于甲烷蒸汽重整技术能制得非常高纯度的合成气，使得低压甲醇工艺技术得以实现，并于1966年被帝国化学工业（ICI）商业化引进。这个新的工艺是利用活性更高的Cu/ZnO作催化剂，在250～300℃、100atm下进行[237]，这样就可避免采用条件更苛刻的高压甲醇工艺。降低合成气中硫化物和羰基金属化合物等催化剂毒物的含量，使这些高活性催化剂的应用成为可能。不久以后，鲁奇公司开发了新的工艺，使用了更低的温度和压力（230～250℃，40～50atm）。在过去的40年里，甲醇的合成工艺从最初的由碳氧化合物（含有少量CO_2的CO）和氢气合成，经过不断的改进，现在已经相当成熟。现在采用这种低压工艺，合成甲醇的选择性高于99.8%，能量利用率接近75%。现在研究的目标是找到新的工艺，以碳氧化合物和氢气为原料，在更低的压力和温度下合成甲醇，而从能量角度看直接氧化甲烷来制备甲醇是更好的办法。

今天，全球几乎所有的甲醇都由合成气制备。但是，就像在第12章中所讨论的，不需要合成气、直接利用甲烷（天然气）或者对二氧化碳氢化来制备甲醇等新的方法正在研究当中。

除了在地球上少量存在于天然产品（水果、葡萄等）中及大规模进行工业生产外，最近在外太空也发现了甲醇的存在。天文学家观察到在太空深处的一颗新生恒星周围聚集着一片巨大的甲醇云，宽度横跨4600亿公里以上[238]。尽管在接近于真空的太空里其浓度非常之低，其总质量也是人们难以想象的。科学家认为这样巨大的甲醇云是由一氧化碳和氢在略高于热力学零度的温度下反应而在悬浮于太空中的尘埃表面生成的[239]。当这些尘埃颗粒被新生星形成过程中放出的能量加热时，存在于颗粒表面的甲醇被解吸并形成了射电望远镜所观察到的云。由于甲醇不可避免地会被分解，其生成过程肯定是长久持续的，才能以云状被人类所观察到。人们还找到了许多其他类似的甲醇云，都是在巨大的年轻星体附近。因此甲醇云是检测并研究我们宇宙中正在形成新星区域的很好的证据。除了在巨大的星体附近生成，人们也在彗星中观察到了甲醇。同样，在巨大星体形成的区域中人们还找到了DME（二甲醚）[240]。

表 11.1 甲醇的性质

甲醇的其他名称	甲基醇,木醇	甲醇的其他名称	甲基醇,木醇
分子式	CH_3OH	密度(20℃)	$791kg/m^3$
相对分子质量	32.04	含能量	5420kcal/kg
化学组成			173.6kcal/mol
碳	37.5%	蒸发能	9.2kcal/mol
氢	12.5%	闪点	11℃
氧	50%	自燃点	455℃
熔点	−97.6℃	空气中爆炸极限	7%～36%
沸点	64.6℃		

11.2 甲醇的化学应用

如今，甲醇主要作为化学工业的原料，用来生产各种化学产品和材料。作为多种化学品（图11.1）的中间体，甲醇的产量巨大（2004年的年产量超过3200万吨[241]）。全球近65%的甲醇产量用于生产甲醛（39%）、甲基叔丁基醚（MTBE，14%）和乙酸（11%）。甲醇同时也是氯甲烷、甲胺、甲基丙烯酸甲酯（MMA）和对苯二甲酸二甲酯等的原料[232]。这些化学半成品被用于生产众多我们日常生活所需的物品，包括油漆、树脂、硅树脂、黏合剂、防冻剂和塑料[242]。

甲醛作为甲醇最大的衍生产品，主要用来制备酚醛树脂、脲醛树脂、蜜胺甲醛树脂、聚缩醛树脂以及丁二醇和亚甲基双（4-苯基异氰酸酯）（MDI）。其中发泡MDI被广泛用作冰箱保温材料、门、汽车仪表板和挡泥板等。各种甲醛树脂主要作为黏合剂在木材工业中具有广泛的应用，包括生产碎屑板、胶合板和其他

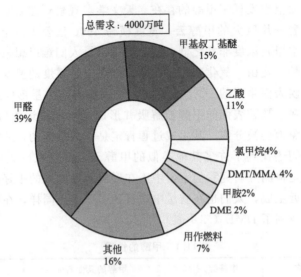

图 11.1 2007 年世界对甲醇的需求（数据来自甲醇学会，PCI Ockerbloom & Co., Inc.）

木板。作为汽油的含氧添加剂和调和组分，在 20 世纪 90 年代中，MTBE 在甲醇市场所占份额增长很快，已成为全球范围内甲醇的第二大用户。美国 2001 年的 MTBE 生产估计占了甲醇消耗量的 37%。由于它具有高的辛烷值，因此它能够取代逐渐被淘汰的含铅汽油抗爆剂。同时这种含氧化合物加入到汽油中还有助于减少机动车对空气的污染。但是，最近 MTBE 受到环境保护者的指责，特别是在加利福尼亚，由于当地加油站地下储存罐的泄漏，发现地下水被 MTBE 所污染。加州已经作了大量工作试图通过加强维护、严格控制或者替换这些储存罐来解决这个问题。由于这些污染事件的影响，MTBE 的应用在美国大多数州已被淘汰，估计在其他国家也将会逐步被淘汰，其替代品包括乙醇和乙基叔丁基醚（ETBE）。这也引发了另一个问题，即为了减少对空气的污染是否一定要在今天的内燃机汽车所用的新配方汽油中加入含氧添加剂，因为大部分新的发动机都采用直接燃料注射系统和氧气感测装置，即使在不加含氧添加剂的情况下，也能够有效地控制和减少排放量。当然，也不能否认，含氧添加剂能够提供更佳的燃料性能并使燃烧更为清洁。

11.3 甲醇作为运输燃料

甲醇及其衍生的二甲醚（DME）具有非常好的燃烧特性，这就使得它们分别成为今天内燃机汽车[243]和柴油发动机的理想燃料。确定甲醇燃料重要地位的原因还包括使用甲醇作燃料的电池，无论是通过在车上产生氢气还是直接用甲醇燃料电池，都有助于新型的燃料电池汽车的推广。用甲醇和 DME 作为交通燃料是甲醇经济的一个重要方面。它们在这一领域的应用不断增长必将根本改变它们的需求量和生产能力。

11.3.1 醇类运输燃料的开发历程

使用醇（甲醇和乙醇）作为燃料的概念，是和内燃机（ICE）的发明与生俱来的。19 世纪末，由尼古拉斯·奥托、卡尔·本茨等人开发的一些早期 ICE 模型，事实上是设计成由醇驱动的。那时候，醇发动机已经开始代替蒸汽发动机用在耕种机和火车上。也被用在汽车上，醇发动机被广告为与相应的汽油发动机相比，污染更小。大多数缺乏石油资源的欧洲国家，更加急切地想把乙醇发展为一种燃料，因为乙醇很容易从国内的各种农产品发酵、蒸馏得到。以德国为例，乙醇的生产量，由 1887 年的 4000 万升增加到 1902 年的 1.1 亿升[244]。20 世纪前 10 年，醇发动机汽车和汽油发动机汽车，开展了许多方面的竞争，决定哪一种燃料能够取得更好的效果，一直存在争议。但是，从经济的角度考虑，乙醇几乎不可能和汽油竞争，尤其是在美国，当时美国拥有丰富的石油资源和一个非常强大的鼓吹使用汽油的集团，即标准石油托拉斯，后者自然很不情愿引入任何一种燃料替代品。第一次世界大战使得乙醇工业有了重要的扩张，乙醇不仅作为燃料使用，也作为火药和战争气产品使用。前面曾提到，在布尔什维克革命后的苏联，列宁曾建议在工业中大量利用从农产品生产的乙醇（用于燃料、乙烯及其下游产品的生产）。然而，由于这样做会将俄国人钟爱的伏特加酒原料转向这些用途，招致了大量反对，于是这个计划很快就被列宁自己放弃了。在美国，1920 年初生效的禁酒令禁止饮用任何含酒精的饮料，严重阻碍了乙醇的大规模生产，即使作为燃料使用也大受影响。30 年代，乙醇汽油掺混燃料已经成功在中西部地区引进，但是后来遭到了石油公司的强烈反对。同时，欧洲国家（比如德国、法国、英格兰）和巴西、新西兰这些依赖石油进口的国家，通过补贴强烈地鼓励乙醇的产生，甚至下命令将汽油掺混乙醇。顺便说一下，有趣的是，新泽西州标准石油公司（由美孚石油公司分离出来的公司）最初表示反对乙醇燃料，在国防工业安全许可局的名义下正在促进掺混乙醇。德国努力发展燃料代替品的野心无处不在，纳粹政府主要是出于军事考虑，想取得能源上的独立。事实上希特勒确信第一次世界大战中德国的战败，很大程度上是因为燃料的短缺，这种情况不应该能阻挡纳粹机器。希特勒上台后，乙醇（主要来自于马铃薯）的产量飞速增长，1935 年达到 1500 万桶[244]。同时，使用 BASF 发明的工艺通过从煤中制得的合成气生产甲醇也得到迅速扩张。当时也已能够以电石为出发原料通过化学方法生产乙醇。甲醇、乙醇和汽油掺混后的产品也以"Kraftspirit"（动力酒精）作为商标出售。但是汽油和醇掺混的一个问题是，当有水分存在时会发生相分离，从而导致发动机失速。除了合成甲醇之外，鲁尔流域大量的煤资源也被用来经由合成气生产大量的合成汽油，采用的是那个时候世界上最大的化学公司法本公司开发的费-托工艺。第二次世界大战前夕，德国经由费-托工艺和伯吉尤斯法（煤高压加氢）生产的替代燃料占所有轻型发动机燃料消耗的50%以上。战争中，生产的乙醇一大部分转向了其他方面的使用：包括军火[245]、医药和合成橡胶生产。然而，这场战争中努力保持中立的瑞士，当石油供应被切断后，转向了甲醇替代。战争结束后，由于石油更加大量、便宜、易得，美国和大多数国家对基于乙醇的燃料的兴趣快速减退。20世纪70年代的石油危机和对污染的关注，再次引起了人们对乙醇燃料的兴趣。在大规模发展乙醇燃料方面，最成功的是巴西，1975年巴西开始了国家乙醇计划（PNA），20多年后，乙醇（主要来自于甘蔗和滤渣）的产量，1997~1998年达到每年1500万立方米，相当于每天22万桶石油[246]，可以驱动数百万的车辆。这种生产的费用平均相当于每桶石油35~45美元，随着巴西海岸线大量石油的发现和90年代较低的石油价格，在新车总的销售中，乙醇燃料发动机车辆的份额，从1985年的96%下降到1997年的0.07%！但PNA计划继续实行，采用的做法是向汽油中掺混24%的乙醇[246]。随着石油价格的增加，和能够依靠任何汽油和乙醇的混合物驱动的可变燃料车辆的引入，最终改变了人们对乙醇的兴趣。在发达国家，相对便宜和有效资源比如甘蔗通常不太容易得到，因此对乙醇燃料的利用很有限。在美国利用玉米产生乙醇有着较大的规模，但是相对汽车燃料市场而言，它仅占需求的很小一部分。然而，由于乙醇作为氧化添加剂代替MTBE，因此它的需求逐渐增加。尽管巴西政府和美国农产品生产者力求保持乙醇作为燃料替代品的地位，世界对醇类燃料用于汽车领域的兴趣越来越多地转移到甲醇上。甲醇是一种可用于ICE的非常灵活的燃料，它可以从各种各样可再生能源和化石能源中得到，如天然气、煤、木材、农业和市政废弃物等，生产费用通常比乙醇要低。麻省理工学院（MIT）的一位名叫托马斯·里德的研究人员是最早鼓吹在美国使用甲醇燃料的人之一，1973年他在《科学》杂志上发表文章阐述了甲醇的一些优点。过去一段时间内，里德也曾提到甲醇的更大规模使用，甚至使用了"甲醇经济"这个名称，不过没有进一步阐发其意义，后来也不再使用这个名词了[245]。他声称向汽油中加入10%的甲醇可以提高效果，给出更好的里程数和减少污染。原联邦德国政府支持的大众汽车公司也得到了相似的结果。1975年大众公司开始了对使用混合了15%甲醇的汽油作为燃料的45辆车进行了广泛的测试。对现有的发动机进行轻微修改之后，大众公司能够很有效地操作这些使用甲醇混合燃料的车辆，仅出现很少的问题[244]。同时甲醇混合物也已经可以和汽油竞争。而且，和乙醇一样，甲醇也作为辛烷助推剂，甲醇汽油混合物比纯的汽油更有力量。由于甲醇较低的挥发性，大众公司检测的由纯的甲醇驱动的5辆汽车开始出现冷启动问题，不过加入少量的丁烷或戊烷作为添加剂成功地解决了这个问题。甲醇的使用明显提高了汽车的性能。考虑到比汽油更安全，60年代中期甲醇已经成为在印第安纳波利斯 500 场比赛中的首选燃料[247]。在美国大部分石油公司最初要么非常缺乏热情,要么明确反对将甲醇作为替代汽车燃料。美国发动机汽车生产商对甲醇燃料汽车的兴趣也很有限。然而,1978 年正在试图减少明显的空气污染问题和依赖进口的燃料问题的加利福尼亚,在圣克拉拉大学开始了一项关于甲醇的研究计划,对用纯甲醇驱动的福特汽车进行广泛的测试。这项测试福特和大众的汽车在各个州和当地的机构进行。84 辆汽车[248]共计 200 万公里的里程数,显示出了良好的燃料经济性和发动机的耐久力,能够和汽油驱动的汽车相比。在 1980 年的同一时间,旧金山附近的美国银行,考虑到较高的石油价格,决定把他们的车队转向甲醇燃料。在它们的寿命范围内,200 多辆甲醇燃料汽车累计行驶 3 千万公里。因此美国银行认为与汽油发动机相比,纯甲醇的使用不仅便宜而且提高了发动机的寿命,大大降低了废气的污染物。但是随着 80 年代中期石油价格的大幅下跌,银行减弱了对甲醇的兴趣。然而,加州继续努力促进甲醇的应用,主要是以 85% 甲醇和 15% 汽油混合,称为 M85。少量的使用甲醇混合燃料的车队在芝加哥附近的阿尔贡国家实验室进行日常运行,表明即使在伊利诺斯州这种寒冷的气候,汽车使用冷启动也没有什么问题[249]。80 年代后期,因为新的空气污染标准,汽车公司开始发展替代燃料驱动的汽车。由于加州有着国家非常严格的排放控制标准,因此这种车首次在加州引入。通用、福特、克莱斯勒、沃尔沃、梅赛德斯-奔驰和其他的汽车公司把于原有的驱动模型转到了甲醇,至少多花费数百美元。由于甲醇具有较高的辛烷值,福特公司发现,与汽油燃料型汽车相比,甲醇燃料型汽车加速到 100km/h 的时间要快 1s[249]。由于分配甲醇混合燃料的加油站数量有限,大部分模型被设计成可变燃料汽车(FFV),万一 M85 甲醇不容易得到时,它们能够用单一的汽油驱动。这种概念可以使得在大多数替代燃料早期引入的时候(即这些新型替代燃料还比较缺乏的情况下),汽车的使用也不受影响。1997 年美国(主要在加州)使用甲醇燃料汽车的数量达到最大,但仍然是很少的 2 万辆[250]。90 年代,各种技术的提高在汽车工业被广泛地接受,直接燃料注射、三元催化转换器和再生汽油等大大减少了汽油发动机汽车的排放问题,同时也减弱了人们对甲醇燃料的兴趣。然而,最近的油价攀升和人们对气候变化的逐渐关注,重新激发了人们对替代燃料的兴趣,其中甲醇扮演着重要的角色。

可变燃料汽车能很有力地解决燃料的供应难题。在短期内,FFV 是一种必要的关键过渡技术,能够建立起市场对甲醇的需求和认同度,并帮助甲醇经济最终实现。但是一定要记住这只是一种折衷的办法,在排放或燃料经济方面不能给出最好的效果。从长远看来,使用单一甲醇驱动的汽车将更具优越性,能够大大地促进向甲醇燃料电池汽车转换。

回顾一下甲醇在汽车领域应用的历史,可以看出甲醇燃料的命运直接依赖于经济情况尤其是石油价格。石油工业对广泛使用甲醇的抵制、特殊利益集团(其中一些偏爱农业乙醇)、能源安全问题、政府能源和排放政策和其他的一些政策考虑也会对甲醇的使用产生重要的影响。随着石油和天然气资源的不断减少,人们重新意识到寻找替代燃料才是最终的解决办法,甲醇作为将来的运输燃料进入了一个新的时期。甲醇也很容易脱水生存二甲醚,由于它较高的十六烷值和有利的性质,特别是对于柴油发动机它是一种很有效的燃料。20世纪90年代,丹麦托普索公司首先提出用二甲醚作为柴油发动机燃料。人们对二甲醚的关注日益增强。

11.3.2　甲醇作为内燃机(ICE)燃料

汽油是含有不同碳氢化合物和添加剂的复杂混合物,与之相比甲醇是一种简单的化学物质。它的能量密度是汽油的一半,意思是说2L的甲醇含有和1L汽油相等的能量。尽管甲醇的能量密度比较低,但它有着较高的辛烷值(100,平均研究辛烷值 RON 是107和发动机辛烷值 MON 是92),意思是燃料和空气的混合物在放电点火之前能够被压缩到较小的体积。这就允许发动机能以较高的压缩率(10~11,而汽油发动机的压缩率是8~9)工作,因此比汽油发动机更有效。甲醇的较高火焰速度可以使甲醇在汽缸里更快更完全地燃烧,可以进一步提高发动机的效率。这些因素解释了为什么甲醇能量密度仅有汽油的一半,不到2倍量的甲醇能够取得同样的功率输出。事实上,只需要修改汽油发动机,而不需要考虑甲醇的性质专门设计发动机。然而,专门的甲醇发动机能够使燃料更经济[243]。甲醇的气化热比汽油高出3.7倍,这样当甲醇由液态变成气态时,就可以吸收更多的热量,有利于除去发动机的热量,使得使用空气冷却散热器而不是更重的水冷却系统成为可能。人们期望将来优化的甲醇发动机,不仅与汽油发动机有着相似的性能,而且减少了冷却装置、提高了加速度和里程数,同时有着更小更轻的发动机组[243]。除此之外,甲醇汽车有着较低空气污染物的排放,比如碳氢化合物、氮氧化物、二氧化硫和微尘。

然而,由甲醇本身的物理化学性质引起的一些问题,这里需要说明一下。不像乙醇,甲醇可以和水以任意比互溶。较高的偶极矩和介电常数,使得甲醇对离子化的物质是一种很好的溶剂,比如酸、碱、盐(导致腐蚀问题)和塑料。相反,上面提到的汽油是复杂的碳氢混合物,它们大多数偶极矩和介电常数较低、不溶于水,因此是非极性和共价化合物的良性溶剂。

由于汽油和甲醇不同的化学性质,因此在汽油的分配、存储、装置和连接器中使用的一些材料经常和甲醇相矛盾。甲醇能够腐蚀一些金属,包括铝、锌、镁,但不腐蚀钢和铸铁[251]。甲醇也能够和一些塑料、橡胶、垫圈起反应使它们变软、膨胀和易碎,最终导致泄漏或系统故障。因此,专门为甲醇使用建造的系统肯定不同于以往汽油的系统,但是人们不希望有太大的改动,否则成本会更昂贵。现有的能和甲醇匹配的专门的发动机润滑油必将得到进一步的发展。

由于缺乏汽油中通常存在的高挥发性的物质（丁烷、异丁烷、丙烷，它们提供发动机点火，甚至在非常寒冷的条件下也可以点火[232]），所以纯的甲醇冷启动的问题仍然存在。向甲醇中加入易挥发的组分是通常采用的方法，比如使用M85的可变燃料汽车，15%的汽油足够提供发动机的点火，即使是最寒冷的气候。另外一个办法是增加一个气化或者喷雾装置使甲醇形成小滴，这样容易点火。也有人建议用甲醇的直接衍生物二甲醚作为甲醇在低温条件下启动的助剂[252,253]。

最近莲花汽车公司展示了它新开发的 Exige 270E "三重燃料" 汽车，能够用任何比例的汽油、乙醇和甲醇混合物行驶（图11.2）[254]。莲花汽车正在积极开发和提倡使用甲醇，特别是从 CO_2 和氢气制得的甲醇，作为未来的一种可再生替代燃料（也是甲醇经济的基础）。按照莲花公司的说法：

甲醇的使用性质与今天的液体燃料相比更适用于内燃机，包括更好的性能和热效率。这种燃料用于汽车工业已经引入生产的增压（涡轮增压和超级增压）型发动机，可以减小发动机的尺寸并改进燃料消耗水平[254]。

图11.2　能够以任何比例的汽油、乙醇和甲醇混合物行驶的莲花 Exige 270E "三重燃料" 汽车（莲花汽车公司发动机分部惠予同意引用照片）

发动机、油箱和供油系统只需作一些小的变动[254,256]。莲花公司还指出：

最终，现正在开发过程中的回收大气中 CO_2 的技术能够完全平衡地回收由内燃机中甲醇燃烧产生并从排气管中排出的 CO_2。因此像 Exige 270E "三重燃料" 汽车这样用合成甲醇作为燃料的汽车将能达到环境中性的水平[256,257]。

像前面所讨论的那样，用甲醇或含甲醇超过10%的汽油混合物作为内燃机汽车燃料时，必须对车辆进行一些改动，但所涉及的费用不高。目前已实现大批量生产的灵活燃料汽车都已经完成了大部分这样的改动，或者很容易进行相应的调整。如果只是在汽油中加入少量的甲醇则无需对发动机进行调整，也不必对加油设施进行改动，就能用在原有的汽车型号中。

早在20世纪80年代，EPA就同意杜邦和其他一些公司可以暂免清洁空气法案的管制，允许他们进行含5%甲醇和2.5%其他醇类（乙醇、丙醇、叔丁醇及混合丁醇等）的调和汽油的商业生产，目的是减少车辆的排放[248,258]。但是这种混合燃料的用量始终没有上去。最近，奥拉和普拉卡什开发了一种含有甲醇和生物乙醇的三元混合燃料，能够克服某些与相分离有关的问题及其他缺点，使生物乙醇与调和汽油混合得更好[259]。

在任何一项技术的发展过程中，技术问题必须首先考虑到。然而，甲醇作为一种混合组分或在ICE车辆中取代汽油面临的技术问题，相对来说比较容易解决，确实大部分问题已经找到了解决的办法。

11.3.3 甲醇作为压缩点火式（柴油）发动机燃料

不管是否吸附了致癌物质，颗粒物已经被认为是明显的健康危害，尤其是在大城市。甲醇燃烧时不产生烟雾、炭黑和颗粒物。这一点，以及因甲醇在较低的温度下燃烧，产生的氮氧化物排放较低，使得甲醇作为柴油机替代燃料很具吸引力[251]。

压缩点火式的柴油发动机和汽油发动机有着很大的不同。柴油发动机不是在发动机的汽缸里使用电火花点燃燃料和空气的混合物，而是依靠自身燃料的性质在特定的高温高压下点火。标准的汽油发动机的压缩率是8~9，而柴油发动机的压缩率通常大于17。过去柴油发动机主要用于重型车辆，比如汽车、拖拉机、卡车、火车和轮船。然而在70年代初期，由于柴油发动机比汽油发动机更具燃料经济性，逐渐用于个人汽车，比如今天在西欧，柴油发动机汽车占到50%。

和汽油一样，柴油燃料由多种碳氢化合物组成，有着宽的沸程，但是柴油有着不同的物理化学性质。汽油主要由3~10个碳原子的支链烷烃和芳香化合物组成，有着高的辛烷值，而柴油主要由10~20个碳原子的直链烷烃构成。十六烷值用于衡量一种燃料高温高压下自身点火的程度，柴油十六烷值的范围为40~55，而甲醇的十六烷值仅有3[217]。事实上甲醇和柴油不互溶，因此在柴油车中使用任何甲醇和柴油的混合燃料都是相当困难的[251,260]。而且，为了克服甲醇较低的十六烷值，柴油发动机必须做出改动。可以加入添加剂来把甲醇的十六烷值提高到和柴油燃料相近的标准，这些少量加入甲醇中的添加剂通常由含氮化合物构成，比如硝酸辛酯和硝酸四氢呋喃酯[251]，尽管许多是有毒的或致癌的。基于过氧化物和高烷基醚的无毒十六烷值添加剂已经被发展出来，如果使用纯的甲醇，电火花或热点火是必要的。

同体积的柴油燃料的能量比甲醇高2.2倍[251]，这就意味着其油箱要比常规的柴油油箱更大才能提供同量的能量。与柴油相比甲醇的蒸气压大很多，这种高蒸气压使得重型柴油发动机在非常寒冷的天气也可以启动，从而避免了常规的柴油发动机在冷启动时发出的白烟。

相对于许多其他的替代燃料，公共汽车已经成为以甲醇为动力的柴油机的主要测试工具。底特律柴油公司对于 6V-92TA 型号的柴油机专门研发了其甲醇版本，在 20 世纪 90 年代初美国环保署（EPA）和加州空气资源部（CARB）[251]认证其为最低排放的重型柴油机。用甲醇取代柴油作为燃料还可以使尾气排放的微粒及 NO_x 的数量显著减小。由于甲醇中不含硫，因此，SO_x 的排放而导致的酸雨也几乎不会再发生。以用甲醇为燃料的柴油机动力的汽车队伍在美国各地，包括洛杉矶、迈阿密、丹佛（图 11.3）和纽约[261]，都在试用。洛杉矶的市政交通部门（MTA）在 90 年代特别投入使用了一大批约 330 辆的以甲醇为动力的公共汽车，并且这些车辆已经运行了好几年。相对于传统的柴油动力的汽车，甲醇动力的汽车具有更高的维护成本，这是由于发动机燃料系统有一些技术上的难题和引擎需要测试。这些问题在改用乙醇为动力的车辆上也会遇到。大部分使用乙醇为动力的汽车上遇到的麻烦一般认为是燃料输送系统的问题和使用了不兼容的材料。无论如何，这些技术上的问题不是不可避免的，通过进一步的研究是可以得到解决的。已经有人提出了乙醇含量一般在 7%～15%之间的乙醇-柴油稳定混合物，如 E-diesel 和 O_2 Diesel™[262,263]。O_2 Diesel 目前正在美国中西部和加利福尼亚州进行商业化应用，例如长滩的港口等，以减少烟雾、颗粒物和氮氧化物的排放。估计将来也会开发出类似的甲醇调和柴油，但也许需要先开发助溶剂或其他添加剂来提高甲醇与柴油燃料之间很差的互溶性。甲醇必须要和其他一些替代燃料竞争。例如，以公共汽车为例，由于庞大的燃料箱不是个问题，压缩天然气（CNG）以其低价、低尾气排放和易得等特点现在正在成为一个理想的燃料。柴油发动机技术的改进使得其运行得更为清洁，特殊的过滤器和含有低污染杂质

图 11.3　美国科罗拉多州丹佛市的甲醇驱动的短程公共汽车（来自：Gretz, Warren DOE/NREL）

的更高级的柴油也在研究中。

11.4　二甲醚作为运输燃料

另一个选择是使用二甲醚（DME），它是一种热值高于甲醇的优良燃料，很容易通过甲醇脱水获得。

二甲醚是醚类化合物中结构最简单的一种，它是一种无色无毒无腐蚀性的非致癌物质，并且对环境无污染，今天其主要用途是在各种喷雾剂中用作气溶胶喷射剂，取代已禁用的CFC气体。它也是吹玻璃的装置用来产生完全无烟炱火焰的理想燃料。DME的沸点是-25℃，在室温条件下以气体形态存在，但是DME通常以液体形态储存于压缩罐中，这与LPG（液化石油气）很相似（LPG其主要成分为丙烷和丁烷，主要用于烹饪或供热）。很重要的一点是，DME与二乙醚和别的更高级的醚类不同，不会形成爆炸性的过氧化物，因此使用时更安全。DME用作交通工具替代燃料的优点在于它的十六烷值高达55~60，而常规的柴油燃料中十六烷值为40~55，甲醇中十六烷值更低。因此，如托普索公司所介绍的那样，DME可以高效地用于柴油机中。和甲醇相同，DME燃烧完全，不会产生煤烟、黑烟或二氧化硫，即使没有经过废气处理也仅产生很低量的氮氧化合物以及其他的排放物（表11.2和表11.3）。

表11.2　二甲醚（DME）的性质

化学分子式	CH_3OCH_3	沸点	-24.9℃
相对分子质量	46.07	20℃时的液体密度	668kg/m³
外观	无色气体	内能	6880kcal/kg
气味	轻微的甜味		317kcal/mol
化学组成/%		十六烷值	55~60
碳	52	闪点	-41℃
氢	13	自燃点	350℃
氧	35	空气中可燃范围	3.4%~17%
熔点	-138.5℃		

表11.3　DME与柴油的物理性质的比较

性　质	DME	柴油	性　质	DME	柴油
沸点/℃	-24.9	180~360	十六烷值	55~60	40~55
20℃下蒸汽压/bar①	5.1	—	自燃点/℃	350	200~300
20℃下密度/(kg/m³)	668	840~890	空气中可燃范围(体积分数)/%	3.4~17	0.6~6.5
热值/(kcal/kg)	6880	10150			

① 1bar=10^5Pa。

如今，DME制备几乎全部是由甲醇脱水而得。由于直接由甲醇制备，DME可以从多种原料中制得：煤、天然气、有机物等，或重复循环的二氧化碳还原剂

(第12章)。把合成甲醇和甲醇脱水两个步骤在同一过程中完成,从而由合成气直接合成 DME 的方法也已经被开发[264]。由二氧化碳和氢气直接合成 DME 的方法也已有研究[266]。直到 2004 年,DME 的全球需求量仅为 150000t 左右。

但自那时以来,随着 DME 大量被用于燃料用途,其需求出现了大幅增长。仅在中国,DME 的产量在 2008 年就达到了 200 万吨以上,而且还在继续增长[266]。今天,世界各地都在开发以 DME 为动力的汽车。根据正在开发的第三代 DME 技术并测试以 DME 为动力的公共汽车和卡车之性能的沃尔沃公司的报告,在欧洲,DME 被认为是代替传统柴油最有前景的燃料之一(图11.4)[267,268]。对于沃尔沃公司所在的瑞典来说,DME 更具有吸引力,因为它可以从该国发达的造纸/纸浆工业的残渣物料——黑液中制得。它可以用在一个装配了新型燃料进料系统的普通柴油发动机上,并产生同样的效能,同时显著地减少尾气排放。好几个品牌的日本产 DME 动力卡车和巴士进行的行车试验所得到的结论也与沃尔沃的报告差不多。著名的柴油发动机生产厂商五十铃也参与了上述试验,该公司相信随着包括 DME 使用等在内的各种技术的不断演进,柴油在未来有可能被完全替代。在中国,上海交通大学的研究人员与几家公司合作开发了一种用 DME 作为动力的短程巴士,而中国的科技部则为 30 辆这种汽车的生产提供了财政支持。一辆巴士改装成 DME 动力的费用估计仅为 1200 美元。上海市计划在 2010 年世博会期间配备约 1000 辆 DME 动力巴士组成的车队。

在压缩点火式(CI)发动机中用 DME 来代替柴油,不仅能明显减少颗粒物和 NO_x 等的排放,还能降低发动机的噪声,同时从同等能量的基础上评价,其燃料消耗也与柴油相当。发动机噪声可减少到火花塞点火的汽油发动机的水

图 11.4 丹麦开发的二甲醚驱动 Volvo 牌公共汽车
(来源:丹麦道路安全和交通署)

平[269,270]。为了进一步改进发动机效率并减少排放,有人研究了适用于DME的新型发动机和燃料供应系统的结构设计,包括低压缩比直接注油(LCDI)柴油机、均匀增压压缩点火(HCCI)发动机和组合增压压缩点火(CCCI)发动机等[270,271]。通过降低LCDI发动机的压缩比,可使DME的压缩比从18∶1降低到12∶1。这样便可以降低发动机的汽缸压力,从而可以使用比目前所用柴油机轻得多的发动机,由此降低制造成本并提高燃料效率。

除了DME作为一种清洁燃烧的燃料所具备的各种优点,还应牢记由于DME柴油箱比较低的能量密度,DME燃料箱必须有常规柴油箱2倍左右的体积才能达到与柴油车相当的行驶里程。DME的黏度也较低,有可能导致泄漏。不过DME 0.15cP的黏度处于丙烷(0.10cP)和丁烷(0.18cP)之间[269]。既然有成百万辆的汽车用丙烷和丁烷(LPG)作为燃料,由此积累起来的经验肯定能相当容易地通过选择合适的配件来解决这个问题。DME的润滑性能也较差,可能加快磨损并最终造成油泵和注油器失效。陆宝(Lubrisol)公司的产品以及Hitec-560添加剂都曾被用来提高DME的润滑性能,其中最常用的添加剂往往是为新配方柴油所开发的添加剂。DME与某些类型的塑料和橡胶不相容,因此必须仔细地选择材质以防止密封件等因长时间接触DME而老化变质。灌装DME用的容器可以用聚四氟乙烯(PTFE)和正丁基(Buna-N)橡胶之类的材质作为密封材料。能同时承受高温的最高效密封件应当是不会产生火花的金属接触面密封。虽然关于DME磨损、润滑性能和材质相容性的研究还在继续进行,但大多数与使用DME相关的技术问题都已经得到解决。

有趣的是人们发现DME/LPG调和物也可用作汽油动力的ICE车的替代燃料。DME的辛烷值相当低(RON为35,MON为13),但如果与LPG中的高辛烷值组分丙烷(RON为111,MON为100)以适当的比例进行调和,就能得到所需辛烷值规格的燃料。含20%DME的混合燃料的平均辛烷值(RON与MON的平均值)可达89.5,与今天汽车所用的燃料规格相当符合[272]。因此按LPG燃料设计或改装的汽车都可以使用DME/LPG混合燃料,但必须对油箱和供油系统中与燃料接触部件的材质,尤其是橡胶和塑料,按使用DME的要求进行测试。

11.5 二甲醚作为发电和生产民用燃气的燃料

意识到未来LPG的供应可能不能满足需求,日本、中国和其他一些国家正在研究选择DME为替代品(表11.4),不仅用于交通运输方面,而且用于产生电力供家庭和工厂使用[273]。在日本,目前大量进口LPG来满足国内需求,因此有一个巨大的 LPG 应用设施可以方便地改造为使用 DME。相对于 LPG 的价格，DME 具有很强的竞争力，而且这一领域的应用是 DME 最大的潜在市场之一。中国从 2003 年开始用 DME 作为燃料替代物，目前中国所生产的 DME 中绝大部分都用来与 LPG 掺混（2007 年所占比例接近 90%[266]），然后作为取暖和做饭的燃料。DME 在 LPG 中的掺混比例只要不超过 20%，就无需对原有的设备做任何改动或只需做一些微小的修改。允许在全国范围内使用掺混比例达 20% 的 DME/LPG 调和物作为民用燃料的新国标正在起草之中。原先为 LPG 设计的基础设施如储罐和冷冻槽车等，也能用于纯净 DME 的储运。DME 对常规的结构材质并不具有腐蚀性。许多国家都用 DME 作为汽车燃料。用于 DME 的加油站可按照为使用 LPG 而开发的技术来进行建设，远比用于 CNG 或氢燃料的加油站建设简单。

表 11.4　DME 和液化石油气（LPG）物理性质的比较

性　　质	DME	LPG 主要组分	
		丙烷	丁烷
沸点/℃	−24.9	−42.1	−0.5
20℃时的蒸气压/bar	5.1	8.4	2.1
20℃时的液体密度/(kg/m³)	668	501	610
热值/(kcal/kg)	6880	11090	10920
空气中可燃性范围(体积分数)/%	3.4~17	2.1~9.4	1.9~8.4

通用电气（GE）认为 DME 将是一种优良的燃气轮机燃料，在尾气排放和效能方面与天然气相当[274]。DME 可用于在原为使用天然气或石脑油及馏分油等液体燃料的燃气轮机，只需对燃料供应系统等进行某些改装。由于燃烧性质类似，设计使用天然气的厨灶可以直接使用 DME 而不需要任何改动[275]。

由日本的大公司组成的两大共同体正在评估 DME 的经济前景。其中一个由规模庞大的 NKK 公司为核心组建的共同体，创建了 DME 国际公司和 DME 发展公司来调查 DME 的经济性，以促进 DME 作为燃料的推广，作为商品每年生产 85 万~165 万吨。另一个共同体名为日本 DME，是以三菱瓦斯化学为首的，正计划在巴布亚新几内亚建造一个大规模的 DME/甲醇工厂。日本政府通过通产省（METI）对这些项目给予了巨大的财政支持，用于大规模生产低价的 DME。

在亚洲的发展中国家，例如中国和印度，由于对柴油和液化石油气的旺盛需求和担心正在恶化的空气质量，对于发展 DME 也很有兴趣，以满足他们不断增长的需求。特别是中国，由于其巨大的煤炭储量，对于将煤炭转化为 DME 的液化技术很感兴趣，最近还出现了一股以 DME 作为替代燃料的热潮。2002 年时，中国国内的 DME 产量仅为 5 万吨，而近年来出现了惊人的增长，从 2006 年的约 40 万吨跃升到 2007 年的 200 万吨，估计 2008 年的产量约为 400 万吨。按照各方面的预测，中国 DME 产量到 2010 年可能达到约 1400 万吨！由中煤集团、中石化和申能集团组建的一个合作项目目前正在内蒙古建设一座 300 万吨/年规模的 DME 装置。在同一个煤炭资源丰富的区域还有多个产能在 100 万～300 万吨/年的煤基 DME 生产装置也在建设中。生产出来的 DME 将通过新建的 DME 管线从内蒙古输送到中国沿海地区，然后再通过船运供应一些重要的消费市场。由国家发改委（NDRC）在 2006 年发布的中国国家法规已禁止任何规模在 100 万吨/年以下的 DME 装置上马。为促进 DME 作为替代燃料的应用，中国主管部门还在 2008 年 7 月将 DME 生产的增值税（VAT）从 17% 下调到 13%。当然，所有这些煤基项目将产生大量的二氧化碳排放，理想的做法是将其捕集下来进行封存，如能用于化学循环回收就更好了。

那些有大量廉价的天然气储量但消耗量不大的国家，例如中东、澳大利亚、特立尼达和多巴哥等国家，也有意于以 DME 作为方便的能源运输方法，将产品推往人口密集地区的市场。2007 年，一座年产量达 80 万吨的燃料型 DME 工厂在伊朗建成。在中东[276]，BP 公司也在寻找合作伙伴来建造一座年产 18 万吨 DME 的工厂[277]。

除了 DME，碳酸二甲酯（DMC）也具有很高的十六烷值，它可以和柴油混合，混合比例可达到 10%，从而可以降低燃料的黏度，改善尾气的排放。中国正在计划建造工业规模的 DMC（主要以煤炭或某些地方的天然气资源为原料）生产厂，以 DMC 作为柴油添加剂[277]。然而，由于 DMC 的冰点是 3℃，当发动机在低温环境下运行时容易凝固，所以纯的 DMC 不是一个理想的燃料，工业上 DMC 的生产是通过甲醇和光气反应得到的。但是，由于光气是剧毒品，埃尼化学和其他一些公司发展了一种甲醇氧化羰基化的工艺来代替光气路线[278]。

对柴油与二甲氧基甲烷（DMM）的调和燃料也进行了深入研究和试验[279,280]。含 30% 以下 DMM 的调和燃料具有令人满意的燃料效率和排放特性。DMM 是一种辛烷值为 30 的液体，可通过甲醇氧化或甲醇与甲醛的反应制得，也可以通过 DME 的催化氧化来生产 DMM[281]。

11.6 生物柴油

另一种将甲醇应用于柴油引擎和发动机上的方法是使用生物柴油燃料。生物柴油是用各种植物油和含脂肪酸酯类的动物脂肪做成的，将它们与甲醇反应，通过酯化反应得到叫做脂肪酸甲酯的物质就是生物柴油。生物柴油可以和各种规格的柴油以任何比例混合使用而不会有太大的问题。这是一种可再生的燃料，还可以减少未燃烧烃类、一氧化碳、颗粒物、硫化物及二氧化碳的排放。最近几年，主要在欧洲和美国，生物柴油的用量有明显增长，但是，就像第 6 章所指出的那样，生物柴油的原料还很有限，所以，生物柴油只能满足我们一小部分的燃料需求。从满足运输系统对燃料需求的数量上说，单靠生物柴油不能取代从化石燃料获得的柴油，甚至不能明显影响其市场。

11.7 先进的甲醇动力汽车

只需对原来的发动机和燃料系统做微小的改进，甲醇及其衍生物（DME、DMC、DMM、生物柴油）就可以作为汽油和柴油的替代品用在 ICE 动力汽车上。ICE 是一种久经验证的可靠技术，自其发明后的 100 多年来，一直处于不断改进和完善的过程之中。目前其与发动功率相比的燃料经济性以及尾气排放情况都比先前有很大改善。混合动力汽车，这种可以更大程度降低排放和油耗的汽车已经被丰田、福特、本田等越来越多的汽车公司商业化。在这种汽车上，汽油和柴油也可以很轻易地被甲醇及其衍生物代替。这种汽车的大规模使用在不久的将来就会成为现实。在可预见的未来，为了进一步提高效率、减低排放，在运输领域，燃料电池技术将成为 ICE 最好的替代品。目前，许多主要汽车制造商和政府都把财政资源和精力投放到制造燃料电池汽车方面。在可以预见的未来，这种汽车将成为消费者可行并可以负担的选择。FCV 运行起来比 ICE 更安静、更清洁，并且因为移动部件更少了，其维修费用也相应更少。由于相对较轻的质量、较低的运行温度和较高的动力输出，质子交换膜燃料电池成为目前比较受欢迎的驱动燃料电池。正像第 9 章所描述的那样，这些汽车依靠氢元素运行，而氢元素可以以气态、液态、固态、金属氢化物的形式储藏，甚至可以从不同的液态燃料，包括汽油和甲醇中提纯。

11.8 甲醇重整制氢用于燃料电池

在寻找解决氢气储存和分配这个难题的过程中，许多途径都已经启动了，例如使用汽油或甲醇等液体通过在车上的提炼器作为氢气来源。相对于纯氢气系统，这些液态燃料更致密（相同体积下比液态氢的储氢量更多）并且容易保存，更不需要加压处理。通过在车上提炼汽油以高于 80% 的效率产生氢的可能性已经被证明了。但是，这个程序是昂贵并具有挑战性的，因为它需要高温和相当长时间来达到一个稳定的操作状态。好在分配汽油的网络操作系统已经存在，但这并不能减少油资源的用量以及对产油国家的依赖。另一方面，甲醇和 DME 蒸汽重整装置可以在更低的温度（250~350℃）下运行[13]，虽然这种操作仍然很昂贵，但更适合于实际应用。甲醇和 DME 中存在的碳—碳键很难被破坏，这极大地方便了它以 80%~90%的效率转化为氢的反应[282]，而且甲醇和 DME 中都不含硫这种可使燃料电池致污的物质。由于重整装置在较低温度下运行，因此不会有氮氧化物生成。车载重整装置的使用可以快速并有效地把易于储存分配的液体燃料转化成氢气。直到今天，甲醇是唯一一种通过实际操作证明可以实际操作用量用在燃料电池上的液体燃料。然而这个系统也有缺点：整个系统的费用、复杂性、额外增加的重量，以及当燃烧甲醇为产生氢气提供必要的热量时，重整装置产生的痕量排放物[247]。

车载甲醇重整装置推动 FCV 的潜力已经被许多汽车公司所开发和测试的原型汽车所证实。1997 年，戴姆勒公司生产了第一台甲醇作为燃料的 FCV，Necar 3，这是一款改造过的 A 级梅塞德斯-奔驰紧凑型汽车，它装备有可以提供 50kW 的燃料电池并且可以连续行驶 400km。2000 年，改进版本带有 85kW 燃料电池的 Necar 5 问世（图 11.5）[283]。这辆汽车被厂家描述为已经适合实际使用的车型，整个燃料电池以及重整制氢系统都被安放在车身下面，使车身可以容纳 5 名乘客及他们的行李。这款车的最高速度可以达到 150km/h，并且连续行驶距离也提高到 500km。2002 年，这种燃料电池汽车以每 500km 加一次甲醇的方式第一次完成了从旧金山到华盛顿的横穿美国的行程，距离超过 5000km[284]。戴姆勒公司 2000 年也推出了以甲醇为动力的燃料电池/蓄电池混合动力吉普车 Commander SUV。在福特福克斯的基础上，福特公司设计制造了以甲醇为燃料的 FCV 车 TH!NK FC5[285]，将燃料电池和重整制氢系统安放在车身下面，其性能与 Necar 5 相仿。其他开发甲醇燃料电池车的公司还有通用汽车、本田、马自

图 11.5　戴姆勒公司出品的甲醇驱动的 Necar 5 型燃料电池汽车
（2000 年推出。戴姆勒公司惠予同意发表照片）

达、三菱、尼桑以及丰田等。不过大多数公司，包括戴姆勒在内，目前主要致力于车载纯氢储藏系统的车辆研究。

华盛顿的乔治敦大学站在燃料电池研发领域的前列已有约 20 年了。在美国联邦交通部的资助下，该大学已经研制了几款由甲醇提供动力的燃料电池大巴[286]。1994 年和 1995 年，乔治敦制造了 3 辆由液态甲醇燃料驱动的大巴，这在世界上尚属首次（图 11.6）。这些汽车由 50kW 磷酸燃料电池（PAFC）和甲醇蒸汽重整装置提供动力，至今仍在使用。1998 年经过改进的第二代大巴研制成功，使用功率更大的 100kW PAFC。紧接着在 2001 年，第一辆由液态燃料 100kW PEMFC 系统提供动力的城市公交车诞

图 11.6　乔治敦大学开发的甲醇燃料电池巴士停在美国国会山前
（资料来源：乔治敦大学）

生，该动力系统由主要的燃料电池开发商、加拿大温哥华的 Ballard 动力系统公司制造。蓄电池提供了强大的瞬间补充动力以及通过电力再生回收制动能量的手段。这 2 辆巴士每辆可以载客 40 人，能满足短途运输的所有要求，同时比相应的 ICE 动力车噪声更低，两次加油之间可以跑 560km 的路程。甲醇燃料的补加与柴油同样快捷和方便。同时颗粒物和 NO_x 的排放几乎为零，其他排放物也低于公路上行驶的最清洁的 CNG 大巴，符合最严格的空气排放标准[286]。

除车载甲醇重整技术之外，甲醇还被氢源 FCV 加气站视为一种产氢方便的途径。三菱瓦斯化学公司已经开发了一种生产高纯氢的工艺，在高效催化剂的作用下，低温（240～290℃）将甲醇转化，并且操作方便，易于开始或停止。这种甲醇-氢转化装置（MTH）产量在每小时 50～4000m^3，已经被广泛地应用于电子、玻璃、制陶及食品制造业[287,288]，优点是可靠性高，寿命长，需要较低的维护。基于三菱瓦斯化学的技术，作为日本氢气-燃料电池开发工程（JHFC）的一部分，第一座利用甲醇-氢转化装置的氢气站已经在日本川崎修建。JHFC 对大量产氢原料进行研究后得出结论，甲醇是最佳选择[289]。MTH 产氢需要的温度较低，而用天然气或其他碳氢化合物需要高于 600℃ 的高温。将甲醇加热到反应温度所需的能量也很少。在川崎站，甲醇和水蒸发后，在催化剂作用下反应。经纯化和分离后，所产生的氢气通过压缩和存储，为 FCV 提供高压氢气[289]。虽然甲烷产氢方便、引人注目，但是也存在造价高、难储存等缺点。

无论车载式还是固定应用，都对进一步改善甲烷-氢的转换投入了大量的资金。目前经过甲烷生产的氢气常常含有远远超过 100ppm 的 CO，而 CO 能使 PEM 燃料电池中的催化剂在 100℃ 下中毒。如果对转化气进行提纯以消除 CO 将

影响产率。布鲁克海文国家实验室研究出一种新的催化剂,氢气产量高而且 CO 含量极低。经过所谓的氧化重整过程,实即蒸汽重整与甲醇部分氧化的结合,并采用不同的新型催化剂系统,名古屋国家工业研究实验室也产出高纯氢气,并且只有痕迹 CO 或接近 0,同时甲烷转化率高,而反应温度只有 230℃。与传统工艺相比,氧化重整的优点是过程放热,可以减少能量损耗。不过同样也带来麻烦,放热使得反应器温度难以控制。理想的情况是反应放出的热量正好维持平衡,这就是所谓的自热重整规则。把转化和自身氧化速率控制到一定的比率,使甲烷能自热重整,这个概念在 20 世纪 80 年代由英国的庄信万丰公司首先提出。这样,一旦达到反应温度,既不放热也不吸热,将不需要额外的能量。正像庄信万丰的"热点(Hot-Spot)"式甲醇重整装置所显示的那样,甲醇和氧气可以以不同的比率进料。

DME 也可以采用类似的工艺技术进行蒸汽重整或自热式重整。DME 转化为氢气通常是一个两步反应:第一步 DME 先在一种中等酸性的催化剂上水解而生成甲醇;第二步中再采用上述的任何催化剂和工艺过程将生成的甲醇通过重整制得氢气。两个步骤通常在同一个反应器中利用混合的水解和重整催化剂完成[290]。在车载式燃料处理装置还是固定制氢装置中,大多采用自热式重整作为上述反应的第二步所采用的技术。

11.9　直接甲醇燃料电池(DMFC)

与氢燃料电池相比,直接甲醇燃料电池不依赖氢的产生,比如电解水、天然气或者碳氢化合物的重整过程。就像在前边提到的,氢燃料的储存和分布需要一整套新的设施,或者对现有体系进行彻底改造检修,这些对氢燃料进入市场是一个大的障碍。另一方面甲醇是一个清洁的液体燃料(沸点 64.7℃,密度 0.791g/mL),并且室温下也不需要特别的冷却,因此对现有条件稍稍改造便可以储藏和分配。

与普通的电池和 H_2-PEM 燃料电池相比,甲醇理论上有相对较高的体积能量密度(图 11.7)。这对于小的便携式的仪器是至关重要的,因为电池工艺可能无法跟上笔记本电脑和移动电话的需求:它们重量轻并且需要持续的工作时间[291,292]。

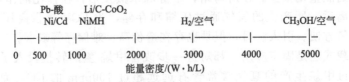

图 11.7　普通蓄电池、H_2-PEM 和 DMFC 燃料电池的理论能量密度

1L 的液态甲醇比 1L 的液态氢含有更多的氢（室温下 1L 甲醇 98.8g 氢与 −253℃下 1L 液态氢气 70.8g 氢相比）。因此，甲醇是一个安全的氢燃料的载体。

过去依赖甲醇的 PEM 电池使用一个分离器从液态甲醇中释放出氢，之后纯态的氢被使用到电池堆中。然而，自从 1990 年以来，喷气推进实验室和本书作者的小组（南加州大学）研究者们发明了一种简单的 DMFC[293,294]。这种电池由两个被质子交换膜（PEM）隔离的电极组成，电极通过一个外部的电路连接，使得甲醇与空气的化学反应产生的自由能直接转化为电能（图 11.8）。

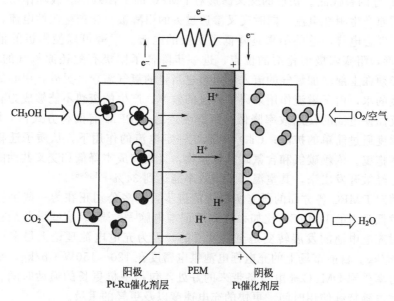

图 11.8　直接甲醇燃料电池（DMFC）

电池的阳极放在甲醇和水的混合体系中（通过外部的一个容器流入得到供应）。阳极被氧化产生质子，质子由于离子传导作用通过 PEM，而电子由于电子传导作用通过外部的电路。在常压或者加压的状态下，含有铂作为催化剂的阴极暴露在氧气或者空气中。质子交换膜（PEM）的两面都涂有催化剂（阳极以 1∶1 Pt-Ru 为催化剂，阴极以 Pt 为催化剂），通常阴极和阳极分别被一个气体扩散的导电的炭电极和一个液态的炭电极结构固定，这样分别有利于氧气的还原和甲醇的氧化反应［式(11.1) 和式(11.2)］。

阴极反应：

$$1.5O_2 + 6H^+ + 6e^- \longrightarrow 3H_2O \tag{11.1}$$

阳极反应：

$$CH_3OH + H_2O \longrightarrow CO_2 + 6H^+ + 6e^- \tag{11.2}$$

总反应：
$$CH_3OH + 1.5O_2 \longrightarrow CO_2 + 2H_2O \quad (11.3)$$

室温下，从总的反应[式(11.3)]得出理论开路电压为1.21V，理论效率将近97%。虽然概念上简单，然而由于动力学上氧化还原的缓慢以及电池的交叉，即使在开路条件下，DMFC（直接甲醇燃料电池）在低于其理论能斯特电势时仍能运行良好。在催化剂和膜的研究方面都已经取得了不少进展，工作仍在继续进行，终将有望解决这些问题，提高燃料电池的性能并降低其成本。

由于甲醇从阳极到阴极的交叉渗透，故为H_2-PEM燃料电池设计的PEM不是DMFC好的替代品。快速的交叉渗透对DMFC的工作效率有破坏作用。由于氧气被还原产生阴性电流，同时交叉渗透过去的甲醇被氧化产生阳性电流，这样就产生了混合电势，总的结果是降低了阴极的电势。甲醇可以使阳极的催化剂（Pt）中毒，阻塞阳极催化剂的位点，进一步降低了阳极有效还原氧气的能力，这样就必须在上部增加氧气的流入量而超过当量的氧气需求。另外，甲醇的氧化产生大量的水，由于溢流作用妨碍了阴极的效率。产生的废热不能够成为有效的电能，反而使电池的使用效率降低。甲醇渗透通过PEM有两种方式：（ⅰ）由于浓度梯度通过简单的扩散；（ⅱ）电池在一定电流的作用下，从质子迁移中通过电渗透拖曳。依赖碳氢和含氟碳氢化合物，且具有成本降低和交叉共性的一类新膜，已经被开发出来，其室温下工作效率能达到34%[295,296]。

随着对DMFC各方面的研究所取得的进步，许多公司正在为一些手提设备积极开发低动力的DMFC，比如手机和笔记本电脑[297~299]。这些设备最初取得的成功对充电电池的发展转变是至关重要的，因为充电电池理论上最多可供电600W·h/kg。目前市场上的充电锂电池供电密度在120~150W·h/kg。消费者不久就可享受到DMFC充电设备带来的好处，包括手机更长的通话时间、更长的笔记本电脑持续使用时间、更快的充电速度以及更轻的重量。

当单一的电池片被组装成电堆设备的时候，许多问题就产生了，比如温度、压力控制、耐受性以及水的控制。许多材料和设计已经被使用以解决这些问题。喷气推进实验室[300]已经研发了一种小型的六个电池片的DMFC电堆，其总共活性表面达到约$48cm^2$（阳极和阴极上催化剂的用量为$4~6mg/cm^2$）。常温下使用常态的空气及1mol的甲醇，产生的电流密度为$6~10mW/cm^2$。电池片是平放的，在外部依次连接，共用一个交换膜。阴极的催化剂当被使用到聚四氟乙烯的炭载体上，表现出极好的除水性质，虽然这种设计同样增加了欧姆阻力。这种三对两个一层的排列对手机的启动供电是必须的，在甲醇重新补充前估计能提供10h的工作时间。

洛斯阿拉莫斯国家实验室与摩托罗拉公司合作[302]，使用带有微液体通道的陶瓷燃料板研发出适合移动电话的电堆。这样设计有利于甲醇、水的供应以及二氧化碳的移除。这种四个电池片的电堆，其活性总面积约$60cm^2$，能够供应的电流密度在 12～27mW/cm² 之间，室温下催化剂用量为 6～10mg/cm²。

朝鲜能源研究所（KIER）研发了一种 10W DMFC 电堆[301]。其电池片有一个双极的板，总共 6 个电池片，每一个有 52cm² 活性面积。最显著的是，这个电堆使用 2.5mol/L 的甲醇，室温下使用常温的氧气，功率可达到 6.3W。另外，朝鲜科技研究所（KIST）研发和组装了有六个电池片组成的单极电堆[303]，其总的活性面积达到 27cm²。使用 4mol 甲醇和常温空气能产生 37mW/cm² 的电流密度。

东芝公司开发了一个有望为笔记本使用的 DMFC 电堆。这个电堆平均输出功率为 12W，使用一个 50mL 的甲醇储藏罐能持续使用 5h。为了减少储藏罐的体积，电池收集产生的水已与甲醇混合。传感器与 PC 直接相连，以告诉使用者什么时候需要更换储藏罐。NEC 也开发了相似的电池堆，期待在未来的几年里，这个电堆能够达到 40h 的工作时间。

静态和便携式的 DMFC 电堆现在消费者都可以买到。比如，燃料电池商店（这是一个公司的名称。——译者注）推出了一款"SFC A25 时髦燃料电池"，能够持续提供 25W 的电量，并且仅仅使用 2kg 的燃料就能够满足 4 天需要的电量。大的 50W 的电池堆也可获得。

在运输领域，戴姆勒汽车公司致力于开发用于汽车的 DMFC 研究，制造了一种使用 3kW DMFC 为动力的单座卡丁车原型（图 11.9）[304]。最近，一种名为"JuMOVe"、装备一个 1.3kW DMFC 的相似车型，由德国尤利希研究中心开发出来[305]。该中心还在 2008 年推出了一款 DMFC 驱动的铲车（图 11.10）。美国的 Oorja 公司也开发了类似的 DMFC 铲车。2003 年日本雅马哈公司在车展上展示了其 FC06 原型车，这是第一辆用 DMFC 驱动的两轮摩托车，电池输出功率为 500W。安装一个 300W 的外接交流电出口，这个车还能作为户外活动或者

图 11.9　戴姆勒公司出品的 DMFC 卡丁车（戴姆勒惠予同意转载照片）

紧急事件的电源[306]。这辆摩托车的更新型号 FC-me 已经以租借的方式在日本投入实际使用［图 11.11(a)］。2007 年推出的又一个更新型号 FC-Dii［图 11.11(b)］采用的 DMFC 输出功率达到 1kW。雅马哈公司开发的高性能电池组具有轻量、紧凑的结构，是一种最高能量密度可达 1kW 级别的 DMFC 系统。它所达到的 30% 的效率也是现有的 DMFC 系统中最高之一[307]。美国 Vetrix 公司也开发了一款燃料电池混合动力轻型摩托车，采用 800W DMFC 与可充电蓄电池共同作为动力[308]。燃料电池持续地为电池充电，使电动车发动。再生制动科技捕获通常在刹车过程中释放的能量以提供额外的充电电能。最大时速超过 100km/h，以巡行速度驾驶时最大距离可达约 250km，其性能与常规的轻型摩托大致相当。

图 11.10　DMFC 动力铲车（资料来源：德国尤利希研究中心）

图 11.11　雅马哈公司出品的 FC-me(a) 和 FC-Dii(b)DMFC 驱动二轮摩托车（雅马哈公司惠予同意转载照片）

仍然需要大量的努力以制备更大的 DMFC，比如能够为汽车提供动力，但是正在取得的进步同样让人印象深刻。在运输部门，DMFC 比其他科技有着更多的好处。通过消除甲醇蒸汽重整器的需要，汽车的重量、耗费和系统的复杂性都能被大幅度地减少，从而提高了燃料的经济性。DMFC 系统的简洁性接近直接氢燃料电池，而无需烦琐的陆上氢储藏或者产生氢的重整器。由于仅仅排放水和二氧化碳，其他的污染物（NO_x、PM、SO_2 等）都可以消除。当甲醇最终通过可循环的大气中的二氧化碳来制备，二氧化碳的排放就不存在什么问题，因而不需要再依赖化石燃料了。

也有人提出了与 DMFC 十分相似的直接 DME 燃料电池（DDMEFC），目前正在进行相关的研究以确定这项技术的应用潜力。使用 DME 可能会有一些优点：估计在 DDMEFC 中由于燃料交叉而造成的能量损失将小于 DMFC 中。DME 具有的理论能量密度（$8.2kW·h/kg$）也高于甲醇（$6.1kW·h/kg$），而与乙醇（$8kW·h/kg$）相近[309]。由于其沸点较低，DME 可以在气相状态下使用；由于其在水中较好的溶解度（76g/L 即 1.65mol/L），它也可以在液相中使用。这样的溶解度相当于直接甲醇燃料电池和直接乙醇燃料电池（DEFC）中一般所用的浓度范围[310]。与乙醇的电化学氧化一样，DME 也会产生 12 个电子。

阳极反应：
$$CH_3OCH_3 + 3H_2O \longrightarrow 2CO_2 + 12H^+ + 12e^-$$

阴极反应：
$$3O_2 + 12H^+ + 12e^- \longrightarrow 6H_2O$$

总反应：
$$CH_3OCH_3 + 3O_2 \longrightarrow 2CO_2 + 3H_2O$$

关于 DDMEFC 的相关资料目前还十分有限，还必需进行更多的研究来确定这项新技术的未来潜能。

甲醇作为运输的燃料有许多重要的好处。与氢相比，甲醇不需要任何耗能的加压或者液化程序。因为它是一个液体，它容易被处理、储藏、分配和装载在陆地上的汽车上。甲醇已经被应用在 ICE 汽车上。通过甲醇重整器它能作为 FCV 理想的氢载体，而且将来直接应用在 DMFC 汽车上。从目前的 ICE 到高级的装备有 DMFC 的汽车，由于使用一样的燃料，这将在现行和新科技之间允许一个平稳的转变。随着 MTBE 作为汽油添加剂的逐步淡出，将需要大量的甲醇作为运输燃料。

接下的 10 年里，新的技术革新比如新型的质子传导材料，需要较少膜的燃料电池，便宜而有效的催化剂将引导 DMFC 科技远离传统的电池结构和设计思路。在总体的甲醇经济结构中 DMFC 将在甲醇发电中扮演至关重要的角色。

11.10 依赖其他燃料的燃料电池和生物燃料电池

依赖其他燃料的直接氧化燃料电池,比如乙醇、甲醛、甲酸、二甲氧基甲烷和三甲氧基甲烷,全球范围的实验室已经对此进行了研究。然而,迄今为止,都没有 H_2-PEM 燃料电池或者 DMFC 那么有希望,虽然混合燃料电池的应用是可行的。

生物燃料电池使用生物催化剂把化学能转化为电能。就像燃烧有机材料释放出能量、氧气或者其他的氧化剂在两个电极的表面生物催化氧化有机物质也提供了一种化学能转化为电能的方法。大量的有机初级材料比如乙醇、硫化氢、有机酸或者葡萄糖都能作为这些氧化过程的底物,同时分子氧或者过氧化氢被还原。随即产生的氢气作为一种潜在的燃料也是可能的。生物燃料电池可以使用生物催化剂、酶,甚至单细胞的有机体,包括某些种类的细菌。在这些装置中产生的能量的量级是很小的(微瓦到毫微瓦),虽然这些装置也有作为化学和生物传感器的潜在用途。生物燃料电池也可以用于废水净化[311]。

11.11 可再生燃料电池

可再生燃料电池的概念是依据甲醇/甲酸燃料电池提出的(图 11.12)[312]。这种方法成功的关键是有效地捕获 CO_2,并且电化学把它还原到 HCOOH 或者 CH_3OH。许多实验室正在集中研究以期取得 CO_2 的高效电化学还原。

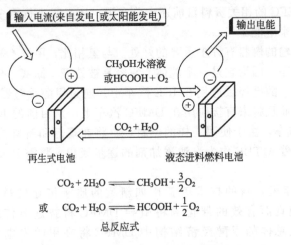

图 11.12 基于 CO_2 的可再生燃料电池

11.12 甲醇和二甲醚作为船用燃料

世界贸易量（以吨位计）的90%左右是通过船运的。船运是按单位重量与里程计CO_2排放最少的货运方式，每吨公里仅排放10~15g CO_2，而铁路运输则为19~41g/(t·km)，公路车运达到51~91g/(t·km)，空运则高达673~867g/(t·km)[313]。尽管如此，2007年全世界船队的排放量仍占到全球二氧化碳排放总量的3%[314]，而且有继续增长的趋势。在1985~2007年间，全球的船运贸易量翻了一番[313]。船用燃料一般都具有相对较高的硫含量，而且由于缺乏严格的排放管制（尤其是在国际水域中），用大型柴油机驱动的船只排放的NO_x总量相当于全球总量的10%~15%，SO_x排放量则相当于全球总量的4%~6%[315]。为了减少这些排放，有人建议采用甲醇这种清洁而易使用的燃料来替代。冰岛的捕鱼船队是该国国民经济中最重要的组成部分，目前主要依靠进口柴油作为燃料。为了减少对进口柴油的依赖性，已经提出了改用甲醇燃料来驱动捕鱼船的建议。所需的甲醇可以从来自当地的铝厂和铁硅厂排出的二氧化碳和利用地热和水电站的电力通过电解水而获得的氢气来生产（第12章）[316]。另外，由于DME是一种优良的柴油替代品，也可以用来作为现在船只大多采用的柴油机的燃料。

METHAPU项目由欧盟的第六届科研框架计划提供资金，其目的是开发一种以甲醇为动力的SOFC（固体氧化物燃料电池）作为商业船只的船载辅助电源使用[317]。瑞典瓦锡兰公司制造的一种20kW甲醇SOFC现已安装到商用船只上，以评估这项技术是否适用于船运领域（图11.13和图11.14）。目前正在筹划开发更大的250kW模块，并设想将这样的模块4个一组并联起来形成1MW

图11.13 瓦锡兰公司开发的20kW SOFC

图 11.14　正在测试中的用 SOFC 发生辅助电力的新型货船

的辅助电源。尽管 SOFC 目前的研究方向只是将其作为船用辅助供电系统，但未来也可能用来作为船舶的主推动力。

11.13　甲醇用于固定发电和供热装置

甲醇作为燃料不仅能用在运输和其他移动设备上，的确，它对静态的设备也很有吸引力。它作为燃料能够直接用在气涡轮上发电。气涡轮通常使用天然气，或者轻的石油馏分作为燃料。与其他燃料相比，许多研究所从 20 世纪 70 年代起的试验表明，甲醇由于相对低的火焰温度，从而能够释放更多的能量和相对低的 NO_x 排放量。由于甲醇不含硫，因此 SO_2 的排放也可避免[318,319]。对甲醇的操作，同天然气和石油馏分燃料一样灵活，包括快速启动、停止、加速和减速的能力，这视需要的电力而定。现行的最初为天然气和矿石燃料设计的气涡轮机，经过相对容易和便宜的改装便可使用甲醇。为了这个用途，廉价的燃料级甲醇就可以使用，而不需要高纯度的化学级甲醇。在远东或者其他地区的天然气源地，生产甲醇的耗费相对较低，并且运输也十分方便，价格也比液态天然气便宜。考虑到天然气攀升的价格，它对大的电能消费国提供了另外一种选择，比如北美、欧洲和日本。在通用电气的发电系统分部进行的测试中发现，与甲醇相似，DME 也是一种优良的燃气轮机燃料，其排放性质与天然气相当[274]。印度正在考虑用燃烧 DME 的燃气轮机为其南部地区供电[320]。

对于静态的用途，与移动设备相比，燃料电池的体积和重量就不那么重要了。包括 PEM 燃料电池和 DMFC、磷酸、熔融的碳酸盐和固态的氧化物燃料电池（PAFC、MCFC 和 SOFC），虽然都不适合于汽车，但是可以用来作为静态的电能和热能。在第 9 章我们描述过，这些燃料电池已经被用在一些对电损耗敏感的地方用以发电，比如机场、医院、军事设施和银行。虽然目前这些设备的花费仍然很高，由于进一步的开发，它们的价格预期会下降。目前正在开发的还有针对民用市场的发电用燃料电池单元[312]。对于这类固定装置的使用，便于操作、供应和储存的甲醇及 DME 都是比较理想的燃料[322,323]。

甲醇和 DME 作为烹饪和家居燃料也发挥了重要的作用。在发展中国家，倡议用甲醇替代木材和价格贵且使用不方便的煤油作为烹饪的燃料。在正在发展的一些地区，有超过 25 亿的人消耗大量的木材用来烹饪。事实上，这是导致森林缺少和所有生态问题（沙漠化、过度侵蚀、泥石流等）和社会生态问题的主要原因之一。这些国家使用燃烧木材的炉子效率通常很低，燃烧时产生大量的烟雾和烟灰，所有这些都有害健康。为消除这些不足，专门为甲醇燃烧而设计的炉子已经被开发出来[324,325]。很多人正在讨论用 DME 作为民用燃气（LPG 及天然气）的调和组分或完全替代它们的可行性，这一课题的意义也正在与日俱增。

11.14 甲醇的储存和分配

与甲醇为燃料的汽车开发相同步，甲醇广泛的分布网必须建立起来，使得消费者容易得到甲醇，就像当今石油燃料一样。虽然从 ICE 到甲醇燃料汽车的转变代表了技术上的革新，可发展相关的加油设施，包括混合燃料和民用燃气的补加设施在内，却不一样。补给甲醇燃料的站点几乎同今天的加油站一样，对消费者的习惯几乎没什么影响。他们在一个地方的服务站给油箱补给的不是汽油或者柴油机燃料，而仅仅是一种不同的液体而已。原有的民用燃气销售网络也可以很容易地改装为供应 DME 的设施。

运输领域中，在现有的设施或者专门设计的站点安装甲醇储藏罐和加油泵是非常直接的事情，决不会比安装相对应的汽油站复杂。从 20 世纪 80 年代末，在加利福尼亚建造了将近 100 个甲醇加油站，以为私人和政府部门拥有的大约 15000 辆车补给燃料。大部分这些车辆是"灵活车辆"（FFV），能够以甲醇和汽油的任何比例的混合物运行。通常补给的燃料是 M85（85%的甲醇和 15%的汽油），虽然有些车辆是专门设计的以纯甲醇（M100）为燃料。其他的甲醇泵同样在全美和加拿大都有安装[326]。

对于零售的站点，改装的费用是很少的。改装现行的地下双层壁的汽油或者柴油机燃料储藏罐，安装适合甲醇的新的管道和运输泵是微不足道的事情。大约花 2 万美元，就可以把现用的 40000L 容量的储罐清理干净，并且在系统的其余部分装备与甲醇相容的元件[326]。整个过程仅仅需要一周的时间。在现有的服务站增加一个新的 40000L 的双层壁地下甲醇储藏罐,并且配备好与甲醇相容的管道、分配机、阀门等,费用大约在 6000~65000 美元之间。在乡下,或者其他有足够空间且地方法规允许的场合,可以安装地上储罐,费用可降至 55000 美元[326]。这意味着投资 1 亿美元就能使全美 18000 个加油站中的 10% 能供应甲醇。用不到 3 亿美元,这种加油站的总量可增至 1/4[247,304]。这笔费用仅仅是石油公司为引进新配方汽油而对全美的汽油服务站进行改装所花费的 12 亿美元中的一小部分而已[304]。

甲醇燃料站远不如氢燃料站需要大量的资本,因为氢燃料站需要特别的装备和材料以应对高压和低温。通用汽车公司估算,为了建造 117000 个新的氢燃料补给站,需要投资 10~15 亿美元[327],这表明每一个补给站需要 100 万美元。除了昂贵的费用,分发氢的技术现阶段还不成熟,没有达到消费者期待的像普通液态燃料那样方便安全的程度。许多法规同样对氢燃料有阻碍。在美国,国家防火协会(NFPA)目前禁止在汽油加油机 25m 的范围内安装氢燃料装置[304]。这就使得氢燃料泵很难——甚至不可能——安装在现有的加油站中,特别是在城市。如果氢燃料不得不在仅有氢燃料的服务站中补给,费用将会更高。甲醇可方便地从生产地运输至地方服务站就避免了所有的氢(不论是高压还是在低温的状态)运输所碰到的困难。

今天,甲醇已经是一个广泛分布和储藏且容易获得的商品。在全美每个月超过 500000t 的甲醇通过铁路、轮船、卡车运送到全国零散的使用者那里[282]。陆地上,铁路是比较好的适于长距离大宗商品的运输,每单节机动有轨车大约能装 100t。美国、欧洲、日本还有其他大的消费国的铁路系统是很发达的,能够把甲醇运输至所有大的市场。相对少的甲醇运输到地区市场,通常用 30t 容量的油罐卡车来运输。若内陆水上运输可能的话,可用驳船来运输甲醇,常常装载 1250t(1000 桶)的甲醇。这是最大的内陆运输方法,特别适用为大的甲醇消费者和内陆地区甲醇分配中心运输甲醇[328]。另外一种大量运输液体的方法,就是管道运输。这也通常被广泛用来运输石油、天然气和其附加产品。目前,甲醇管道只在一些生产商和使用者毗邻的地区使用,比如在休斯顿和博蒙特之间的得克萨斯海湾的海岸上。对于长距离的运输,甲醇的运输量与投资建设管道的高昂费用相比是不划算的。然而在未来,如果甲醇作为燃料的使用量大大增加,非常大量的甲醇需要被运输到陆地上,这将提高运输的经济性,通过管道运输不仅变得可行而且将必不可少。技术上通过管道运输甲醇不存在任何问题,加拿大在两个线路的成功试验已证明。一个是"穿山"原油管道,始于埃德蒙顿,到达巴纳比,全长 1146km。另外一条涉及科钦管道,主要用来运输 LPG,全长近 3000km[329]。两个管道甲醇的运输量都是 4000t,并且运输的产品其质量适用于作为燃料。当甲醇在偏远且天然气便宜的地方产出,可以通过甲醇远洋邮轮运输到世界各地。全球最大的甲醇生产商之一 Methanex 公司用最先进的超级油轮,可以每次运输 15000t 至最多 100000t 不等的甲醇(图 11.15)[282,330]。运输这么大量的甲醇,运输的费用就相对变小,直至最后等同于原油。一旦运输完毕,就像汽油及其产品一样,甲醇可以容易地用超过 12000t 的罐大量地储存起来。这些罐子可以由很多材料来制备,比如碳钢和不锈钢,这些材料都是适用于甲醇的。

图 11.15 装载甲醇的"世纪探险者"号轮船(三井 OSK 船运公司惠予同意转载照片)

二甲醚的物理性质与 LPG 燃料相似,因此可以利用原有的陆上和海上 LPG 基础设施。二甲醚的海运也可以使用常规的 LPG 油船。在接卸站,DME 可以用与 LPG 相同的方法和设备进行卸载和储存,只需对泵、密封和垫片稍作修改即可。在陆上通过铁路、公路或管线运输、储存并配送 DME 也需要进行类似的改装。因为现有的 LPG 灌装站数量巨大,采用同样技术来过渡到使用 DME 所花费用比新建整套设施的费用将会小得多。随着对 DME 需求的增加,可以再新建更多的加油站。

11.15 甲醇的价格

自 1975 年以来,甲醇的平均批发价格大约在 175～200 美元/t 之间,但波动范围在 100～400 美元/t 之间(图 11.16)。与其他商品一样,甲醇的价格也是受供需影响的。甲醇的高价位出现在 1994～1995 年,达到了 350 美元/t,这是由于对甲醇主要衍生品需求的增加,比如 MTBE、甲醛、甲酸、同时加上公司生产中的问题。然而,由于生产能力和竞争的增加,同时考虑到使用 MTBE 作为汽油替代品,甲醇的价格下降得很快。近些年,高的天然气价格,特别是在北美,又把甲醇的价格推到一个较高的水平(甲醇主要从天然气制备)。北美的甲醇生产基地逐渐被淘汰，新的甲醇生产设备在天然气丰富却远离消费中心的地方建成，比如在中东地区。最近，在从 2007 年底～2008 年底的一段较短的时间范围内，甲醇价格几度被推到 500 美元/t 以上的高位，然后又回落到与历史水平相符的合理价格（150 美元/t）附近。出现价格高峰的原因是许多装置停车进行计划内的大修，当然亚洲新兴经济体不断增长的需求也是因素之一，而随后的经济滞缓则造成了甲醇价格的回归。在中东这样富产天然气的地区建设非常高效且生产成本低的巨型甲醇生产厂能够使甲醇的价格继续维持在一个比较低的水平。这些大的甲醇生产工厂生产甲醇的成本价格估计远小于 100 美元/t（相当于每升不到 8.5 美分，或每加仑不到 30 美分）[286]。甚至考虑到甲醇其相对低的热容（汽油的一半），甲醇同汽油和机油仍然有很强的竞争力。如果石油价格像最近一段时间那样处在 30～150 美元/桶之间，每升原油的价格已经在 20～95 美分之间（0.8～3.6 美元/gal），这还不包括对粗产品进一步纯化处理使符合燃料要求所增加的费用。从天然气以外的原料（特别是煤炭）生产甲醇的成本通常要更高一些，因为这增加了甲醇生产所必需的生产和净化"合成气"所需的费用。在煤炭丰富的地区，比如美国和中国，从煤炭大量生产甲醇使得成本降低，这就提供了一种可供选择的国内生产甲醇的方法。

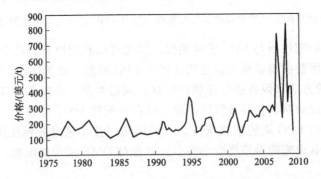

图 11.16　甲醇价格的变迁（资料来源：甲醇学会、Methanex、《化学周刊》）

目前 DME 都直接来自于甲醇，因此其生产成本略高于甲醇。NKK 公司估计，当天然气价格处于 4 美元/百万大卡（1 美元/百万英热单位）的水平时，日产 1 万吨能力的 DME 装置的生产成本约为 100 美元/t（14.7 美元/百万大卡）[331]。2008 年，包括税金、炼油和销售成本在内，美国的柴油销售价格达到 4 美元/gal。在这样的零售价格水平上，生产每加仑柴油的成本中，原油成本占了约 60%，即 2.4 美元（相当于每桶原油价格为 100 美元）[332]。换算成能量值，这一价格相当于 73 美元/百万大卡，还没有包括炼油加工成本。按这样的基准，柴油的生产成本比汽油更高。但正如上述，DME 的生产成本仅为 14.7 美元/百万大卡，而且不再需要进行炼制，因此与柴油相比已经具有相当强的竞争力。即使将美国本土这样高的天然气价格因素考虑在内（近4年来平均达到8～9美元/百万英热单位），如果原油价格在每桶100美元以上，DME与柴油相比仍然具有一定的竞争力。

除了用化石燃料生产甲醇以外，应用CO_2和氢气反应来生产甲醇的费用，目前仍然很难精确估算。但氢气生产中的能源成本将是决定性的因素。即使如此，可以肯定的是，即使从大气中的CO_2出发生产甲醇或DME，与同样作为交通燃料的液态氢相比，不仅从WTW（从井口到车轮）能源效率，而且从成本上考虑都是更为有利的[333,334]。甲醇与氢气相比，较低的输配、运送和储存费用足以抵消为分离CO_2而需的能源费用。然而就像其他合成材料或者燃料，从其他方法生产甲醇和DME的价格要比现行的通过化石燃料生产甲醇的方法昂贵。如果不直接从天然资源出发，生产任何常规燃料都会涉及更多困难步骤，耗费更多的能量。而且，化学回收CO_2制甲醇的巨大环境效益也应考虑在内。在许多方面，化石燃料可被认为是大自然的礼物，它使人类达到了前所未有的发展水平。它为我们服务，可是由于其有限的本质，必须被更加可持续的能源所替代。

11.16 甲醇和二甲醚的安全性

前面我们提到，甲醇是无色有轻微醇气味的液体。它作为化学中间体和溶剂在工厂中被广泛使用，同时它也存在于大量的消费产品中。比如许多汽车拥有者熟悉的蓝色挡风玻璃洗液，实际上其是由大部分甲醇组成的。甲醇还可以作为除冰剂、防冻液，甚至野营烹饪的燃料。这意味着几乎每个家庭都在使用甲醇。即使需要警觉，普通大众使用甲醇通常不存在多么大的问题。由于其作为汽车燃料的广泛普及应用，人们暴露于甲醇的时间将可能增加。可许多研究表明，消费者遭遇的危害仍然很小，在任何情况下，不会比使用汽油或柴油所遇到的危害大。

像其他所有发动机燃料一样，甲醇对人体是有害的。考虑到对人体健康的不利影响，对待甲醇应该像对汽油和柴油一样小心。甲醇容易通过摄取、呼吸和皮肤接触缓慢吸收。摄取25～90mL的甲醇如不及时处理会造成致命的后果（相比汽油的致死量为120～300mL）[335]。有记录的一次悲剧性的甲醇中毒致死事故是2000年南极科考站的一名科学家误饮了超过100mL的甲醇，科考站的医生没有诊断出中毒，因而未给予及时的对症治疗。同样的事例也曾发生在第二次世界大战期间，曾有士兵将甲醇误作酒精来饮用。暴露于甲醇气氛中不久，甲醇会对大脑产生暂时性的影响，其影响本质上与乙醇相似，可力度要小得多。甲醇从人体中排除是通过新陈代谢作用（比如酶转化），在肝脏中转化为甲醛，然后转化为甲酸，甲酸以尿液的形式排除，或者进一步代谢为CO_2（图11.17）。甲醇代谢过程中，最严重的影响是如果代谢延迟，将会达到30h以上，这主要是由于甲酸

图 11.17 甲醇在人体内的代谢过程

的产生使得人体代谢非常缓慢。高浓度的甲酸，离解为甲酸根和氢离子，导致血液的酸性增强，症状包括疲乏、头昏眼花、头疼、恶心和呕吐，接着腹部的疼痛和呼吸困难，严重的情况下甲醇中毒可导致昏迷和死亡。另外一个甲醇中毒的症状是视力的损伤，程度从视觉模糊到完全失明，这是由于甲酸对视觉神经的影响造成的。

有几种治疗方法可应对甲醇中毒，如果应对及时，通常可以完全康复。早期用碳酸钠处理应对血液高的酸性以阻止或修复对视力的损伤。从血液中移除甲醇和甲酸盐，透析是有效的手段。另外，美国食品和药物管理局（FDA）批准的解毒剂 4-甲基吡唑（Antizol®, fomepizol）[335,336]，可以通过静脉注射或者口服来治疗甲醇中毒。其作用机理同治疗由于乙醇的摄取相似，虽然乙醇没有明显的副作用（其对乙二醇的中毒同样有效）。

虽然过度暴露在甲醇中会对人体产生危害，可意识到甲醇和甲酸盐也自然存在于人体内（从饮食中），并且它同样也是新陈代谢的结果亦是重要的。当吃新鲜的水果、蔬菜、发酵食物和饮料时，甲醇被摄入体内。在低热食物和软饮料中广泛使用的人造甜味剂天（门）冬氨酰苯丙氨酸甲酯，在消化过程中也被部分转化为甲醇。依据 FDA，成人每天饮食中摄入 500mg 的甲醇是安全的[337]。甲醇和甲酸盐在血液中的自然浓度分别为 1~3mg/L 和 10mg/L；另外，甲酸根是许多生物分子的基本构筑单元，包括 DNA[335]。甲醇不被认为是致癌物或者诱导机体突变的物质；这与汽油相对比，其包含许多被认为是有害的化学物质，包括苯、甲苯、二甲苯、乙基苯和正己烷，其中一些是致癌物和致畸变物。

在补给燃料的服务站给汽车补给甲醇燃料时，公众只是暴露在低剂量的甲醇中（在补给过程中 23~38ppm 的剂量）[335]。在通常的补给过程中，通过呼吸，只有 2~3mg 的甲醇通过口进入体内，而饮用 0.35L 包含 200mg 天（门）冬氨酰苯丙氨酸甲酯的节食苏打，通过消化系统就能产生 20mg 的甲醇，与之相比这是很少的。使用气体回收系统，补给燃料而暴露的甲醇含量能进一步降低到 3~4mg 的水平，这对人体内甲醇的平衡影响很小。即使考虑到最坏的场景，密闭的汽车间里一台有故障的汽车，甲醇的浓度估计达到 150ppm，暴露 15min 只对人体增加 40mg 的甲醇，等同于饮入 0.7L 的节食苏打水。通过合理的设计补给系统和补给罐可以很容易地减少暴露于甲醇。

为了避免油料跑溢，防跑溢的加油枪被开发出来，这使得消费者在补给甲醇时几乎不可能接触到甲醇。然而，一旦接触了皮肤，被接触的皮肤应该彻底用水和肥皂洗净。为了避免甲醇摄入事故的发生，应该考虑到往甲醇中加入一些明显的颜色和气味。染料的加入使甲醇具备明显的颜色。然而单就美国每年35000例汽油摄入事故（主要是当汽油从一个油箱转移至另一个时，通过嘴虹吸入）表明，刺激性的气温不能够阻止事故的发生。因此，补给系统应合理设计使得虹吸不可能发生，并且只单单允许车辆本身被补给甲醇。不是专门用来储藏甲醇的容器，由于标签不明可能导致误操作或误用，应该被禁止使用。为了避免酗酒者和不知情的公众摄入甲醇事故的发生，甲醇的用名"甲基醇"应该被避免使用，以免与乙基醇发生混淆。首要的是，使用甲醇时常识性的防范是最有效的。说到底，汽油和柴油也不是用来让人们饮用的，人们也不曾听说有这种误用的情况发生。

起火和爆炸是运输燃料时主要的危害，这也是甲醇安全要考虑的。与汽油相比，甲醇的物理和化学性质大大降低了起火的可能性。加上其低的挥发性，甲醇蒸气在空气中的浓度必须4倍于汽油才能引燃。即使燃烧起来，甲醇燃烧的速度只是汽油的1/4，并且释放热量的速度也只有汽油的1/8。由于其低辐射的热量，甲醇火焰扩散而引燃周围的可燃烧材料的可能性不高。在EPA和西南研究所进行的试验[232]中，两辆车中的一辆是甲醇燃料车，另一辆是汽油燃料车，在靠近火焰的地面上任其漏油。汽油迅速被引燃，产生的火在几分钟内吞噬了整个车，而甲醇耗费了3倍的时间才被引燃，产生的火只是导致了车后部的损坏。EPA预测把汽油车转换成甲醇车能够减少90%由于汽油导致的火灾，挽救全美每年700人的生命，阻止4000例重伤，减少几百万的财产损失[338]。甲醇已经成为始于20世纪60年代"印第安纳波利斯类型"赛车比赛所用燃料的一种选择，因为不仅能够取得优异的成绩，它也是可得到的最安全的燃料之一。不像汽油火灾，甲醇的火焰单单用水就能快速简单地得到扑灭。甲醇燃烧时产烟很少甚至不产生烟，这就减少了烟雾吸入造成的危害，同时火周围的能见度较高，使扑火也容易一些。甲醇燃烧产生一种在大多数情况下可见的蓝色火焰，可是在太阳光下不容易看到。然而许多火灾，燃料以外的材料的燃烧，比如室内装潢材料、机器润滑油和涂料会产生在任何情况下均可见的有颜色的火焰。在燃料箱和储藏池的限制地区，室温下可形成可燃的甲醇/空气的混合物。然而，即使在碰撞的条件下。由于甲醇的性质也不可能造成起火或者爆炸。通过简单的对燃料罐的改进或者在其中加入易挥发物质，使得燃料罐中易挥发物的蒸气太浓而不能被引燃[248]。

总之，与汽油相比，甲醇火灾发生的可能性和破坏性很小（图11.18）。

DME无毒、无致癌性，据目前所知也没有致畸变或诱发畸变的效应[339,340]。在空气中浓度较低的时候，这种气体几乎没有任何气味，也未见报道对人体健康有不良影响。即使浓度较高，对人体健康也不会有长期影响，除了

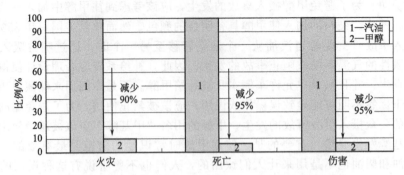

图 11.18 不同燃料造成的火灾、死亡、伤害数据比较
(资料来源：美国环境保护署 EPA 400-F-92-010)

在长时间接触后可能出现短暂的麻醉症状，而且可以通过其轻微的醚类特征气味辨别出来[341]。在受控的实验室条件下，短时间接触10％的DME对中枢神经系统可产生中度但可逆的影响。如果人体暴露于15％以上含量的DME下长达半小时之久将导致昏迷[340]。作为比较，CO_2含量超过10％时，几分钟内就将导致呼吸困难、失聪、恶心、呕吐、幻觉、盗汗、麻木，超过15min后将出现昏迷。据报道有几例死亡事故是接触暴露于超过20％ CO_2 的环境造成的。在很宽的空气-燃料比例范围内，DME燃烧时呈现一种与天然气相似的可见蓝色火焰，这可以作为一种明显的安全报警特征。不过，由于DME的燃烧极限范围较宽（3.4％～17％），其燃烧系统的操作运行必须严格遵循安全操作规程。由于DME的气味相当温和微弱，为安全起见还应加入臭味剂。

大多数醚类，包括乙醚和四氢呋喃（THF）在内，在与空气、光线和杂质接触时会形成过氧化物。这种过氧化物遇到摩擦、撞击或加热时可能导致爆炸。研究发现，与乙醚和二异丙醚相比，DME不容易生成过氧化物。只有在极端苛刻的条件下，即同时暴露于紫外线照射、杂质和空气时，才有可能生成足以被检测到的过氧化物。在正常条件下，DME形成过氧化物的风险概率是很小的。此外，许多参考文献都称从来没有发生过DME在储存和使用过程中生成过氧化物的事例。为更为保险起见，可以在DME中加入少量的自由基阻滞剂来防止这种可能性本来极小的生成过氧化物事件的发生[339]。

11.17 甲醇和二甲醚动力汽车的尾气排放

大都市地区由于运输造成的污染是一个主要的问题。汽车、卡车、公共汽车排放的CO、NO_x、易挥发有机物（VOC）、SO_2和颗粒物（PM）对人体健康有严重的影响,特别是对于儿童、老年人和一些敏感人群。正像我们早先描述的那样,在 ICE 中使用燃烧干净的甲醇能有助于快速减少这些排放物[342]。包含在 VOC 中的甲醛,它是一个空气污染剂和臭氧的前体(在大气中以低浓度自然存在)。不仅汽油和柴油由于不完全燃烧而产生甲醛,甲醇同样也会,而甲醛被认为是可能的致癌物。在甲醇动力 ICE 中甲醛产生的问题,已经通过发展和使用高效的催化消除器通过氧化移除相对活性的甲醛而得到成功的解决。我们应该牢记,虽然甲醇是一个内在的清洁燃料,可是在排放物控制方面,汽油和机油燃料 ICE 汽车已经并且将继续通过技术改进取得可观的进步,进而竞争成为一个可供选择的燃料。然而,由于 ICE 汽车其复杂的保持低排放的系统,随着汽车的老化,缺少正确的维护和常规检查很容易导致排放物的急剧上升。

从长期来看,甲醇动力的 FCV 有消除目前汽车所排放的空气污染物的希望。另外,与 ICE 汽车不同,甲醇动力汽车随着老化,其排放情况几乎不会有所改变。携带甲醇改良装置的 FCV,其排放量将会比加利福尼亚州政府针对超低排放车辆(SULEV)制定的严格限制更低。直接甲醇 FCV 将期待成为真正零排放的汽车(ZEV)[247]。乔治敦大学用改良的甲醇燃料电池进行的试验表明它几乎是零排放的(ZEV),仅仅释放出可忽略的一氧化碳和碳氢化合物,没有 NO_x 和 PM(图 11.19)[343]。

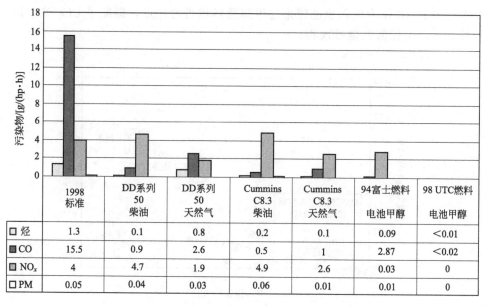

	1998标准	DD系列50柴油	DD系列50天然气	Cummins C8.3柴油	Cummins C8.3天然气	94富士燃料电池甲醇	98 UTC燃料电池甲醇
烃	1.3	0.1	0.8	0.2	0.1	0.09	<0.01
CO	15.5	0.9	2.6	0.5	1	2.87	<0.02
NO_x	4	4.7	1.9	4.9	2.6	0.03	0
PM	0.05	0.04	0.03	0.06	0.01	0.01	0

图 11.19 甲醇供能的燃料电池汽车所排放的污染物(1hp=746W。来源:乔治敦大学)

柴油车，尤其是重载卡车，是整个运输领域内产生的几乎全部颗粒物排放和大部分 NO_x 排放的源头。因此它们对空气质量的影响是很严重的。颗粒物、NO_x 及其他污染物的排放有严重的不利于健康的影响，并被归咎为造成呼吸困难、哮喘和心脏病与癌症发病率上升的原因。用 DME 作为轿车和卡车的燃料，与使用柴油燃料（即使采用 CI 发动机技术）相比，能够大大减少这些污染物的排放。DME 中不含硫，因此不会产生 SO_x。由于其中不存在 C—C 键，因此几乎也不产生颗粒物。同时 NO_x 的排放也有明显下降。早在 2000 年初，即 DME 作为替代燃料开发的初期阶段，就已经测定出与燃烧柴油相比，其颗粒物排放能减少约 75%，而丙烯醛、丙醛、乙烯和丙烯的排放能减少 99% 以上。与之相似，丙酮和乙醛的排放可减少约 80%[344]。在排气中检测到了少量的甲醛，但能很容易地用氧化催化剂使之降低到可忽略的低含量水平。多年来，用 DME 作燃料的 CI 发动机的排放特性一直在不断改进。日本开发的 DME 卡车经测试能满足日本、欧盟和美国最严格的排放控制规范（图 11.20～图 11.23）[345,346]。测试中认定，该型卡车按 1kW·h 的功率输出计，排放仅 0.11g NO_x 和 0.001g 颗粒物。排放的 NMHC（非甲烷烃类）和 CO 也都非常低，其颗粒物排放主要是由发动机中所使用的少量润滑油所产生的。由于 DME 的本质清洁燃烧特性，其排气处理系统比本来柴油车的相应系统简单得多，安装的主要目的是进一步降低 NO_x、CO 和烃类物质的排放。在燃料电池车中，用 DME 作为燃料也能带来与甲醇燃料相当的优点，即除了 CO_2 和水以外几乎不产生任何其他排放物。

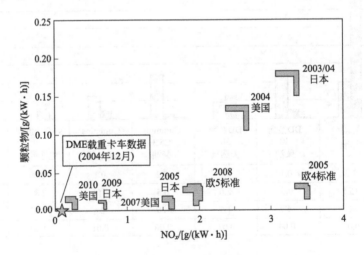

图 11.20　美国、日本和欧盟关于柴油发动机的排放
法规与 DME 卡车的排放情况比较

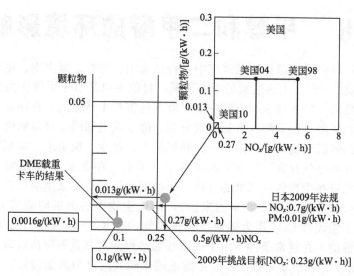

图 11.21 DME 卡车的 NO_x 和颗粒物排放与美国和日本关于柴油发动机的排放法规比较

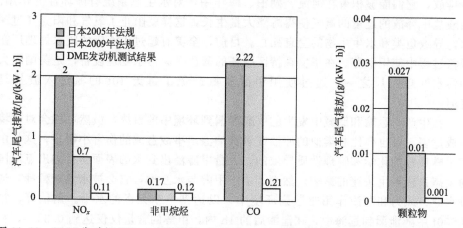

图 11.22 DME 发动机 NO_x、非甲烷烃（NMHC）、CO 和颗粒物排放与日本排放法规比较

图 11.23 日本生产的 DME 动力重载卡车

11.18 甲醇和二甲醚的环境影响

甲醇通过许多自然源释放到大气中，包括火山、植被、微生物、昆虫、动物和有机体的腐烂[335]。人为造成的甲醇泄漏，目前主要是由于甲醇作为溶剂使用通过蒸发导致的。释放到水和土地中的甲醇其危害是不严重的。在环境中，通过光氧化和生物降解过程甲醇可容易地被分解。除了其他原因，可降解性也是甲醇被广泛用作挡风玻璃洗液的原因之一。新鲜的水、盐水、地下水、沉积物和土壤中，在有氧（在空气存在下）和无氧条件下（无空气存在下），甲醇可容易地被降解，并且没有在生物体内积聚的证据。甲醇对地下的许多微生物而言，它是一个合格的生长培养基（碳和能量的来源），而微生物能够把甲醇降解为 CO_2 和水。甲醇甚至能代替 CO_2 作为碳源来促进植物的生长[232]。甲醇对水生和陆生有机体是低毒的，在通常条件下由于环境接触的甲醇对其是不可能造成大的影响的[347]。实际上，在废水处理工厂，甲醇被用来除去废水中的饱和氮。在这个过程中，甲醇的加入加快了厌氧菌把硝酸盐转化为无害氮气的速度。硝酸盐如果大量排放，它们能够积聚在河流、湖泊、海洋中，对水生态系统有破坏性的作用。硝酸盐中释放的过量的氮气使得海藻大量生长，这样就阻止了氧气和阳光穿过深水，导致鱼类和水生生物的窒息死亡。目前，全美有超过 100 座的废水处理厂在脱氮过程中使用甲醇。在华盛顿特区服务的蓝色平原污水处理设备，是美国最大的污水处理工厂之一，通过使用甲醇脱氮避免了每天 10t 的氮进入波托马克河[348]。

在生产、运输和储藏中发生的甲醇泄漏到环境中的事故，虽然可能会对环境造成危害，可也会比相类似的原油或者汽油溢出事故造成的伤害小得多，这是由于甲醇良好的化学和物理性质导致的。大量甲醇溢出到水的表面会对溢出点周围的生态系统产生快速的影响。然而，由于甲醇与水互溶，它会被水快速稀释，通过水波、风力和潮汐作用驱散到环境中，以达到一个无毒的水平。据估算，把 10000t 甲醇泄漏到远海中，在泄漏后的 1h 内，甲醇的含量仅仅达到 0.36%，在接下来的时间里浓度会更低[349]。然后，在一些天里，微生物通过生物降解会处理掉稀释的甲醇。相似的汽油泄漏事故，由于其与水不溶，将会大面积覆盖在水的表面而不容易被驱散到环境中，很有可能导致生态灾难。甲醇由于不会有残留，因此避免了原油泄漏后需要的一个长期和烦琐的对海滩、海岸线、鸟类和野生植物的清理过程。陆地上、卡车或者火车运输甲醇途中，或者地下甲醇储藏罐发生的泄漏事故都是可能的。依据泄漏的面积和地点，会遭遇到不同的情况。然而，大多数情况下，甲醇与水的互溶性使得甲醇被快速稀释，其影响也可快速被疏散，使得地面的微生物进行快速的生物降解。应该指出的是，甲醇在环境中的行为与 MTBE 有很大的不同。MTBE 不容易降解，最终导致其被禁止作为车用燃料中的含氧添加剂[247]。甲醇泄漏比汽油泄漏的危害要小,因为后者包含许多有毒和致癌物(比如苯),它们的生物降解过程很缓慢,将在环境中持续很长一段时间。为了进一步减少甲醇地下泄漏的危险,最好使用双层壁的储藏罐和泄漏探测器。与汽油和柴油相比,甲醇明显具有更高的环境安全性和较小的毒性。

  DME 是一种挥发性有机化合物,但没有毒性,是一种与环境亲和的物质。DME 能溶于水,20℃时在水中的溶解度可达 5.7%(质量比)。因此必须对地下储罐可能发生的泄漏事故造成地下水污染进行监测。但与甲醇一样,DME 容易被微生物所降解。意外泄漏造成 DME 进入地表水体的危害性也不是很严重。由于沸点较低,DME 很容易气化。经测定,DME 在河面上经气化而逸失的半衰期仅为 3h,在不流动的池塘上的半衰期为 30h[339]。

  DME 在大气中能迅速降解。在大气层中最低的对流层,DME 的存续寿命仅为 5.1 天[350]。因此几乎没有二甲醚会进入平流层,即使其降解产物的反应有可能影响到臭氧,对平流层中的臭氧层影响也极其有限。一旦释放到大气中,DME 生成臭氧的可能性比 LPG 和汽油中所含的烃类都低。经测定,DME 的全球变暖潜能在 20 年的时间段内虽达到 1.2,但在 100 年和 500 年的时间段内分别只有 0.3 和 0.1 (表 11.5)。根据所有以上事实,DME 对环境的影响是利多弊少的。

表 11.5　DME 与其他气体的全球变暖潜能比较

气体种类	时间横轴/年		
	20	100	500
DME	1.2	0.3	0.1
CO_2	1	1	1
甲烷	62	23	7
N_2O	275	296	156

注:本表根据 IPCC 和参考资料 [350] 提供的数据制作。

11.19　二氧化碳化学回收制甲醇对气候变化的有利影响

  今天,甲醇几乎全部从天然气或者煤炭(即化石燃料)的催化重整中产生的"合成气"制备而来。与天然气相比,我们的煤炭储藏是更加广泛的。然而,由于煤炭中氢含量不足,与所有其他矿石燃料相比,特别是天然气,煤炭转化为甲醇的过程中产生 CO_2 的量最多。目前最清洁、有效和经济的大量生产甲醇的方法是从天然气重整中产生的"合成气"来制备。然而,在正在进行的研发领域中,不经过生产合成气的第一步、直接由甲烷氧化成甲醇的工艺已经取得了许多进展。看起来只要天然气的储量仍然丰富，必将用它来制备甲醇。然而，发展不用通过"合成气"而直接制备甲醇的技术是可行的。应该认识到（像第4章讨论的那样），在亚北极冻土地带和海面下的大陆架中，有着大量的甲烷水合物。这些能源最终将会被利用，但也只是延长了自然界碳氢能源最终耗竭的时间。

在传统 ICE 汽车中使用从天然气生产出的甲醇，与相当的汽油和柴油相比，仅仅能适度地减少 CO_2 的排放。为进一步排放 CO_2，并为今后长期提供可持续的替代能源，必须以可再生的方式从化石燃料以外的原料出发生产甲醇。从生物质来生产甲醇也是一种可能的方法，可这只能满足我们日益增长的需要的一小部分。然而，甲醇也可通过 CO_2 与氢的催化还原反应，或者在水中通过电化学还原来制备（第12章）。煤炭或者燃烧矿石燃料作为动力的工厂烟筒里，还有比如水泥和钢铁设备中，含有高浓度的 CO_2，这需要被捕获和妥善处置。不是把它封存，而是通过化学循环把 CO_2 转化为甲醇和 DME，这样不仅提供了燃料和合成碳氢化合物的原料，而且减少了人为造成的气候变化。如果我们能够从非矿石燃料原料（可更新的能量来源和安全的原子能）生产需要的能源来制备氢并且转化为甲醇，最终大气中的 CO_2 将同样被循环利用，把人类从依赖矿石燃料中解放出来。

CO_2 化学循环回收制甲醇将使得含碳燃料在环境效应上对 CO_2 的增减呈中性，并且可以在人类寿命的时间尺度上被再生。我们相信，这一循环回收方法将成为解决我们时代所面临的一大挑战的具有可行性的新方案。

第12章
甲醇的生产：从化石燃料和生物基原料到二氧化碳化学循环回收

2004年，全世界的甲醇需求量为3200万吨，到2007年即站上了4000万吨的高位，此后数年仍保持稳定增长。原则上任何烃源（煤、石油、石脑油、焦炭等）都可通过其衍生的合成气转化成甲醇，但天然气中的甲烷却占了甲醇制造业大部分的原料供给。大多数现有的工厂年产量在10万～80万吨之间。过去，美国或欧洲的工厂通常建在离大的甲醇消费中心近的地方。然而随着当地天然气储量的不断减少以及天然气价格的不断上涨，甲醇生产已经被转移到那些依然有大量的天然气资源但远离主要消费中心的国家，比如智利、特立尼达和多巴哥、卡塔尔和沙特阿拉伯等（图12.1）。举例来说，美国1988年的甲醇年产量达到约740万吨的顶峰，满足了70%的国内需求。在甲基叔丁基醚（MTBE，一种新配方汽油添加剂）逐步淘汰后，再加上日渐落后的工厂的关闭以及天然气的高价格，2006年的甲醇年产量下降到区区100万吨不到，仅能满足10%～15%的国内需求[351,352]。在北美完全关闭甲醇生产的计划也被宣布。与之相反，在中国，主要用煤炭作原料生产的甲醇产量在过去10年中增长非常快，从2000年的200万吨/年跃升到2008年的1100万吨/年。新的工厂不仅地理位置发生了变化，而且其规模也发生了变化。工厂拥有年产量达100万吨以上的装置——定义为"百万吨级甲醇厂"——正在成为标准。两个这样的百万吨级甲醇厂，每个各有年产约100万吨的能力，目前正在卡塔尔和沙特阿拉伯正常运营[353]。一套170万

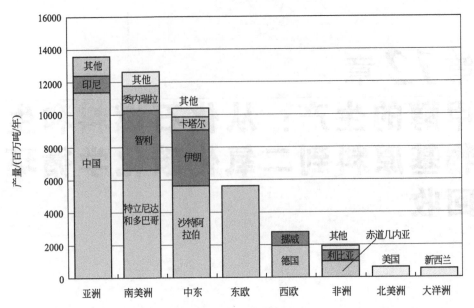

图 12.1 2006 年全世界的甲醇产量（资料来源：采用 2007 年 5 月 23 日《化学周刊》上的数据）

吨/年能力的装置新近在沙特阿拉伯投入试运行，而另两套产能相近、建于特立尼达和多巴哥的装置早在 2005 年就已经开车[352,354]。中国、卡塔尔、沙特阿拉伯、伊朗、智利、马来西亚和其他国家还在计划兴建或正在兴建更多的工厂，主要的甲醇生产技术开发商（庄信万丰、鲁奇、三菱瓦斯化学和托普索公司等）都已经具备为年生产量高达 350 万吨的工厂提供设计的能力。更大规模和更高效率的以合成气为基础的工厂的兴建所产生的规模经济效应将大幅降低甲醇的生产成本，而且即将开启一个以甲醇作为替代燃料和石化原料的市场（图 12.2）。不经合成气而直接氧化现有的天然气（甲烷）源转化成甲醇以及二氧化碳直接加氢转化（接下来将会讨论）的新方法对本书提出的"甲醇经济"而言是必需的新技术。

今天全世界有超过 6 亿辆私家车和大约 2 亿辆轻型和重型卡车登记在册，二者合起来占交通运输领域 80% 的能源消费。空运、海运、铁路运输和管道运输占剩下的 20% 左右。2006 年交通运输部门消耗了大约 21 亿吨的石油[42]，并且需求还在增加——特别是来自发展中国家——这一数字有望在 2030 年达到 32 亿吨，那时将有 13 亿辆汽车在马路上行驶[355]。根据这些数字，很明显用来替代石油的任何其他燃料都必须以非常大的规模进行生产来降低成本。正如先前所述，甲醇等同体积下仅有汽油或柴油能量含量的一半左右。仅仅用甲醇替代交通运输方面目前能源需求的 10% 就需要每年生产 4.2 亿吨的甲醇。然而，只要甲

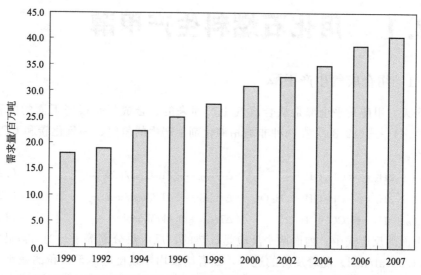

图 12.2　历年全球对甲醇的需求（资料来源：Methanex 和甲醇学会）

醇燃料电池车的能源利用效率能够达到内燃机车的 2 倍，这将使燃料的必需量减少一半左右。随着燃料电池技术的广泛运用，交通运输部门对甲醇的需求量将和对基于石油燃料的需求量相当。为使甲醇成为未来的主要燃料，将需要大量增加生产能力并采用各种新技术（在某种程度上已经开发出来）。

虽然常规的天然气储藏是当前用合成气生产甲醇的首选原料，但是诸如煤层甲烷、致密砂岩气以及储量巨大的甲烷水合物之类的非常规瓦斯资源也将被利用。因此，除了甲烷之外，任何其他可利用的化石燃料资源都将被利用。特别是储量巨大、分布广泛且价格低廉的煤，目前已经重新成为主要原料之一，尤其是在中国。因此，目前煤是替代基于天然气（甲烷）的合成气生产的最佳原料。在诸如美国和中国这样的主要能源消费国，国内煤炭的巨大供应能力保证了价格的稳定性，同时也减少了国家对地缘政治不稳定的油气生产地区的依赖。可是煤必须被开采出来，并且煤还有在燃烧过程中向大气中释放大量污染物及二氧化碳的缺点。在对气候变化的影响方面，煤也比甲烷和石油产生更多的 CO_2。为了使 CO_2 的释放量减少到最低，生物质代表了另外一种可替代甲醇的资源，但由于现代社会的巨大能源需求，生物质将只能满足需求的一小部分。为了减少我们对化石燃料的依赖，同时也为了解决 CO_2 排放的问题，我们需要新的改良的甲醇生产方法。除了不经合成气直接把甲烷（天然气）转化成甲醇之外，利用可再生能源或核能产生的氢气和来自化石燃料发电厂、其他的工业来源甚至大气本身的 CO_2 进行化合反应生产甲醇，为摆脱对日益减少的化石燃料资源的依赖提供了可能。

12.1 用化石燃料生产甲醇

12.1.1 用合成气生产甲醇

今天，甲醇几乎全部是从合成气生产而来的，合成气是根据下面的方程式 [式(12.1)～式(12.3)] 在一种非均相催化剂上产生的氢气、一氧化碳和 CO_2 的混合物：

$$CO + 2H_2 \rightleftharpoons CH_3OH \qquad \Delta H_{298K} = -21.7 \text{kcal/mol} \qquad (12.1)$$

$$CO_2 + 3H_2 \rightleftharpoons CH_3OH + H_2O \qquad \Delta H_{298K} = -11.9 \text{kcal/mol} \qquad (12.2)$$

$$CO_2 + H_2 \rightleftharpoons CO + H_2O \qquad \Delta H_{298K} = 9.8 \text{kcal/mol} \qquad (12.3)$$

上面的反应式中，前面两个反应是放热的，反应热分别等于 -21.7kcal/mol 和 -11.9kcal/mol。随着反应的进行，二者结果均导致反应体系体积的减小。根据沙特利耶原理，增加压强和降低温度将有利于合成气向甲醇的转化。式(12.3) 描述的是吸热的逆向水煤气转换反应（RWGSR），这一反应在甲醇合成过程中也会发生，生成的一氧化碳和氢气进一步反应生成甲醇。实际上，式(12.2) 只不过是式(12.1) 和式(12.3) 中反应的算术加和。这些反应中的每一个反应都是可逆的，这样就受到了热力学平衡的限制，而热力学平衡又取决于反应条件，主要是温度、压强以及合成气的组成。

用于甲醇生产的合成气可以通过对诸如煤炭、焦炭、天然气、石油、重油和沥青之类的任何含碳物质进行重整或部分氧化而获得。经济利益支配着原料的选择，但是原料的长期供应、能源消耗以及环境因素也将扮演越来越重要的角色。

合成气的组成通常用计量值 S 来描述。最理想的 S 值应等于或略大于2。值大于2表明氢气过量，而值小于2则意味着相对于生成甲醇的理想配比值中氢气量不足。

$$S = \frac{(H_2 \text{ 物质的量} - CO_2 \text{ 物质的量})}{(CO \text{ 物质的量} - CO_2 \text{ 物质的量})}$$

从煤得到的合成气小于最佳的氢碳比例，因此必须在合成甲醇前对合成气进行处理或添加氢气以避免不想要的副产物的生成。对诸如丙烷、丁烷或石脑油这样的含较高的 H/C 比的原料进行重整使得 S 值在2附近，这对于合成气向甲醇的转化是理想的。另一方面，对甲烷进行蒸汽重整得到了计量数在 2.8～3.0 的合成气。在这种情况下，添加 CO_2 可以使 S 值降低到2附近。过量的氢气可被毗连的工厂用来生产氨。

工业上在高压（250～350 大气压）和高温（300～400℃）条件下用合成气生产甲醇是由 BASF 公司在20世纪20年代首次采用的。从那时起直到第二次世界大战结束，大部分的甲醇都是用煤炭衍生的合成气以及来自诸如炼焦炉和钢铁厂这样的工业设施的废气生产出来的。通过设计对硫和氯稳定的含有氧化锌和三氧化二铬的催化剂体系，使得利用此类杂质含量高的原料成为可能。第二次世界大战后，用于甲醇合成的原料迅速转向天然气，那时的天然气以非常低廉的价格得到广泛供应，特别是在美国。1946年美国71%的甲醇还是从煤得到，然而到了1948年底差不多77%的甲醇是从天然气得到。天然气仍然是生产甲醇的首选原料，原因除了高的含氢量以外，还因为它具有最低的能源消耗、资本投入和运营成本。另外，天然气含有较少的可毒化必需的催化剂的杂质（如硫和含卤化合物或金属化合物）。不过，目前这些杂质（大部分硫以 H_2S、COS 或硫醇形式存在）也可比较容易除去。合成气中较低的杂质含量允许使用活性更高的催化剂以及在更温和的条件下操作。这导致了20世纪60年代英国 ICI Synetix 公司（如今的庄信万丰）对一种使用铜-锌基催化剂的工艺的开发，这种生产工艺能使合成气在压强为50～100atm 和温度为200～300℃条件下转化成甲醇。这种低压工艺是大部分现有甲醇生产工艺的基础。老的高压工艺中伴有的副产品（二甲醚、高级醇、甲烷等）的生成也大大减少乃至消失[233]。用高压工艺生产甲醇变得不再经济，最后一家基于这种生产工艺的工厂在20世纪80年代被关闭。全世界，

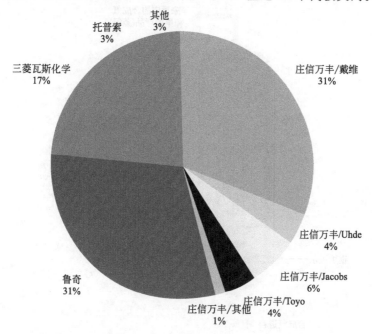

图 12.3　按工艺划分的全球甲醇产能（不包括中国部分，截至 2010 年，资料来源，Nexant）

甲醇的产量都在少数几家公司的生产工艺控制下，其中庄信万丰（原 ICI Synetix 公司）和鲁奇公司占主导地位（图 12.3）。

现有的全部工艺都采用铜基催化剂，这种催化剂具有极高的活性和选择性，而且几乎只用在气相生产工艺。这些生产工艺最大的不同仅仅在于反应器设计的类型和催化剂的排列（以固定床、管道、悬浮物的方式）。温度的控制非常重要，应该尽量避免催化剂过热，因为这将迅速降低催化剂的活性和缩短催化剂的寿命[232]。单程通过催化剂仅部分合成气转换成甲醇。在反应器的出料口通过浓缩分离甲醇和水之后，剩下的合成气再回到反应器中循环利用。就在最近，又开发出了用于甲醇生产的液相生产工艺也被引入。特别是空气产品公司开发了名为 LPMEOH™ 的液相甲醇生产工艺，在这一生产工艺中，粉末状的催化剂悬浮在惰性的油中，这为除去反应的热量和控制温度提供了一个有效方法（图 12.4）。合成气直接通过鼓泡进入液体。这一过程也提高了合成气向甲醇的转化率，因此一般来说单程通过反应器一次就足够了[356]。

通常，现代化的甲醇工厂对甲醇的选择性高于 99%，能源利用效率在 70% 以上（图 12.5）。然而，离开反应器的甲醇粗品含有水和少量的其他杂质，这些杂质的分布和组成将取决于原料气的供给、反应条件以及催化剂的类型和寿命。

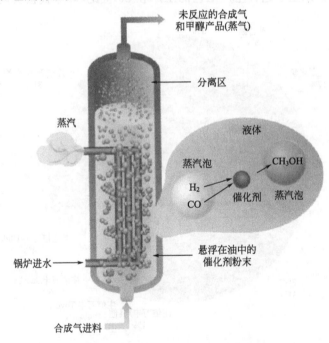

图 12.4　在空气产品公司开发的 LPMEOFH™ 悬浮鼓泡反应装置中的甲醇合成

可能出现在甲醇中的杂质包括溶解的气体（甲烷、CO、CO_2）、二甲醚、甲酸甲酯、丙酮、高级醇（乙醇、丙醇、丁醇）和长链烃类。商业上，甲醇按三种纯度级别供应：燃料品级、A级（一般用作溶剂）及AA级（即化学品级）。化学品级甲醇含量达到超过99.85%的最高纯度，是甲醇生产工业通常遵循的标准。视杂质含量和所需的纯度要求，可用一台或多台蒸馏塔对甲醇进行蒸馏提纯。

图12.5 在特立尼达的 Atlas Mega 甲醇工厂

除了甲醇合成这一步外，目前甲醇工厂最重要的部分就是合成气的生产和净化系统，这个系统将依赖于所用原料的性质和纯度。由于易于获得大量杂质含量低的合成气，天然气一般是首选的原料，但其他路线在给定条件下也可以采用。考虑到天然气的高价格，纵使必需的合成气净化系统成本比较高，煤炭或重油储量丰富但天然气资源有限的地区也可转向从这些资源生产甲醇。

12.1.2 用天然气生产合成气

12.1.2.1 甲烷水蒸气重整法

甲烷水蒸气重整过程中，在一个吸热量高的反应中，甲烷通过催化剂的作用，典型的是基于镍，在高温加压的条件下（800～1000℃、20～30atm）[357]和水蒸气反应生成 CO 和 H_2。一部分生成的 CO 接下来和水煤气转换反应（WGS）中的水蒸气反应产生更多的 H_2，也产生 CO_2。因此，得到的气体是 H_2、CO 和 CO_2 的混合物。

$$CH_4 + H_2O \rightleftharpoons CO + H_2 \qquad \Delta H_{298K} = 49.1 \text{kcal/mol}$$
$$CO + H_2O \rightleftharpoons CO_2 + H_2 \qquad \Delta H_{298K} = -9.8 \text{kcal/mol}$$

各种组分的配比取决于反应条件：温度、压强和 H_2O/CH_4 比。然而随着温度的增加和压强的减小，产自甲烷的合成气产量增加了。随着温度的不断增加，

WGS 反应逐渐弱化，最终主要产品是 CO 和 H_2[357]。因为甲烷水蒸气重整工艺总体上是高度吸热的，所以热量必需被补给体系，这种补给是通过燃烧一部分天然气原料实现的。水蒸气重整是应用最广泛的技术，它不仅能得到合成甲醇所需的合成气，同时也得到生产氨和其他各种产品所需的氢气。通过甲烷的水蒸气重整获得的计量值 S 接近 3，远高于理想值 2。这可以通过向水蒸气重整装置的出口气体中添加 CO_2 或利用上述的氨合成等其他工艺中过量的氢气来进行调整。

甲烷重整也受到一个称作热致"结焦"过程的影响。这一过程会生成元素碳，碳又以炭黑或焦炭的形式沉积在催化剂上（大大降低催化剂的活性）以及重整装置内部和下游装置上。甲烷的分解或 CO 的歧化（布多阿尔反应）都能生成炭：

$$CH_4 \rightleftharpoons C + 2H_2 \qquad \Delta H_{298K} = 18.1 \text{kcal/mol}$$

$$2CO \rightleftharpoons C + CO_2 \qquad \Delta H_{298K} = -41.2 \text{kcal/mol}$$

实际上，使用过量水蒸气及缩短在反应器中的停留时间能在很大程度上阻止生成焦炭或炭黑的副反应。在这一点上，在更高温度下进行的部分氧化工艺可能比甲烷重整存在的问题更大。

12.1.2.2　甲烷的部分氧化

部分氧化就是甲烷和不足量的氧气反应，有没有催化剂氧化都可以进行[358]。这个反应是在高温下（800～1500℃）进行的放热反应[358]，通常产生 H_2/CO 比例为 2 的合成气，这个比例是合成甲醇的理想比例。部分氧化带来的问题是产品，即 CO 和 H_2，在高度放热反应中会被进一步氧化成 CO_2 和水，结果会引发安全问题并导致 S 值明显低于 2：

$$CH_4 + \frac{1}{2}O_2 \rightleftharpoons CO + H_2 \qquad \Delta H_{298K} = -8.6 \text{kcal/mol}$$

$$CO + \frac{1}{2}O_2 \rightleftharpoons CO_2 \qquad \Delta H_{298K} = -67.6 \text{kcal/mol}$$

$$H_2 + \frac{1}{2}O_2 \rightleftharpoons H_2O \qquad \Delta H_{298K} = -57.7 \text{kcal/mol}$$

大量能量以热能的形式产生并不是预先期望的，因为这些热能如果不能立即用在其他生产过程中就浪费了。

12.1.2.3　自热重整以及水蒸气重整与部分氧化的结合

为了生产合成气时既不消耗热量也不产生太多过剩的热量，现代化的工厂通常把放热的部分氧化反应和吸热的水蒸气重整反应联合起来以便得到一个总体上热力平衡的反应，同时获得一个组分适合甲醇合成的合成气（S 接近 2）。在这个称作"自热重整"的工艺中，放热的部分氧化反应产生的热量被吸热的水蒸气重整反应消耗掉了。通过让甲烷和水蒸气与氧气的混合物反应，部分氧化反应和水蒸气重整反应可以在同一个反应器里同时进行。只有一个反应器可以降低成本和系统的复杂性。然而，这两个反应达到最优化是在不同的温度和不同的压强条件下，所以它们通常分成两个独立的步骤进行。在水蒸气重整这一步后，重整装置出口的流出物流至部分氧化反应器中，在这里所有剩下的甲烷都被耗尽[359]。氧化这一步必需的氧气意味着需要一座空气分离工厂，但是为了避免建造这样一个单元也可能使用空气而不是用氧气。然而生产的合成气将含有大量的氮气并且在转化成合成气之前需要特殊处理。因此，现代化的甲醇厂用的是纯氧。

12.1.2.4 用二氧化碳重整生产合成气

合成气也可通过 CO_2 与甲烷或天然气反应来生产，通常被称作 CO_2 重整或"干"法重整，因为这个反应不涉及任何水蒸气。由于反应焓为 $\Delta H = 59.1 \text{kcal/mol}$，这个反应比水蒸气重整（49.1kcal/mol）吸热更多[360]：

$$CO_2 + CH_4 \rightleftharpoons 2CO + 2H_2 \qquad \Delta H_{298K} = 59.1 \text{kcal/mol}$$

工业规模的生产中，这一反应在 800~1500℃ 的条件下进行，一般使用镍基催化剂（Ni/MgO、$Ni/MgAl_2O_4$）。生产的合成气也有一个比例为 1 的 H_2/CO 比，远低于通过水蒸气重整获得的 3 左右的比值。虽然这对甲醇合成而言是一个缺点，但能为其他工艺制造合适的原料气，特别是铁矿石的还原和费-托合成，包括生铁冶炼在内的某些工业生产过程便利用了 CO_2 重整生产的合成气 CO 含量高以及含水量低的优点。然而，对于甲醇生产而言，获得的合成气必须被加入产自其他来源的氢气。水蒸气重整和 CO_2 重整可以用相同的催化剂来完成，二者联合达到合适的合成气组成也是可能的（见后文介绍的二元重整）。

12.1.3 用石油和高碳烃生产合成气

对甲醇生产而言，天然气不是用于合成气生产的唯一烃源。液化石油气及石油炼制中产生的其他不同馏分（尤其是石脑油）也可用来制备合成气并进一步生产合成氨、甲醇和高碳醇（丙醇、丁醇等），只不过规模相对较小。原油、重油、焦油和沥青都可以转化为合成气。所用的方法与天然气出发制合成气的方法相似，包括蒸汽重整和部分氧化，及两者相结合的工艺：

$$C_nH_m + nH_2O \rightleftharpoons nCO + \left(n + \frac{m}{2}\right)H_2$$

$$C_nH_m + \frac{n}{2}O_2 \rightleftharpoons nCO + \frac{m}{2}H_2$$

更高含碳量的原料所带来的问题通常是杂质含量高，特别是硫化物，它们可非常迅速地毒化那些用于水蒸气重整与随后的甲醇合成的催化剂。因此，相当多的资金必需被投入到净化这一步，也可用其他的耐毒化的催化剂。重油、沥青砂和其他含有体积大以及复杂的芳香族结构的烃源也是含氢量相对较少的，这导致合成气富含 CO 和 CO_2 而缺乏氢气。

12.1.4　用煤生产合成气

在合成气的工业化生产中煤从最初到现在一直被作为原料。由于目前国内巨大的煤炭储量，煤在中国和南非仍然广泛用于甲醇和氨的生产，而且多年以来一直有望成为美国大规模生产合成气的首选路线。通过气化可以从煤生产合成气，根据下面的反应，气化是一种部分氧化和水蒸气重整联合的工艺：

$$C + \frac{1}{2}O_2 \rightleftharpoons CO \qquad \Delta H_{298K} = -29.4 \text{kcal/mol}$$

$$C + H_2O \rightleftharpoons CO + H_2 \qquad \Delta H_{298K} = 31.3 \text{kcal/mol}$$

$$CO + H_2O \rightleftharpoons CO_2 + H_2 \qquad \Delta H_{298K} = -9.8 \text{kcal/mol}$$

$$CO_2 + C \rightleftharpoons 2CO \qquad \Delta H_{298K} = 40.8 \text{kcal/mol}$$

不同的煤炭气化工艺已被开发和商业化多年。对于特定设计的选择主要取决于所用煤炭的特点：褐煤、次烟煤、无烟煤和石墨都有着不同的水分含量、灰分含量以及杂质含量等。由于煤的 H/C 比低，得到的合成气富含碳的氧化物（CO 和 CO_2）并且缺乏氢气。因此，在被输送到甲醇生产装置之前，合成气必须进行 WGS 反应以提高生成的氢气的量。一部分产生的 CO_2 也必须被分离，任何 H_2S 也必须被移除以避免毒化非常敏感的甲醇合成催化剂。

12.1.5　合成气生产的经济性

对基于天然气的甲醇生产工厂而言，在合成气生产部门的投资通常占总投资的一半以上。对用煤炭作为原料的工厂而言，这部分的投资所占的比例更高，通常是 70%～80%[359]。剩下的 20%～50% 是与实际的甲醇生产有关的资本成本。因此，从煤得到的甲醇的价格更加依赖于技术而不是原料的成本，由于在全球仍有储量巨大易于开采的煤矿被发现，以煤作为原料的成本仍然比天然气更便宜，价格波动更小。虽然建设甲醇工厂的初期投资很高，但日益上涨的天然气价格使人们对用煤生产甲醇产生了新的兴趣。在中国，越来越多的大型工厂已经开始用储量更丰富而且便宜的煤炭资源来生产甲醇。在美国，目前仅一家工厂——由田纳西州 Kingsport 的伊斯曼公司经营——通过煤炭气化来生产甲醇。同一家工厂联产甲醇和电力也是一个有吸引力的选择。

12.2　通过甲酸甲酯生产甲醇

为了降低目前甲醇生产工艺必须的压强和温度，也为了提高工艺的热效率，另一条在更温和的条件下把 CO/H_2 混合气转化成甲醇的路线已经被开发出来了。在这些路线中，最著名的是由克里斯蒂安森在1919年首次提出的经由甲酸甲酯合成甲醇[361~363]：

$$CH_3OH + CO \longrightarrow HCOOCH_3$$
$$HCOOCH_3 + 2H_2 \longrightarrow 2CH_3OH$$
$$\overline{\qquad\qquad\qquad\qquad\qquad}$$
$$CO + 2H_2 \longrightarrow CH_3OH$$

这条甲醇合成路线由两步组成。甲醇首先被羰基化成甲酸甲酯，甲酸甲酯接下来和氢气反应产生2mol甲醇。羰基化反应用甲醇钠或甲醇钾（$NaOCH_3$ 或 $KOCH_3$）作为均相催化剂在液相进行。这是一项成熟的、经常被转让的技术，用来从CO经甲酸甲酯生产甲醇。最近发现，用Amberlyst和Amberlite树脂作为非均相催化剂，对甲醇羰基化反应表现出很高的活性。随后的用于合成甲醇的甲酸甲酯与氢气的反应（氢解）在液相或气相中均可进行，此反应通常使用铜基催化剂（亚铬酸铜，铜负载在硅石、铝铂、氧化镁上等）。虽然羰基化反应和氢化反应可以在两个独立的反应器中进行，但二者最好在一个单独的反应器中联合起来。为了在一个单独的反应器中同时进行羰基化反应和氢化反应，不同的催化剂组合已经被研究过，特别是 CH_3ONa/Cu 和 CH_3ONa/Ni。镍基体系活性高且选择性好，但因为反应过程中生成的 $Ni(CO)_4$ 具有挥发性和毒性，这种工艺应用在工业装置中被认为是困难和危险的。由于铜基体系具有相似的活性和选择性，没有伴随镍基体系的毒性问题，因此铜基体系是首选。

总的来说，按照甲酸甲酯这条路线，甲醇是从合成气生产而来的，但是比传统的甲醇生产工艺中的温度和压强更低。三井油化、布鲁克海文国家实验室和壳牌公司发表的甲酸甲酯路线的专利声称在80~120℃及压强为10~50atm的条件下生产出甲醇。另一则报道宣称在110℃及压强仅为5atm的条件下在带保护罩的反应器中连续操作也是有可能的。

这种工艺的难题在于合成气中 CO_2 和水的出现，它们会和甲醇钠反应，抑制催化剂的活性并且生成不想要的副产品。为了将这种抑制作用减到最小，因此需要从原料气中除去 CO_2 和水。对抑制剂更具耐受力的催化剂（比如近来报道的 $KOCH_3$/亚铬酸铜）也正在开发中[363]。虽然仍需进一步改进，但是对目前在200~300℃和50~100atm下操作的工艺来说，在低温低压条件下经由甲酸甲酯合成甲醇会是一个有吸引力的选择。同时甲酸甲酯也可通过 CO_2 加氢转化为甲酸和甲醇以及甲醛的二聚反应制得，甲酸甲酯转化成甲醇的路线也可能在甲烷不经合成气得到甲醇的氧化性转化的二次处理中起作用。

12.3 用甲烷不经合成气生产甲醇

既然天然气的主要成分——甲烷仍然相当丰富，那么它将不可避免地被用来生产甲醇并且通过甲醇来生产合成烃及其产品。我们也应该认识到（正如第4章所讨论的）存在着大量的诸如非传统的天然气资源和冻结在广袤的亚北极冻原地区和大陆架区域海底的甲烷水合物之类的其他甲烷资源。随着我们的传统天然气资源日益耗尽，所有的这些资源最终都将被用来生产甲醇。现在非常需要更有效的把甲烷转换成甲醇且不经这些目前使用的基于合成气的工艺的新方法[364~367]。近年来人们在这个方向已经展开了广泛的研究并且取得了许多进步，特别是在将甲烷直接氧化成甲醇这一方面。

12.3.1 甲烷直接氧化生成甲醇

现存的通过合成气生产甲醇的工艺的一个主要缺点是高吸热量的甲烷蒸汽重整反应中第一步的巨大能源需求。这种工艺首先在一个氧化反应中把甲烷转化成一氧化碳（和少量的 CO_2），一氧化碳反过来再必须被还原成甲醇，从这一方面来讲这种工艺也是低效率的。因此甲烷直接选择性地氧化成甲醇是一个非常令人满意的目标，但是这很难以一种可行的方式（高转化率和高选择性）达到。然而，它剔除了用于生产合成气的工艺步骤，增加了可获得的甲醇的量并且节省了商业设备方面的资本成本。甲烷直接氧化成甲醇所带来的主要问题是与甲烷相比之下氧化产物自身（甲醇、甲醛和甲酸）更高的反应活性，最终得到 CO_2 和水——也就是说，热力学上更有利于甲烷的完全氧化。

$$CH_4 \begin{cases} \xrightarrow{0.5O_2} CH_3OH & \Delta H_{298K} = -30.4 \text{kcal/mol} \\ \xrightarrow{O_2} CH_2=O + H_2O & \Delta H_{298K} = -66.0 \text{kcal/mol} \\ \xrightarrow{1.5O_2} CO + 2H_2O & \Delta H_{298K} = -124.1 \text{kcal/mol} \\ \xrightarrow{2O_2} CO_2 + 2H_2O & \Delta H_{298K} = -191.9 \text{kcal/mol} \end{cases}$$

后来，人们探索了能达到甲烷对甲醇的高转化率且不会因完全氧化而生成 CO_2 的反应条件。然而，目前尚无工艺成功达到集高产率、高选择性和催化剂高稳定性于一体的联合，这个联合可使直接氧化转化法与传统的基于合成气的甲醇生产方法竞争。

甲烷的氧化方法有许多种。这些方法包括均相气相氧化、异相催化氧化以及光化氧化与亲电氧化[8]。

12.3.2 甲烷的催化气相氧化

在均相气相氧化中,甲烷通常和氧气在高压(30~200atm)和高温(200~500℃)的条件下反应。选择性地氧化成甲醇的最优条件已经被广泛研究过。人们发现这种对甲醇的选择性随着体系中氧气浓度的减小而增加。用似乎可抑制副反应的玻璃内胆反应器在冷火焰(450℃,65atm,低于5%的O_2含量)条件下能达到最好的结果(以8%~10%的转化率和75%~80%的选择性生成甲醇)。大多数其他的研究结果是在它们最好的反应条件下(450~500℃的温度和30~60atm的压强),得到5%~10%的转化率和30%~40%的甲醇选择性[366]。在这样的高压条件下,气相自由基反应占主导地位,限制了固态催化剂本来可能具备的有利影响。对甲醇的选择性仅受到诸如反应器的设计和形状以及反应物的滞留时间之类影响自由基反应的控制性因素中等程度的影响。

在外界环境压强附近(1atm),催化剂在甲烷和O_2的部分氧化过程中起着重要的作用。许多催化剂,主要是金属氧化物和混合氧化物,已经被研究过。金属也被试用过,但它们往往倾向于完全氧化。大部分情况下反应是在600~800℃的温度下进行,得到甲醛(HCHO)作为主要(常常是唯一的)的部分氧化产物。硅石本身在将甲烷氧化成甲醛的过程中表现出独特的活性。可是用硅石负载的氧化钼(MoO_3)和氧化钒(V_2O_5)作催化剂却得到了较高的甲烷转化率。然而生成的甲醛的产率仍然在1%~5%范围内。钼酸铁催化剂$[Fe_2O_3(MoO_3)_{2.25}]$,被发现是对甲烷部分氧化最活泼的催化剂,曾经报道过甲醛的产率为23%[366]。在硅石负载的PCl_3-$MoCl_5$-R_4Sn催化剂上进行的反应得到的产率是16%[368]。据更新的消息称,用硅石负载的MoO_3催化剂在过量的水蒸气中,以20%~25%的甲烷转化率得到对含氧化合物(CH_3OH和HCHO)高达90%的选择性[369]。然而,在大多数情况下,这样的高产率难以被其他研究小组重复出来,而且含氧化合物的产率通常不超过2%~5%。在用于甲烷部分氧化的高温下,在催化剂表面生成的甲醇迅速地分解或被氧化成甲醛和(或)碳的氧化物,这解释了所得的混合产物中缺乏甲醇的原因[366]。

虽然甲烷生成伴随着甲烷的氧化物甲醛和甲酸的生成,但是近来奥拉和普拉卡什发现此混合物在二次处理中可进一步加工而不必事先分离,结果使得甲醇含量大幅增加,并且使得整个工艺对于甲醇的生产更具选择性和可行性[370]。

甲烷转化成甲醇、甲醛和甲酸的混合物的初次氧化可以利用任何已知的催化氧化方法。然而,CO_2的生成要保持在最低限度。为了尽量减少过度氧化,含氧产物的总量被保持在一个相当低的水平(20%~30%),和未反应的甲烷一起被循环。

甲烷氧化生成的甲醛和甲酸无需进行任何分离，便可按各种不同的方法进行次级处理。一种方法是在 TiO_2 或 ZrO_2 上生成的甲醛二聚得到甲酸甲酯[366]。甲醇也可在像 CaO 和 MgO 那样的固基催化剂上进行转化，所谓的 Cannizaro 反应的一种变体，得到甲醇和甲酸。这些产物彼此很容易反应生成甲酸甲酯：

$$2HCHO \xrightarrow{TiO_2 \text{ 或 } ZrO_2 \text{ 催化剂}} HCOOCH_3$$

$$2HCHO \xrightarrow{H_2O} CH_3OH + HCO_2H$$

$$CH_3OH + HCO_2H \xrightarrow{-H_2O} HCOOCH_3$$

得到的甲酸甲酯然后被催化氢化或者用合适的电极（由铜、锡、铅及其他物质制成）在水中进行电解还原，得到 2 分子的甲醇而无其他副产物：

$$HCOOCH_3 + H_2 \longrightarrow 2CH_3OH$$

氧化过程中生成的甲酸本身可作为氢源和甲醛在 250℃ 的水溶液中反应或者在催化剂上反应产生甲醇和 CO_2：

$$HCHO + HCO_2H \longrightarrow CH_3OH + CO_2$$

考虑到生成的副产品 CO_2 将被循环利用生成甲醇（见后文介绍），这些反应适当组合使得甲烷总体上高选择性及高产率地向甲醇氧化转化成为可能。由于甲醇容易脱水生成二甲醚，因此甲烷向甲醇的氧化转化也非常适合生产用于燃料或化学品方面的二甲醚。

省去额外的步骤，由甲烷直接生产出甲醇仍然是一个最令人想要的目标。为了从甲烷和空气（氧气）直接选择性地合成甲醇，人们极力寻找可在低温下活化甲烷的催化剂。

甲烷氧化的又一项新进展是 O_2-H_2 气体混合物的使用。以 $FePO_4$ 作为催化剂，在温度低于 400℃ 的 O_2-H_2 混合气存在下，生成甲醇作为主要产物[366]。人们也报道过，在硅石负载的 MoO_3 和 V_2O_5 催化剂存在下，一氧化二氮（N_2O）在甲醇和甲醛的生产上是有效的。多种含铁催化剂在甲烷的部分氧化中也展现出非常独特的性能。在 300℃ 的 H_2 气氛中，用上面提到的 $FePO_4$ 催化剂和 N_2O、甲烷部分氧化以近乎 100% 的优异选择性得到甲醇。然而，450℃ 时产率低到仅仅可以得到 3% 的甲醇。N_2O 在催化剂表面分解生成的 O^- 被假定为引发甲烷活化过程的活性物种。即使 N_2O 证明是一个合适的氧化剂，但由于与其生产有关的成本以及其作为温室气体时的高活性，它以工业规模应用在甲醇生产上是不可能的。空气中的氧气现在是，将来仍然是最易供应的、最普遍的——因而是首选的——氧化剂。

12.3.3 甲烷液相氧化生产甲醇

为了尽量减少副产品的生成以及增加对甲醇的选择性，选用较低的反应温度

（<250℃）更可取。较低的温度和相对温和的压力条件也可明显减少甲醇装置的投资费用。在目前的装置上，生成合成气所需的较高温度（900~1000℃）导致反应器必须使用昂贵的特种材料作为结构材质。然而，目前所用的甲烷氧化催化剂在较低的温度不够活泼。因此对可直接从甲烷选择性地生产甲醇的新一代催化剂的开发非常需要。正如所讨论的，气相反应成功的例子有限且通常需要较高的温度（>400℃）。这已经促使人们对在更温和的温度下操作的液相反应进行更多的探索。

20世纪70年代奥拉及其同事首次观察到甲醇可通过甲烷在超强酸（比浓硫酸酸性强几百万倍的酸）介质中、室温下的亲电氧化作用（引入-O-功能团）而得到。与过氧化氢（H_2O_2）反应的时候，甲烷高收率、高选择性地生成甲醇。根据得到的结果，人们得出结论，这个反应是在强酸介质中通过质子化的过氧化氢——$H_3O_2^+$对甲烷C—H键的插入进行的。在强酸体系中生成的甲醇是以其质子化的形式——$CH_3OH_2^+$出现的，生成的甲醇因此免于进一步氧化，这解释了观察到的高选择性。然而，使用H_2O_2不适合甲醇的大规模生产，其原因通常是液态超酸的成本高[8]。但采用其他过氧化物和强酸体系的研究仍在进行。

用化学方法保护在甲烷氧化过程中生成的甲醇这个原理被Periana及其同事成功地进一步发展，他们主要使用金属以及溶解在硫酸或发烟硫酸中的金属络合物催化剂[371]。这些均相催化剂体系中的几种已经被开发出来，它们能够在较低的温度下活化甲烷分子中其他的非常惰性的C—H键而且具有令人吃惊的高选择性[372]。在200℃左右的温度，用$HgSO_4$催化剂通过浓硫酸作用的由甲烷向甲醇的转化被发现是一个经济而有效的反应。甲烷氧化产生硫酸氢甲酯（CH_3OSO_3H），它在另外一步中可水解生成甲醇。人们成功实现了50%的转化率和对硫酸氢甲酯85%的选择性[373]。为了完成催化循环，Hg^+被硫酸再氧化到Hg^{2+}。总体来说，这种方法每产生一分子的甲醇需要使用一分子的硫酸。在这一过程中产生的SO_2很容易被氧化成SO_3，它又与H_2O反应，得到可循环使用的硫酸：

$$CH_4 + 2H_2SO_4 \xrightarrow{Hg^{2+}} CH_3OSO_3H + 2H_2O + SO_2$$

$$CH_3OSO_3H + H_2O \longrightarrow CH_3OH + H_2SO_4$$

$$SO_2 + \frac{1}{2}O_2 + H_2O \longrightarrow H_2SO_4$$

$$CH_4 + \frac{1}{2}O_2 \longrightarrow CH_3OH \quad （总反应）$$

然而，硫酸氢甲酯裂解成甲醇及其自硫酸介质中分离出来是一个耗能的过程。此外，有毒的汞的使用也使这种工艺略微不够吸引人。注意力因此转向其他低毒性的金属和有机金属络合物。用于均相甲烷氧化的含铂、铱、铑、钯、钌以及含有其他金属的体系已经被测试过。最近，甚至金也被发现能够催化甲烷转化成甲醇的氧化反应[374,375]。然而得到的最好结果是在 H_2SO_4 介质中用一个铂的络合物。用这种体系，甲烷被转化成硫酸氢甲酯，随后以超过 70% 的产率和对甲醇大于 90% 的选择性得到甲醇[371]。

铂络合物(N与Pt之间应为配位键。——译者注)

在反应过程中生成的水不断聚集在硫酸中，降低了它的酸度。这使得这种工艺前景渺茫，因为不仅仅铂的活性，还有汞的活性以及大多数其他测试过的体系的活性，在较低的酸性条件下会急剧下降，并且可能会被高水分含量所抑制。由于这个原因以及其他方面的原因，因此这种转化在发烟硫酸（H_2SO_4 和 SO_3 的混合物）中易于进行下去。SO_3 和生成的水反应得到 H_2SO_4，避免了酸性的降低。然而，使用一种在较低的酸度条件下表现出高活性的催化剂体系将更可取。一种用硒酸（H_2SeO_4）作为氧化剂的金基催化体系也已经被开发出来且前景看好[371]。为了替换基于高价的铂和其他贵金属的催化剂，开发低费用且仍然具有效果和选择性的催化剂也是值得去做的。

虽然在过去那些年里，我们对均相体系中的甲烷直接氧化的反应机理的认识有了很大提高，但是仍有许多重要问题有待解决。在一种基于这项技术的商业化工艺变成现实之前，也有必要开发更活泼、更具选择性和更稳定的催化剂。然而，今天这个目标日益趋于实现。

12.3.4 甲烷通过单卤代甲烷生产甲醇

另一种可能的用于甲烷向甲醇的选择性转化的方法是通过中间体氯甲烷或溴甲烷（CH_3Cl、CH_3Br）的间接催化生成反应，这些中间体然后水解成甲醇（或二甲醚）和可被再次氧化的副产物 HCl 或 HBr[376,377]：

$$CH_4 \xrightarrow{X_2} HX + CH_3X \xrightarrow{H_2O} CH_3OH(或 CH_3OCH_3) + HX$$

$$2HX \xrightarrow{\frac{1}{2}O_2} X_2 + H_2O$$

$$X = Cl, Br$$

由 Dumas 在 1840 年发现的石蜡的氯化是最古老的已知的取代反应，而且在工业上得到大规模的应用。它通常是一个由热或光化作用引发（通过加热或光照）的自由基过程。自由基反应的主要问题是缺乏选择性，氧化性甲烷转化也曾遇到过这样的问题。在甲烷氯化的例子中，所有的 4 种氯化甲烷（CH_3Cl，CH_2Cl_2，$CHCl_3$ 和 CCl_4）通常都能得到：

$$CH_4 \xrightarrow{Cl_2} CH_3Cl \xrightarrow{Cl_2} CH_2Cl_2 \xrightarrow{Cl_2} CHCl_3 \xrightarrow{Cl_2} CCl_4$$

因为在自由基条件下，氯甲烷氯化比甲烷自身更快，所以需要甲烷对氯气的比率至少为 10∶1 的高比率以获得氯甲烷作为主要的想得到的产物。在诸如有活性炭、硅藻土、浮石、氧化铝、高岭土、硅胶和矾土这样的催化剂上进行甲烷的氯化也已经被报道，但因为反应的自由基特征，甲烷氯化显示出有限的选择性。工业上，剧烈放热的氯化反应通常在略微升高的压强、无催化剂、400～450℃的温度及没有额外加热的条件下进行。

20 世纪 70 年代，奥拉等人观察到，用超酸 SbF_5/Cl_2 在低温条件下进行甲烷氯化高选择性地得到氯甲烷，仅得到少量的二氯甲烷、氯仿及四氯化碳[378,379]。亲电反应得到的高选择性和自由基氯化得到的低选择性形成了鲜明的对比。然而，由于转化率低，这个反应没有被投入到实际应用中去。

在 20 世纪 80 年代期间，在甲烷的亲电卤化向催化的异相气相反应扩展的过程中，人们证实可以高选择性和尚可接受的产率生成氯甲烷[376]。通过固体超酸（TaF_5/Nafion-H，SbF_5/石墨）、负载的金属（Pt/Al_2O_3 和 $Pd/BaSO_4$）或者负载的氯氧化物和氟氧化物（$ZrOF_2/Al_2O_3$ 和 GaO_xCl_y/Al_2O_3），人们成功实现了甲烷的催化单卤化（氯化或溴化）。这些反应在 180～250℃的温度下发生，得到 10%～60% 的转化率且对氯（溴）甲烷的选择性通常超过 90%。二卤化碳（CH_2Cl_2、CH_2Br_2）是生成的唯一高级卤代甲烷，而且没有观察到卤仿（$CHCl_3$、$CHBr_3$）或者四卤化碳（CCl_4、CBr_4）。

在甲烷卤化过程中，卤化氢（HCl 或 HBr）以等物质的量的副产品的形式生成。同样卤代甲烷的水解也会得到卤化氢。对于在从甲烷向甲醇总的转化过程中利用卤素仅仅作为起催化作用的试剂而言，它们的循环是不可或缺的。把氯化氢氧化成氯气在工业上是可行的（Deacon 工艺法、Kellogg 改良的 Kel-Chlor 工艺法和三井东压的 MT Chor 工艺法），但是这在技术上仍然有困难。一种用于实现这个反应的改良方法也被 Benson 及其同事发现[380,381]。相比之下，HBr 易于被空气氧化成溴。它的再氧化和连续循环因而更容易实现。

Olah 及其同事证实，把甲烷的选择性卤化（溴化优先）和接下来的生成甲醇/二甲醚的催化水解联合起来，是一条有吸引力的不经合成气制备甲醇的替换路线[376,377]。直接从甲烷得到卤代甲烷和（或）甲醇/二甲醚也提供了一种通过沸石或双官能酸碱催化的缩合反应把甲烷转换成乙烯和丙烯的方法，乙烯和丙烯是合成的烃类及其产品的原料（第 13 章）。

$$2CH_3X \xrightarrow[-2HX]{催化剂} CH_2=CH_2 \xrightarrow[-HX]{CH_3X, 催化剂} H_3C-CH=CH_2$$

陶氏化学和加州大学圣巴巴拉分校也开发了与之相关的工艺[382,383]。创建于1999年的气体反应技术公司已为它所开发的一些相关工艺申请了专利，并仍在继续努力实现此项技术的工业化[384~386]。

为了一步完成由甲烷生成甲醇，把卤化、水解以及用 $Br_2/H_2O/O_2$ 或 $Cl_2/H_2O/O_2$ 氧化副产物卤化氢的再氧化联合起来也能够成功，但是到目前为止转化率仍然在中等水平。

最近 Periana 发现碘对于发烟硫酸中甲烷的选择性转化是一种合适的催化剂[387]。在200℃左右，以高达45%的产率和90%的选择性生成硫酸氢甲酯，接着水解成甲醇。碘甲烷的中间生成，接着转化成硫酸氢甲酯以及 HI 再氧化成 I_2 可被设想，这不同于上述的氯和溴催化的转化。

但由于使用高酸性物质和碘而带来的腐蚀剂等其他问题可能是相当严重的：

$$CH_4 + 2SO_3 \xrightarrow{I_2} CH_3OSO_3H + SO_2$$

只要化石燃料容易供应，从化石燃料生产甲醇将仍然是甲醇的一个主要来源（图12.6）。目前正在开发不经合成气实现甲烷直接转化的改良方法。除了天然气之外，甲烷水合物和其他原料来源也将被利用。然而，甲醇的生物生产以及最

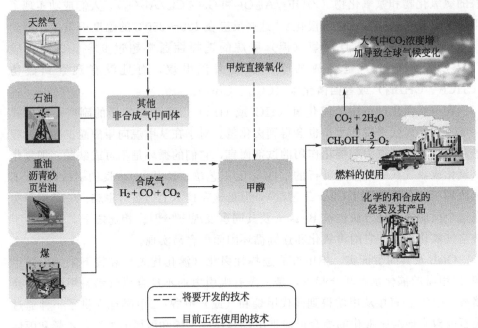

图12.6 从化石燃料资源到甲醇

有意义的 CO_2 转化成甲醇的化学还原循环（见下节）将日益变得重要。

12.3.5 甲烷向甲醇的微生物转化或光化转化

某些被称作嗜甲烷菌的细菌能够从甲烷中获得它们生存需要的所有能量和碳[364,388]。它们应用在甲烷上的关键步骤是使用氧气选择性转化成甲醇。在随后的生物处理过程中，甲醇被进一步氧化成甲醛，接下来甲醛要么被并入生物质，要么被氧化成 CO_2，这提供了细菌所需要的能量。用于甲烷向甲醇转化的天然催化剂是一种叫甲烷加单氧酶（MMO）的酶，在环境温度和压力下它能在水溶液中发生[389,390]。在由大量呈叠瓦状的蛋白质组成的这样一个体系中，反应性由分子识别和酶的调控特征所控制，这为对甲醇近乎完全的选择性提供了可能。这种转化是通过一种被称作 NADH 的还原剂对 O_2 还原活化来实现的：

$$CH_4 + NADH + H^+ + O_2 \longrightarrow CH_3OH + NAD^- + H_2O$$

在嗜甲烷生物体内两个不同种类的 MMO 体系已经被发现。第一种，含铜，是难以分离和完整表征的膜结合酶。大部分的注意力因此都集中在可溶性的含铁 MMO，特别是来自物种丝孢甲烷弯菌和荚膜甲基球菌的 MMO。这种对甲烷氧化起直接作用的酶当中的活性位点含有一对铁原子。基于 MMO 在室温和环境压力条件下活化甲烷的能力，许多研究致力于尝试让这样的活性再生以用于大规模的甲醇生产。我们对在 MMO 中发生的反应机理的理解在过去几年内已经有了很大提高，而且比较简单的试图模仿 MMO 行为的催化剂体系已被开发和测试。然而，由于它们的复杂性，MMO 酶的直接使用已被证明难以应用到实际的甲醇生产中去。除了 MMO 体系以及它们专一性地氧化最简单的烷烃——甲烷的能力外，结构不如 MMO 复杂的细胞色素 P-450 家族的酶已经被发现对多种烃类氧化成醇的反应起催化作用[391]。细胞色素 P-450 的核心是中心含有金属原子——最普通的铁的卟啉体系，它催化了这个氧化反应。虽然到现在还没有 P-450 体系显示出能够有效地氧化甲烷，但是通过专门设计的对低级烷烃高活性的、基于 P-450 的基因工程酶，人们在那个方面已经取得重要进展。其中有些研究的结果发现，经过改进的 P-450 体系能够将乙烷转化为乙醇[392,393]。为了尝试在温和条件下达到接近天然的活化甲烷的能力，近来通过使用钒基催化剂，在低于 75℃ 的温度下让甲烷和氧气以及 H_2O_2 在水中反应也可得到甲醇[394]。然而，寻找一种实际可行、高效和高选择性的基于天然例子的催化剂仍然是一个长期的目标。必须指出的是到目前为止，MMO 不是一个完美的体系。当 O_2 被用作氧化剂时，它需要还原剂 NADH 的存在。另一种方法，O_2 的还原形式，例如 H_2O_2，通常被用在模型实验中。然而，在实际应用中这将最可能意味着用氢气作为还原剂，此举使得这种工艺缺乏吸引力。理想情况下，甲烷应该仅被 O_2 氧化生成甲醇。

12.4 利用生物质（包括纤维素）制取甲醇

虽然来自于天然气的甲烷的储量仍然很大，可是它们仍然是有限的和日益减少的。开发非传统的天然气和甲烷水合物能显著增加可供给人类的甲烷的用量。创新型工艺继续被开发出来以便把甲烷转换成易于处理的液体燃料，主要是甲醇，但这不会解决大气中日益增加的 CO_2 浓度的问题以及其对全球气候的负面影响。即使甲烷比煤和石油释放更少的 CO_2，但为了满足全球不断增长的能源需求，其日益增加的使用量将仍然产生大量的 CO_2。因而，需要不会对我们的环境有负面影响的新方法以满足人类更大的能源需求。所以从长远来看，必须从那些仅释放最少量的 CO_2，甚至不释放 CO_2 的资源来生产甲醇。在这方面，使用生物质是一种可能，尽管天然的资源将不能满足我们的全部需要。

生物质是指和植物或动物有关的任一类型的物质——即由生命体产生的物质。这包括木材与木材废料、农作物及其无用废物、城市固体垃圾、动物粪便以及水生植物和藻类。甲醇最初是从木材制备而来（因此又名木醇），但由于该方法效率低以及经由合成气合成甲醇的出现，这条路线在20世纪上半叶很快被淘汰了。石油与天然气价格的上涨、对外国能源供给的依赖、CO_2 诱发的气候变化所引起的关注以及易得化石燃料资源的消耗殆尽，促使人们近来开始重新考虑在更大更广的范围内使用生物质以满足我们能源需求。由于生物质本身占空间较多而且又是多相的，所以要达到这个目的就需要将其转化为方便的液体燃料，也就是甲醇。目前，由生物质生产甲醇的方法与一个世纪以前大为不同，然而，却更为有效。通常来讲，不但木头而且任何从生物系统所获的有机质（例如含碳物质）都可用在这个过程中。把生物质转换成甲醇的技术通常与那些用在从煤生产甲醇上的技术相似。这些技术意味生物质转化成合成气后，紧接着可用基于化石燃料的工厂的同种工艺来合成甲醇。生物质通过酶转化生成甲醇也是一种可能且具有相当吸引力的替代方法，正在引起人们的兴趣，促进了相关的研究活动，但这一领域的大多数工作目前还主要集中在乙醇的生产方面。

在气化步骤之前，生物质原料通常必须首先进行干燥并且被研磨成大小一致且水分含量不高于 15%～20% 的颗粒以便得到最优结果。气化是一个热化学过程，它在高温下把生物质转化成含有氢气、一氧化碳、二氧化碳和水蒸气的气体混合物。预处理过的生物质被送入气化器，在这里它通常在加压下与氧气以及水混合。在气化器里，一部分生物质和氧气燃烧产生气化所需要的热量。燃烧产生的气体（CO_2 和水）和剩余的生物质反应产生一氧化碳与氢气。生物质作为供暖燃料，不需要额外的热源。通过部分氧化一步法从生物质生产合成气是非常吸引人的，但它目前还存在技术上的问题。因而生物质原料气化通常是个两阶段的过程。在被称作裂解或干馏的气化第一阶段，干燥的生物质在缺少氧气而不能完全燃烧的空气中被加热到 400～600℃。得到的裂解气含有一氧化碳、氢气、甲烷、挥发性焦油、二氧化碳和水。大约占最初燃料质量的 10%～25% 的残留物是木炭。在被称作炭转化的气化第二阶段，来自裂解这步的木炭残留物在 1300～1500℃ 的温度与氧气反应产生一氧化碳。得到的合成气在被输送到甲醇生产部门之前必须被纯化。和大多数的煤相比，生物质的优点是其含硫量比较低（0.05%～0.20%，质量分数），同时重金属杂质（汞、砷等）的含量几乎可忽略不计，但生物质气化也有其自身的问题。尤其是焦油的生成，对于任何生物质气化技术在实现工业化的过程中都是十分复杂而烦人的问题。这种焦油的主要成分是含氧化合物和高分子量的烃类物质，很容易在配管、锅炉、输送管线和过滤器中凝结而造成阻塞、不畅及其他操作困难。产生焦油的性质和数量取决于气化技术、操作条件和生物质的组成成分。选择适当的气化条件和技术往往能明显减少焦油的生成量[395]。

在常规体系中，一部分生物质进料必须用来燃烧以产生气化所需的热量。为了提高生物质的利用效率和减少 CO_2 排放，也可采用太阳能或核能等其他热源来代替燃烧加热。曾经有人提出，将生物质分散在熔盐介质中，用聚焦的太阳能使熔盐加热到 800～1000℃ 以使生物质气化。将能量以热量的形式储存在熔盐中可实现用太阳能不间断地进行合成气生产[396]。太阳能也可用来在气化前对含水的生物质进行干燥，以减少气化过程中的能量投入。

当小规模生产甲醇可行时，大规模的甲醇工厂更好，因为它们引发了真正的规模经济效应，从而降低了生产成本、提高了效率。然而，一个日产 2500t 的跨国甲醇工厂需要的生物质供给量是非常大的（每年达到 150 万吨）。为了满足这样的需求量，必须在陆地的广大地区收集生物质[397]。能量密度低的占空间的生物质产品远距离运输是不经济的，因此建议通过快速裂解把它转换成易于处理和储存的液态中间体。在快速裂解过程中，小生物质颗粒在大气压力下被迅速加热到 400～600℃ 得到氧化的烃类气体。生成的气体然后通过裂化被立即骤冷以免它们分解。得到的被称作"生物原油"[398,399]（因为它和原油相似，图 12.7）的黑色液体，有大范围的潜在应用。它可被加工成燃料油的一种替代品，并且可直接在炉窑中使用以便取暖或发电。通过改变它的化学组成，在改造过的炼油厂，

图12.7 "生物原油"

生物原油也可和原油联合起来进行加工。虽然需要对生物原油进一步开发，但生物原油有望作为国内供应的合成石油替代品。除了以70%～80%的产率得到生物原油之外，快速裂解也产生一些可燃气体和焦炭，其中的一小部分被用来驱动这个过程。一小部分焦炭被磨成细粉加到生物原油中以形成油浆；这就像生物原油一样，可以按今天对常规原油完全同样的方式用泵抽吸、储存以及通过公路、铁路和油船运输，极大地便利了生物质原料的处理。快速裂解是一个相对简单、低压强和中等温度的工艺，其大小规模均有应用，虽然最近才被采用，但其商业化应用还需进一步开发。相比之下，用来自不同矿物源的液体原料生产合成气是一种早已建立的、在全世界无数工厂得到使用的工艺。因此在世界级工厂（>2500t/d）通过从分布于各地的分厂从生物原油得到的合成气来生产甲醇是一个可行的选择，但取决于特殊的现场条件和经济因素。

所有的生物质原料都可以被气化以用于甲醇生产（图12.8）。然而，这个过程的效率取决于原料的种类和质量。低水分的原料，比如木材与木材废料、草本植物和作物的残余是最合适的。使用木材和林业废料，已有记载效率高达50%～55%。世界各地的几个示范工程正在运行。比如在日本，三菱重工正经营着一座从纤维素生物质生产甲醇的中试装置。各种原料，比如黑麦草、稻草、米糠和高粱，已经被成功测试过，已得到的最好产率是用锯末和米糠。在美国，最早由布鲁克海文国家实验室开发出来的Hynol工艺也曾进行中试规模的测试[400]，而且成功地把像碎木材这样的原料转化成甲醇。在欧洲，造纸业已经把注意力转向了把黑液气化作为甲醇的一个可能来源[401]。黑液是一种作为造纸生产用的硫酸盐制浆法的副产物而得到的富含纸浆的浆状液体，并且含有木材原本有机物的一半左右。它的巨大优点是已被部分加工过并且可用泵抽送的液体。经过气化过程，包含在黑液中的生物质能量的65%～75%可被转化到甲醇中去。全世界的纸浆造纸工业现在每年产生1.7亿吨的黑液。单单美国每年从黑液就有2800万吨的甲醇生产潜能。很明显，因为美国汽油和柴油的消费量总和相当于100多亿吨甲醇，这将仅仅代替一小部分的石油衍生燃料。在拥有重要的造纸工业并且人口有限的小国家（例如芬兰和瑞典），从黑液生产的甲醇能够代替汽车燃料需求的相当一部分（分别为50%和28%）。目前正在瑞典进行的欧洲BioDME计划将在一座演示装置上用从黑液气化得到的合成气每天生产出4t DME，然后将生产出来的DME在4座灌装站中供给沃尔沃DME重载卡车使用。如果考虑从燃料生产到车辆运行的全过程，即所谓的WTW（从井口到车轮）效率的话，从生物质中生产的DME是一种能效最高的可再生燃料[402~405]。与通过费-托合成法制得的合成柴油相比，DME是一种简单得多的化合物，生产过程更简单，也更便宜。从黑液生产DME的成本，在没有任何补贴的情况下相当于每桶65美元的油价水平[406]。城市固体垃圾（美国每年产生大约2.5亿吨）是甲醇生产的另一种可能原料——意味着垃圾掩埋场实际上可能成为未来的能源区。

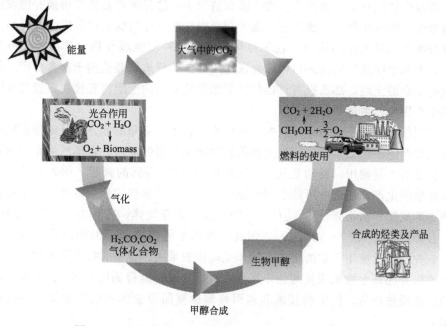

图12.8　生物甲醇的生产和使用过程中的碳资源中性循环

虽然来自木材加工的废品、农业残余物与副产物以及固体城市垃圾在近期代表着甲醇生产的合适原料，但从这些资源可生产的甲醇量却是有限的。从长远来讲，对生物甲醇日益增长的需求迫切需要一个更大的可靠的生物质原料来源。因此，如果大量的甲醇将从生物质资源生产而来，那么用于能源目的的专选的作物必须大规模地种植。合适的"能源作物"正在确定当中，最有希望的作物——主要是速生草和速成林——正在进行田间测试。因为依赖于气候，得到最好结果的物种有逻辑上的差异。大规模种植能源专用植物对生态系统、土壤浸蚀、水质和野生动物的潜在影响也正在进行评估。关于木材，像白杨、梧桐、柳树、桉树和银枫这样的速生树种在美国和欧洲的短轮伐期林场已被计划[407]用于造林。在用于胶合板或纸业生产的传统造林方法中，树木要长 20～50 年，或者更长。"短轮伐期"这个词意味着距砍伐后新树种栽种仅 4～10 年密距种植的速成林就被砍伐以便产出最大化。然而，研究中的大多数树种有自"矮林作业"过程中的树桩再生出来的能力，因此不需要每轮砍伐期过后再次栽种。在温带气候条件下，通过这样的集约树木栽培通常每公顷土地每年能产出 4～10t 的烘干木材。采用合适的树种在热带气候的地方可获得更高的产率，比如在佛罗里达、夏威夷和南非等地的桉树。除了木材之外，像柳枝稷、高粱或甘蔗这样的能源作物已被认为能高效地把太阳能转化成生物质。为了抑制能源作物种植、生长和收割的成本，人们期望能源作物能有更高的产率。在大多数情况下，这意味着必须要用最好的农业用地来生产能源作物。在像美国、澳大利亚或巴西这样的低人口密度大国，相当一部分闲置的粮食作物用地、牧场和林区被用于种植能源作物。然而，在像西欧、日本和中国这样的高人口密度地区，大部分的耕地已经被用于粮食生产。如果没有剩余的土地，那么极有可能种植能源作物需要的土地将直接和粮食与纤维食物生产用地产生竞争。

如同任何一种植物一样，只要土壤中有植物生长必须的养分就可维持高效和可持续生产能源作物多年。就像大多数发达国家所做的那样，在集约耕作中这意味着化肥的大量使用。特别是从天然气衍生的 NH_3 得到的氮肥，如果它被用于能源作物的生产，那么它可能会部分抵消生物质生产燃料的预期效益。由于耕作土壤中的氮肥和动物粪便占 N_2O（一种强温室效应气体，破坏力比 CO_2 大 296 倍）总排放量的 65%～80%[408]，因此选择需要施氮肥最少的能源作物是必然的。农业中广泛使用于贫瘠土壤的轮作也应该被采用。也有人提出了各种能减少水土流失并提高土壤肥沃度的轮作技术，并越来越多地得到应用[409]。尽管环境风险还必须被评估，但生物技术和基因修饰也被期望使作物的产量能有额外的增加。

从产业的角度来讲，以仅包含一种物种的大规模单种栽培方式来生产能源作物是首选。然而，这类种植方式通常有利于病虫害的传播，因此需要经常喷洒杀虫剂和杀菌剂以便免受可能毁灭整个种植园的潜在虫灾。为了避免发生这种情况，取而代之的是种植几种能源作物，这也是使高度生物多样化成为可能。与此同时，在速生的白杨树和桉树种植区引入像榿木或刺槐这样的具有固氮作用的树种也有助于减少化肥用量[244]。研究已经证明，具有高度生物多样性的天然草地多年生植物与单一作物相比，在经过十年后，其生物能量的得率将高出 240%，并有更好的温室气体减排效果，农业化学品的污染也更少。而且，这些多年生草本植物能更好地抵御病虫害，在肥料投入很少的情况下也能存活。由于草类中混杂的豆科植物能够提供草地生长所需的氮，因此只需要施加少量磷肥就可以了。这种低投入、高度多样性（LIHD）的天然草地多年生混合植被对于已退化的土地来说十分有益，能比柳枝稷之类的单一作物取得高得多的能量得率[410]。

为了避免使用优等农田，能在不肥沃或退化的土地上生长的能源作物也引起了人们更多的注意，这也可作为不适合大多数其他农业用途的广大地区增加价值的一种方式。比如，牧豆树及其富含糖分的豆荚已茁壮生长在美国好几百万公顷的半沙漠地区，否则对于粮食作物生产或用作牧场来讲这些没有适当灌溉的地区将没有什么价值。由于牧豆树根系庞大，它能够深入地表以获取水分，其庞大的根系也有助于在适当的地方保持土壤和保护土地不受侵蚀。在牧豆树的根系中也存在着根瘤菌，它能够固定空气中的氮气，而且不仅为牧豆树也为附近的植物提供生长必需的养分。虽然种植像牧豆树这样的植物比速生的白杨或桉树少，但是它们有能在那些价值有限的广大地区生长且无需灌溉的优点。

澳大利亚国家科学局设计的一个计算机模型表明，如果在未来50年种植3000万公顷的速生林，到2050年可生产足够的甲醇以替代全国2500万人石油需求量的90%。到那时，这将在农村地区创造大量的就业机会并且有助于减少盐分的影响，否则盐分会因地下水水位的升高而被带到地表。

在成员国扩展到25个之后，人口超过4.5亿的欧盟种植能源作物的潜力很小。欧盟有总共差不多4亿公顷的土地，目前其中的1.7亿公顷用于粮食生产，另外1.6亿公顷被森林所覆盖，剩下的大部分土地被归类为不适合生物质生产（山脉、沙漠、退化的土地、城市地区等）。为了保持自给自足，仅仅一小部分粮食生产当前用地被改作生产能源作物。在欧洲，森林是从生物质大规模地生产甲醇的另一个潜在原料来源。它们被直接用于木材生产或被清除以用于农业生产，但由于它们对环境平衡和生物多样性的重要性，把大部分森林变成广阔的高度标准化和机械化的林业种植将与可持续利用天然资源背道而驰。当我们考虑到可能的原料供给时，那么料想生物质不会超过未来欧洲总能源需求的10%~15%。

在那些已尽力为其不断增长的人口生产必需的粮食的发展中国家，其能源作物产能明显有限。

12.4.1 生物气制取甲醇

大多数哺乳动物（包括人类）以及白蚁和其他生物有机体在消化食物时产生一种叫作"生物气"的可燃气体。湿地、沼泽地也会产生生物气，在那些地方可能聚集着大量的腐烂植被。厌氧细菌在缺氧状态下分解有机物时会生成生物气。

厌氧细菌是地球上最古老形式的生命的一部分，在绿色植物的光合作用能够向原始大气释放大量的氧气之前，这些生命一直在进化。

生物气实际上是那些微生物的排泄物，主要由不同比例的甲烷和 CO_2 构成，并且有痕量的其他化合物，比如硫化氢（H_2S，一种具有臭鸡蛋气味的气体）、氢气或一氧化碳。由厌氧的产甲烷细菌产生生物气的生物工艺被称作"甲烷生成"，此工艺在 1776 年被亚历山德罗·伏打发现，并且自 19 世纪一来一直被用在所谓的"厌氧消化反应器"中。第二次世界大战期间以及战后能源供应减少时，这种工艺在欧洲应用相当广泛。19 世纪 70 年代石油危机以后，人们才对生物气再次产生了兴趣。最普通的原料是动物粪便、污水污泥和废水或城市有机垃圾。在过去几十年里，用厌氧消化池处理工业废水也迅速得到普及。被处理的废水包括来自食品厂、造纸纸浆厂、纤维制品厂、肉联厂、牛奶产、酿造厂以及制药厂的废水。在巴西，厌氧消化池被用来处理在从蔗糖制造乙醇时共生的废液（叫酒糟）。因此厌氧消化是减少废物处理对环境影响的一种重要方法[411]。

厌氧消化池可用水泥、钢铁、砖块或塑料来建造，它们可以被造成圆柱形、池形，并且既可建在地下也可建在地上。在大规模运营过程中，有机物被不断地投入消化室，产生的气体可从消化池顶端的出气口输出。留在消化室中富含养分的污泥可被用作土壤肥料或调节剂。

在厌氧消化池产生的气体取决于原料和工艺的效率，它由 50%～70% 的甲烷和以 CO_2 为主的余气组成。目前，生物气主要用于发电或供热。从生物气得到压缩甲烷（基本上和 CNG 相同）也被用作轻型和重型车辆的替代运输燃料，特别是在巴西。今天，瑞典有大约 800 辆使用生物气的巴士在运营，还有一列由 2 台生物气巴士发动机牵引的小型生物气列车从 2005 年以来一直使用至今。在除去杂质（特别是硫化氢）后，生物气也被直接用于甲醇的生产，其生产方法和用天然气生产甲醇的方法相同。生物气中已存在 CO_2 的一小部分会和在甲烷水蒸气重整过程中产生的过量氢气反应以便生成更多的甲烷。运用这项技术，在犹他州 25 万头猪的粪便目前被计划用来每天生产大约 3 万升的甲醇。

生物气生产的另一原料来源是填埋垃圾场，填埋垃圾是全球城市固体垃圾处理的主要方法。就像在厌氧消化池里一样，垃圾填埋场中的有机物在缺氧状态下被厌氧细菌分解。结果得到的气体含有 50%～60% 的甲烷、40%～50% 的一氧化碳、痕量的 H_2S 以及其他挥发性有机化合物。出于安全原因，填埋气体会被排到大气中或者被烧掉，它也可通过复杂的地下管道收集以用作燃料或甲醇生产的原料。

2006 年美国有 2.5 亿吨的城市固体垃圾产生，其中，32% 得到循环利用或成为混合肥料，13% 被焚烧，55% 被掩埋。目前运营的 1700 多座垃圾填埋场中将近450座在原地建有填埋气体利用装置[412]。大部分产生的气体被用来发电或供热。用填埋气体生产甲醇也是有可能的。靠用德国柏林市的城市有机垃圾生产的甲醇运行的熔融碳酸盐燃料电池（MCFC）自2004年起也一直在使用当中（图12.9）。

图12.9　MTU公司的Hotmodule工厂（2004年9月第一个双燃料熔融碳酸盐燃料电池在柏林的Vatten Europe公司投入使用。它以天然气或甲醇或二者的任意混合物作燃料。所用的甲醇是从当地的垃圾衍生而来）

然而，重要的是注意到美国所有已安装的填埋气能源工程2004年联合发电量仅仅为9亿千瓦·时[412]——近似单个大型核反应堆的发电量或全国发电量的0.2%！虽然利用填埋气提供了一种控制城市固体垃圾排放甲烷温室气体的好方法，但它用于能源或甲醇供应方面的能力非常有限。

12.4.2　水产业

以海洋、湖泊、河流、湿地的形式存在的水覆盖地球超过70%的表面。因此，尽管人们很少注意到把水生植物和生物体用于能源生产，但这些生物质资源还是有相当大的潜力。

12.4.2.1　水生植物

在淡水中，部分水下生长的植物，比如水葫芦和香蒲，被认为是能源方面有潜力的原料。原产南美的水葫芦是一种自由漂浮的能在水面形成稠密团状的草本植物。有意或无意地被引入到世界上大部分热带或亚热带地区，对受影响的国家来讲，它已变成一个浮动的怪物。在非洲，它大量滋生在每一条大河和几乎所有的湖泊中。在美国，水葫芦在从加利福尼亚州到弗吉尼亚州的整个南部无数水体中生长繁茂（图12.10）。水葫芦稠密快速扩张的生长会堵塞河道和进水口，使河流湖泊沿岸的航行受到限制，而且会排挤本地植物。在某些地区，它必须从重要水路被不断地清理出去。它有极高的年产能力，达到每公顷30~80t干生物质。

图12.10 水葫芦滋长茂盛的美国南部河道

生长在整个地球的沼泽地带和湖泊里的香蒲（图12.11）也被看做能源生产的一种好原料，因为它年产高达每公顷40t干生物质。一旦被收集起来，水葫芦、香蒲或任何其他合适的水生植物可通过厌氧转化加工生成甲烷，然后再生成甲醇。

图12.11 香蒲

12.4.2.2 藻类

在海水或淡水环境中都能发现的藻类也被研究作为能源的一种潜在来源。大型藻——比较普遍是称作海带——是速生植物,它可长到相当可观的大小(长度高达60m)[413]。20世纪70年代,人们在加利福尼亚州沿海修建了几个试验性的海藻养殖场,但由于恶劣的天气条件和汹涌的海水,这个远海项目很快就被放弃。由于基础有更多的保护,近岸的巨藻养殖场得到较好的结果,并且曾有报道说一年每公顷可产30多吨生物质(图12.12)。也有人试图探索在日本海这样的公海甚至大洋上培植藻类的可能性。还有人提出了在计划种植的区域喷撒铁粉来促进藻类成长的主张。

另外一种藻类——微型藻——是极小的并且是光合生物的最原始形式(图12.13)。尽管它们的光合作用机制和高等植物类似,但微型藻通常能

图12.12 海藻林(来源:海洋Brite系统)

够更有效地把太阳能转化成生物质,由于它们的细胞结构简单以及它们能在水包围的水悬浮液中生长这个事实,CO_2和其他营养是其生长所必须的。水给予的浮力意味着藻类无需发展纤维素和木质素之类,而对于陆生的草本和木本植物来说这些都是基本的构成成分,但又是难以廉价地转化为液体燃料的。某些种类的微型藻非常富含油脂,油脂可占其质量的50%,其余部分是淀粉和糖。据称每公顷微型藻能比陆地含油种子作物多生产30倍的油。这促使美国能源部(DOE)的国家再生能源实验室(NREL)在一项从1978~1996年的项目中研究这种生物以便制造生物柴油[413]。微型藻的试验性生产在加利福尼亚州、夏威夷州和新墨西哥州的高太阳光照射地区的露天浅池中进行。与更复杂的高等生物不同,微型藻繁殖非常快而且可以一边生长一边连续收获。为了保持高生长率,CO_2、水和微型藻需要的其他营养不断被投入到池子里。对海藻养殖场的大规模生产而言,CO_2有大量的来源,特别是燃烧化石燃料的发电厂。如此一来化石燃料中含有的碳就被利用了两次,减少了全球CO_2的排放。这将为把CO_2变成有用燃料的循环提供了一种可行的方法。然而,说到底它只是延迟了CO_2排放到大气中的过程。从长远来看为了可持续发展,海藻应该利用大气中天然含有的

和隐含在土壤中的 CO_2。这将可能大大降低生物质生产的产量,生物质生产要大面积的土地生产大量的能源作物。但是,按照 NREL 的研究结果,从水生植物中提炼生物质原料以目前来看还太昂贵,无法与化石燃料竞争,甚至也不能与陆生植物相比。不过,对进口能源依赖度极高的日本仍在不遗余力地进行这类研究,以提高其国内的能源生产能力。最近几年来,这种技术在美国也重新引起了人们的兴趣,在藻类生物燃料方面的风险投资开始提速,从 2007 年的 3200 万美元增加到 2008 年将近 1.8 亿美元[160]。太阳能酶、蓝宝石能源和 Solix 生物燃料等许多公司都在建造实验性的装置。其中绿色星球产品公司在完成了 $4\times 10^4 L$ 规模的微藻生长实验后,已于 2008 年宣布将投资 1.4 亿美元建设一座海藻制生物柴油装置,与密苏里州的一座生物炼油厂配套。

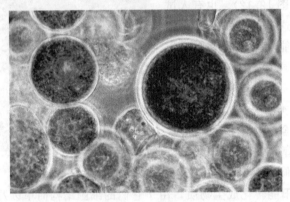

图 12.13 微藻类

除了直接提炼油脂以外,利用大型藻或微型藻产生的生物质最简单的方法之一是生产甲烷。由于藻类的水分含量高,气化需要预先干燥原料就不具吸引力,但是厌氧消化——无论如何都得在水中进行——因此更能适应。产生的甲烷然后可按用天然气生产甲醇的方式得到利用。可是,人们需要更多的研究以便更好地理解水生生物学和确定太阳能向生物质最优转化的最佳物种和生长条件。基因工程也被用来改进这类植物和藻类的特征。

12.5 用二氧化碳生产甲醇

到目前为止,我们所讨论的都是怎样从化石燃料和生物质出发生产甲醇。化石燃料或任何含碳的天然或合成产品(包括甲醇在内)燃烧时都会产生 CO_2 和水。一项意义日益重要的伟大挑战是使这个过程逆向发生,以用 CO_2 和水通过化学再生转化(也即循环回收)有效且经济地生产燃料、合成烃类和相关的衍生产品。自然界在光合作用过程中通过树木、绿色植物、庄稼等从空气中捕获 CO_2，利用太阳的能量和叶绿素作催化剂把它和水转化成新的植物生命。因此，植物生命通过循环大气中的 CO_2 来充实自己。困难在于把植物生命转化成化石燃料是一个漫长的过程，需要几百万年的时间。当然，正如前面已经讨论过的那样，植物生命能在1年甚至更短的周期内复制它们自己。而我们可以以生物质的形式将其收集起来，加工成合成烃类燃料和相关产品。无论如何，通过这样自然的 CO_2 循环而实现的资源利用与人类的需求相比毕竟是有限的。作为解决方案，必须开发我们自己的化学循环过程以便在必须的极短时间内达到这个目的。最有希望的方法是通过催化氢化或电化氢化把 CO_2 用化学方法转化成甲醇或DME，然后再用水的电解或其他分解方法制得的氢气将其进一步转化为合成烃类和相关产品。化学家们早在20世纪初期就已经知道如何用 CO_2 和 H_2 生产甲醇：

$$CO_2 + H_2 \xrightarrow{\text{催化剂}} CH_3OH + H_2O$$

实际在美国，20世纪20~30年代一些运营的早期甲醇工厂普遍使用作为发酵工艺的副产品而得到的 CO_2 来生产甲醇。基于金属以及它们的氧化物的许多种高效催化剂（特别是铜和锌）曾被开发用于这一工艺。这些催化剂与那些目前用在经由从化石燃料中制得的合成气生产甲醇的工艺中的催化剂非常相似。鉴于对合成气合成甲醇机理的理解，这真的不意外。现在已被确定的是，甲醇最可能完全是通过合成气中所含的 CO_2 在催化剂表面加氢这唯一的途径而生成的。为了转化成甲醇，合成气中的CO首先必须进行水煤气转换反应以便得到 CO_2 和 H_2。生成的 CO_2 然后再和氢气反应产生甲醇[359,414,415]。高度净化脱除 CO_2 和水的 CO/H_2 混合物在工业上用甲醇催化剂反应时，几乎不生成或只生成很少量的甲醇。

德国鲁奇公司在甲醇合成技术开发方面具有领先地位，该公司开发了一种高活性的从 CO_2 和 H_2 生产甲醇的催化剂，并对其进行了相当透彻的测试[416]。在约260℃的温度（略高于常规的甲醇合成催化剂操作条件）下操作时，其对甲醇的选择性非常优异。这种催化剂的失活速度与目前在工业甲醇生产装置上使用的催化剂基本相同。日本也在实验室的规模上进行了从 CO_2 和 H_2 合成甲醇的演示，在50kg/d甲醇产量的规模上，对甲醇的选择性达到了99.8%[417]。还有人开发了一种液相甲醇合成工艺，可使 $CO_2 + H_2$ 对甲醇的转化率达到95%，同时具备很高的单程选择性[356]。我们自己的研究团队也曾开发出一种用于 CO_2 转化为甲醇的改进型催化剂。

当代第一座循环回收 CO_2 制甲醇的工业装置目前正由碳循环国际公司

(CRI)在成功完成了中试规模的试运行后进行项目开发,项目将建在冰岛,为的是利用当地廉价可得的地热资源。这座拟议中的装置初期能力将为年产3500t甲醇,所用的原料是当地丰富的地热能源(蒸汽和热水)所伴生的CO_2。所需的氢气也将利用廉价的地热或水电发生的电力通过水的电解制得[418]。冰岛希望通过这一项目的开发能充分利用甚至出口其廉价而清洁的可再生电能。在日本,三井化学也宣布将建设100t/a规模的演示装置,尝试从作为工业副产物的CO_2和用太阳能通过水的光化学解离而得到的H_2生产甲醇[419]。在中国、澳大利亚、欧盟和其他国家,CO_2制甲醇技术也引起了工业界的很大兴趣,也包括研发方面的广泛关注。

许多文献报道了关于从CO_2和H_2生产甲醇的技术的各种改进[416,417,420,421]。用CO_2和H_2生产甲醇的工业装置的基本投资估计与常规的天然气制甲醇装置大体相当[416]。这种工艺大规模应用的限制因素是CO_2和H_2等原料及所需能源的供应保证和价格。

从燃烧化石燃料的发电厂和水泥厂、熔铝厂、发酵装置和其他工业装置的排气等各种来源都能相对容易地捕集并提纯得到二氧化碳。此外,在天然气和地热能的生产中也伴有大量的天然CO_2资源。大气中的CO_2最终也可被分离,并且按化学方式循环转化成甲醇和想要的合成烃类及其产品。氢气目前主要产自基于非再生的化石燃料的合成气。考虑到日益减少的化石燃料资源,这不是未来的方法。此外,用化石燃料生产合成气会释放出CO_2,它会进一步加剧温室效应。用电解、加热或任何其他方法使水解离来作为氢源显然是未来我们应当采用的最佳途径,但同时仍将使用天然气和其他烃类资源。甲醇经济的最大优点之一便是提供了灵活利用任何能源(常规能源、可再生能源和太阳能)来制备二氧化碳化学循环回收所需的氢。

12.5.1 二氧化碳与甲烷反应转化为甲醇

为了避免过量产生CO_2并排入大气,开发出了多种基于化石燃料生产甲醇及其衍生物同时又能减少甚至完全不新生成CO_2的技术,其应用势必会越来越广泛。在一种由布鲁克海文国家实验室开发的叫"Carnol"的工艺中,通过甲烷的热分解产生氢气和固态的碳[422]。产生的氢气然后和从燃烧化石燃料的发电厂、工业废气或者大气中回收的CO_2反应产生甲醇。总之,这种工艺的CO_2净排放量接近零,因为当甲醇被用作燃料时从存在的排放源释放的CO_2被循环利用。作为稳定的副产品的固态碳比气态的CO_2更易处理和储存,并且它可被用掉或用作日用品材料,比如用于轮胎生产、调节土壤或作为修建道路的填充材料。这种工艺最终取决于甲烷的来源:

甲烷热分解 $\quad CH_4 \xrightarrow{>800℃} C + 2H_2 \quad \Delta H_{298K} = -17.9\,kcal/mol$

甲烷合成 $\quad CO_2 + 3H_2 \longrightarrow CH_3OH + H_2O$

Carnol 工艺的总反应：$3CH_4 + 2CO_2 \longrightarrow CH_3OH + 2H_2O + 3C$

当甲烷在高温缺氧情况下被加热时会发生甲烷的热分解。为了在工业条件下得到合理的转化率，需要 800℃ 以上的温度[422]。这种工艺已被应用多年，但不是用于生产氢气，而是用于生产用在轮胎中的炭黑、墨水和油漆用的颜料。对于氢气的初级生产，人们提出了不同的反应装置设计。人们的注意力最近集中到了用熔融的金属液运行的反应装置上，例如熔融的锡被加热到 900℃ 以上通入甲烷气体。由于是一个放热反应，所以甲烷的热分解需要 18kcal/mol 的热量才能产生 2mol 的氢气，或生产 1mol(2g) 的氢气需要 9kcal 的能量。相比较而言，这比高度吸热的甲烷水蒸气重整吸收的热量要少，甲烷水蒸气重整需要 39.3kcal/mol 的热量才能产生 4mol 的氢气，或生产每摩尔氢气需要 9.8kcal 的热量。明显的是，甲烷水蒸气重整每用 1 分子甲烷可产生 4 分子氢气，而甲烷分解就像甲烷部分氧化一样仅仅产生 2 分子氢气。另一方面，甲烷热分解的副产物（比如碳）容易处理和储存，并且无需更进一步处理就可使用。抑制甲烷水蒸气重整或部分氧化所产生的 CO_2 排放非常困难并且耗能。CO_2 首先必须被捕集、净化、浓缩，最后被运输到一个合适的集中存放地点；这也许远离生产地点而且需要广泛的管道网络。甲烷热分解工艺还处于其开发阶段，需要大量的进一步探索以便形成一个成熟的、有效的、可商业化应用的技术。在一个以减少温室气体排放为目标的碳限制的世界，对于氢气和甲醇生产而言甲烷热分解可能是一个有用的替代方法，它可避免 CO_2 排放和收集的问题。这将使人类广泛使用世界上剩余的天然气资源，包括诸如在海底和北极冻原地带的对地球大气影响有限的储量巨大的甲烷水合物沉积物（假定发现了一种加工处理它们的有效方法）这样的非传统资源。

通过以碳的形式封存某些 CO_2，而从 CO_2 中生产甲醇的另一种方法是将 CH_4 分解和干法重整结合起来。其结果生成了甲烷和碳。每消耗 2mol CH_4，将生成 1mol 的碳：

$$CH_4 + CO_2 \rightleftharpoons 2CO + 2H_2$$
$$CH_4 \rightleftharpoons C + 2H_2$$
$$\overline{\qquad\qquad\qquad\qquad\qquad\qquad}$$
$$2CH_4 + CO_2 \rightleftharpoons \underbrace{2CO + 4H_2}_{2CH_3OH} + C$$

其环境效益不像 Carnol 工艺那么高，但经济成本可能较低。

12.5.2 二氧化碳通过甲烷的二元重整转化为甲醇

另一种更有效的利用我们仍然丰富的天然气资源将 CO_2 转化为甲醇的方法是使 CO_2 与天然气或其他烃类资源反应来生产合成气。在不使用蒸汽的干法重整中，CO_2 与天然气反应生产出的合成气所具有的 $H_2/CO = 1$，而甲醇生产所需的 H_2/CO 比接近 2，因此这种合成气不适宜于甲醇的合成反应，而为达到理想的 H_2/CO 比需要加入从其他来源得到的氢气。

为克服这个问题并生产出 H_2/CO 比接近 2、适用于甲醇合成的混合气，我们开发了一种蒸汽和干法甲烷重整的特别组合，并称之为"二元重整"（美国注册商标）[18]。将这种方法应用于甲醇合成，所有的氢最终全部进入了甲醇，而没有因形成其他副产物而造成的损耗。二元重整所用的催化剂就是分别用于干法重整和蒸汽重整的，只是将原来的两股物流并起来而已。干法和蒸汽重整也可以整合成一个单一步骤。所用的反应温度范围为 800～1000℃。需要的能量可来自于任何外部来源，包括可再生能源及原子能在内。因为这项工艺中不需要燃烧部分天然气（甲烷）来提供所需的热量，由此不会产生额外的有害二氧化碳，而仅仅得到甲醇：

蒸汽重整：$2CH_4 + 2H_2O \longrightarrow 2CO + 6H_2$

干法重整：　$CH_4 + CO_2 \longrightarrow 2CO + 2H_2$

⋯⋯⋯⋯⋯⋯⋯⋯⋯⋯⋯⋯⋯⋯⋯⋯⋯⋯⋯⋯

二元重整：$3CH_4 + 2H_2O + CO_2 \longrightarrow 4CO + 8H_2 \longrightarrow 4CH_3OH$

在实际使用中，天然气是主要的甲烷来源。除了甲烷之外，天然气中还含有不同浓度的碳原子数较高的饱和烃，这些也可按照如下的总反应式进行二元重整：

$$3C_nH_{(2n+2)} + (3n-1)H_2O + CO_2 \longrightarrow (3n+1)CO + (6n+2)H_2$$

将蒸汽重整和干法重整结合起来成为二元重整（分别在不同的步骤中进行或整合成单一操作），也可以用来对 CO_2 排放进行化学循环回收。这种工艺还适用于对天然气井和地热热水/蒸汽资源经常伴生的 CO_2 进行转换回收。如不加以回收，这部分 CO_2 将被放空到大气中，或在分离后封存到地下或海底。某些天然气资源如阿尔及利亚的某些气田所含的 CO_2 含量可高达 40%。挪威的 Slepner 海上平台所生产的北海天然气也含有 9% 的 CO_2。这些 CO_2 目前通过分立后封存在北海海床下深处的一个盐水蓄水层中。

值得注意的是，随着有关自热式重整经验的积累，现在也已发展出了将天然气转化为合成气的"三元重整"概念，这一概念的基础是甲烷的干法重整、蒸汽重整和部分氧化结合在一个步骤中所能取得的协同效应[423]。甲烷与氧气的放热氧化反应提供了干法和蒸汽重整所需要的热量,同时使得合成气混合物的 H_2/CO 比接近 2,适用于甲醇生产。由于一部分天然气被燃烧用来产生所需的热量,这项工艺会产生多余的二氧化碳,但仍可以循环回到工艺过程中去。不过其循环中需要从外部资源获得更多的氢,否则就要大大减少可被循环回收的 CO_2 的量。这就与我们前面所讨论的环境方面更为清洁的二元重整不同。甲烷或天然气二元重整技术的设计目的就是要对甲烷或天然气中所含的全部氢源进行充分利用,将 CO_2 完全转化为甲醇。

12.5.3 从合成气或二氧化碳生产二甲醚

DME 是增长迅速的柴油和民用燃料的替代产品,目前主要通过甲醇脱水而制得。常规的甲醇二分子脱水制 DME 过程能够十分方便地以铝矾土或磷酸改性的 $\gamma\text{-}Al_2O_3$ 等各种固体酸为催化剂进行:

$$2CH_3OH \longrightarrow CH_3OCH_3 + H_2O$$

在中国、日本和韩国等国家,DME 已经是一项重要的工业产品,年产量达到数百万吨。所需的生产原料甲醇目前主要来自于由天然气或煤炭制得的合成气,尽管也有少量来自于我们前面所讨论过的其他来源。近年来,将甲醇合成和脱水步骤合二为一的直接从合成气生产 DME 的工艺得到了人们广泛深入的研究。这项工艺实际上是将甲醇合成的 $Cu/ZnO/Al_2O_3$ 催化剂与某种甲醇脱水催化剂结合起来使用,后者适宜的操作条件为 240~280℃ 的温度和 30~70atm 的压力。有趣的是,甚至在较低温度下,DME 合成的平衡转化率也明显高于甲醇合成的转化率[424]。采用这项技术设计的一座演示装置已经由 JFE(日本制钢工程)在日本建成并进行了试验,其中使用的淤浆反应器的能力为每天生产 100t DME。

直接从合成气生产 DME 有两条路线,分别产生水和二氧化碳作为副产物,如式(12.4) 和式(12.5) 所示:

$$2CO + 4H_2 \longrightarrow CH_3OCH_3 + H_2O \quad \Delta H_{298K} = -49.0 \text{kcal/mol} \quad (12.4)$$

$$3CO + 3H_2 \longrightarrow CH_3OCH_3 + CO_2 \quad \Delta H_{298K} = -58.7 \text{kcal/mol} \quad (12.5)$$

$$2CO + 4H_2 \longrightarrow 2CH_3OH \quad \Delta H_{298K} = -43.5 \text{kcal/mol} \quad (12.6)$$

$$2CH_3OH \longrightarrow CH_3OCH_3 + H_2O \quad \Delta H_{298K} = -5.5 \text{kcal/mol} \quad (12.7)$$

$$CO + H_2O \longrightarrow CO_2 + H_2 \quad \Delta H_{298K} = -9.8 \text{kcal/mol} \quad (12.8)$$

式(12.4) 是甲醇合成 [式(12.6)] 和甲醇脱水 [式(12.7)] 制 DME 的合并。而式(12.5) 是将式(12.6) 及式(12.7) 与水煤气转换反应 [式(12.8)] 合并起来的结果。这两种路线目前都有人使用。式(12.4) 的使用者有托普索及其他一些公司，而 JFE 则采用式(12.5)。后一种路线的副产物是 CO_2，而从 DME 中分离 CO_2 要比 DME 中分离水简单得多、耗能也少得多。式(12.5)还具有较高的合成气转化率，另一个优点是可以使用 H_2/CO 比为 1 的合成气。这就意味着可以用煤气化或甲烷干法重整工艺来生产所需的合成气。将甲烷干法重整与采用式(12.5)路线的 DME 合成加起来的总反应基本结果就是以 3mol 的 CH_4 与 1mol 的 CO_2 反应，没有因生成副产物水而造成的氢损耗：

$$3CH_4 + 3CO_2 \longrightarrow 6CO + 6H_2$$

$$6CO + 6H_2 \longrightarrow 2CH_3OCH_3 + 2CO_2$$

$$\cdots\cdots\cdots\cdots\cdots\cdots\cdots\cdots\cdots\cdots\cdots\cdots\cdots\cdots$$

$$3CH_4 + CO_2 \longrightarrow 2CH_3OCH_3$$

在 JEF 的 DME 装置上，用一个自热式重整单元将干法重整与甲烷部分氧化结合起来生成合成气，得到的 H_2/CO 比为 1。放热的甲烷氧化反应提供了整个过程所需的热量，但同时生成了副产物水：

$$3CH_4 + O_2 + CO_2 \longrightarrow 3CO + 3H_2 + H_2O$$

前面所讨论的二元重整也可以高效率地生产 DME，既可以采用式(12.4)的 DME 直接合成路线，也可以采用经过甲醇的路线。DME 合成过程中形成的水可以循环回到二元重整步骤中，从而使消耗掉的甲烷中所含的全部氢都被利用到 DME 的生产中[18]：

$$3CH_4 + 2H_2O + CO_2 \longrightarrow 4CH_3OH \longrightarrow 2CH_3OCH_3 + 2H_2O$$

这样，DME 合成的总反应为：

$$3CH_4 + CO_2 \longrightarrow 2CH_3OCH_3$$

如果不用天然气而用另一种化石燃料煤，则可以利用煤层气（常常在煤炭矿层中产生的气体，在美国相当常见）来捕获燃烧时生成的 CO_2 并将其转化为甲醇。

上面所讨论的二氧化碳循环回收制甲醇和 DME 的各种工艺都是依赖于天然气或其他常规甲烷资源如煤层气、甲烷水合物等的供应的。归根到底，所有这些资源都是有限的、不可再生的。随着时间推移，它们终将走向枯竭或因经济因素的限制而无法开采。因此从长期来说，通过电解水或其他水的解离过程实现的大规模、成本高效的制氢生产乃是 CO_2 制甲醇生产技术发展的关键，因此也是"甲醇经济"的关键。

电解水制氢是早就开发出来的工艺，其化学原理十分简单，通过在两根插入含有某种电解质的水中的电极之间施加电流而完成。在阴极放出氢气，阳极则放出氧气。这一过程所需要的电力可以借助任何形式的能源产生。对于目前来说，电力生产的 2/3 仍然来自于化石燃料，但在未来，为了达到可持续和环境友好的要求，大规模电解水所需的电力应当从原子能（核裂变，如果技术可行的话也可以采用核聚变）或任何可再生的替代能源中取得，主要是太阳能和风能，但也包括地热、水电、波浪、潮汐等。这样的能避免 CO_2 排放到大气中的制氢方法我们已在第 9 章中进行过讨论。

12.5.4　将二氧化碳化学或电化学还原和加氢过程结合在一起

对于 CO_2 化学循环回收制甲醇来说，电解水目前是唯一一种经济可行的代替化石燃料进行制氢生产的方法。但正如前面已经提到过的那样，CO_2 催化加氢制甲醇过程中将产生水作为副产物，同时耗费掉所需电力的 1/3：

$$CO_2 + 3H_2 \rightleftharpoons CH_3OH + H_2O$$

与甲醇一样，DME 也可以通过 CO_2 的直接催化加氢而进行生产。与前面所述的合成气制 DME 路线相似，CO_2 加氢制 DME 的反应也采用混合型催化剂，其中同时包含了甲醇合成用的催化剂和甲醇脱水的催化剂[306]。如有需要，生成的水可以回收利用，这一点对于常年干旱的地区或需要使用高纯水的场合尤其有意义：

$$2CO_2 + 6H_2 \longrightarrow 2CH_3OH + 2H_2O$$
$$2CH_3OH \longrightarrow CH_3OCH_3 + H_2O$$
$$\text{---------------------------------}$$
$$2CO_2 + 6H_2 \longrightarrow CH_3OCH_3 + H_2O$$

但是，为了更高效地利用氢来将 CO_2 转化为甲醇和 DME，一种可行的方法是首先将 CO_2 还原成 CO 以减少水的生成。二氧化碳还原成 CO 可以通过布多阿尔反应的逆反应，也就是二氧化碳与碳（或煤）的热反应来实现：

$$CO_2 + C \xrightarrow{\Delta} 2CO \qquad \Delta H_{298K} = 40.8 \text{kcal/mol}$$

这种煤与 CO_2 共气化的吸热反应可以在 800℃ 以上的高温条件下进行。与吸收热量少一些（31.3kcal/mol）的煤炭蒸汽重整相比，其优点是能够循环回收 CO_2。煤与 CO_2 共气化的反应可以在填充床或流化床反应器中进行，或以熔盐（如 Na_2CO_3 和 K_2CO_3 的混合物）为介质进行[425]。也有人提出采用两步法的热化学煤气化与金属氧化物还原相结合的工艺并进行了试验[426,427]。尤其是对煤与 CO_2 共气化工艺中，太阳热能转化为燃料化学能的效率进行了仔细考查。太阳能正是这样以甲醇等常规燃料的形式储存起来并进行运输的。对 CO_2 通过热化学循环和太阳能转化为 CO 的直接转换过程也进行研究。桑迪亚国家实验室的研究人员最近开发了一种太阳炉，这台炉子能将一个盛有钴-复合氧化铁（Fe_3O_4）的装置加热到 1400～1500℃，并驱赶出其中的氧。然后在较低的温度下，以还原剂 FeO 与 CO_2 相接触，从中吸收出一个氧原子，生成 CO 和 Fe_3O_4，后者仍可用于循环。这项技术显示出一定的应用前景，但要实现工业化还有很长的路要走。

另一种无需高温即能将 CO_2 还原成 CO 的方法是在水相中或以有机溶剂为介质进行的电化学还原：

$$CO_2 \xrightarrow{e^-} CO + \frac{1}{2}O_2$$

人们用各种不同的金属电极在水相中对这个方法进行了研究[428,429]。也有人对在某些有机溶剂介质中的类似还原反应进行了研究。尤其是对工业用来在低温甲醇洗工艺中作为 CO_2 物理吸收剂的甲醇在 CO_2 电化学还原中作为介质的表现进行了仔细透彻的研究[430~432]。

当 CO_2 在水中或甲醇中进行电化学还原时，生成氢的反应将与 CO_2 的还原反应进行竞争，从而降低了 CO_2 还原的法拉第效率。不过为抑制氢生成反应的研究已经取得了进展。

在我们关于电化学 CO_2 循环回收的研究中，并没有将生成氢的反应看成是一个问题，相反我们发现在阴极同时产生 CO 和 H_2 是有利的，这样生成的 H_2/CO 比接近于 2 的混合合成气（"甲醇合成气"），然后再进一步转化为甲醇，使能量被充分用于 CO_2 的还原[433,434]。另一个优点是能在阳极发生高附加值的纯氧。但是，CO_2 的电化学还原反应仍然还存在一些问题有待克服，包括过电势和效率问题等：

$$CO_2 + 2H_2O \longrightarrow \begin{cases} [CO + H_2]\text{（在阴极）} \longrightarrow CH_3OH \\ \frac{3}{2}O_2\text{（在阳极）} \end{cases}$$

不管怎样，甲醇和二甲醚都可以通过电化学生成的合成气（"甲醇合成气"）以与天然气或煤出发的路线相似的方式选择性地从 CO_2 中制得。其优点是无需提纯步骤，也没有硫之类可能造成甲醇合成催化剂失活的杂质存在。反应最好在压力下进行，以便将原料气直接加入到甲醇合成反应器中。

CO_2 化学（逆布多阿尔反应）或电化学还原产生的一氧化碳也可以与来自水解离的氢反应而生成 DME：

$$CO_2 + C \longrightarrow 2CO \xrightarrow{4H_2} 2CH_3OH \longrightarrow CH_3OCH_3 + H_2O$$

$$4H_2O \xrightarrow{e^-} 4H_2 + 2O_2$$

我们还发现了克服将 CO_2 转化为甲醇工艺中某些上面已经讨论过的困难的其他方法。采用电化学方法还原 CO_2 时，除了甲醇以外，还将不可避免地生成甲醛和更少量的甲酸。与前面所介绍的甲烷氧化转化（见前文）相似，甲酸和甲醛可以在后续的处理步骤中转化为甲醇[385,435,436]。

12.5.5 通过化学循环回收从工业和天然来源中分离二氧化碳

化学循环回收制甲醇生产所需的 CO_2 可从各种天然和工业排放源中得到,并且最终可从大气中所含的 CO_2 得到。目前,全世界每年有超过 270 亿吨和人类活动有关的 CO_2 被排放到大气中。尽管签订了《京都议定书》以及付出了其他种种环保努力,在全球范围内,来自发电、水泥和发酵装置、各类工业部门、运输部门以及建筑物供暖或降温用的 CO_2 排放还在继续增加。它们都导致大气中 CO_2 含量的增加,从工业时代初期的 270ppm 增加到今天的约 380ppm,产生的温室效应显然会对地球的整体气候条件和我们的生态系统产生不利影响。未来几十年,据预测化石燃料将继续满足人类能源需求的最大一部分。《京都议定书》尽管尚未被所有国家批准,但它大大限制了 CO_2 的排放,但仅靠给各个国家和工业领域规定排放上限和交易配额本身并不能解决问题。为减少 CO_2 排放,必须开发并改进各种减排技术。尽管更高效节能的技术有助于减排,但还不足以制止全球性 CO_2 排放的上升。为了显著减少排放,从各种工业和自然的源头捕集回收 CO_2 将是必要的。从来自诸如燃烧化石燃料的发电厂的废气这样的浓缩源非常容易得到 CO_2,这些废气通常含有 10%~15%(体积分数)的 CO_2。许多工业废气,包括那些来自炼焦炉、水泥厂、钢铁厂、炼铝厂以及发酵装置的废气,也含有相当大的浓度的 CO_2。虽然 CO_2 回收技术还未能达到大规模应用,却已经是一项开发相当成熟的工艺。CO_2 可通过多种已知的分离技术从各种气体物流中脱除、回收。这些技术都基于不同的物理和化学过程,包括吸附到溶液中、吸附到合适的固体上、深冷分离和膜渗透等[437]。采用单乙胺(MEA)和二乙胺(DEA)为吸收液的 CO_2 胺液吸收/解吸系统是从气体混合物中分离 CO_2 最常用的方法之一。但这种技术中再生步骤会有很高的能耗,而由于腐蚀问题胺液的吸收负荷也不能太高,这些缺点促使人们去开发新的高效可再生吸收剂。我们的研究小组也开发了一种高效的 CO_2 吸收/解吸系统,采用负载在纳米结构硅胶上的聚乙烯亚胺,这种体系甚至在某种程度上能够从大气中捕集 CO_2[438]。也有人发现了一些金属有机物框架(MOF),在 30atm 的压力下,其储存 CO_2 的能力可达 1.47g CO_2/g MOF[439]。但这些技术目前仅限于用在高浓度的工业或自然 CO_2 资源的处理方面,还需要进行放大和进一步改进,以降低 CO_2 捕集的成本。

从这类资源中捕集 CO_2 用于回收并生产甲醇或其衍生物时,还必须进行净化以脱除常见的污染物(特别是 H_2S 和 SO_x)。这种净化对于所谓"洁净煤"技术的开发特别重要。这些污染物除了严重的环境影响外,还常常会造成我们前面所讨论的各种 CO_2 化学回收循环工艺中所用催化剂的中毒,因此也是甲醇经济的关键,故脱除污染物质是在技术上实现 CO_2 回收循环所必需的。文献 [437] 中详细介绍了脱除此类污染物质的各种方法。在联合碳化物/UOP 于 30 多年前就提出了的 Selexol 工艺中,通过一个步骤就能在从气体物流中分离 CO_2 的同时脱除大部分污染物质。这项技术采用的物理溶剂是聚乙二醇的二甲醚溶液,现已被选定用于英国的第一套洁净煤 IGCC 电厂,计划在 2013 年开始运行[440]。

大部分提出的 CO_2 捕集、回收和封存方法目前集中在燃烧化石燃料的大型发电厂和重工业。因为它们是数量巨大的浓缩的 CO_2 源。对这样的 CO_2 资源而言,现场捕集 CO_2 是最合理的和成本收益最佳的方法。在实现对大气中的 CO_2 化学回收循环之前,现场捕集能够大大减轻 CO_2 的排放总量。另一方面,像家庭和办公室供暖和空调以及运输部门这样的小分散源,排放了超过一半的 CO_2。从成百万甚至上亿的小型化石燃料燃烧单元中收集 CO_2 即使有可能,也是极其困难的。例如,尽管从行驶的车辆收集 CO_2 在技术上也许可行,但经济上不可行。再者, CO_2 一旦被收集就必须运送到集中点或循环点,这需要修建大量的昂贵的基础设施。捕获正在飞行的飞机产生的 CO_2 更没有可行性,因为捕集的 CO_2 将增加飞机的总重量。在高度分散而产生 CO_2 的数量十分有限的家里或办公室, CO_2 的收集和运输也需要延伸范围很广、造价昂贵的基础设施。虽然这些分散的 CO_2 排放目前可能不会被处理,但从长远的角度,它们代表全球 CO_2 排放的主要部分,它们的重要性不能被忽略。因此我们需要找到新的可行方法,包括新的有效技术来解决 CO_2 问题。

12.5.6 从大气中分离二氧化碳

为了处理小而分散的 CO_2 排放源,同时避免开发和修建巨大的 CO_2 收集基础设施,人们最终应从大气中捕获 CO_2 ,实际上早就有人这样提出过[441~445](此处索引编号 [445] 系译者根据作者提供的引用文献一览增加。——译者注)。大气因此可作为把 CO_2 排放源转移到捕获点的一种有效方法。这使得 CO_2 收集不依赖于 CO_2 源,并且能从任何源——小的或大的、静止或移动的——捕获 CO_2 。由于全世界空气中的 CO_2 浓度处于一种平衡, CO_2 提取设施可坐落在任何地方,但考虑到后续的化学回收循环制甲醇及其衍生物的过程,理论上它们应该位于距氢气生产地点近的地方和主要的人口中心。因为空气的混合和平衡相当迅速, CO_2 局部耗尽不可能造成任何问题。如果不是这样,发电厂排放的 CO_2 会造成发电厂附近 CO_2 局部浓度比较高,实际上不是这种情况。

尽管大气中的 CO_2 含量低到仅有 0.038%,但自然界通过植物、树和藻类的光合作用产生碳氢化合物、纤维素和油脂,甚至新的植物这样的方式来完成例行的 CO_2 循环,然而它同时释放了氧气,因而保持了地球上的生物。按照自然界的例子，人类能够从空气中捕获过多的 CO_2 循环生产燃料、合成烃类及其产品。诸如氢氧化钙 [$Ca(OH)_2$]、氢氧化钾（KOH）或氢氧化钠（$NaOH$）这样的碱性吸收剂能够从大气中捕获 CO_2，它们和 CO_2 反应分别生成碳酸钙（$CaCO_3$）、碳酸钾（K_2CO_3）和碳酸钠（Na_2CO_3）[446,447]，但代价相当昂贵。由于空气中 CO_2 含量低，大量的空气应该和吸附材料接触，通过最少的能源投入，最好的是利用天然的空气对流，人们可以达到这个目的。在捕获 CO_2 以后，通过解吸附、加热、真空抽吸或电化学的方式 CO_2 可以从吸附剂中被回收。例如，众所周知在水泥工业中，碳酸钙被加热煅烧释放出 CO_2。CO_2 吸收是一个释放热量的放热反应，通过让 CO_2 和足够的碱接触容易完成 CO_2 吸收。需要能量的那一步是吸热的解吸附，它需要能量以便再生碱和回收 CO_2。回收需要高能量投入的碳酸钙或碳酸钠，因此可能不是用于从空气中捕获 CO_2 的最合适、最实用的碱，其他的碱也许更适合这种用途。虽然对该方面的研究还处于开发的相对早期阶段，但这种研究能够确定在最低的可能能量投入条件下从空气中除去 CO_2 的最适用的吸附剂和技术。举个例子，当用 KOH 作为吸附剂时，电解水中的 K_2CO_3 不仅可以有效地产生 CO_2，而且也可产生 H_2，并且能量投入相对适中[448]。也有人提出采用类似的电化学回收工艺，以碳酸钾（K_2CO_3）作为 CO_2 吸收剂，使之与 CO_2 在水中反应而生成碳酸氢钾（$KHCO_3$）[449]。随着对这种技术的进一步开发和改良，在技术上可行的从大气中捕获 CO_2 在经济上也将是可行的[446]。有人曾估计从大气中捕集每吨 CO_2 的成本约在 100～200 美元之间，随着技术的改进还可能进一步降低成本[450~452]。在潜水艇和太空飞行中，现在采用可再生的聚合物或液体胺洗涤剂来脱除空气中的 CO_2，以保持空气能够作呼吸之用。前面曾提及，在我们的一项研究工作中，曾采用纳米结构硅胶负载的聚乙烯亚胺吸收剂来吸收空气中的 CO_2，不过还需继续工作来改进在低浓度下捕集 CO_2 的效率[438]。

从空气中提取 CO_2 的许多优点之一是不依赖于 CO_2 源的 CO_2 捕获，使得人们可以捕获比人为活动实际所排放的更多的 CO_2。这意味着这种技术使得人类不仅可以稳定 CO_2 的浓度（实现人类活动的碳中性），而且最终可以降低它们，使我们为碳排放做减法。只要使我们从大气中捕集的碳超过向大气排放的碳，就有可能开始减少大气中二氧化碳的含量水平。这样我们的地球就无需等待自然过程来吸收人类活动排放的过量碳，而使大气中的 CO_2 回复到较低浓度。

我们的空气中还含有其他对人类未来的可持续发展至关重要的物质，其浓度甚至大大超过 CO_2 的含量（0.038％）：①纯水蒸气，其含量随地点不同在 1％～6％之间，对生命非常重要，同时也是取之不尽的可再生氢资源，可借助任何能源进行开发；②约79%的氮气，可用于合成氨及其衍生的含氮化合物，尤其是用于氮肥生产，还可以与CO_2及水反应而生成合成蛋白质；③20%的氧气，同样对生命至关重要，也是燃烧过程所不可少的。利用这些大气资源可在我们未来的可持续发展中保证满足人类的大部分需求。

只需从工业和自然的排放中脱除一部分CO_2，并从空气中捕获CO_2就可以获得大量的CO_2供应。正如现在所提的那样，捕获的CO_2能够被储存或集中在废气田和废油田。可是这种方法并不是一个永久的解决方案，而且在人类对燃料、碳氢化合物及其产品的未来需求方面也不能提供帮助。通过用氢气化学还原CO_2产生甲醇（比如"甲醇经济"）而完成的CO_2的循环因此是另一个有吸引力的方法。随着化石燃料变得更加缺乏，对于甲醇、DME 以及合成烃类及其相关产品的生产而言，大气中CO_2的捕获和循环将变得可行而且一直可行。需要的氢气可通过电解海水（一种无限的资源）得到，同时也释放出氧气。需要的电能

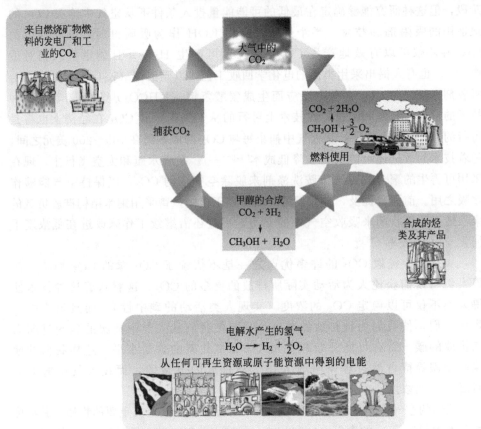

图 12.14　生产甲醇和合成烃类所需的CO_2回收

可以是任何合适的可再生能源或原子能。一旦被燃烧,产生的甲醇和合成烃就被变回成 CO_2 和水,因而完成了甲醇循环。这构成了通过光合作用完成的自然界的 CO_2 循环的人造版本。通过使用这种方法,我们不必在我们的能源储存和运输系统的性质上作任何彻底的改变(而在氢经济中则不得不这样,因而使其在实际上非常难以实现),同时也提供了合成的烃类(图 12.14)。此外,因为 CO_2 可供应给地球上的每一个人,那么这将把我们从对逐渐减少的非再生的化石燃料的依赖以及与之有关的所有地缘政治不稳定中解放出来。

图 12.15 所示是一种向未来可持续的碳燃料和烃类产品过渡的可能途径。从生物质原料以及从各种工业过程的烟道气中回收 CO_2 可能是朝向这个目标所走的最初几个步骤。但随着化石燃料的来源不再丰富或使用化石燃料受到越来越严格的排放标准的管制,这些源头的 CO_2 排放也终将消失。另一方面,如前面已经讨论的那样,以可持续的方式产生的生物质的数量固然是巨大的,但仍然是有限的。这些限制都促使人们更多地从空气中捕集 CO_2 并从中生产甲醇、DME 及其衍生物。由于包括国家政策、地理位置、发展程度和资源禀赋在内的各种因素差异,国家与国家之间在向可持续燃料和产品过渡的时间框架和具体步骤方面肯定是不尽相同的。

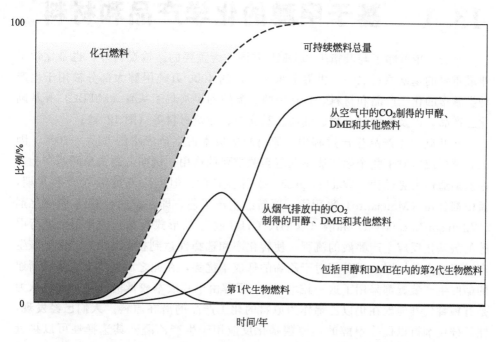

图 12.15 向关键成分为甲醇、DME 等的未来可持续燃料过渡的可能途径
(资料来源:文献 [257])

第13章
基于甲醇的化学品、合成烃和材料

13.1 基于甲醇的化学产品和材料

今天，甲醇除了与其衍生物 DME 共同作为重要的运输燃料外，也是化学工业最重要的基础原料之一。世界上每年生产的 4000 万吨甲醇大部分被用于生产种类繁多的化工产品和材料，包括甲醛、醋酸和甲基叔丁基醚（MTBE）等基础化工产品，以及各种聚合物、油漆、黏合剂、建筑材料等（图 13.1）。

在基础化工产品生产过程中，原材料的成本占生产成本的 60%～70%。因此，原料成本对于整个生产成本起着至关重要的作用。例如，过去醋酸基本上是由乙烯通过韦克过程（Wacker process）来生产的。但是，20 世纪 70 年代早期，孟山都公司（Monsanto）采用了一项新的生产工艺，即在威尔金森铑-膦催化剂（Wilkinson's catalyst）和碘（以 HI、CH_3I 或 I_2 的形式存在）的作用下进行甲醇的羰基化反应生产醋酸的流程，使转化率和选择性达到接近 100%。由于该生产过程的高效性以及甲醇相对于乙烯的低成本优势，在此之后世界上大多数新建的醋酸生产装置都采用了这一技术[453]。甲醇由于其成本较低的优势，也被认为是有望替代其他现在仍以乙烯作为原料的化工产品的潜在原料。人们已经发现，铑系催化剂可以催化甲醇的还原羰基化反应用于生产乙醛，其选择性可以接近 90%。加入钌作为助催化剂则使进一步还原成为乙醇，这就为实现从甲醇到乙醇的直接转化提供了一条催化途径。甲醇的氧化偶联取代传统的基于乙烯生产乙二

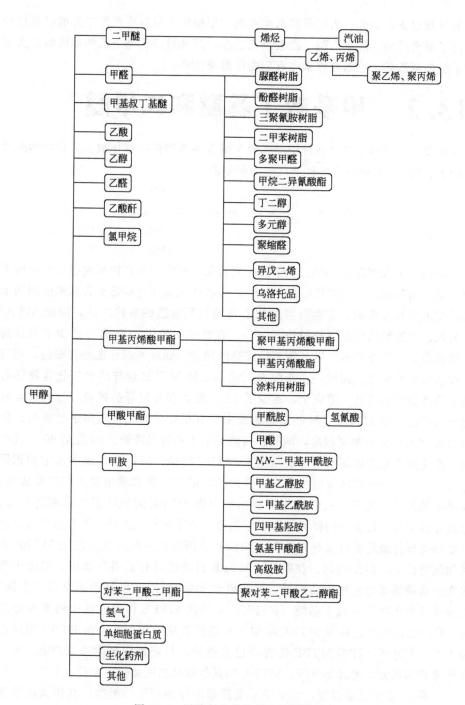

图 13.1 甲醇衍生的化学产品和原料

醇的过程也正在研究。由甲醇脱水生产的二甲醚作为原料生产乙二醇的过程已经取得了显著进展。除了乙酸、乙醛及乙二醇，其他目前仍基于乙烯或丙烯的大宗化学品如苯乙烯、乙苯在将来也有望由甲醇来生产。

13.2 甲基叔丁基醚和二甲醚

甲基叔丁基醚主要是通过甲醇和异丁烯在中等酸性的催化剂如聚合物型酸性树脂上、约100℃的温度条件下反应而制得的。

$$CH_3OH + \underset{H_3C}{\overset{H_3C}{>}}C=CH_2 \rightleftharpoons H_3C-O-\underset{CH_3}{\overset{CH_3}{\underset{|}{\overset{|}{C}}}}-CH_3$$
$$\text{MTBE}$$

甲基叔丁基醚在20世纪80年代成为石化工业中一项产能规模很大的甲醇下游产品，当时由于其辛烷值很高（116），而石油工业又急切需要为原来使用的辛烷值促进剂和抗爆剂、有毒有害的四乙基铅找到合适的替代产品，因此 MTBE 作为汽油添加剂的用途增长很快[454,455]。在汽油中使用 MTBE 也减少了其他高辛烷值组分，主要是苯、甲苯等芳烃成分的用量，而这些成分也是有毒的，而且已被认定为致癌物。同时，在新配方汽油中添加 MTBE 这样的含氧化合物还有助于汽油燃烧更清洁、更完全，减少了 CO、烃类和臭氧等的排放。与其他含氧化合物相比，像 MTBE 这样的醚类物质由于有很好的气化特性而更受欢迎。但 MTBE 在水中的溶解度较高，同时在自然环境中不容易降解。20世纪90年代中期，在美国各地的地下水中都检测出了 MTBE 污染。MTBE 在地下水中的积聚主要是由于缺少严格的管制法规，一些加油站的地下汽油罐出现泄漏而造成的。即使在很低的浓度下，人们也能辨别出水中含 MTBE 时的味道和难闻的气味。但其毒性实际上远低于同样可能存在于汽油中的苯和其他组分。不管怎么说，地下水污染事件最终促成加利福尼亚、纽约和美国其他一些州禁止使用 MTBE 和其他醚类作为燃料添加剂。在欧洲，MTBE 目前还没有被明令禁用。但由于要求在运输领域增加使用生物燃料，许多欧洲国家从2003年起开始改用"生物"乙醇及其衍生物乙基叔丁基醚（ETBE）来替代 MTBE 作为汽油中的含氧添加剂。ETBE 的生产过程与 MTBE 相似，只是后者从甲醇生产，而 ETBE 则从乙醇生产。在欧洲，许多 MTBE 装置经过改造后，目前都用来生产 ETBE。不过在世界其他地方，尤其是亚洲，MTBE 和其他醚类的用量仍在上升。

在第11章中已经说到，二甲醚是最简单的甲醇衍生物醚类，其作为运输和加热燃料代用品的用量增长很快，尤其是在中国、韩国和日本。与 MTBE 生产中需要异丁烯不同，DME 生产的唯一原料是甲醇。同样与 MTBE 不同，DME 不仅可作为汽油或柴油的添加剂，其本身就是压缩点火式（CI）发动机的优良燃料。目前 DME 主要通过甲醇在中等酸性的催化剂上脱水而制得，不过也有人开发了直接从合成气生产 DME 的工艺（第12章）：

$$2CH_3OH \longrightarrow CH_3OCH_3 + H_2O$$

二甲醚还是后面将要介绍的甲醇制烯烃（MTO）和甲醇制汽油（MTG）工艺中的重要中间体。

13.3　甲醇到轻质烯烃和合成烃类的转化

虽然甲醇在某些应用中可以直接替代低级烯烃（乙烯和丙烯），但是这些低级烯烃仍然是生产合成烃类和其他产品不可或缺的砌块。乙烯和丙烯仍然是石油化学工业遥遥领先的两个最大宗的产品。2007 年，世界的乙烯和丙烯消耗量分别约为 1.15 亿吨和 7300 万吨。它们是生产塑料、橡胶和诸如氧化乙烯、二氯乙烯、环氧丙烷、丙烯腈等化学中间体的起始原料。然而，对于 $C_2 \sim C_5$ 低级烯烃的需求主要来自于生产聚烯烃的行业。目前，60% 的乙烯和丙烯被用于生产聚乙烯［可分为低密度聚乙烯（简称 LDPE）和高密度聚乙烯（简称 HDPE）等］和聚丙烯树脂。现在，低级烯烃大部分是石油化学工业作为蒸汽裂解和流体催化裂解（FCC）石脑油和其他低沸点烃类的副产物而被生产出来的。丙烯需求量的年增长率为 6%，超过了乙烯 4% 的年增长率，造成这一现象的原因是聚丙烯的广泛应用。聚丙烯已经取代了许多不同的材料和其他价格更加昂贵的聚合物，尤其是用于生产汽车零部件。由于轻烯烃类产品海运成本较高，而且下游市场的距离较近，所以它们的产地主要集中于北美和西欧。然而，由于中东地区具有原材料成本较低的优势，轻烯烃的新的生产容量将会集中于这一地区。低级烃类，尤其是乙烷，作为当地石油和天然气生产过程中的副产品，可以通过蒸汽裂解的方式转化成乙烯。由于聚丙烯的需求量比聚乙烯的需求量更高，这种转移将会造成供应问题。未来十年内，蒸汽裂解和流体催化裂解将无法满足对聚丙烯产量的预期需求，因此就要求开发聚丙烯生产的其他技术，如丙烷的脱氢、复分解、烯烃裂解，尤其是利用新兴的甲醇生产烯烃（MTO）技术的发展来平衡供需。甲醇生产烯烃技术也可以解决一部分对聚乙烯的需求。由于甲醇目前主要是从天然气（在某些国家是从煤）出发通过合成气生产的，因此可以缓解乙烯生产对石油原料的依赖。考虑到乙烯和丙烯的巨大市场需求量，这些技术的发展会造成对甲醇需求量的巨大增长，这就要求建立很多年产量 100 万～350 万吨甲醇的百万吨级甲醇工厂。随着很多生产甲醇的新技术的发展，尤其是 CO_2 氢化技术的发展，从甲醇生产烯烃这一已经取得了商业开发的过程必将会发挥更加重要的作用。这就使得从非矿物燃料来源生产低级烯烃和进一步转化成合成烃类及其他各种产品成为现实。

一个多世纪以前，LeBel 和 Greene 就首次报道，甲醇滴到"热"的氯化锌上时，可以被转化成气态的饱和烃类（以及一些六甲基苯）。在高压下，甲醇或二甲醚在高于 400℃ 的温度和氯化锌的作用下可以被大量转化成低级烃类。最近又有报道，甲醇在 200～240℃ 下用氯化锌或碘化锌处理时，可以获得 C_4～C_{13} 的烃类混合物。该混合物中近 50% 是 2,2,3-三甲基丁烷（即三甲基丁烷，一种优良的喷气发动机燃料）[456~459]。已有报道的可以用于将甲醇转化为烃类的其他催化剂包括五氧化二磷、多聚磷酸，以及后来发展的五氟化钽和其他超酸体系。然而，现在发展的催化剂中，大多数会迅速失活。直到 20 世纪 70 年代，美孚（Mobil）石油公司的研究人员发现，一种称为 ZSM-5 的酸性沸石可以催化这一经济实用的甲醇生产烯烃（MTO 过程）和甲醇生产汽油（MTG 过程）的转化过程[460~462]。

13.4　甲醇制烯烃工艺

由甲醇生产烯烃的技术（或称为 MTO）是一个两步过程，即首先将天然气或煤通过合成气的形式转化为甲醇，然后将甲醇转化成低级烯烃。开发这一技术的最初动力，是为了在像新西兰这样远离天然气主要消费市场的原产地对天然气资源进行有效利用。

甲醇到烯烃的转化是通过以下途径进行的：

$$2CH_3OH \underset{+H_2O}{\overset{-H_2O}{\rightleftharpoons}} CH_3OCH_3 \longrightarrow H_2C=CH_2 \text{ \& } H_2C=CH-CH_3$$
乙烯 & 丙烯

第一步是甲醇的缩水生成二甲醚（DME），然后二甲醚被进一步转化为乙烯和丙烯。在这个过程中，也会生成少量的丁烯、高级烯烃、烷烃以及一些芳香烃类。除了人工合成的铝硅沸石（ZSM-5）催化剂，人们还研究了很多其他催化剂。UOP 开发出了铝硅磷酸盐（SAPO）分子筛如 SAPO-34 和 SAPO-17。这种催化剂在 MTO 过程中表现出了很高的活性和选择性。这两种分子筛都具有确定的三维晶体结构。它们都是具有很多非常确定大小的孔道和空腔的微孔固体材料。这些分子筛催化剂在其化学组成、孔道和空腔的尺寸和结构上有很大差别，其孔道和空腔的分子尺寸大小在 3～13Å 不等。催化剂的活性位点就在这些孔道和空腔内。只有体积足够小的分子才能够进入分子筛催化剂的孔道和空腔。同时，催化剂的结构造成的空间限制也决定了反应产物的大小。因此，分子筛可以成为具有很好的形状选择性的催化剂。以 ZSM-5 为例，其微孔开口直径约 5.5Å，使得对二甲苯在其表面的扩散速率较之比它体积大的间二甲苯和邻二甲苯的扩散速率要快得多。用于 MTO 过程的 SAPO-34 的微孔尺寸只有 3.8Å，这使得它可以非常有效地控制从催化剂表面产生的烯烃的大小。体积大的烯烃的扩散速率较慢，因此较小的烯烃如乙烯和丙烯就成了主要的产物。

除分子筛之外，欧拉及其合作者们在 20 世纪 80 年代发现的双功能固载酸-碱催化剂，如三氧化二铝固载的氧化钨（WO_3/Al_2O_3），在 250～350℃ 的温度范围内也可以催化从甲醇和其他杂原子取代甲烷到乙烯和丙烯的过程[463,464]，然后再到合成烃类的转化过程。虽然这种双功能的催化剂不像前面所述的形态选择性的分子筛催化剂具有确定三维结构，但却也可以催化这一过程。

UOP 公司和 Norsk Hydro 公司已经合作开发了基于 SAPO-34 的 MTO 过程[465～467]（原著索引编号为 [461～463]，疑有误，此处按本版的引用文献序号更正文。——译者注）。该过程能以超过 80% 的选择性将甲醇转化成乙烯和丙烯。另外还有 10% 的甲醇转化成丁烯，后者是生产许多产品的非常有用的原料。在不同的操作条件下，丙烯和乙烯的质量比可以在 0.77～1.33 的范围内任意可调，从而使这一过程对于不断变化的市场需求具有很强的灵活性和适应性。在挪威的一家演示工厂已经对这一技术做了大量试验，而且该技术长达十几年的开发工作已经完成。目前，该 UOP/Hydro MTO 过程已经在尼日利亚实现了商业化，在其他地方也在筹划建立生产装置。首都拉各斯附近将建立的一个年产 250 万吨甲醇的工厂，它将是世界上规模最大的甲醇生产厂。从天然气经合成气生产出来的甲醇将用于转化成乙烯和丙烯，每年可以生产 40 万吨聚乙烯和 40 万吨聚丙烯。这将是 MTO 技术的第一次大规模商业应用。

Lurgi 公司也开发了一种 MTO 工艺[468]。与 UOP/Hydro 技术不同的是，这个技术以丙烯为主要产品。因此也可以说这是一个甲醇生产丙烯（MTP）的过程。第一步，甲醇在一种微酸性的催化剂作用下脱水生成二甲醚。然后二甲醚在中等压力（1.3～1.6atm）和 420～490℃ 的温度范围内，在一种基于 ZSM-5 的催化剂的作用下被转化成低级烯烃，丙烯的总产率可达 70% 以上。这个过程已经在挪威 Statoil 公司的 Tjeldbergodden 甲醇工厂试验成功，现在已经可以商业化。这套流程生产的丙烯纯度高达 99.7%，已经成功地实现了聚合，表明了从天然气转化成的甲醇直接生产聚丙烯的可行性。加勒比国家特立尼达和多巴哥正在计划利用 Lurgi 开发的甲醇合成和 MTO 工艺，从其巨大的天然气资源中经由甲醇生产 45 万吨/年的聚丙烯。Lurgi 公司还将这项技术转让给了两家中国公司，用来从煤基合成气中生产甲醇并最终生产聚丙烯，产能各为 45 万吨/年[30]。

中国正在建设的还有其他从煤基合成气出发的 MTO 装置。其中之一由神华公司建设的能力为 180 万吨/年甲醇制 60 万吨/年烯烃，以及后续的聚乙烯和聚丙烯单元。该装置用来生产乙烯和丙烯的 DMTO（二甲醚/甲醇制烯烃）技术是最近由大连化学物理研究所开发的。美国的伊斯曼公司在田纳西州 Kingsport 建设的煤基甲醇装置已经有 25 年以上的运行历史，目前该公司也在计划新建几套从甲醇出发生产化学品的装置，包括 MTO 装置。

MTO 技术的先驱者 Mobil 公司（即现在的 ExxonMobil 公司）也利用他们的 ZSM-5 催化剂在德国 Wesseling 进行了日产 100 桶规模的试验。除此之外，Mobil 公司还进一步发展了烯烃生产汽油和馏分油（MOGD）过程。这个过程最初是作为一项炼油生产工艺来开发的。在该过程中，MTO 单元生产的烯烃首先在一种 ZSM-5 催化剂上以大于 95% 的选择性寡聚成在汽油及馏分油馏程范围内的烃类。取决于反应条件的不同，汽油和馏分油的比例可以在很大的范围内变动，使得这个过程具有很强的生产灵活性。操作条件控制在较低的温度和较高的压力（200~300℃、20~105bar）时，反应产物是分子量较高的烯烃，再经过加氢就可生产出包括柴油机燃料和高级火箭燃料等在内的各种燃料，该操作条件称为馏分油模式。将操作条件变成较高温度和较低压力，则可以使产品分子量较小但是芳香烃含量更高（如高辛烷含量汽油）。ZSM-5 催化剂不仅是 MTO 和 MOGD 过程的良好催化剂，也可以催化从甲醇到汽油馏分烃类的直接转化过程。

13.5　甲醇制汽油工艺

甲醇制汽油（MTG）过程是 20 世纪 70 年代为了应对当时的能源危机而发展起来的。这是自第二次世界大战之前引入费-托反应过程以来第一个生产合成烃类的重要新路线。这个过程提供了一个从煤和天然气之外生产高辛烷含量汽油的新途径。这是 Mobil 公司的一个研究小组偶然发现的，它的发展实际上比 MTO 技术要早。实际上，MTO 技术可以看作是 MTG 技术的一种改进，用于主要生产烯烃而不是汽油。对于 MTG 反应而言，具有足够酸度的中等尺寸微孔的分子筛是最好的催化剂，其中 ZSM-5 的选择性和稳定性是最好的。这类催化剂微孔的孔道和空腔具有确定的结构和几何形状，因而是形状选择性的催化剂，可以控制反应产物的大小和形状。甲醇首先在这种催化剂上脱水生成二甲醚、甲醇和水的平衡混合物，这种混合物进一步被转化成以乙烯和丙烯为主的低级烯烃。这些低级烯烃一旦形成就会再转变成高级烯烃、C_3~C_6 的烷烃和 C_6~C_{10} 的芳香烃类。

$$2CH_3OH \underset{+H_2O}{\overset{-H_2O}{\rightleftharpoons}} CH_3OCH_3 \xrightarrow{-H_2O} 低级烯烃 \longrightarrow \begin{matrix} 烷烃 \\ 高级烯烃 \\ 芳香化合物 \end{matrix}$$

  MTG 工艺的反应机理历程可能更为复杂，其中经过了聚甲基苯等中间产物的生成，后者又转化为多种汽油调和成分。不管其机理究竟是怎样的，这些反应过程最终都生成了所需的烃类组分。

  由于 ZSM-5 的形状选择性，多于 10 个碳原子的较重的烃类在 MTG 反应中实际上是不能产生的。这一选择性恰是人们所需要的，因为 C_{10} 的烃类实际上是传统汽油的组成成分的上限。同时这个反应还会产生一些芳香烃类（如甲苯、二甲苯、三甲苯等），因此也为这些化合物的合成提供了一条新的途径。如果需要，可以通过使用的催化剂和反应条件来调节反应产物的分布。使用 ZSM-12 或 Modernite 等具有较大微孔、孔道和空腔的分子筛可以得到分子量更高的产物。

  正如奥拉及其共同研究者在 20 世纪 80 年代已经发现的那样，在甲醇制烯烃的转化过程中具有活性的双功能酸-碱催化剂如氧化铝负载的氧化钨（WO_3）在 350℃ 以上温度时也可以催化生成的烯烃进一步转化成高级的烷烃、烯烃以及芳烃等烃类。

  1979 年，新西兰政府选择了 Mobil 公司发展的 MTG 技术[462]将其海上的毛伊岛天然气田的天然气转化成汽油。自从 1986 年开始运行以来，这个工厂每年生产 60 万吨汽油，解决了新西兰 1/3 的汽油需求量。首先两个各自日产 2200t 的生产单元利用 ICI 低压生产工艺生产出甲醇。甲醇粗品被直接送到 MTG 单元，在那里甲醇在铝催化剂上脱水形成甲醇、二甲醚和水的平衡混合物。这种混合物再被送到汽油合成反应釜，在 ZSM-5 催化剂上、350~400℃、2MPa 的压力下发生反应[461]。汽油粗品再经过处理除去微量的重组分。无需进一步的蒸馏或精馏过程，得到的高辛烷含量的汽油就可以直接在汽油池内混合得到成品汽油。

  前面提到，MTG 过程是 20 世纪 70 年代能源危机时，石油及其产品的价格飙升的情况下开发出来的。然而，随着 80 年代石油价格的回落，1986 年油价已经降到 10 美元以下，对 MTG 技术的商业兴趣也随之减弱。由于这个时候从石油转化得到的汽油的价格要比天然气通过甲醇生产的汽油便宜，所以前面提到的新西兰的工厂也已停止生产。从天然气生产甲醇的过程却没有停止，因为用这种方法和从石油生产甲醇的成本相差不多。最近几年石油价格的上涨很可能重新激起人们对 MTG 过程的兴趣。

  美国西弗吉尼亚州一架大型煤炭生产厂商 Consol 能源公司正在计划建设一座煤制油装置，其设计能力为 72 万吨/年甲醇。一部分甲醇将被用来生产 250 万桶汽油[271]。另一座类似装置具有 550 万～750 万桶/年的生产能力，同样采用 ExxonMobil 的 MTG 工艺，将在美国怀俄明州建设。这套装置的工艺过程中产生的 CO_2 将被捕集下来，压缩后用于提高原油采收率的技术中[469]。远东地区尤其是中国正在开发从煤炭出发大规模生产甲醇和 DME 的技术，而在中东和其他地区则采用天然气生产这些重要基本化工品，这些都预示着未来 MTO 和 MTG 工艺的巨大潜力。

13.6　基于甲醇的蛋白质

很有趣的一个事实是，甲醇也可以为单细胞蛋白质的生产提供原料。单细胞蛋白质（SCP）指的是很多微生物在降解烃类并同时获得能量的过程中产生的蛋白质[232,237]。不同的微生物，如细菌、酵母、霉菌等的蛋白质含量是不同的。人类从远古时期就掌握了用细菌来为自己提供营养的方法，如酿酒和烤面包时用到了酵母，制作奶制品如干酪、酸奶、酸乳酪的时候要用到细菌等。现代这种利用细菌生产蛋白质从而为动物和人类提供营养的做法，是第一次世界大战期间在德国首先出现的。然而 SCP 技术的真正蓬勃发展始于 20 世纪 50 年代。这时候随着石油工业的发展，人们发现，在降解烃类的过程中，某些微生物可以生产出适合喂养动物或者为人类食品提供营养的高质量蛋白质。由于用石油产品作为原料生产的 SCP 饲养动物可能会造成污染和致癌物质在动物体内的积累，现在普遍使用甲醇作为替代品。与基于石油的原料不同，甲醇是非致癌性的，它可以和水相中的含氮营养物的盐形成均相溶液，而且蛋白质形成以后很容易分离开。已经有很多公司，包括 Shell、三菱、Hoechst、菲利普斯石油公司和 ICI 等研究了细菌发酵过程。ICI 公司还一度在英格兰的 Billingham 建立了一个工厂，每年利用 10 万吨甲醇生产 7 万吨 SCP。他们获得的细菌中蛋白质含量很高，干的细胞中含有高达 80% 的蛋白质（远远超过了其他食物如鱼类和大豆等）。由于细菌具有高度复杂的结构，各种氨基酸（尤其是天门冬氨酸、谷氨酸、丙氨酸、亮氨酸和赖氨酸等）都可以得到。这种由甲醇通过 ICI 技术生产的 SCP 的总体质量非常高，这种产品还被当作动物食品出售，商品名叫做 Pruteen。

除了作为微生物的培养基之外，甲醇还可以显著促进很多植物的生长速度[232]。在有 C_3 代谢（在这种代谢中，光合作用的第一个产物是一种三碳糖）的植物中发现甲醇可以明显提高光合作用的产率。在光照很强的地区如美国西南部，这种现象更加明显。有 C_3 代谢的植物包括太阳花、西瓜、番茄、草莓、莴苣、茄子等。喷洒在这些植物上的甲醇会迅速被叶子吸收并代谢成 CO_2、糖、氨基酸和其他结构单元。因此甲醇被用作高浓度碳源代替 CO_2 使用（1mL 液体甲醇的含碳量相当于2000000mL空气的含碳量)。

  甲醇也是抑制植物的光化学呼吸作用的经济有效的手段。光化学呼吸作用描述的是植物的吸收氧的过程,它和吸收二氧化碳的光合作用是竞争过程。氧气的吸入导致糖的降解,从而逆转了光合作用的过程。植物在高光强度和高温的强烈条件下,其气孔(植物用以吸收 CO_2 气体的微孔)会关闭,CO_2 的吸入量减少,呼吸作用就会增强。这样在一天中最热的几个小时内,植物就会停止生长。因此,控制呼吸作用成了提高植物光合作用产率的关键。可以预见,在进行大规模的应用之前,需要把甲醇对植物复杂的生长机制的作用进行深入的研究。然而甲醇对于显著提高作物产量的很好的潜力却是显而易见的。

  随着世界人口的不断增长,农业生产将无力继续为人类提供足够量的食物类和动物饲料类的蛋白质。"甲醇经济"也许可以通过 SCP 为人类提供必需的蛋白质。

13.7　展望

  随着石油和天然气储量的不断减少,合成烃类将作为主要的能源的趋势已不可避免。由于甲醇不但能够从现有的化石燃料碳资源(如煤、天然气)和天然的生物资源中获得,也能够从工业和自然界排放的高浓度 CO_2,甚至直接从空气中通过化学回收循环获得,基于甲醇的化工原料和产品(尤其是通过 MTG 和 MTO 过程获得的合成烃类),将发挥越来越重要的作用,并最终取代基于石油和天然气的资源。

第14章
绪论和前景

14.1 今日的现状

前面已经讲述了很多我们所能利用的石油和天然气的限度问题（第4章、第5章）。虽然我们的煤储量仍可以维持两三个世纪，但是煤矿的开采一般（除了在那些适合地表开采的地区）都需要复杂和危险的人力劳动、巨大的人身伤害和克服十分恶劣的自然环境。再者，我们的石油和天然气虽然简单易得，但是即便是考虑到将来新发现的储量、技术的提高以及非常规能源的利用，也不足以维持到21世纪末以后的很长时间。

除了现在易得的石油、天然气（和煤）之外，还有非常规的烃类能源如委内瑞拉的重油矿床，以及在地壳形成地带的油页岩（如美国的落基山脉和加拿大阿尔伯塔省大片的沥青砂沉积岩）。在西伯利亚苔原和沿各大洋的大陆架附近地带发现的甲烷水合物是将来可利用的天然气资源的重要形式。虽然这些资源的开发非常困难而且成本很高，但是它们最终将会被人类所开发利用。

除了所讨论的能源储量之外，不断增加的世界人口也必须作为考虑的对象。目前世界人口已经接近70亿，到21世纪末很可能达到80亿~100亿。由于不断提高的生活水平，再加上中国和印度这些快速发展中国家不断增长的需求，人类对能源消耗的总体不断增加是显而易见的。考虑到这些因素，潜在的石油储量，不管是大约2万亿桶还是2700亿吨，都要考虑进去。就算是按照最乐观的估计，以目前人类的消耗速度，我们的易得石油储量也仅仅能够维持70年。天然气的储量更大一些，可能再维持80~100年。在这段时间内，节约使用、技术改进和采收率的提高，包括定向钻井技术等，可以延长这个数字，但是随着人口基数的增长和生活水准的提高，不断增长的石油消耗将会给石油储量带来更大的压力。无论如何，人类必须现在就开始为将来做好准备，去寻找新的能源和解决办法。

所有的化石燃料都是烃类的混合物，这些混合物中含有不同比例的碳和氢。燃料燃烧时，碳被转化成 CO_2，氢则转化成水。因此这些燃料的燃烧是不可逆的，总有一天会消耗殆尽。由于人类活动和过多化石燃料的燃烧导致的大气中 CO_2 含量的增加，这些由人为原因造成的地球变暖将叠加在大自然自身的气候变化周期上。

为了以与环境相容的方式满足人类对能源日益增长的需求，将来有必要利用所有切实可行的替代能源。水能和地热能已经得到了最大限度的利用，即使在发展中国家，也已经不大可能再找到新的可利用的大型水能和地热能的地区。太阳能、风能、海洋的波浪能和潮汐能等也有巨大的潜力，正越来越多地被开发利用。但是，这些能源作为化石燃料替代物的大规模使用，对我们可预见将来的能源框架只能产生渐进的影响。

也许人类在 20 世纪所取得的最大的技术成就要数对原子能的利用了。可惜的是，由于这个技术最初是用于制造原子弹的原因，在接下来的很多年里公众对这种能源的反对呼声越来越高，即便是这种能源的和平利用也不被认可。过去的几十年里新建立的核电站数目屈指可数（在美国甚至一座都没有）。虽然在一些国家如法国，核能提供了 80% 的电力需求，在一些国家反对情绪甚至强烈到要求关闭所有核设施。在将核能限制在和平利用以及提高安全性方面，人类已经取得了巨大进展。我们的社会能够制造出原子弹，就能够——也必将——解决这些问题。在大多数发达国家原子能工业的萎缩是令人遗憾的，也是非常没有远见的。不管人们喜不喜欢，在可以预见的未来，除了太阳能和风能以外，原子能是人类最切实可行的大规模能量来源。当然，核能的利用必须变得更安全高效，而且核废料的再利用和储存问题、发展新的更合理的反应器以及利用核聚变的问题也必须得到解决。同时，原子能不污染我们的大气环境，不会促进全球变暖。可喜的是，近来人们对核能所持有的偏见正在逐渐改变。厉行节约，以及使用替代能源固然是很好的办法，但是仅凭这些还不能解决我们对能源的巨大需求。

虽然化石燃料具有不可再生性，而且在日益减少，但是这种能源——尤其是石油和天然气——只要它还容易获得，它们的领先地位就不会改变。一套庞大的基础设施支撑着它们的运输和分配。它们以其最方便的产品形式（如汽油、燃料以及压缩天然气）为我们的轿车、卡车和飞机等提供运输燃料。天然气和加热油不仅是我们的家庭和办公室取暖必不可少的能源，也为工业生产提供能量。石油和天然气也是我们日常生活许多必需的化学品和材料的原材料。然而，大量的化石燃料仍然被发电厂用来发电。在世界许多地方，煤炭仍然主导着电力生产。在"清洁煤"的技术方面取得了种种进步，但大多集中在脱除煤炭中的有毒有害污染物质方面。煤炭燃烧过程中产生的大量二氧化碳仍然是一种主要的温室气体，对人类活动造成的全球变暖负有主要责任。电能，不管是从何种能源转化而来，其大规模储存的问题仍然是尚未解决的难题（比如，电池是非常低效和笨重的）。因此，除发现新能源之外，有必要寻找能量储存和分配的有效方法。我们也需要发展从非化石燃料生产合成烃类及其各种产品的新的有效途径。具有讽刺意味的是，虽然我们非常清楚生产合成烃类需要付出高额的成本和巨大的技术困难，我们仍然为了获得能量而烧掉大量的现有天然化石燃料资源。

近来提出并讨论颇多的一种具有环保优势的解决办法是利用氢作为清洁能源（即所谓的"氢经济"，第9章）。然而单质氢并不是地球上天然存在的能量形式，因为它与我们的含氧量很高的大气层是不相容的。尽管氢在燃烧时确实是"清洁"的（只产生水），但是从氢的化合物中（如烃类和水）生产单质氢的过程却是一个高能耗的过程。这个过程目前而言远远算不上清洁，因为氢气主要是通过天然气、石油和煤（也就是化石燃料）的重整生产合成气（CO和H_2的混合物）的方式生产的。氢气也可以通过电解水产生，生产过程中可以使用任何形式的能源。我们的海洋中有取之不尽的水资源（尽管首先必须淡化），后者被电解（或通过其他方法分解）成氢气和氧气。然而，高度挥发性的氢气并不是一种方便的储能介质，因为它的储存、运输和分配是非常困难和昂贵的，甚至也是非常危险的。发展氢经济所必需的基础设施还有待我们花费巨资去建设起来。实际上，以氢气作为运输和家用燃料广泛而安全地进行使用目前还不太可能。前面曾经提到，由于意识到这些困难，美国能源部在2009年5月已经宣布大幅度削减其用于汽车领域的氢燃料电池的研究资金[225]。因此最好为解决这些问题尽快找到并开发人们更能够接受且具有可行性的方法。

14.2　"甲醇经济"——未来的解决方案

除氢经济和其他建议之外的另一种更可行的选择即我们现在所讲的"甲醇经济"。其基本概念和相关的化学原理已经在本书和作者的其他著作及专利中进行了深入的探讨（图14.1）。甲醇是一种方便的、最简单的氧化态液体烃类，目前是从基于化石燃料的合成气来制备的。但是，如前所述，现在人们正在发展从大量的现有天然气资源（甲烷）进行直接的氧化转化，以及利用燃烧化石燃料的发

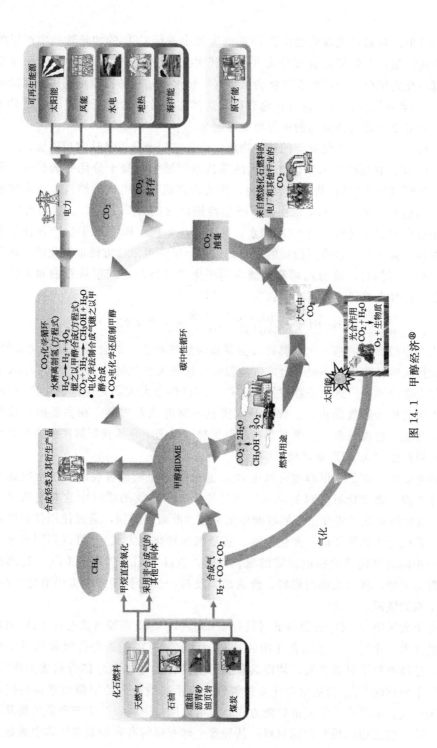

图 14.1 甲醇经济

电厂及其他工业和自然排放的富含 CO_2 的资源中进行 CO_2 的加氢转化生产甲醇的新方法。最终，将可能直接分离并循环利用大气中的 CO_2，进行化学回收循环使其转化为甲醇。所需的氢气将会从水（一种永不枯竭的资源）利用任何能源（原子能或者可再生能源）进行转化获得。这样，极易挥发的氢气可以利用 CO_2 被方便且安全地转化成液态的甲醇而储存起来。

甲醇不仅是一种方便安全的储能物质，而且它和十分容易从它衍生而得的二甲醚（DME）在运输和家用燃气替代品等其他领域中都是十分优秀的燃料。甲醇和二甲醚可以和汽油/柴油混合使用，作为内燃机和发电机的燃料。在直接利用甲醇的燃料电池（DMFC）中，甲醇是特别高效的（第 11 章）。在这种电池中，甲醇直接被空气氧化成 CO_2 和水，同时产生电能。除了用于生产各种化学品和材料（甚至作为合成蛋白质的原料）以外，甲醇可以被方便地转化成乙烯和丙烯（MTO 过程），接着乙烯和丙烯再用于生产（目前还需要从石油和天然气获得的）各种合成烃类及其产品：

$$CH_3OH \longrightarrow \begin{matrix} H_2C=CH_2 \\ CH_3CH=CH_2 \end{matrix} \text{和/或} \longrightarrow \text{合成烃类}$$

现在甲醇都是由基于化石燃料（主要是天然气和煤）的合成气转化而来的。只要天然气容易获得，不经过合成气过程而直接将天然气转化为甲醇和 DME 的做法就是更合理的。这项正在发展中的技术不仅将会大大简化甲醇的生产过程，更将大大延展天然气的供应。煤炭是人类最丰富的化石燃料，在主要的产煤地区，通过生产合成气来利用煤炭都占压倒优势。但仍然必须找到解决办法来减轻这一过程产生 CO_2 的严重环境影响。

很重要的一点是，甲醇也可以由 CO_2 通过催化加氢或者在水中进行电化学还原来获得。燃烧化石燃料的发电厂和各种化工厂排放的废气中含有高浓度的 CO_2，很容易加以捕集并用于回收循环制甲醇。前面曾提到，通过使用任何能量来源（替代能源如原子能、光化学能、甚至细菌转化的方式），可以利用水来为 CO_2 到甲醇的氢化转化提供所需的氢。同时，直接利用空气中的 CO_2，将其还原加氢为甲醇，将为人类对燃料、合成烃类及其产品的长期需求提供取之不尽、用之不竭的碳源。

由于大气中的 CO_2 含量很低（只有 0.038%），因此需要开发分离 CO_2 的新的高效技术，作为大自然光合作用的补充。目前，CO_2 的选择性吸收和其他分离方法已经取得了显著进展，使得具有实用规模的大气中 CO_2 的分离成为现实。从大气中分离的 CO_2 和从水转化来的氢气大规模高效合成的甲醇最终将替代石油和天然气，不仅作为简便的储能方式，也可以用作燃料以及生产合成烃类及其产品（甚至包括蛋白质）的原材料。从导致全球变暖的有害的温室气体中捕集下来并进行化学回收循环的二氧化碳将被转化成一种高附加值、可再生、取之不尽、用之不竭的未来碳资源，使碳基燃料及衍生烃类产品的使用对环境的影响呈中性。因此，"甲醇经济"最终将把人类从对不断减少的非再生性化石燃料的依赖中解放出来，同时消除人类活动增强全球变暖趋势的威胁。

大自然的光合作用利用太阳的能量和植物中的叶绿素作为催化剂来循环利用CO_2和水，创造新的植物生命。然而，植物变成化石燃料的过程却是一个非常缓慢的过程，通常需要数百万年的时间（虽然工业化的生物燃料生产过程也可以是很快的）。因此，从某种意义上来说，"甲醇经济"提供了一种可以替代自然界本身的光合作用CO_2循环过程的可行途径。

我们地球上的能量绝大多数归根结底来自于太阳。现在一般认为太阳至少还会存在450亿年。在这段时间内，人类发现新的更有效的利用能源方式的可能性是无限的。我们甚至还没有开始想象我们的后代将在这个方面会做出并取得多大的进步，所以我们的讨论仅限于基于现有的和正在发展的基础知识，我们在可以预见的将来所能取得的进展。

我们对未来的结论是乐观的。人类是一个非常聪明的物种，总是在遇到逆境和挑战时找到解决的办法。然而，历史教训告诉我们，通常在危机已经迫在眉睫时，人类才开始对这些重大问题和挑战做出反应。许多人认为，我们的石油和天然气储备，尤其是仍然相当丰富的煤炭资源，目前并没有进入危机阶段，我们并不需要对此作无谓的担忧。过去对不断减少的化石燃料资源的悲观预测都毫无例外被证明是"错误警报"。考虑到其所使用的时间跨度的短暂，这些预言的失败是显而易见的。然而，从更长的时间跨度来看，前景就很不容乐观了。我们必须面对大自然赐予的非再生化石燃料的不断减少和人类的人口及能源消耗都在不断增加这一现实。如果我们希望将来有相当的或更好的生活水平，我们就需要找到新的解决办法。我们必须现在就着手，趁着我们还有时间和资源以有序、及时的方式这样去做，以避免巨大的危机真正到来。

诚然，延长我们的油气储备使用时间的一种方法是更加节约地利用、更有效的储藏方法以及发展更有效的技术，尤其是在仍以汽油和柴油作为主要能量来源的运输业领域，情况更是如此。燃料的节约加上更高效的发动机的使用（如使用内燃机和随车产生的电力驱动的电动马达相结合的混合驱动系统）可以减少汽油和柴油燃料的使用，从而延长这些燃料的使用期限。氢燃料电池甚至直接甲醇燃料电池（DMFC）也可以用于汽车并提供很好的能量利用效率。氢作为储能和燃料的广泛使用（即所谓的"氢经济"），或许可以用于大型的静态装置，但可行性相对较小，因为极易挥发的氢气非常难以被操作和使用。氢气易挥发易爆炸的特性不但需要建立全新的、极其昂贵的基础设施，而且需要发展严密的对严重安全隐患的检测和控制系统。作为取代的方法，氢气可用来将无所不在的二氧化碳转化为甲醇以及各种相关产品，这也就构成了图 14.1 所示系统描述的"甲醇经济"。本书提出的"甲醇经济"则描绘了一种可以延续到油气时代以后的解决能源问题的新的可行性途径。我们希望本书能够激发起读者的兴趣，并对这种新经济进一步研究、开发和应用。这并不表示这就是唯一的途径，甚至从所有各个方面和各种条件来权衡时也并不一定是最可行的途径，而是说人类需要依赖所有可能的解决方法来满足其能源需求。特别必须注意让我们的燃料和相关的衍生产品是可再生的，同时是具有环境亲和性的。在这些方面，我们相信"甲醇经济"是一种切实可行的新方案，值得进行深入的研究、发展和实施。

人类正在面临与碳基燃料和原料相关的短期和长期问题，对此我们必须找到解决办法。从短期来说，我们必须找到能补充现有化石燃料储备的充分的清洁能源和原料，同时减缓人类活动中过量的二氧化碳排放所导致的全球变暖趋势。从长期来说，我们的化石燃料至多只能延续几个世纪的相对有限的时间，与地球的地质年代相比只是短暂的一瞬。因此，我们目前的重点就必须转移到如何为未来的人类世代提供清洁、可持续的能源，同时通过 CO_2 实现有效的碳循环，作为大自然自身的生物学循环过程的补充，为人类提供所有的碳基材料和燃料。我们相信"甲醇经济"的概念能为这两项挑战都提供可行的解决方案。人类最终将能在现有科学和派生技术的基础上处理所有这些问题。通过以更高效的方式捕获太阳无尽的能源，以及通过掌握可控的核聚变技术，未来的人类世代显然会大大扩展今天的知识和技术基础。回顾我们今天所做的工作，希望后代的人们会因我们为构建更先进的方案而奠定的坚实基础给我们以正面的评价。

参 考 文 献

1. Schobert, H.H. (2002) *Energy and Society, an Introduction*, Taylor and Francis, New York.
2. BP (2007) BP Statistical Review of World Energy, available online at www.bp.com/statisticalreview.
3. United Nations, (2007) World Population Prospects. The 2006 Revision, ST/ESA/SE.R.A/261/ES, United Nations Department of Economic and Social Affairs, Population Division, New York.
4. Energy Information Administration (2007) International Energy Outlook 2007, Energy Information Administration, U.S. Department of Energy, Washington.
5. Bartlett, R. (2008) Peak Oil Special Order Speech Transcript, Congressional Record, U.S. House of Representatives, February 28 H1172.
6. U.S. Census Bureau (2007) *Statistical Abstract of the United States: 2008*. Section 19, Energy, Utilities, 127 edn, U.S. Census Bureau, Washington, DC.
7. Energy Information Administration (2007) International Energy Annual 2005, Energy Information Administration, U.S. Department of, Energy, Washington.
8. Olah, G.A. and Molnár, Á. (2003) *Hydrocarbon Chemistry*, 2nd edn, John Wiley & Sons, Inc., Hoboken, New Jersey.
9. Steynberg, A.P. and Dry, M.E. (eds) (2004) *Stud. Surf. Sci. Catal.*, **152**.
10. (2008) Proceedings of the High Level Conference on World Food Security: The Challenges of Climate Change and Bioenergy. Soaring Food Prices: Facts, Perspectives, Impacts and Actions Required (HLC/08/INF/1), Rome, 3–5 June. Conference organized by the Food and Agricultural Organization of the United Nations.
11. Olah, G.A.Methanol Economy® (trademark) No 78/692,647.
12. Olah, G.A., Goeppert, A. and Prakash, G.K.S. (2009) Chemical recycling of carbon dioxide to methanol and dimethyl ether: from greenhouse gas to renewable, environmentally carbon neutral fuels and synthetic hydrocarbons. *J. Org. Chem.*, **74**, 487.
13. Romm, J.J. (2004) *The Hype about Hydrogen. Fact and Fiction in the Race to Save the Climate*, Island Press, Washington, DC.
14. Rifkin, J. (2002) *The Hydrogen Economy*, Tarcher/Putnam, New York.
15. Arrhenius, S. (1896) On the influence of carbonic acid in the air upon the temperature of the ground. *Philos. Mag.*, **41**, 237.
16. Surampudi, S., Narayanan, S.R., Vamos, E. et al. (1994) Advances in direct oxidation methanol fuel cells. *J. Power Sources*, **47**, 377.
17. Surampudi, S., Narayanan, S.R., Vamos, E. et al. (1997) U.S. Patent 5,599,638; (2001) U.S. Patent 6,248,460; (2004) U.S. Patent 6,740,434; (2004) U.S. Patent 6,821,659.
18. Olah, G.A. and Prakash, G.K.S. (2008) Conversion of carbon dioxide to methanol and/or dimethyl ether using bi-reforming of methane or natural gas, U.S. Patent Application, 20080319093.
19. Freese, B. (2003) *Coal, A Human History*, Perseus Publishing, Cambridge.
20. Stearns, P.N. (2007) *The Industrial*

Revolution in World History, 3 edn, Westview Press, Boulder, Colorado.
21 International Energy Agency (2004) *World Energy Outlook 2004*, International Energy Agency, Paris.
22 Survey of Energy Resources (2007), World Energy Council (WEC), http://www.worldenergy.org/wec-geis/.
23 Smil, V. (2003) *Energy at the Crossroads, Global Perspectives and Uncertainties*, MIT Press, Cambridge.
24 International Energy Agency (2001) *World Energy Outlook 2001: Insights*, International Energy Agency, Paris.
25 U.S. Geological Survey (2000) Health Impact of Coal Combustion, Fact Sheet USGS FS-094-00, U.S. Geological Survey.
26 Greenwood, N.N. and Earnshaw, A. (1984) *Chemistry of the Elements*, Pergamon Press, p. 297.
27 Katzer, J. (Ed.) (2007) *The Future of Coal – Option for a Carbon-Constrained World*, Massachusetts Institute of Technology.
28 International Energy Agency (1997) *Energy Technologies for the 21st Century*, International Energy Agency, Paris.
29 Johnson, J. (2004) Getting to "clean coal", *Chem. Eng. News*, **82**, 20.
30 Tullo, A.H. and Tremblay, J.-F. (2008) Coal: the new black, *Chem. Eng. News*, (March 17), **86**, p. 15.
31 Campbell, C.J. (1997) *The Coming Oil Crisis*, Multi-science Publishing, Brentwood, England.
32 Gold, T. (1999) *The Deep Hot Biosphere*, Copernicus Press, New York.
33 Black, B. (2000) *Petrolia, the Landscape of America's First Oil Boom*, The Johns Hopkins University Press, Baltimore.
34 American Petroleum Institute, All About Petroleum, brochure from American Petroleum Institute, available at http://api-ec.api.org.
35 Economides, M. and Oligney, R. (2000) *The Color of Oil*, Round Oak Publishing Co., Katy, Texas.
36 Yergin, D. (1991) *The Prize: The Epic Quest for Oil, Money & Power*, Simon & Schuster.
37 Brantly, J.E. (1971) *History of Oil Well Drilling*, Gulf Publishing Company, Houston, Texas.
38 Johnson, J. (2005) LNG weighs anchor. *Chem. Eng. News*, **83**, 19.
39 Hightower, M., Gritzo, L., Anay, L.-H., Covan, J., Tieszen, S. et al. (2004) *Guidance on Risk Analysis and Safety Implications of Large Liquefied Natural Gas (LNG) Spill over Water*, Sandia National Laboratories.
40 Seddon, D. (2006) *Gas Usage & Value: The Technology and Economics of Natural Gas Use in the Process Industries*, PennWell, Tulsa, Oklahoma.
41 Campbell, C.J. and Laherrère, J.H. (1998) The end of cheap oil, *Sci. Am.*, (March) 78.
42 International Energy Agency (2008) *Key World Energy Statistics 2008*, International Energy Agency (IEA), Paris.
43 World Coal Institute, http://www.worldcoal.org/.
44 Energy Information Administration (2008) *Annual Energy Outlook 2008 with Projections to 2030*, Energy Information Administration, U.S. Department of Energy, Washington, DC, available at http://www.eia.doe.gov/oiaf/aeo.
45 Bradsher, K. and Barboza, D. (2006) Pollution from Chinese coal casts a global shadow, The New York Times, June 11.
46 Energy Information Administration (2005) *Annual Energy Outlook 2005 With Projections to 2025*, Energy Information Administration, U.S. Department of, Energy, Washington, DC.
47 U.S. Environmental Protection Agency,

(2005) Mountaintop Mining/Valley Fills in Appalachia. Final Programmatic Environmental Impact Statement, EPA 9-03-R-05002.
48 International Energy Agency (2007) *World Energy Outlook 2007: China and India Insights*, International Energy Agency, Paris.
49 International Energy Agency (2001) *World Energy Outlook 2001: Insights*, International Energy Agency, Paris.
50 International Energy Agency (2008) *Coal Information 2008*, International Energy Agency, Paris.
51 US Geological Survey (2000) Health Impact of Coal Combustion, Fact Sheet USGS FS-094-00, U.S. Geological Survey.
52 U.S. Bureau of Transportation Statistics, http://www.bts.gov/.
53 Simmons, M.R. (2005) *Twilight in the Desert: The Coming Saudi Oil Shock and the World Economy*, John Wiley & Sons, Hoboken, New Jersey.
54 ExxonMobil Corp., (2007) 2007 Summary Annual Report.
55 Hunt, C.G. (2004) Nuclear Power an Attractive Option for Tar Sands: Alberta Chamber Report, Nuclear Canada, Vol 5, February 10, p. 2.
56 European Academies Science Advisory Council (2007) A Study on the EU Oil Shale Industry - Viewed in the Light of the Estonian Experience, Report by the European Academies Science Advisory Council for the Committee on Industry and Energy of the European Parliament.
57 Snyder, R.E. (2004) Oil shale back in the picture, worldOil Magazine online, August, vol. 225.
58 Hess, G. (2006) Oil shale research is moving forward, *Chem. Eng. News*, (April 24), 84, 29.
59 US Department of Energy (2007) Secure Fuel from Domestic Resources - The Continuing Evolution of America's Oil Shale and Tar Sands Industries, U.S. Department of Energy, Office of Petroleum Reserves and Office of Naval Petroleum and Oil Shale Reserves.
60 Houghton, J.T., Ding, Y., Griggs, D.J. and Noguer, M. (eds) (2001) *IPCC Third Assessment Report: Climate Change 2001: The Scientific Basis*, Cambridge University Press, Cambridge, UK.
61 Forster, P., Ramaswamy, V., Artaxo, P., Berntsen, T. Betts, R. *et al.* (2007) Changes in Atmospheric Constituents and in Radiative Forcing, in *Climate Change 2007: The Physical Science Basis. Contribution of Working Group I to the Fourth Assessment Report of the Intergovernmental Panel on Climate Change* (eds S. Salomon, D. Qin, M. Manning, Z. Chen, M. Marquis, K.B. Averyt, M. Tignor and H.L. Miller), Cambridge University Press, Cambridge, UK.
62 International Energy Agency (2008) *Natural Gas Information 2008*, International Energy Agency, Paris.
63 Sasol, http://www.sasol.com/.
64 Gold, R. (2005) In Qatar, oil firms make huge bet on alternative fuel. *The Wall Street Journal*, (February 15).
65 ExxonMobil, http://www.exxonmobil.com.
66 International Energy Agency (2007) *World Energy Outlook 2007: China and India Insights*, International Energy Agency, Paris.
67 U.S. Geological Survey (2000) U.S. Geological Survey World Petroleum Assessment 2000, USGS, Denver, Colorado, available at: http://pubs.usgs.gov/dds/dds-060/.

68 Hubbert, M.K. (1956) Nuclear energy and the fossil fuels. American Petroleum Institute drilling and production practice, Proceedings of the Spring Meeting, San Antonio, March 7–9.

69 Energy Information Administration (EIA), http://www.eia.doe.gov/.

70 Deffeyes, K.S. (2001) *Hubbert's Peak, the Impending World Oil Shortage*, Princeton University Press, Princeton.

71 Hirsch, R.L., Bezdek, R. and Wendling, R. (2005) Peaking of World Oil Production: Impact, Mitigation & Risk Management, prepared for the U.S. DOE's National Energy Technology Laboratory (NETL) by Science Applications International Corporation (SAIC).

72 Bentley, R.W. (2002) Oil & gas depletion: an overview. *Energy Policy*, **30**, 189.

73 International Energy Agency (2001) *World Energy Outlook 2001: Insights*, International Energy Agency, Paris.

74 Donnely, J.K. and Pendergast, D.R. (1999) Nuclear energy in industry: application to oil production. Climate Change and Energy Options Symposium, Canadian Nuclear Society, Ottawa, Canada, November 17–19.

75 Alberta Chamber of Commerce (2004) Oil Sands Technology Roadmap. Unlocking the Potential, Alberta Chamber of Resources, Edmonton, Alberta, Available at http://www.acr-alberta.com/.

76 Odell, P.R. and Rosing, K.E. (1984) *The Future of Oil. World Oil Resources and Use*, Kogan Page, London.

77 Smolowe, J. (1986) Cameroon the Lake of Death. *Time Magazine*, September 8.

78 Greene, D.L., Hopson, J.L. and Li, J. (2003) Running Out of and Into Oil: Analyzing Global Oil Depletion and Transition Through 2050, prepared by Oak Ridge National Laboratory for the U.S. DOE.

79 Laherrère, J. (2004) Natural gas future supply. International Institute for Applied Systems Analysis (IIASA) International Energy Workshop, June 22–24, Paris, available at: http://www.hubbertpeak.com/laherrere/.

80 Rogner, H.H. (1997) An assessment of world hydrocarbon resources. *Annu. Rev. Energy Environ.*, **22**, 217.

81 Odell, P.R. (1999) *Fossil Fuel Resources in the 21st Century*, Financial Times Energy, London.

82 Odell, P.R. (2004) *Why Carbon Fuels will Dominate the 21st Century's Global Energy Economy*, Multi-Science Publishing, Brentwood, UK.

83 Tomasko, M.G., Archinal, B., Becker, T., Bezard, B., Bushroe, M. et al. (2005) Rain, winds and haze during the Huygens probe's descent to Titan's surface. *Nature*, **438**, 765.

84 Raulin, F. (2008) Planetary science: organic lakes on Titan. *Nature*, **454**, 587.

85 Salomon, S., Qin, D., Manning, M., Chen, Z., Marquis, M., Averyt, K.B., Tignor, M. and Miller, H.L. (eds) (2007) *Climate Change 2007: The Physical Science Basis. Contribution of Working Group I to the Fourth Assessment Report of the Intergovernmental Panel on Climate Change*, Cambridge University Press, Cambridge, UK.

86 Rapp, D. (2008) *Assessing Climate Change. Temperatures, Solar Radiation, and Heat Balance*, Praxis Publishing, Chichester, UK.

87 Kerr, R.A. (2006) Yes, it's been getting warmer in here since the CO_2 began to rise. *Science*, **312**, 1854.

88 Solanki, S.K., Usoskin, I.G., Kromer, B., Scluessler, M. and Beer, J. (2004) Unusual activity of the Sun during recent decades compared to the previous 11,000 years. *Nature*, **431**, 1084.

89 Essenhigh, R.H. (2001) Does CO_2 really drive global warming? *Chem. Innovation*, **31**, 44.

90 IPCC Climate Change 2007, Synthesis Report, IPCC Fourth Assessment Report.

91 Kharecha, P.a. and Hansen, J.E. (2008) Implications of "peak oil" for atmospheric CO_2 and climate. *Global Biogeochem. Cycles*, **22**, GB3012.

92 Idso, S.B. (1997) Biological Consequences of Increased Concentrations of Atmospheric CO_2, in *Global Warming: The Science and the Politics* (ed. L. Jones), The Fraser Institute, Vancouver.

93 Thayer, A.M. (2009) Chemicals to Help Coal Come Clean, *Chem. Eng. News*, July 13, **87**, 19.

94 Socolow, R.H. (2005) Can we bury global warming? *Sci. Am.*, July, 49–55.

95 Johnson, J. (2004) Putting a lid on carbon dioxide. *Chem. Eng. News*, **82**, 36.

96 Stern, N. (2007) *The economics of Climate Change: The Stern Review*, Cambridge University Press.

97 Stern, N. (2009) *A Blueprint for a Safer Planet: How to Manage Climate Change and Create a New Era of Progress and Prosperity*, The Bodley Head, London.

98 United Nations Climate Change Conference (2009), Copenhagen, Dec. 7–18, http://en.cop15.dk.

99 United Nations Framework Convention on Climate Change, http://unfccc.int.

100 International Energy Agency (2001) *World Energy Outlook 2001: Insights*, International Energy Agency, Paris.

101 World Commission on Dams, http://www.dams.org/.

102 Wonder of the World Databank, http://www.pbs.org.

103 Bertani, R. (2005) World geothermal power generation 2001–2005. *Geothermics*, **34** (6), 651.

104 European Deep Geothermal Energy Programme, http://www.soultz.net/.

105 Bertani, R. (2002) Geothermal power generation plant CO_2 emission survey, IGA News, July-September, vol. 49.

106 Bloomfield, K., Moore, J. and Neilson, R.M.J. (2003) Geothermal Energy Reduces Greenhouse Gases, GRC Bulletin, April/March, p. 77.

107 MIT (2006) *The Future of Geothermal Energy*, Massachusetts Institute of Technology.

108 Global Wind Energy Council (GWEC), http://www.gwec.net/.

109 Zervos, A. and Kjaer, C. (2008) *Pure Energy. Wind Energy Scenarios up to 2030*, European Wind Energy Association.

110 (2008) *Global Wind Energy Outlook 2008*, Global Wind Energy Council.

111 Chandler, H. (ed.), (2003) *Wind Energy: The Facts. An Analysis of Wind Energy in the EU-25*, European Wind Energy Association (EWEA), available at: http://www.ewea.org/.

112 US Department of Energy (2004) *Solar Energy Technologies Program: Multi-Year Technical Plan 2003–2007 and Beyond*, Energy Efficiency and Renewable Energy (EERE) U.S DOE.

113 Tao, M. (2008) Inorganic photovoltaic solar cells: silicon and beyond. *Electrochem. Soc. Interface*, **17** (4), 30.

114 IEA Photovoltaic Power Systems Programme, http://www.iea-pvps.org/.

115 First Solar, Inc., http://www.firstsolar.

com.

116 Dickerson, M. (2009) Solar farm cuts gap with fossil fuel, Los Angeles Times, January 5.

117 Michael, G.W. (2007) 2007 Minerals Yearbook - Selenium and Tellurium, U.S. Geological Survey.

118 Brabec, C., Dyakonov, V. and Scherf, U. (2008) *Organic Photovoltaics: Materials, Device Physics, and Manufacturing Technologies*, Wiley-VCH GmbH, Weinheim, Germany.

119 IEA Photovoltaic Power Systems Programme, (2008) Trends in photovoltaic applications. Survey report of selected IEA countries between 1992 and 2007. Report IEA-PVPS T1-T17: 2008.

120 Sayigh, A. (2003) Spotlight on PV Energy: as Commercialisation Grows, Solar needs Attention, in *Renewable Energy 2003*, An official publication of the World Renewable Energy Network, UNESCO.

121 International Energy Agency (2007) *Renewables Information 2007*, International Energy Agency (IEA), Paris.

122 (1997) *Renewable Energy Technology Characterizations*, Electric Power Research Institute (EPRI) and U.S. DOE.

123 Johnson, J. (2008) U.S. solar energy heats up. *Chem. Eng. News*, **86**, 40.

124 Zweibel, K., Mason, J. and Fthenakis, V. (2008) A solar grand plan. *Sci. Am.*, January, 64.

125 Port, O. (2005) Power from the sunbaked desert: solar generator may be the hot source of plentiful electricity, BusinessWeek, September 12, p. 76.

126 Stirling Energy Systems, http://www.stirlingenergy.com/.

127 Einav, A. (2004) Solar energy research and development achievements in Israel and their practical significance. *J. Solar Energy Eng.*, **126**, 921.

128 Ton, D.T., Hanley, C.J., Peek, G.H. and Boyes, J.D. (2008) Solar Energy Grid Integration Systems - Energy Storage (SEGIS-ES), SAND2008-4247, Sandia National Laboratories, Albuquerque, New Mexico and Livermore, California.

129 Electric Power Research Institute, http://www.epri.com.

130 EPRI-DOE (2003) *EPRI-DOE Handbook of Energy Storage for Transmission and Distribution Applications, 1001834*, EPRI, Palo Alto, California and U.S. Department of Energy, Washington, DC.

131 Succar, S., Greenblatt, J.B., Denkenberger, D. and Williams, R.H. (2006) An integrated optimization of large-scale wind with variable rating coupled to compressed air energy storage. Conference Proceedings of Windpower 2006, Pittsburgh, Pennsylvania, June 4–7th.

132 EPRI (2004) *Wind Power Integration Technology Assessment and Case Studies, 1004806*, EPRI, Palo Alto, California.

133 EPRI (2004) *EPRI-DOE Handbook Supplement of Energy Storage for Grid Connected Wind Generation Applications, 1008703*, EPRI, Palo Alto, California and U.S. Department of Energy, Washington, DC.

134 Rosillo-Calle, F., Bajay, S.V. and Rothman, H. (eds) (2000) *Industrial Uses of Biomass Energy. The Example of Brazil*, Taylor & Francis, London.

135 Buarque de Hollanda, J. and Dougals Poole, A.*Sugarcane as an Energy Source in Brazil*, Instituto Nacional de Eficiencia Energetica, http://www.inee.org.br.

136 São Paulo Sugarcane Agroindustry Union (UNICA), http://www.unica.com.br/.

137 Dickerson, M. (2005) Homegrown fuel supply helps Brazil breathe easy, Los Angeles Times, June 15.

138 Koplow, D. (2006) *Biofuels - At What Cost? Government Support for Ethanol and Biodiesel in the United States*, Prepared by Earthtrack, Inc. for The Global Subsidies Initiatives (GSI) of the International Institute for Sustainable Development, Geneva, Switzerland.

139 Shapouri, H., Duffield, J.A. and Wang, M. (2002) *The Energy Balance of Corn Ethanol: An Update*, U.S. Department of Agriculture, Washington, DC.

140 Hess, G. (2005) Ethanol wins big in energy policy. *Chem. Eng. News*, **83**, 28.

141 Patzek, T.W. (2004) Thermodynamics of the corn-ethanol biofuel cycle. *Crit. Rev. Plant Sci.*, **23**, 519.

142 Pimentel, D. (2003) Ethanol fuels: energy balance, economics, and environmental impacts are negative. *Nat. Resources Res.*, **12**, 127.

143 Pimentel, D. and Patzek, T.W. (2005) Ethanol production using corn, switchgrass, and wood; biodiesel production using soybean and sunflower. *Nat. Resources Res.*, **14**, 65.

144 Pimentel, D., Patzek, T. and Cecil, G. (2007) Ethanol production: energy, economic, and environmental losses. *Rev. Environ. Contam. Toxicol.*, **189**, 25.

145 EurObserv'ER (2007) Biofuels barometer, systemes solaires. *J. Energies Renouvelables*, **179**, 63.

146 Bensaïd, B. (2005) *Panorama 2005: Road Transport Fuels in Europe: the Explosion of Demand for Diesel Fuel*, Institut Francais du Petrole (IFP).

147 Padgett, T. (2009) The next big biofuels? Jatropha seeds produce clean-burning diesel (without driving up your grocery bill), Time Magazine, February 9, p. 50.

148 Achten, W.M.J., Verchot, L., Franken, Y.J., Mathijs, E., Singh, V.P. et al. (2008) Jatropha bio-diesel production and use. *Biomass Bioenergy*, **32** (12), 1063.

149 Searchinger, T., Heimlich, R., Houghton, R.A., Fengxia, D., Elobeid, A. et al. (2008) Use of U.S. croplands for biofuels increases greenhouse gases through emissions from land use change. *Science*, **319**, 1238.

150 Fargione, J., Hill, J., Tilman, D., Polasky, S. and Hawthorne, P. (2008) Land Clearing and biofuel carbon debt. *Science*, **319**, 1235.

151 Gallagher, E. (2008) *The Gallagher Review of the Indirect Effects of Biofuels Production*, Renewable Fuels Agency, St. Leonards-on-Sea, UK.

152 European Parliament (2008) Draft Report on the Proposal for a Directive of the European Parliament and of the Council on the Promotion of the Use of Energy From Renewable Sources,PR\722155EN, PE 405. 949 v 01-00. European Parliament. Committee on Industry, Research and, Energy.

153 Lee, H., Clark, W.C. and Devereaux, C. (2008) Biofuels and sustainable development: report of an executive session on the grand challenges of a sustainability transition. San Servolo Island, Venice, Italy, May 19–20.

154 OECD (2008) *Biofuel Support Policies. An Economic Assessment*, OECD.

155 King, C.W. and Webber, M.E. (2008) Water intensity in transportation. *Environ. Sci. Technol.*, **42**, 7866.

156 Zah, R., Böni, H., Gauch, M., Hischier, R., Lehmann, M. et al. (2008) *Ökobilanz von Energieprodukten: Ökologische Bewertung von Biotreibstoffen. Schlussbericht*, Empa, Abteilung Technologie und Gesellschaft im Auftrag, des Bundesamtes für Energie,

des Bundesamtes für Umwelt und des Bundesamtes für Landwirtschaft, Switzerland.
157 Scharlemann, J.P.W. and Laurance, W.F. (2008) How green are biofuels? *Science*, 319, 43.
158 Doornbosch, R. and Steenblik, R. (2007) *Biofuels: Is the Cure Worse than the Disease*, SG/SD/RT(2007)3, OECD, Paris.
159 International Energy Agency (2004) *Energy Technologies for a Sustainable Future: Transport*, International Energy Agency (IEA), Paris.
160 Voith, M. (2009) Up from the slime. *Chem. Eng. News*, (January 26), 87, 22.
161 Pontes, T. and António, F. (2001) Ocean energies: resources and utilisation. 18th World Energy Conference, Buenos Aires, Argentina, October 21–25.
162 International Energy Agency, Ocean Energy Systems (IEA-OES), http://www.iea-oceans.org/.
163 Johnson, J. (2004) Power from moving water. *Chem. Eng. News*, (October 4), 82, 23.
164 Ordóñez, I. (2008) Everybody into the ocean, *The Wall Street Journal*, (October 6).
165 Fraenkel, P. (October 2008) SeaGen - the world's first commercial-scale tidal current turbine, Newsletter International Energy Agency, Ocean Energy, Systems.
166 Clément, A., McCullen, P., Falcão, A., Fiorentino, A., Gardner, F. *et al.* (2002) Wave energy in Europe: current status and perspectives. *Renewable Sustainable Energy Rev.*, 6, 405.
167 Pelamis Wave Power, http://www.pelamiswave.com.
168 Jha, A. (2008) Making waves: UK firm harnesses power of the sea... in Portugal, The Guardian, September 25.
169 Cowan, G.A. (1976) A natural fission reactor. *Sci. Am.*, July, 36.
170 (2002) *A Technology Roadmap for Generation IV Nuclear Energy Systems*, U.S. DOE Nuclear Energy Research Advisory Committee, and the Generation IV International Forum.
171 (2007) GEN IV International Forum 2007 Annual Report, OECD Nuclear Energy Agency, Generation IV, International Forum, available from: http://www.gen-4.org.
172 Hecht, J.(2004) US Plans 'Take-Away' Nuclear Power Plants: Can a Sealed, Mobile Nuclear Power Plant Prevent Proliferation by Rogue States?, *New Scientist*, September 4, p. 17.
173 Hyperion Power Generation, http://www.hyperionpowergeneration.com/.
174 Claude, B. (1999) *Superphénix, le Nucléaire à la Française*, l'Harmattan, Paris.
175 Argonne National Laboratory, http://www.anl.gov/.
176 (2004) *Uranium 2003: Resources, Production and Demand*, OECD Nuclear Energy Agency and the International, Atomic Energy Agency.
177 Lidsky, L.M. and Miller, M.M. (2002) Nuclear power and energy security: a revised strategy for Japan. *Sci. Global Security*, 10, 127.
178 United Nations (2005) Chernobyl's Legacy: Health, Environmental and Socio-Economic Impacts and Recommendations to the Governments of Belarus, the Russian Federation and Ukraine.
179 U.S. Geological Survey (1997) Radioactive Elements in Coal and Fly Ash: Abundance, Forms, and Environmental Significance, USGS Fact Sheet FS-163-97, U.S. Geological Survey.
180 Tadmor, J. (1986) Radioactivity from coal-

fired power plants: a review. *J. Environ. Radioactivity*, 4, 177.
181 Gabbard, A. (1993) Coal Combustion: Nuclear Resource or Danger?, vol. 26, ORNL Review, available at: http://www.ornl.gov/info/ornlreview/rev26-34/text/colmain.html.
182 U.S. Office of Civilian Radioactive Waste Management, http://www.ocrwm.doe.gov.
183 Yucca Mountain Standards, EPA, http://www.epa.gov/radiation/yucca/.
184 Nuclear Energy Institute, http://www.nei.org/.
185 Morris, R.C. (2000) *The Environmental Case for Nuclear Power. Economical, Medical and Political Considerations*, Paragon House, St. Paul, Minnesota.
186 Dewan, S. (2009) Hundreds of coal ash dumps lack regulation, The New York Times, January 6.
187 Schmitt, H.H. (2006) *Return to the Moon: Exploration, Enterprise and Energy in the Human Settlement of Space*, Praxis Publishing Ltd.
188 http://www.hydrogen.gov.
189 (2006) *The Hydrogen Economy. A Non-Technical Review*, United Nations Environment Programme (UNEP).
190 Hoffmann, P. (2002) *Tomorrow's Energy. Hydrogen, Fuel Cells, and the Prospects for a Cleaner Planet*, The MIT Press, Cambridge.
191 Pohl, H.W. (ed.) (1995) *Hydrogen and Other Alternative Fuels for Air and Ground Transportation*, John Wiley & Sons, Ltd., Chichester, England.
192 (2004) *The Hydrogen Economy: Opportunities, Costs, Barriers and R&D Needs*, National Research Council and National Academy, Engineering, The National Academic Press, Washington, DC.
193 (2008) Hydrogen From Coal Program. Research, Development, and Demonstration Plan for the Period 2008 Through 2016, External Draft, U.S. Department of Energy.
194 (1999) Vision 21 Program Plan. Clean Energy Plants for the 21st Century, Federal Energy Technology Center, Office of Fossil Energy, - U.S. Department of Energy.
195 U.S. Department of Energy, http://www.energy.gov/.
196 U.S. Department of Energy, (2004) FutureGen. Integrated Hydrogen, Electric Power Production and Carbon Sequestration Research Initiative. Report to the Congress, available at http://www.energy.gov.
197 Toward a hydrogen economy, editorial and special issue. *Science*, 305, (2004) 957.
198 Milne, T.A., Elam, C.C. and Evans, R.J. (2002) Hydrogen from biomass: state of the art and research challenges,IEA/H2/TR-02/001, International Energy Agency (IEA).
199 NREL (2007) Photobiological Production of Hydrogen, NREL/FS-560-42285, National Renewable Energy Laboratory, Golden, Colorado.
200 Ghirardi, M.L., Maness, C.P. and Seibert, M. (2008) Photobiological Methods of Renewable Hydrogen Production, in *Solar Hydrogen Generation* (eds K. Rajeshwar, R. McConnell and S. Licht), Springer, New York, p. 229.
201 Simbeck, D.R. and Chang, E. (2002) Hydrogen Supply: Cost Estimate for Hydrogen Pathways - Scoping Analysis, NREL/SR-540-32525. National Renewable Energy Laboratory, Golden, Colorado.

202 Ivy, J. (April 2004) Summary of Electrolytic Hydrogen Production, Milestone Completion Report, NREL/MP-560-35948, NREL, Golden, Colorado.

203 Borgschulte, A., Züttel, A. and Wittstadt, U. (2008) Hydrogen Production, in *Hydrogen as a Future Energy Carrier* (eds A. Züttel, A. Borgschulte and L. Schlapbach), Wiley-VCH GmbH, Weinheim, p. 149.

204 Grimes, C.A., Varghese, O.K. and Ranjan, S. (2008) *Light, Water, Hydrogen. The Solar Generation of Hydrogen by Water Photoelectrolysis*, Springer, New York.

205 Licht, S. (2008) Thermochemical and Thermo/photo Hybrid Solar Water Splitting, in *Solar Hydrogen Generation* (eds K. Rajeshwar, R. McConnell and S. Licht), Springer, New York, p. 87.

206 Shenoy, A. (1995) Modular helium reactor for non-electric applications, IAEA-TECDOC–923. Presented at the Advisory Group Meeting on Non-Electric Applications of Nuclear Energy, Jakarta, Indonesia, November 21–23.

207 Bossel, U., Eliasson, B. and Taylor, G. (2003) The Future of the Hydrogen Economy: Bright or Bleak? Available from http://www.efcf.com/reports/.

208 Roswell, J.L.C. and Yaghi, O.M. (2005) Strategies for hydrogen storage in metal-organic framework. *Angew. Chem. Int. Ed.*, 44, 4670.

209 Ritter, S. (2007) Hydrogen storage gets a boost. *Chem. Eng. News*, (January 1), 85, 11.

210 The Online Fuel Cell Information Resource, http://www.fuelcells.org/.

211 Schwarzenegger, A. (2004) Transcript of Governor Arnold Schwarzenegger's hydrogen highways network announcement. Hydrogen Highways Network Announcement, UC Davis, Davis, California, April 20.

212 Altmann, M., Gaus, S., Landinger, H., Stiller, C. and Wurster, R. (2001) Wasserstofferzeugung in Offshore Windparks "Killer-Kriterien", Grobe Auslegung und Kostenabschaetzung, Studie im Auftrag von GEO Gesellschaft fuer Energie und Oekologie mbH, L-B-Systemtechnik GmbH, Ottobrunn, Germany.

213 His, S. (2004) Panorama 2004: Hydrogen: An Energy Vector for the Future?, Institut Francais du Petrole (IFP), available at http://www.ifp.fr/IFP/en/aa.htm.

214 AREVA (2004) Bientôt l'ère hydrogène, Alternatives Magazine, vol. 7, p. 8, available at http://www.areva.com/.

215 Zimmerman, M. (2008) Toyota suspends plan to build the Prius in the U.S., Los Angeles Times.

216 U.S. Department of Energy, Energy Efficiency and Renewable Energy (EERE). http://www.eere.energy.gov.

217 National Energy Technology Laboratory (2007) 2007 Office of Fossil Energy. Fuel Cell Program Annual Report, DOE/NETL-2007/1288, U.S. Department of Energy, Office of Fossil Energy, National Energy Technology Laboratory.

218 The Unitized Regenerative Fuel Cell, Lawrence Livermore National Laboratory, http://www.llnl.gov/str/Mitlit.html.

219 Burke, K.A. (2003) Unitized Regenerative Fuel Cell System Development, NASA/TM-2003-212739, NASA, Glenn Research Center, Cleveland, Ohio, prepared for the First International Energy Conversion Engineering Conference, Portsmouth, Virginia, August 17-21.

220 Mitlitsky, F., Myers, B., Weisberg, A.H., (1996), Lightweight Pressure Vessels and Unitized Regenerative Fuel Cells, UCRL-JC-

125220, Lawrence Livermore National Laboratory, presented at 1996 Fuel Cell Seminar, Orlando, Florida, November 17-20.
221. Fairley, P. (2003) Recharging the power grid. *Technol. Rev.*, 50.
222. VRB-ESS: the great leveller. *Modern Power Systems*, (2005), June, 55.
223. Williams, B. and Hennesy, T. (2005) Electric oasis. *IEE Power Eng.*, February–March, 28.
224. Wilks, N. (2004) Whatever the weather. Advances in battery technology could hold the key to successful development of alternative sources of energy. *Professional Eng.*, 33.
225. Service, R.F. (2009), Hydrogen Cars: Fad of the Future?, *Science*, 324, 1257.
226. Olah, G.A. (2005) Beyond oil and gas: the methanol economy. *Angew. Chem. Int. Ed.*, 44, 2636.
227. Olah, G.A. (2003) The methanol economy. *Chem. Eng. News*, (September 22), 81, 5.
228. Olah, G.A. (1998) Oil and Hydrocarbons in the 21st Century, in *Chemical Research - 2000 and Beyond: Challenges and Vision* (ed. P. Barkan), American Chemical Society, Washington DC, and Oxford, University Press, Oxford.
229. Olah, G.A. (2004) After oil and gas: methanol economy. *Catal. Lett.*, 93, 1.
230. Boyle, R. (1661) *The Sceptical Chymist*, F. Cadwell for F. Crooke, London.
231. Stiles, A.B. (1977) Methanol, past, present, and speculation on the future. *AIChE J.*, 23, 362.
232. Cheng, W.-H. and Kung, H.H. (eds) (1994) *Methanol Production and Use*, Marcel Dekker, New York.
233. Fiedler, E., Grossmann, G., Kersebohm, D.B., Weiss, G. and Witte, C. (2003) Methanol, in *Ullmann's Encyclopedia of Industrial Chemistry*, 6th edn, vol. 21, Wiley-VCH GmbH, Weinheim, p. 611.
234. Fischer, F. and Tropsch, H. (1923) Synthesis of higher members of the aliphatic series from carbon monoxide. *Berichte*, 56, 2428.
235. Fischer, F. and Tropsch, H. (1926) Direct synthesis of petroleum hydrocarbons at ordinary pressure. *Berichte*, 59, 830.
236. Edmonds, W.J. (1932) Synthetic methanol process, Commercial Solvents Corporation U.S. Patent 1,875,714.
237. Weissermel, K. and Arpe, H.-J. (2003) *Industrial Organic Chemistry*, 4th edn, Wiley-VCH GmbH, Weinheim.
238. Heward, A. (2006) Upgraded MERLIN Spies Cloud of Alcohol Spanning 288 Billion Miles, Royal Astronomical Society PN 06/14 (NAM7).
239. Watanabe, N., Nagaoka, A., Shiraki, T. and Kouchi, A. (2004) Hydrogenation of CO on pure solid CO and $CO-H_2O$ mixed ice. *Astrophys. J.*, November 20, 638.
240. Peeters, Z., Rodgers, S.D., Charnley, S.B., Schriver-Mazzuoli, L., Schriver, A. et al. (2006) Astrochemistry of dimethyl ether. *Astron. Astrophys.*, 445, 197.
241. (2005) Product Focus, *Chemical Week*, June 22, p. 33.
242. Methanol in our Lives, available from: http://www.methanex.com. Brochure by methanol producer, Methanex, illustrating the presence of methanol in many products and materials of our daily lives.
243. On the Road with Methanol: The Present and Future Benefits of Methanol Fuel, Prepared for the Methanol Institute, available at http://www.methanol.org (1994).
244. Bernton, H., Kovarik, W. and Sklar, S. (1982) *The Forbidden Fuel. Power Alcohol in the Twentieth Century*, Boyd Griffin, New York.

245 Reed, T.B. and Lerner, R.M. (1973) Methanol: A versatile fuel for immediate use. *Science*, **182**, 1299.

246 Rosillo-Calle, F., Bajay, S.V. and Rothman, H. (eds) (2000) Industrial Uses of Biomass: The Example of Brazil, Taylor & Francis, London.

247 Beyond the Internal Combustion Engine: The Promise of Methanol Fuel Cell Vehicles, Brochure published by the American Methanol Institute, available from: http://www.methanol.org/.

248 Perry, J.H. and Perry, C.P. (1990) *Methanol, Bridge to a Renewable Energy Future*, University Press of America, Lanham, Maryland.

249 Moffat, A.S. (1991) Methanol-powered. *Science*, **251**, 514.

250 Energy Information Administration (1998) Alternative to Traditional Transportation Fuels 1998, DOE/EIA-0585(98), Washington, DC.

251 Alternative Fuels for Vehicles Fleet Demonstration Program Volume 3, Technical Reports, New York State Energy Research and Development Authority, (1997).

252 Green, C.J., King, L., Mueller, S. and Cockshutt, N.A. (1990) Dimethyl Ether as a Methanol Ignition Improver – Substitution Requirements and Exhaust Emission Impact, SAE paper 902155, October.

253 Kozole, K.H. and Wallace, J.S. (1988) The Use of Dimethyl Ether as a Starting Aid for Methanol-Fuelled SI Engines At Low Temperatures, SAE Paper 881677, October.

254 Lotus Researches Cars Running on CO_2 – Exige 270E Tri-Fuel is the Next Stage of Lotus Engineering's Long-Term Sustainable, Synthetic Alcohol Research, News Release Lotus Engineering, January, (2008).

255 Turner, J.W.G., Pearson, R.J., Holland, B. and Peck, R. (2007) Alcohol-based fuels in high performance engines. SAE paper 2007-01-0056, presented at the 2007 Fuels and Emissions Conference, Cape Town, South Africa, January 23rd–25th, 2007.

256 Group Lotus, Norwich, UK, http://www.grouplotus.com/.

257 Pearson, R.J., Turner, J.W.G. and Peck, A.J. (2009) *Gasoline-Ethanol-Methanol Tri-Fuel Vehicle Development and Its Role in Expediting Sustainable Organic Fuels for Transport*, Lotus Engineering, Norwich, UK.

258 U.S. Environmental Protection agency (1995), *Waiver Requests Under Section 211 (f) of the Clean Air Act*, Revised August 22, 1995, U.S. Environmental Protection Agency (EPA), Washington, DC.

259 Olah, G. A., Prakash, G. K. S. (2008), *Environmentally Friendly Ternary Transportation Flex-Fuel of Gasoline, Methanol and Biodiesel*, U.S. Patent Application 12/345697, December 30th.

260 Häpp, H.J. and Truong, H.-S. (1983) The Effect of Methanol/Diesel Fuel Emulsions on the Mixture Formation in Direct-Injection Diesel Engines: a Theory on Spontaneous Evaporation, SAE Technical Paper Series No. 830376.

261 Alternative Fuel: Transit Buses. Final Results from the National Renewable Energy Laboratory Vehicle Evaluation Program, Produced for the U.S. DOE, (1996).

262 Waterland, L.R., Venkatesh, S. and Unnasch, S. (2003) *Safety and Performance Assessment of Ethanol/Diesel Blends*

(*E-Diesel*), NREL/SR-540-34817, NREL, Golden, Colorado.
263 Merritt, P.M., Ulmet, V., McCormick, R.L., Mitchell, W.E. and Baumgard, K.J. (2005) Regulated and unregulated exhaust emissions comparison for three tier II non-road diesel engines operating on ethanol-diesel blends, NREL/CP-540-38493. NREL, SAE paper 2005-01-2193, presented at the 2005 SAE Brasil Fuels & Lubricants Meeting, Rio de Janeiro, Brasil, May, 2005.
264 Ogawa, T., Inoue, N., Shikada, T. and Ohno, Y. (2003) Direct dimethyl ether synthesis. *J. Nat. Gas Chem.*, **12**, 219.
265 Hirano, M., Imai, T., Yasutake, T. and Kuroda, K. (2004) Dimethyl ether synthesis from carbon dioxide by catalytic hydrogenation (Part 2). Hybrid catalyst consisting of methanol synthesis and methanol dehydration catalysts. *J. Jpn. Petrol. Inst.*, **47**, 11.
266 Xia, L. (2008) China DME market outlook. Proceedings of the 3rd International DME Conference & 5th Asian DME Conference, Shanghai, China September 21st–24th, 2008.
267 Hansen, J.B. and Mikkelsen, S.-E. (Halder Topsøe AIS) (2001) DME as a Transportation Fuel, Project Carried out for the Danish Road Safety & Transport Agency and the Danish Environmental Protection Agency. http://www.dieselnet.com/links/fuel_dme.html.
268 Volvo Bus Corporation Company Presentation, (2004).
269 Paas, M. (1997) Safety Assessment of DME Fuel, prepared for the Transportation Development Centre Safety and Security Transport Canada, TP 12998E. http://www.tc.gc.ca.
270 Arcoumanis, C., Bae, C., Crookes, R. and Kinoshita, E. (2008) The potential of dimethyl ether (DME) as an alternative fuel for compression-ignition engines: a review. *Fuel*, **87**, 1014.
271 Coal to Methanol Plant Set for West Virginia (2008), *Chem. Eng. News*, **86**, 22.
272 Basu, A., Fleisch, T.H., McCarthy, C.I. and Udovich, C.A. (1997) Process and fuel for spark ignition engines, U.S. Patent 5,632,786.
273 JFE Holdings, Inc, http://www.jfe-holdings.co.jp/en/dme/.
274 Basu, A. and Wainwright, J.M. (2001) DME as a power generation fuel: performance in gas turbines. Presented at the PETROTECH-2001 Conference, New Dehli, India, January, 2001.
275 Ohno, Y. and Omiya, M. (2003) Coal conversion into dimethyl ether as an innovative clean fuel. Presented at the 12th International Conference on Coal Science, November, 2003.
276 World Energy Council (WEC): http://www.worldenergy.org/wec-geis/.
277 Pavone, A. (2003) Mega Methanol Plants, Report No. 43D, Process Economics Program, SRI Consulting, Menlo Park, California.
278 Ryu, J.Y. and Gelbein, A.P. (2000) Producing dimethyl carbonate from CO_2 and methanol. A green chemistry alternative to phosgene as a chemical intermediate. 4th Annual Green Chemistry and Engineering Conference Proceedings, Washington, DC, June 27–29, 2000, p. 33.
279 Zhu, R., Wang, X., Miao, H., Huang, Z., Gao, J. *et al.* (2009) Performance and emission characteristics of diesel engines fueled with diesel-dimethoxymethane (DMM) blends.

Energy Fuels, **23**, 286.

280 Ball, J., Lapin, C.A., Buckingham, J.P., Frame, E.A., Yost, D.M. et al. (2001) Dimethoxy Methane in Diesel Fuel: Part 1. The Effect of Fuels and Engine Operating Modes on Emissions of Toxic Air Pollutants and Gas/Solid Phase Pah, SAE Paper 2001-01-36276. Presented at SAE International Fall Fuel & Lubricants Meeting & Exhibition, September 2001, San Antonio, TX, USA.

281 Zhang, Q., Tan, Y., Yang, C., Han, Y., Shamoto, J. et al. (2007) Catalytic oxidation of dimethyl ether to dimethoxymethane over Cs modified $H_3PW_{12}O_{40}/SiO_2$ catalysts. *J. Nat. Gas Chem.*, **16** (3), 322.

282 (2004) Methanol Institute Comments to U.S. DOE On-Board Fuel Processing Review Panel, Methanol Institute, available from: http://www.methanol.org.

283 See Fuel Cell Vehicles Chart (from Auto Manufacturers), http://www.fuelcells.org.

284 See Daimler, http://www.daimler.com.

285 See Ford Motor Company, http://www.ford.com/.

286 For more information see the Georgetown University web site on fuel cell buses, http://fuelcellbus.georgetown.edu/.

287 Methanol to Hydrogen Fueling Stations, Fact Sheet, Methanol Institute, (2003), http://www.methanol.org.

288 Dolan, G., Vassar, M.A. (2004), Methanol to Hydrogen Fueling Station, SAE Hydrogen Economy TOPTEC, Sacramento, CA, February 19.

289 Japan Hydrogen & Fuel Cell Demonstration Project (JHFC), http://www.jhfc.jp.

290 Semelsberger, T.A., Borup, R.L. and Greene, H.L. (2006) Dimethyl ether (DME) as an alternative fuel. *J. Power Sources*, **156**, 497.

291 Apanel, G. and Johnson, E. (2004) Direct methanol fuel cells: ready to go commercial? *Fuel Cells Bull.*, **11**, 12.

292 Voss, D. (2001) A fuel cell in your phone. *Technol. Rev.*, (November), 68.

293 Surampudi, S., Narayanan, S.R., Vamos, E., Frank, H., Halpert, G. et al. (1994) Advances in direct oxidation methanol fuel cells. *J. Power Sources*, **47**, 377.

294 Surampudi, S., Narayanan, S.R., Vamos, E., Frank, H., Halpert, G. et al. (1997) U.S. Patent 5,599,638; U.S. Patent 6,248,460 (2001); U.S. Patent 6,740,434 (2004); U.S. Patent 6,821,659 (2004).

295 Prakash, G.K.S., Smart, M.C., Wang, Q.-J., Atti, A. and Pleynet, V. (2004) High efficiency direct methanol fuel cell based on poly(styrenesulfonic) acid (PSSA) – poly (vinylidenefluoride) (PVDF) composite membranes. *J. Fluorine Chem.*, **125**, 1217.

296 Prakash, G.K.S., Olah, G.A., Smart, M.C., Narayanan, S.R., Wang, Q.S. et al. (2002) Polymer electrolyte membranes for use in fuel cells, U.S. Patent 6,444,343.

297 Dillon, R., Srinivasan, S., Arico, A.S. and Antonucci, V. (2004) International activities in DMFC R&D: status of technologies and potential applications. *J. Power Sources*, **127**, 112.

298 McGrath, K.M., Prakash, G.K.S., Olah, G.A. (2004), Direct Methanol Fuel Cells, *J. Ind. Eng. Chem.*, **10**, 1063.

299 Aricò, A.S., Srinivasan, S., Antonucci, V. (2001), DMFCs: From Fundamental Aspects to Technology Development, *Fuel Cell*, **1**, 133.

300 Narayanan, S.R., Valdez, T.I., Clara, F. (2000), Design and Development of Miniature Direct Methanol Fuel Cell Sources for Cellular Phone Application, Proceedings of the Fuel Cell Seminar,

Portland, Oregon, p. 795.
301. Jung, D.H., Jo, Y.-K., Jung, J.-H., Cho, C.-H. et al. (2000) A 10W Class Liquid-Feed Direct Methanol Fuel Cell for Portable Application. Proceedings of the Fuel Cell Seminar, Portland, Oregon, p. 420.
302. Bostaph, J., Koripella, R., Fisher, A. Zindel, D., Hallmark, J., et al. (2001) Microfluid Fuel Delivery Systems for 100 mW DMFC, Direct Methanol Fuel Cell. Proceedings of the 199th Meeting of Direct Methanol Fuel Cells, Electrochemical Society, Washington, DC March 25–29, 2001.
303. Kim, D., Cho, E.A., Hong, S.-A. and Oh, I.H. (2004) Recent progress in the passive direct methanol fuel cell at KIST. *J. Power Sources*, **130**, 172.
304. Dolan, G.A. (2002) In search of the perfect clean-fuel options. *Hydrocarb. Process*, (March), 1.
305. JuVOMe Presentation, Research Center Julich, http://www.fz-juelich.de/portal/angebote/pressemitteilungen/scooter.
306. Yamaha Motor Co.: http://www.yamaha-motor.co.jp/motorshow/html/0003.html.
307. Yamaha Motor Co.: http://www.yamaha-motor.co.jp.
308. Geiger, S. and Jollie, D. (2003) Report from the 2003 Fuel Cell Seminar, Miami, Fuel Cell Today, 14 November, http://www.fuelcelltoday.com.
309. Cai, K.-D., Yin, G.-P., Zhang, J., Wang, Z.-B., Du, C.-Y. et al. (2008) Investigation of a novel MEA for direct dimethyl ether fuel cell. *Electrochem. Commun.*, **10**, 238.
310. Kéranguéven, G., Coutanceau, C., Sibert, E., Hahn, F., Léger, J.-M. et al. (2006) Mechanism of di(methyl)ether (DME) electrooxidation at platinum electrodes in acid medium. *J. Appl. Electrochem.*, **36**, 441.
311. Logan, B.E., Hamelers, B., Rozendal, R., Schroeder, U., Keller, J. et al. (2006) Microbial fuel cells: methodology and technology. *Environ. Sci. Technol.*, **40**, 5181.
312. Olah, G.A. and Prakash, G.K.S. (1999) Recycling of carbon dioxide into methyl alcohol and related oxygenates for hydrocarbons, U.S. Patent 5,928,806.
313. Sea fairer: maritime transport and CO_2 emissions, OECD Observer, 267, May 26, (2008).
314. (2008) 58th session of the Marine Environment Protection Committee (MEPC), International Maritime Organization, London, October 6th to 10th, 2008.
315. Endresen, Ø., Sørgård, E., Sundet, J.K., Dalsøren, S.B., Isaksen, I.S.A. et al. (2003) Emission from international sea transportation and environmental impact. *J. Geophys. Res.*, **108** (D17), 4560.
316. Árnason, B. and Sigfússon, T.I. (1999) Converting CO_2 emissions and hydrogen into methanol vehicle fuel. *JOM*, **51** (May), 46.
317. METHAPU: http://www.methapu.eu/.
318. Temchin, J. (2003) Analysis of Market Characteristics for Conversion of Liquid Fueled Turbines to Methanol, Prepared for The Methanol Foundation and Methanex by Electrotek Concepts.
319. GE Position Paper: Feasibility of Methanol as Gas Turbine Fuel, General Electric (2001). http://www.methanol.org.
320. Jones, G.R.J., Holm-Larsen, H., Romani, D. and Sills, R.A. (2001) DME for power generation fuel: supplying India's southern region. Presented at the PETROTECH-2001 Conf., New Dehli,

India, January, 2001.
321 http://www.fuelcelltoday.com/.
322 Cocco, D. and Tola, V. (2008) SOFC-MGT hybrid power plants fuelled by methanol and DME. *J. Appl. Electrochem.*, **38**, p. 955.
323 Hansen, J.B. (2005) Oxygenates as fuels for SOFC auxiliary power units. 15th International Symposia on Alcohol Fuels, San Diego, California, September 26–28, 2005.
324 Stokes, H. (2004) Commercialization of a New Stove and Fuel System for Household Energy in Ethiopia Using Ethanol from Sugar Cane Residues and Methanol from Natural Gas, Presented to the Ethiopian Society of Chemical Engineers (ESChE) at the Forum on "Alcohol as an Alternative Energy Resource for Household Use", October 30.
325 Ebbeson, B., Stokes, H.C. and Stokes, C.A. (2000) Methanol – The Other Alcohol: A Bridge to a Sustainable Clean Liquid Fuel.
326 Prepared by EA engineering, Science and Technology, Inc. for the American Methanol Foundation (1999) Methanol Refueling Station Costs, available from http://www.methanol.org.
327 Ashley, S. (2005) On the road to fuel cell cars. *Sci. Am.*, (March), 62.
328 Methanol Market Distribution Infrastructure in the United States, Prepared by DeWitt & Company, Inc for the Methanol Institute, (2002), available from: http://www.methanol.org.
329 Methanol Institute (1993) Methanol Fact Sheets, American Methanol Institute, Washington, DC.
330 Methanex website: http://www.methanex.com/.
331 Yotaro, O. (2001) A new DME production technology and operation results. 4th Doha Conference on Natural Gas, Doha, Qatar March 11–15th, 2001.
332 Energy Information Administration (EIA): http://www.eia.doe.gov/.
333 Specht, M., Staiss, F., Bandi, A. and Weimer, T. (1998) Comparison of the renewable transportation fuels, liquid hydrogen and methanol, with gasoline – energetic and economic aspects. *Int. J. Hydrogen Energy*, **23** (5), 387.
334 Zeman, F.S. and Keith, D.W. (2008) Carbon neutral hydrocarbons. *Phil. Trans. R. Soc. A*, **366**, 3901.
335 Prepared by Statoil, Norway (2001) Methanol in Fuel Cell Vehicles: Human Toxicity and Risk Evaluation (Revised).
336 Methanol Health Risk Fact Sheet, Methanol Institute, available at http://www.methanol.org.
337 Methanol Institute Methanol Health Effects Fact Sheet, available at http://www.methanol.org.
338 U.S. Environmental Protection Agency (EPA) (1994) Methanol Fuels and Fire Safety, Fact Sheet OMS-8, EPA 400-F-92-010, U.S. Environmental Protection Agency (EPA), Office of Mobile Sources, Washington, DC.
339 Paas, M. (Consulting Ltd.) (1998) Safety Assessment of DME Fuel Addendum, Prepared for Transportation Development Centre Safety and Security Transport Canada TP 12998 E Addendum.
340 Prepared by DuPont for the U.S. EPA, Chemical Right to Know Program (2000) Robust Summary for Dimethyl Ether.
341 DuPont (1987) Toxicity Summary for Dimethyl ether (DME); Dymel a

Propellant, Technical Information.
342. U.S. Environmental Protection Agency (EPA), Transportation and Air Quality (2002) Clean Alternative Fuels: Methanol, Fact Sheet EPA 420-F-00-040.
343. Pollutant Emissions from Georgetown University Methanol Powered Fuel Cell Buses: http://fuelcellbus.georgetown.edu/overview3.cfm.
344. Gray, C. and Webster, G. (2001) A Study of Dimethyl Ether (DME) as an Alternative Fuel for Diesel Applications, Prepared for CANMET Energy Technology Centre, Natural Resources Canada and Transportation Development Centre, Transport Canada TP 13788E by Advanced Engine Technology Ltd.
345. Kajitani, S. (2006) Prospects of fuel DME. Conference on the development and Promotion of Environmental Friendly Heavy Duty Vehicles Such as DME Trucks, Washington DC, March 17th, 2006.
346. Conference on the Development and Promotion of Environmentally Friendly Heavy Duty Vehicles such as DME Trucks, Co-hosted by the Japan International Transport Institute and National Traffic Safety and Environment Laboratory. Washington DC March 17, 2006.
347. WHO (1997) Methanol, Health and Safety Guide (HSG 105, 1997), International Programme on Chemical Safety (IPCS), http://www.inchem.org/.
348. Wastewater Treatment with Methanol Denitrification, Fact Sheet, Methanol Institute, available at http://www.methanol.org.
349. Malcolm Pirnie, Inc. for the Methanol Institute (1999) Evaluation of the Fate and Transport of Methanol in the Environment, available from http://www.methanol.org/.
350. Good, D.A., Francisco, J.S., Jain, A.K. and Wuebbles, D.J. (1998) Lifetimes and global warming potential for dimethyl ether and for fluorinated ethers: CH_3OCF_3 (E143a), CHF_2OCHF_2 (E134), CHF_2OCF_3 (E125). *J. Geophys. Res.*, **103**, 28181.
351. Brown, R. (2005) Methanol Market Quiet, Chemical Market Reporter, section 2, January 31, p. 5.
352. Source: Methanol Institute. http://www.methanol.org.
353. Pavone, A. (2003) Mega Methanol Plants, Report No. 43D, Process Economics Program, SRI Consulting, Menlo Park, California.
354. Brown, R. (2004) Methanol pricing steady as supply situation changes, Chemical Market Reporter, section 2, October 4, 19.
355. Plouchart, G. (2005) *Panorama 2005: Energy Consumption in the Transportation Sector*, Institut Francais du Petrole (IFP), available from http://www.ifp.fr/IFP/en/aa.htm.
356. Air Products Liquid Phase Conversion Company for the U.S. DOE National Energy Technology Laboratory (2003) Commercial-Scale Demonstration of the Liquid Phase Methanol (LPMEOH™) Process: Final Report.
357. Kochloefl, K. (1997) Steam Reforming, in *Handbook of Heterogeneous Catalysis*, vol. 4 (eds G. Ertl, H. Knözinger and J. Weitkamp), Wiley-VCH GmbH, Weinheim, p. 1819.
358. Choudhary, T.V. and Choudhary, V.R. (2008) Energy-efficient syngas production through catalytic oxy-methane reforming reactions. *Angew. Chem. Int. Ed.*, **47**, 1828.

359 Hansen, J.B. (1997) Methanol Synthesis, in *Handbook of Heterogeneous Catalysis*, vol. 4 (eds G. Ertl, H. Knözinger and J. Weitkamp), Wiley-VCH GmbH, Weinheim, p. 1856.

360 Bradford, M.C.J. and Vannice, M.A. (1999) CO_2 reforming of CH_4. *Catal. Rev. – Sci. Eng.*, **41** (1), 1.

361 Turek, T., Trimm, D.L. and Cant, N.W. (1994) The catalytic hydrogenolysis of esters to alcohols. *Cat. Rev. – Sci. Eng.*, **36**, 645.

362 Christiansen, J.A. (1919) Method of producing methyl alcohol from alkyl formate, U.S. Patent 1,302,011.

363 Marchionna, M., Lami, M. and Raspolli Galleti, A.M. (1997) Synthesizing methanol at lower temperature. *Chemtech*, (April), 27.

364 Crabtree, R.H. (1995) Aspects of methane chemistry. *Chem. Rev.*, **95**, 987.

365 Lunsford, J.H. (2000) Catalytic conversion of methane to more useful chemicals and fuels: a challenge for the 21st century. *Catal. Today*, **63**, 165.

366 Otsuka, K. and Wang, Y. (2001) Direct conversion of methane into oxygenates. *Appl. Catal. A*, **222**, 145.

367 Olah, G.A. (1987) Electrophilic methane conversion. *Acc. Chem. Res.*, **20**, 422.

368 Weng, T. and Wolf, E.E. (1993) Partial oxidation of methane on Mo/Sn/P silica supported catalysts. *Appl. Catal. A*, **96** (2), 383.

369 Sugino, T., Kido, A., Azuma, N., Ueno, A. and Udagawa, Y. (2000) Partial oxidation of methane on silica-supported silicomolybdic acid catalysts in an excess amount of water vapor. *J. Catal.*, **190** (1), 118.

370 Olah, G.A. and Prakash, G.K.S. (2006) Selective oxidative conversion of methane to methanol, dimethyl ether and derived products, U.S. Patent Application, 20060235088.

371 Periana, R.A., Bhalla, G., Tenn, W.J.III, Young, K.J.H., Liu, X.Y. et al. (2004) Perspective on some challenges and approaches for developing the next generation of selective, low temperature, oxidation catalysts for alkane hydroxylation based on CH activation reaction. *J. Mol. Catal. A: Chem.*, **220**, 7.

372 Conley, B., Tenn, W.J.III, Young, K.J.H., Ganesh, S., Meier, S. et al. (2006) Methane Functionalization, in *Activation of Small Molecules* (ed. W.B. Tolman), Wiley-VCH GmbH, Weinheim, p. 235.

373 Periana, R.A., Taube, T.J., Evitt, E.R., Löffler, D.G., Wentrcek, P.R. et al. (1993) A mercury-catalyzed, high-yield system for the oxidation of methane to methanol. *Science*, **259**, 340.

374 DeVos, D.E. and Sels, B.F. (2005) Gold redox catalysis for selective oxidation of methane to methanol. *Angew. Chem. Int. Ed.*, **44**, 30.

375 Jones, C.J., Taube, D., Ziatdinov, V.R., Periana, R.A., Nielsen, R.J. et al. (2004) Selective oxidation of methane to methanol catalyzed, with C-H activation, by homogeneous, cationic gold. *Angew. Chem. Int. Ed.*, **43**, 4626.

376 Olah, G.A., Gupta, B., Farina, M., Felberg, J.D., Ip, W.M. et al. (1985) Selective monohalogenation of methane over supported acid or platinum metal catalysts and hydrolysis of methyl halides over gamma-alumina-supported metal oxide/hydroxide catalysts. A feasible path for the oxidative conversion of methane into methyl alcohol/dimethyl ether. *J. Am. Chem. Soc.*, **107**, 7097.

377 Olah, G.A. (1985) Methyl halides and

methyl alcohol from methane, U.S. Patent 4,523,040.

378 Olah, G.A. and Mo, Y.K. (1972) Electrophilic reaction at single bonds. XIII. Chlorination and chlorolysis of alkanes in SbF_5-Cl_2-SO_2ClF solution at low temperature. *J. Am. Chem. Soc.*, **94**, 6864.

379 Olah, G.A., Renner, R., Schilling, P. and Mo, Y.K. (1973) Electrophilic reactions at single bonds. XVII. SbF_5, $AlCl_3$, and $AgSbF_6$ catalyzed chlorination and chlorolysis of alkanes and cycloalkanes. *J. Am. Chem. Soc.*, **95**, 7686.

380 Pan, H.Y., Minet, R.G., Benson, S.W. and Tsotsis, T.T. (1994) Process for converting hydrogen chloride to chlorine. *Ind. Eng. Chem. Res.*, **33**, 2996.

381 Mortensen, M., Minet, R.G., Tsotsis, T.T. and Benson, S.W. (1999) The development of dual fluidized-bed reactor system for the conversion of hydrogen chloride to chlorine. *Chem. Eng. Sci.*, **54**, 2131.

382 Schweizer, A.E., Jones, M.E. and Hickman, D.A. (2002) Oxidative halogenation of C_1 hydrocarbons into halogenated C_1 hydrocarbons and integrated processes related thereto, U.S. Patent 6,452,058.

383 Lorkovic, I., Noy, M., Weiss, M., Sherman, J., McFarland, E. *et al.* (2004) C_1 coupling via bromine activation and tandem catalytic condensation and neutralization over CaO/zeolite composite. *Chem. Commun.*, 566.

384 Yilmaz, A., Yilmaz, G.A., Lorkovic, I.M., Stucky, G.D., Ford, P.C. *et al.* (2004) Integrated process for synthesizing alcohols, ethers, aldehydes, and olefins from alkanes, U.S. Patent, 6,713,655.

385 Sherman, J.H., McFarland, E., Weiss, M.J., Lorkovic, I.M., Laverman, L.E. *et al.* (2007) Method and apparatus for synthesizing olefins, alcohols, ethers, and aldehydes, U.S. Patent, 7,161,050.

386 Zhou, X.P., Stucky, G.D. and Sherman, J. (2002) Integrated process for synthesizing alcohols, ethers, and olefins from alkanes, U.S. Patent, 6,465,696.

387 Periana, R.A., Mirinov, O., Taube, D.J. and Gamble, S. (2002) High yield conversion of methane to methyl bisulfate catalyzed by iodine cations. *Chem. Commun.*, 2376.

388 Hanson, R.S. and Hanson, T.E. (1996) Metanotrophic bacteria. *Microbiol. Rev.*, **60**, 439.

389 Wallar, B.J. and Lipscomb, J.D. (1996) Dioxygen activation by enzymes containing binuclear non-heme iron clusters. *Chem. Rev.*, **96**, 2625.

390 Baik, M.-H., Newcomb, M., Friesner, R.A. and Lippard, S.J. (2003) Mechanistic studies on the hydroxylation of methane by methane monooxygenase. *Chem. Rev.*, **103**, 2385.

391 Ayala, M. and Torres, E. (2004) Enzymatic activation of alkanes: constraints and prospective. *Appl. Catal. A*, **272**, 1.

392 Xu, F., Bell, S.G., Lednik, J., Insley, A. and Rao, Z. (2005) *et al.* The heme monooxygenase cytochrome P450$_{cam}$ can be engineered to oxidize ethane to ethanol. *Angew. Chem. Int. Ed.*, **44**, 4029.

393 Meinhold, P., Peters, M.W., Chen, M.M.Y., Takahashi, K. and Arnold, F.H. (2005) Direct conversion of ethane to ethanol by engineering cytochrome P450 BM3. *ChemBioChem*, **6**, 1765.

394 Süss-Fink, G., Stanislas, S., Shul'pin, G.B. and Nizova, G.V. (2000) Catalytic functionalization of methane. *Appl. Organomet. Chem.*, **14**, 623.

395 Milne, T.A., Evans, R.J. and Abatzoglou,

N. (1998) Biomass Gasifier "Tars": Their Nature, Formation, and Conversion NREL/TP-570-25357, National Renewable Energy Laboratory.

396 Adinberg, R., Epstein, M. and Karni, J. (2004) Solar gasification of biomass: a molten salt pyrolysis study. *Trans. ASME*, **126**, 850.

397 Hamelinck, C.N. and Faaij, A.P.C. (2001) *Future Prospects for Production of Methanol and Hydrogen from Biomass*, University Utrecht, Copernicus Institute, The Netherlands.

398 Swaaij, W.P.M., Kersten, S.R.A. and Van denAarsen, F.G. (2004) Routes for methanol from biomass. International Business Conference on Sustainable Industrial Developments, Delfzijl, The Netherlands, April, 2004.

399 Henrich, E. (2002) Kraftstoff aus Stroh, NRW Fachtagung "Was Tanken wir Morgen?", Oberhausen, November 25–26.

400 Norbeck, J.M. and Johnson, K. (2000) *The Hynol Process: A Promising Pathway for Renewable Production of Methanol*, College of Engineering, Center for Environmental Research, and Technology, University of California, Riverside.

401 Ekbom, T., Lindblom, M., Berglin, N. and Ahlvik, P. (2003) Cost-Competitive, Efficient Bio-Methanol Production from Biomass via Black Liquor Gasification, Alterner Program of the European Union.

402 Brochure from Volvo (2004) Future Fuels for Commercial Vehicles, ref No 011-949-007.

403 Brochure from Volvo (2006) Powerful Ways to the Future, Brochure from Volvo, ref No 011-949-012.

404 Concawe, European Council for Automotive R&D and European Commission Joint Research Centre (2004) Well-to-Wheels Analysis of Future Automotive Fuels and Powertrains in the European Context, Tank-to-Wheels Report, Version 1b.

405 Renewable Fuels for Advanced Powertrains, European Project: http://www.renew-fuel.com.

406 Rudberg, J. (2008) The Future of 2nd Generation Biofuels in Europe. Toward a New Vision for the Pulp and Paper Mill, Answers from the RENEW Project to the Biofuel Debate, Brussels, September 15th.

407 Cassedy, E.S. (2000) *Prospects for Sustainable Energy. A Critical Assessment*, Cambridge University Press, Cambridge.

408 Intergovernmental Panel on Climate Change (IPCC), Climate Change 2001, Mitigation, IPCC Third Assessment Report.

409 Huggins, D.R. and Reganold, J.P. (2008) No-till: the quiet revolution. *Sci. Am.*, (July), 70.

410 Tilman, D., Hill, J. and Lehman, C. (2006) Carbon-negative biofuels from low-input high-diversity grassland biomass. *Science*, **314**, 1598.

411 Nyns, E.-J. (2003) Methane, in *Ullmann's Encyclopedia of Industrial Chemistry*, vol. 21, Wiley-VCH GmbH, Weinheim, Germany, p. 599.

412 U.S. Environmental Protection Agency (EPA), Municipal Solid Waste and Landfill Methane Outreach Program, http://www.epa.gov.

413 Sheehan, J., Dunahay, T., Benemann, J. and Roessler, P. (1998) *A Look Back at the U.S. Department of Energy's Aquatic Species Program – Biodiesel from Algae*, National Renewable Energy Laboratory (NREL), NREL/TP-580-24190, Golden, Colorado.

414 Ostrovskii, V.E. (2002) Mechanism of

methanol synthesis from hydrogen and carbon oxides at Cu-Zn containing catalysts in the context of some fundamental problems of heterogeneous catalysis. *Catal. Today*, **77**, 141.

415 Rozovskii, A.Y. and Lin, G.I. (2003) Fundamentals of methanol synthesis and decomposition. *Top. Catal.*, **22** (3–4), 137.

416 Goehna, H. and Koenig, P. (1994) Producing methanol from CO_2. *Chemtech*, (June), 39.

417 Saito, M. (1998) R&D activities in Japan on methanol synthesis from CO_2 and H_2. *Catal. Surv. Jpn.*, **2**, 175.

418 Shulenberger, A.M., Jonsson, F.R., Ingolfsson, O. and Tran, K.-C. (2007) Process for producing liquid fuel from carbon dioxide and water, U.S. Patent Appl., 2007/0244208 A1.

419 Tremblay, J.-F. (2008) CO_2 as feedstock. Mitsui will make methanol from the greenhouse gas. *Chem. Eng. News*, **86** (35), 13.

420 Xiaoding, X. and Moulijn, J.A. (1996) Mitigation of CO_2 by chemical conversion: plausible chemical reactions and promising products. *Energy & Fuels*, **10**, 305.

421 Saito, M. and Murata, K. (2004) Development of high performance Cu/ZnO-based catalysts for methanol synthesis and water-gas shift reaction. *Catal. Surv. Asia*, **8** (4), 285.

422 Steinberg, M. (1999) Fossil fuel decarbonization technology for mitigating global warming. *Int. J. Hydrogen Energy*, **24**, 771.

423 Song, C. and Pan, W. (2004) Tri-reforming of methane: a novel concept for catalytic production of industrially useful synthesis gas with desired H_2/CO ratios. *Catal. Today*, **98**, 463.

424 Adachi, Y., Komoto, M., Watanabe, I., Ohno, Y. and Fujimoto, K. (2000) Effective utilization of remote coal through dimethyl ether synthesis. *Fuel*, **79**, 229.

425 Matsunami, J., Yoshida, S., Oku, Y., Yokota, O., Tamaura, Y. et al. (2000) Coal gasification by CO_2 gas bubbling in molten salt for solar/fossil energy hybridization. *Solar Energy*, **68**, 257.

426 Kodama, T., Funatoh, A., Shimizu, K. and Kitayama, Y. (2001) Kinetics of metal oxide-catalyzed CO_2 gasification of coal in a fluidized-bed reactor for solar thermochemical process. *Energy & Fuels*, **15**, 1200.

427 Kodama, T., Aoki, A., Ohtake, H., Funatoh, A., Shimizu, T. et al. (2000) Thermochemical CO_2 gasification of coal using a reactive coal-In_2O_3 system. *Energy & Fuels*, **14**, 202.

428 Jitaru, M., Lowy, D.A., Toma, M. and Oniciu, L. (1997) Electrochemical reduction of carbon dioxide on flat metallic cathodes. *J. Appl. Electrochem.*, **27**, 875.

429 Gattrell, M., Gupta, N. and Co, A. (2006) A review of the aqueous electrochemical reduction of CO_2 to hydrocarbons at copper. *J. Electroanal. Chem.*, **594**, 1.

430 Kaneco, S., Iiba, K., Suzuki, S.K., Ohta, K. and Mizuno, T. (1999) Electrochemical reduction of carbon dioxide to hydrocarbons with high faradaic efficiency in LiOH/methanol. *J. Phys. Chem. B*, **103**, 7456.

431 Kaneco, S., Iwao, R., Iiba, K., Itoh, S.I., Ohata, K. et al. (1999) Electrochemical reduction of carbon dioxide on an indium wire in a KOH/methanol-based electrolyte at ambient temperature and pressure. *Environ. Eng. Sci.*, **16**, 131.

432 Kaneco, S., Katsumata, H., Suzuki, T. and Ohta, K. (2006) Photoelectrochemical reduction of carbon dioxide at p-type gallium arsenide and p-type indium phosphide electrodes in methanol. *Chem. Eng. J.*, **116**, 227.

433 Olah, G.A. and Prakash, G.K.S. (2007) Electrolysis of carbon dioxide in aqueous media to carbon monoxide and hydrogen for production of methanol, U.S. Provisional Pat. Appl., 60/949,723.

434 Jensen, S.H., Larsen, P.H. and Mogensen, M. (2007) Hydrogen and synthetic fuel production from renewable energy sources. *Int. J. Hydrogen Energy*, **32**, 3253.

435 Augustynski, J., Sartoretti, C.J. and Kedzierzawski, P. (2003) Electrochemical Conversion of Carbon Dioxide, in *Carbon Dioxide Recovery and Utilization* (ed. M. Aresta), Kluwer Academic Publisher, Dordrecht, p. 279.

436 Bagotzky, V.S. and Osetrova, N.V. (1995) Electrochemical reduction of carbon dioxide. *Russ. J. Electrochem.*, **31**, 409.

437 Kohl, A. and Nielsen, R. (1997) *Gas Purification*, 5th edn, Gulf Publishing Company, Houston.

438 Olah, G.A., Goeppert, A., Meth, S. and Prakash, G.K.S. (2008) Nano-structure supported solid regenerative polyamine and polyamine polyol absorbents for the separation of carbon dioxide from gas mixtures including the air, International patent application, 2008021700.

439 Millward, A.R. and Yaghi, O.M. (2005) Metal-organic frameworks with exceptionally high capacity for storage of carbon dioxide at room temperature. *J. Am. Chem. Soc.*, **127**, 17998.

440 UOP: http://www.uop.com/. Solexol™ Process, Fact Sheet (2002).

441 Specht, M. and Bandi, A. (1995) Herstellung von Fluessigen Kraftstoffen aus Atmosphaerischem Kohlendioxid, in *Forschungsverbund Sonnenenergie, Köln, Themen, 1994–1995, Energiespeicherung*, p. 41.

442 Asinger, F. (1987) *Methanol, Chemie- und Energierohstoff. Die Mobilisation der Kohle*, Springer-Verlag, Heidelberg.

443 Pasel, J., Peters, R. and Specht, M. (2000) Methanol Herstellung und Einsatz Als Energietraeger fuer Brennstoffzellen, in *Forschungsverbund Sonnenenergie, Themen 1999–2000: Zukunftstechnologie Brennstoffzelle*, p. 46.

444 Specht, M. and Bandi, A."*The Methanol Cycle*" – *Sustainable Supply of Liquid Fuels*, Center for Solar Energy and Hydrogen Research (ZSW), Stuttgart, Germany.

445 Specht, M., Bandi, A. (1999) "Der Methanol Kreislauf" nachhaltige Bereitstellung flüssiger Kraftstoffe, in Forschungsverbund Sonnenenergie, Themen 1998 – 1999, Nachhaltigheit und Energie, p. 59.

446 Lackner, K.S., Ziock, H.-J. and Grimes, P. (1999) The case for carbon dioxide extraction from air. *SourceBook*, **57**, 6.

447 Zeman, F. (2007) Energy and material balance of CO_2 capture from ambient air. *Environ. Sci. Technol.*, **41**, 7558.

448 Schuler, S.S. and Constantinescu, M. (1995) Coupled CO_2 recovery from the atmosphere and water electrolysis: feasibility of a new process for hydrogen storage. *Int. J. Hydrogen. Energy*, **20**, 653.

449 Martin, J.F. and Kubic, W.L. (2007) *Green Freedom™ – A Concept for Producing Carbon-Neutral Synthetic Fuels and Chemicals LA-UR-07-7897*, Los Alamos National Laboratory.

450 Keith, D.W., Ha-Duong, M. and Stolaroff, J.K. (2006) Climate strategy with CO_2 capture from the air. *Clim. Change*, **74**, 17.

451 Zeman, F.S. and Keith, D.W. (2008) Carbon neutral hydrocarbons. *Phil. Trans. R. Soc. A*, **366**, 3901.

452 Zarembo, A. (2008) It's a tidy answer to global warming. Los Angeles Times.

453 Rabo, J.A. (1993) Catalysis: past, present and future. Proceedings of the 10th International Congress on Catalysis, Budapest, Hungary, July 19–24 (Elsevier Science Publishers).

454 Peters, U., Nierlich, F., Schulte-Körne, E., Sakuth, M., Deeb, R. *et al.* (2007) Methyl tert-Butyl Ether and Ethyl tert-Butyl Ether, in *Handbook of Fuels* (ed. B. Elvers), Wiley-VCH GmbH, p. 253.

455 Hamid, H. and Aliin, M.A. (eds) (2004) *Handbook of MTBE and Other Gasoline Oxygenates*, Marcel Dekker, New York.

456 Olah, G.A. and Molnár, Á. (2003) *Hydrocarbon Chemistry*, 2nd edn, John Wiley & Sons Inc., Hoboken, New Jersey.

457 Bercaw, J.E., Diaconescu, P.L., Grubbs, R.H., Hazari, N., Kay, R.D. *et al.* (2007) Conversion of methanol to 2,2,3-trimethylbutane (triptane) over indium(III) iodide. *Inorg. Chem.*, **46** (26), 11373.

458 Bercaw, J.E., Grubbs, R.H., Hazari, N., Labinger, J.A. and Li, X. (2007) Enhanced selectivity in the conversion of methanol to 2,2,3-trimethylbutane (triptane) over zinc iodide by added phosphorous or hypophosphorous acid. *Chem. Commun.*, 2974.

459 Walspurger, S., Prakash, G.K.S. and Olah, G.A. (2008) Zinc catalyzed conversion of methanol-methyl iodide to hydrocarbons with increased formation of triptane. *Appl. Catal. A*, **336**, 48.

460 Chang, C.D. (1994) Methanol to Gasoline and Olefins, in *Methanol Production and Use* (eds W-.H. Cheng and H.H. Kung), Marcel Dekker, New York, p. 133.

461 Chang, C.D. (1997) Methanol to Hydrocarbons, in *Handbook of Heterogeneous Catalysis*, vol. 4 (eds G. Ertl, H. Knözinger and J. Weitkamp), Wiley-VCH GmbH, Weinheim, p. 1894.

462 Stocker, M. and Weitkamp, J. (eds) (1999) *Microporous Mesoporous Mater.*, **29**, (1–2). Special issue covering methanol to hydrocarbons technologies and processes.

463 Olah, G.A., Doggweiler, H., Felberg, J.D., Frohlich, S., Grdina, M.J. *et al.* (1984) Onium ylide chemistry. 1. bifunctional acid-base-catalyzed conversion of heterosubstituted methanes into ethylene and derived hydrocarbons. The onium ylide mechanism of the C_1 to C_2 conversion. *J. Am. Chem. Soc.*, **106**, 2143.

464 Olah, G.A. (1983) Bifunctional acid-base catalyzed conversion of heterosubstituted methanes into olefins, U.S. Patent 4,373,109.

465 Chen, J.Q., Bozzano, A., Glover, B., Fuglerud, T. and Kvisle, S. (2005) Recent advancements in ethylene and propylene production using the UOP/Hydro MTO process. *Catal. Today*, **106**, 103.

466 Andersen, J., Bakas, S., Kvisle, H., Reier, N. *et al.* (2003) MTO: meeting the needs for ethylene and propylene production. presented at ERTC Petrochemical Conference, Paris, France, March 3–5, 2003.

467 UOP: http://www.uop.com/. UOP/HYDRO MTO Process Methanol to Olefins Conversion, (2007), Fact Sheet.

468 Lurgi: http://www.lurgi.de.

469 DKRW Advanced Fuels Secures Exxon Mobil MTG Technology. Industrial Siting Permit Granted (2007). Press Release DKRW Advanced Fuels, Houston, Texas. Available at http://www.dkrwadvancedFuels.com.

更多的阅读材料和信息

关于能源的一般信息

Schobert, H.H. (2002) *Energy and Society, an Introduction*, Taylor and Francis, New York.

Smil, V. (2003) Energy at the Crossroads, *Global Perspectives and Uncertainties*, MIT Press, Cambridge.

Smil, V. (1994) *Energy in World History*, Westview Press, Boulder, Colorado.

Bent, R., Orr, L. and Baker, R. (2002) *Energy. Science, Policy, and the Pursuit of Sustainability*, Island Press, Washington, DC.

International Energy Agency (1997) *Energy Technologies for the 21st Century*, International Energy Agency, Paris.

International Energy Agency, *Key World Energy Statistics 2004*, International Energy Agency, Paris, 2004.

International Energy Agency, *World Energy Outlook 2001: Insights*, International Energy Agency, Paris, 2001.

International Energy Agency, *World Energy Outlook 2004*, International Energy Agency, Paris, 2004.

Annual Energy Outlook 2009, Energy Information Agency, Washington, DC, 2009, available at http://www.eia.doe.gov/oiaf/aeo.

World Energy Council (WEC): http://www.worldenergy.org/wec-geis/.

International Energy Agency (IEA): http://www.iea.org/.

U.S. Energy Information Administration (EIA): http://www.eia.doe.gov/.

BP Statistical Review of World Energy: http://www.bp.com/statisticalreview.

U.S. Department of Energy (DOE): http://www.energy.gov/.

煤炭

阅读有关煤炭的历史，请参阅：
Freese, B. (2003) *Coal, a Human History*, Perseus Publishing, Cambridge.

有关煤炭的普通信息
（包括生产统计、使用、对环境产生的影响等）

International Energy Agency, *Coal Information 2008*, International Energy Agency, Paris, 2008.

World Coal Institute: http://www.worldcoal.org/.

National Mining Association (U.S.): http://www.nma.org/.

洁净煤技术

NETL clean coal technology: http://www.netl.doe.gov/cctc/.

IEA clean coal centre: http://www.iea-coal.org.uk/site/ieaccc/home.

Massachusetts Institute of Technology (2007) The Future of Coal, an Interdisciplinary MIT study, Massachusetts Institute of Technology. http://web.mit.edu/coal/.

石油和天然气

想了解更多有关石油的历史，请参阅：
Black, B. (2000) *Petrolia, the Landscape of America's First Oil Boom*, The Johns Hopkins University Press, Baltimore.

Yergin, D. (1991) *The Prize: The Epic Quest for Oil, Money and Power*, Simon & Schuster.

想了解更多有关石油和天然气的发现和开采，请参阅：

Conaway, C.F. (1999) *The Petroleum Industry. A Nontechnical Guide*, Pennwell, Tulsa, Oklahoma.

Hyne, N.J. (1995) *Nontechnical Guide to Petroleum Geology, Exploration, Drilling and Production*, Pennwell, Tulsa, Oklahama.

Campbell, C.J. (1988) *The Coming Oil Crisis*, Multi-science Publishing, Brentwood, England.

Deffeyes, K.S. (2001) *Hubbert's Peak, the Impending World Oil Shortage*, Princeton University Press, Princeton.

Leffler, W.L., Pattarozzi, R. and Sterling, G. (2003) *Deepwater Petroleum Exploitation & Production: A Nontechnical Guide*, PennWell, Tulsa, Oklahoma.

Wiley Critical Content: Petroleum Technology, Wiley Interscience, Hoboken, 2007.

Seddon, D. (2006) *Gas Usage & Value*, PennWell, Tulsa, Oklahoma.

All About Petroleum, available at http://api-ec.api.org. Brochure from the American Petroleum Institute.

American Petroleum Institute (API): http://www.api.org.

石油和天然气的生产、储量、使用方面的统计：

International Energy Agency, *Oil Information 2008*, International Energy Agency, Paris, 2008.

International Energy Agency, *Natural Gas Information 2008*, International Energy Agency, Paris, 2008.

液化天然气 (LNG)

The Center for LNG: http://www.lngfacts.org/.

Department of Energy, information on LNG: http://www.fossil.energy.gov/programs/oilgas/storage/lng/feature/index.html.

Jensen, J.T. (2004) *The Development of a Global LNG Market. Is it Likely? If So When?* Oxford Institute for Energy Studies, Alden Press.

非传统油气资源

沥青沙

Alberta Chamber of Resources (2004) Oil Sands Technology Roadmap. Unlocking the Potential, Alberta Chamber of Resources, Edmonton, Alberta, available at http://www.acr-alberta.com/.

For information about bitumen and extra-heavy oil: World Energy Council: http://www.worldenergy.org/publications.

油页岩

Is oil shale America's answer to peak-oil challenge. *Oil & Gas J.*, 2004.

Dyni, J.R. (2006) Geology and resources of some world oil-shale deposits. U.S. Geological Survey, Scientific Investigation Report 2005-5294.

U.S. Department of Energy (2007) Secure Fuels from Domestic Resources. The continuing Evolution of America's Oil Shale and Tar Sands Industries.

AOC Petroleum Support Services. LLc (2004) Strategic Significance of America's Oil Shale Resource, Naval Petroleum and Oil Shale Reserves & U.S. Department of Energy, Washington, DC.

European Academies Science Advisory Council (2007) A Study on the EU Oil Shale Industry – Viewed in the Light of Estonian Experience.

World energy Council, information about oil shale: http://www.worldenergy.org/

publications.

Loucks, R.A. (2002) *Shale Oil: Tapping the Treasure*, Xlibris.

煤层气、致密气砂和页岩气

Canadian Society for Unconventional Gas: http://www.csug.ca/.

Fischer, P.A. (2004) Unconventional gas resources fill the gap in future supplies, *worldOil Mag.*, August, vol. 225, available at http://worldoil.com.

Perry, K.F., Cleary, M.P. and Curtis, J.B. (1998) New Technology for Tight Gas Sands, 17th World Energy Congress, Houston, September 13–18, available at http://www.worldenergy.org.

Garbutt, D. (2004) Unconventional Gas, Schlumberger white paper, available at http://www.oilfield.slb.com.

甲烷水合物

想了解更多有关甲烷水合物的信息，请参阅：The National Energy Technology Laboratory (NETL, U.S.): http://www.netl.doe.gov/scngo/NaturalGas/hydrates/.

U.S. Department of Energy, methane hydrate program: http://www.fe.doe.gov/programs/oilgas/hydrates/index.html.

Boswell, R. (2007) Resource potential of methane hydrate coming into focus. *J. Petrol. Sci. Technol.*, **56**, 9.

日趋枯竭的石油和天然气资源，产量高峰和供应短缺

Appenzeller, T. (2004) The end of cheap oil. *Natl. Geographic Mag.*, June, 80.

Campbell, C.J. (1997) *The Coming Oil Crisis*, Multi-science Publishing, Brentwood, England.

Deffeyes, K.S. (2001) *Hubbert's Peak, the Impending World Oil Shortage*, Princeton University Press, Princeton.

Deffeyes, K.S. (2005) *Beyond Oil, the View from Hubbert's Peak*, Hill and Wang, New York.

Heinberg, R. (2003) *The Party's Over. Oil, War and the Fate of Industrial Societies*, New Society Publishers, Gabriola Island, Canada.

Odell, P.R. and Rosing, K.E. (1983) *The Future of Oil. World Oil Resources and Use*, Kogan Page, London.

Roberts, P. (2004) *The End of Oil*, Houghton Mifflin Company, New York.

Campbell, C.J. and Laherrère, J.H. (1998) The end of cheap oil. *Sci. Am.*, 78.

Goodstein, D. (2004) *Out of Oil: The End of the Age of Oil*, W. W. Norton & Company, New York.

Ruppert, M.C. (2004) *Crossing the Rubicon: The Decline of the American Empire at the End of the Age of Oil*, New Society Publishers.

Bentley, R.W. (2002) Oil & gas depletion: an overview. *Energy Policy*, **30**, 189.

Odell, P.R. and Rosing, K.E. (1983) *The Future of Oil. World Oil Resources and Use*, Kogan Page, London.

Odell, P.R. (2004) *Why Carbon Fuels Will Dominate the 21st Century's Global Energy Economy*, Multi-Science Publishing, Brentwood, England.

Huber, P. and Mills, M.P. (2005) *The Bottomless Well. The Twilight of Fuel, The Virtue of Waste, and Why we Will Never Run Out of Energy*, Basic Books, Cambridge.

Simmons, M.R. (2005) *Twilight in the Desert – The Coming Saudi Oil Shock and the World*

Economy, John Wiley & Sons.

Maugeri, L. (2004) Oil: never cry wolf. Why the petroleum age is far from over. *Science*, **304**, 1115.

关于互联网

See Wikipedia under "Hubbert peak theory" and numerous references therein: http://en.wikipedia.org/.

Association for the study of peak oil & gas: http://www.peakoil.net/.

Other sites for information about oil peak: http://www.hubbertpeak.com/, http://www.peakoil.com/ and http://www.oilscenarios.info/.

碳氢化合物及其产品

Olah, G.A. and Molnár, Á. (2003) *Hydrocarbon Chemistry*, 2nd edn, John Wiley & Sons, Inc., Hoboken, New Jersey.

Weissermel, K. and Arpe, H.-J. (2003) *Industrial Organic Chemistry*, 8th edn, Wiley-VCH GmbH, Weinheim, Germany.

Wiley Critical Content: Petroleum Technology, Wiley Interscience, Hoboken, 2007.

想了解更多有关石油化学的内容，请参阅：http://www.petrochemistry.net/.

想了解更多有关塑料的内容，请参阅：American Plastic Council: http://www.plastics.org/.

Plastic Europe, association of plastic manufacturers: http://www.plasticseurope.org.

气候变化

Intergovernmental Panel on Climate Change (IPCC) (2007) Fourth Assessment Report: Climate Change 2007, available at http://www.ipcc.ch/.

Intergovernmental Panel on Climate Change (IPCC), (2001) Third Assessment Report: Climate Change 2001, available at http://www.ipcc.ch/.

Johansen, B.E. (2002) *The Global Warming Desk Reference*, Greenwood Press, Westport, Connecticut.

Kelly, R.C. (2002) *The Carbon Conundrum. Global Warming and Energy Policy in the Third Millennium*, CountryWatch, Houston.

Leggett, J. (2001) *The Carbon War. Global Warming and the End of the Oil Era*, Routledge, New York.

Crichton, M. (2004) *State of Fear*, HarperCollins Publisher, New York.

International Energy Agency, *Beyond Kyoto. Energy Dynamics and Climate Stabilisation*, International Energy Agency (IEA), Paris, 2002, available at http://www.iea.org/.

Lomborg, B. (2007) *Cool It: The Skeptical Environmentalist's Guide to Global Warming*, Knopf Edition.

Rapp, D. (2008) *Assessing Climate Change – Temperatures, Solar Radiation, and Heat Balance*, Spinger, Praxis.

Intergovernmental Panel on Climate Change (IPCC): http://www.ipcc.ch/.

U.S. Environmental Protection Agency (EPA) global warming site: http://epa.gov/climatechange/.

CO_2 捕集和储存

Socolow, R.H. (2005) Can we bury global warming? *Sci. Am.*, 49.

Herzog, H., Eliasson, B. and Kaarstad, O. (2000) Capturing greenhouse gases. *Sci. Am.*, 72.

International Energy Agency (2004) *Prospects for CO_2 Capture and Storage*, International Energy Agency (IEA), Paris.

Anderson, S. and Newell, R. (2004) Prospects for carbon capture and storage technologies. *Annu. Rev. Environ. Resources*, **29**, 109.

Johnson, J. (2004) Putting a lid on carbon dioxide. *Chem. & Eng. News*, **82**, 51.

U.S. Department of Energy (2007) Carbon Sequestration Technology Roadmap and Program Plan.

International Energy Agency (2008) *CO_2 Capture and Storage – A Key Carbon Abatement Option*, International Energy Agency (IEA), Paris.

Steeneveldt, R., Berger, B. and Torp, T.A. (2006) CO_2 capture and storage. Closing the knowing–doing gap. *Chem. Eng. Res. Des.*, **84** (A9), 739.

IEA Greenhouse Gas Research & Development Program: http://www.ieagreen.org.uk/.

Department of Energy (U.S.), Office of Fossil Energy, Carbon Sequestration R&D: http://www.fe.doe.gov/programs/sequestration/.

Princeton University Carbon Mitigation initiative: http://www.princeton.edu/~cmi/.

CO_2 Capture Project: http://www.co2captureproject.org/.

可再生能源

关于可再生能源的一般信息

Cassedy, E.S. (2000) *Prospects for Sustainable Energy. A Critical Assessment*, Cambridge University Press, Cambridge.

Sørensen, B. (2000) *Renewable Energy. Its Physics, Engineering, Use, Environmental Impacts, Economy and Planning Aspects*, 2nd edn, Academic Press, London.

International Energy Agency (IEA) (2008) *Renewables Information 2008*, International Energy Agency (IEA), Paris.

International Energy Agency (IEA) (2003) *Renewables for Power Generation: Status and Prospects*, International Energy Agency (IEA), Paris.

International Energy Agency (IEA) (2004) Renewable Energy Outlook, *World Energy Outlook 2004*, International Energy Agency (IEA), Paris, p. 225.

International Energy Agency (IEA) (2001) Global Renewable Energy Supply Outlook, *World Energy Outlook 2001*, International Energy Agency (IEA), Paris.

Electric Power Research Institute (EPRI) and U.S. Department of Energy (DOE) (1997) Renewable Energy Technology Characterization.

Berinstein, P. (2001) *Alternative Energy. Facts, Statistics, and Issues*, Oryx Press, Westport, Connecticut.

Patel, M.R. (1999) *Wind and Solar Power Systems*, CRC Press, Boca Raton, Florida.

European Union website for renewable energies: http://ec.europa.eu/energy/renewables/ and http://ec.europa.eu/energy/atlas/html/renewables.html.

U.S. Department of Energy (DOE), Energy Efficiency and Renewable Energy (EERE) website: http://www.eere.energy.gov/.

Renewable Energy Journal, available for free from http://www.energies-renouvelables.org/.

水力发电

International Energy Agency (IEA), Hydropower technologies: http://www.ieahydro.org/.

World Commission on Dams: http://www.dams.org/.

International Commission on Large Dams: http://www.icold-cigb.net/.

地热

International Energy Agency (IEA), Geothermal energy. http://www.iea-gia.org/.

International Geothermal Association: http://iga.igg.cnr.it/index.php.

World Bank, Geothermal energy information: http://www.worldbank.org/html/fpd/energy/geothermal/.

Geo-Heat Center, Oregon Institute of Technology: http://geoheat.oit.edu/.

风能

Archer, C.L. and Jacobson, M.Z. (2005) Evaluation of global wind power. *J. Geophys. Res.*, **110**, D12110.

International Energy Agency (IEA), Wind Energy Systems: http://www.ieawind.org/.

U.S. Department of Energy, Energy efficiency and Renewable Energy (EERE), wind technology program: http://www.eere.energy.gov/windandhydro/.

Global Wind Energy Council: http://www.gwec.net/.

European Wind Energy Association: http://www.ewea.org/.

American Wind Energy Association: http://www.awea.org/.

太阳能

Photovoltaic Technology Research Advisory Council (PV-TRAC) (2005), A Vision for Photovoltaic Technology, EUR 21242, European Commission, available from: http://ec.europa.eu/research/energy/pdf/vision-report-final.pdf.

Komp, R.J. (1995) *Practical Photovoltaic. Electricity from Solar Cells*, Aatec Publications, Ann Arbor.

U.S. Department of Energy, Energy Efficiency and Renewable Energy (EERE), solar energy topics: http://www.eere.energy.gov/solar.

Office of Science, U.S. Department of Energy (2005) Basic Research Needs for Solar Energy Utilization. Report of the Basic Energy Sciences Workshop on Solar Energy Utilization, available at http://www.sc.doe.gov/bes/reports/files/SEU_rpt.pdf.

Energy Efficiency and Renewable Energy (EERE) U.S. DOE (2004) Solar Energy Technologies Program: Multi-Year Technical Plan 2003–2007 and Beyond,

International Energy Agency (IEA), photovoltaic power program: http://www.iea-pvps.org/.

Solar thermal for electricity production: International Energy Agency (IEA), concentrated solar power for electricity generation: http://www.solarpaces.org/.

Solar for heat production: International Energy Agency (IEA), solar heating & cooling program: http://www.iea-shc.org/.

生物质

Rosillo-Calle, F., Bajay, S.V. and Rothman, H. (eds) (2000) *Industrial Uses of Biomass Energy. The Example of Brazil*, Taylor & Francis, London.

Rothman, H., Greenshields, R. and Rosillo Callé, F. (1983) *Energy from Alcohol, the Brazilian Experience*, University Press of Kentucky, Lexington, Kentucky.

Schobert, H.H. (2002) Renewable Energy from Biomass, in *Energy and Society, an Introduction*, Taylor and Francis, New York.

U.S. Department of Agriculture (USDA) and U.S. Department of Energy (DoE) (2005) Biomass as a Feedstock for a Bioenergy and Bioproducts Industry: The Technical Feasibility of a Billion-Ton Annual Supply.

Rosillo Calle, F. (ed.) (2007) *The Biomass Assessment Handbook. Bioenergy for a Sustainable Environment*, Earthscan, London.

Soetaert, W. and Vandamme, E.J. (2009) *Biofuels*, John Wiley & Sons.

National Science Foundation (2008) Huber G.W. (Ed), Breaking the Chemical and Engineering Barriers to Lignocellulosis Biofuels: Next Generation Hydrocarbon Biorefineries, Report based on the June 25–26, 2007, Workshop, Washington, D.C., University of Massachusetts, Amherst.

International Energy Agency (IEA) bioenergy website: http://www.ieabioenergy.com/.

European Union website for biomass energy: http://ec.europa.eu/energy/renewables and also: http://ec.europa.eu/energy/atlas/html/renewables.html.

U.S. Department of Energy, National Renewable Energy Laboratory (NREL) Biomass Research: http://www.nrel.gov/biomass/ and Energy Efficiency and Renewable Energy (EERE), Biomass Program: http://www.eere.energy.gov/biomass/.

海洋能

General information about ocean energy from: International Energy Agency (IEA), ocean energy systems: http://www.iea-oceans.org/.

潮汐和洋流发电

European Union website for tidal energy: http://ec.europa.eu./energy/atlas/html/tidal.html.

Johnson, J. (2004) Power from moving water. *Chem. & Eng. News*, 23.

波浪能

The Electric Power Research Institute (EPRI) has studied the potential of offshore devices to produce electricity from waves. Reports available from on the web include (a) Previsic, M., Bedard, R. and Hagerman, G. (2004) E21 EPRI Assessment. Offshore Wave Energy Conversion Devices, available from http://my.epri.com. (b) Bedard, R., Hagerman, G., Previsic, M. et al. (2005) Offshore Wave Power Feasibility Demonstration Project. Project Definition Study. Final Summary Report, available from http://my.epri.com.

European Wave Energy Network: http://www.wave-energy.net/.

European Union website for wave energy: http://ec.europa.eu/energy/atlas/html/vawe.html.

Ocean Power Delivery Ltd, energy production with the Pelamis device: http://www.oceanpd.com/.

海洋热能

U.S. National Renewable Energy Laboratory (NREL), Ocean Thermal Energy Conversion (OTEC) web site: http://www.nrel.gov/otec/.

Sea Solar Power International, OTEC technology: http://www.seasolarpower.com/.

核能

Nuclear Energy Agency (NEA) (2003) *Nuclear Energy Today*, OECD Publication, Paris. Available from: http://www.nea.fr/html/pub/nuclearenergytoday/welcome.html.

Morris, R.C. (2000) *The Environmental Case for*

Nuclear Power. Economical. Medical and Political Considerations, Paragon House, St. Paul, Minnesota.

Ramsey, C.B. and Modarres, M. (1998) *Commercial Nuclear Power. Assuring Safety for the Future*, John Wiley & Sons, Inc., New York.

University of Chicago. The Economic Future of Nuclear Power, A study conducted at the University of Chicago. Tolley, G.S., Jones, D.W. (eds.). Committee on Alternatives and Strategies for Future Hydrogen Production and Use (2004), Available from: http://www.ne.doe.gov/np2010/reports/NuclIndustryStudy-Summary.pdf. This study demonstrates that future nuclear power plants in the United States can be competitive with either natural gas or coal.

MIT (Cambridge) (2003) *The Future of Nuclear Power. An Interdisciplinary MIT Study* available from: http://web.mit.edu/nuclearpower/.

U.S. DOE Nuclear Energy Research Advisory Committee and the Generation IV International Forum (2002) A Technology Roadmap for Generation IV Nuclear Systems, available from: http://gif.inel.gov/roadmap/.

OECD Nuclear Energy Agency and the International Atomic Energy Agency (2004) Uranium 2003: Resources, Production and Demand.

World Nuclear Association: http://www.world-nuclear.org/.

OECD Nuclear Energy Agency (NEA): http://www.nea.fr/welcome.html.

Nuclear Energy Institute (NEI): http://www.nei.org/.

International Atomic Energy Agency: http://www.iaea.org/.

AREVA, http://www.areva.com/. worldwide leader in nuclear energy.

Commisariat à l'Energie Atomique (CEA): http://www.cea.fr/.

Generation IV Nuclear Energy Systems: http://gif.inel.gov/.

核聚变

International Thermonuclear Experimental Reactor (ITER) to be constructed in Cadarache, France: http://www.iter.org/.

International Energy Agency (IEA), fusion section: http://www.iea.org/textbase/techno/technologies/index_fusion.asp.

Commissariat à l'énergie atomique (CEA) (2004) The Sun on the Earth *Clefs CEA No. 49*, available online from: www.cea.fr/var/cea/storage/static/gb/library/clefs49/contents.htm.

氢

Romm, J.J. (2004) *The Hype about Hydrogen. Fact and Fiction in the Race to Save the Climate*, Island Press, Washington, DC.

Hoffmann, P. (2002) *Tomorrow's Energy. Hydrogen, Fuel Cells, and the Prospects for a Cleaner Planet*, The MIT Press, Cambridge.

Rifkin, J. (2002) *The Hydrogen Economy*, Tarcher/Putnam, New York.

Gupta, R.M. (ed.) (2009) *Hydrogen Fuel – Production, Transport and Storage*, CRC Press.

Sperling, D. and Cannon, J. (2004) *The Hydrogen Energy Transition: Moving Toward the Post Petroleum Age in Transportation*, Elsevier Academic Press.

The Hydrogen Economy: Opportunities, Costs, Barriers and R&D Needs, National Research Council and National Academy Engineering, The National Academic Press, Washington, DC, 2004.

UNEP The Hydrogen Economy – A Non-Technical Review, United Nation Environmental Programme, 2006.

Pohl, H.W. (ed.) (1995) *Hydrogen and Other Alternative Fuels for Air and Ground Transportation*, John Wiley & Sons, Ltd., Chichester, England.

Bossel, U., Eliasson, B. and Taylor, G. (2003) The Future of the Hydrogen Economy: Bright or Bleak? Available from http://www.efcf.com/reports/.

Toward a hydrogen economy, editorial and special issue: *Science*, 2004, **305**, 957.

Wald, M.L. (2004) Questions about a hydrogen economy. *Sci. Am.*, 66.

Oak Ridge National Laboratory , (2008) Analysis of the Transition to Hydrogen Fuel Cell Vehicles & the Potential Hydrogen Energy Infrastructure Requirements, ORNL/TM-2008/30.

U.S. Department of Energy Hydrogen Program: http://www.hydrogen.energy.gov/.

U.S. Federal government's central source of information on R&D activities related to hydrogen and fuel cells: http://www.hydrogen.gov/.

International Energy Agency (IEA) Hydrogen Program: http://www.ieahia.org/.

National Hydrogen Association (U.S.): http://www.hydrogenassociation.org/.

Hydrogen and fuel cell information system: www.netinform.net/h2/.

European Hydrogen Association: http://www.h2euro.org/.

燃料电池

EG&G Technical Services, Inc *Fuel Cell Handbook*, 7th edn, U.S. DOE, National Energy Technology Laboratory (NREL) , 2004.

Koppel, T. (1999) *Powering the Future. The Ballard Fuel Cell and the Race to Change the World*, John Wiley & Sons Canada Ltd, Toronto.

Online fuel cell information resources: http://www.fuelcells.org/.

Fuel Cell Europe: http://www.fuelcelleurope.org.

Fuel Cell Today: http://www.fuelcelltoday.com/.

U.S. Department of Energy, Energy Efficiency and Renewable Energy (EERE), fuel cells: http://www.eere.energy.gov/hydrogenandfuelcells/.

甲醇和甲醇经济

Cheng, W-.H. and Kung, H.H. (eds) (1994) *Methanol Production and Use*, Marcel Dekker, New York.

Asinger, F. (1987) *Methanol, Chemie- und Energierohstoff. Die Mobilisation der Kohle*, Springer-Verlag, Heidelberg.

Perry, J.H. and Perry, C.P. (1990) *Methanol, Bridge to a Renewable Energy Future*, University Press of America, Lanham, Maryland.

Bernton, H., Kovarik, W. and Sklar, S. (1982) *The Forbidden Fuel. Power Alcohol in the Twentieth Century*, Boyd Griffin, New York.

Dovring, F. (1988) *Farming for Fuel*, Praeger, New York.

Gray, C.L. Jr. and Alson, J.A. (1985) *Moving America to Methanol*, The University of Michigan Press, Ann Arbor.

Kohl, W.L. (1990) *Methanol as an Alternative Fuel Choice: An Assessment*, The Johns Hopkins University, Washington, DC.

Supp, E. (1990) *How to Produce Methanol from Coal*, Springer-Verlag, Berlin.

Pavone, A. (2003) Mega methanol plants. Report No. 43D, Process Economics

Program, SRI Consulting, Menlo Park, California.

Lee, S. (1990) *Methanol Synthesis Technology*, CRC Press, Boca Raton, Florida.

Fiedler, E., Grossmann, G., Kersebohm, D.B. et al. (2003) Methanol, in *Ullmann's Encyclopedia of Industrial Chemistry*, 6th edn, vol. 21, Wiley-VCH GmbH, Weinheim, Germany, p. 611.

Hansen, J.B. (1997) Methanol Synthesis, in *Handbook of Heterogeneous Catalysis*, vol. 4 (eds G. Ertl, H. Knözinger and J. Weitkamp), Wiley-VCH GmbH, Weinheim, Germany, p. 1856.

Weissermel, K. and Arpe, H.-J. (2003) *Industrial Organic Chemistry*, 4th edn, Wiley-VCH GmbH, Weinheim, Germany, p. 30.

Olah, G.A. and Molnár, Á. (2003) *Hydrocarbon Chemistry*, 2nd edn, John Wiley & Sons, Inc., Hoboken, New Jersey.

Olah, G.A. (1987) Electrophilic methane conversion. *Acc. Chem. Res.*, **20**, 422.

Olah, G.A. (1998) Oil and Hydrocarbons in the 21st Century, in *Chemical Research – 2000 and Beyond: Challenges and Vision* (ed. P. Barkan), American Chemical Society, Washington DC, and Oxford University Press, Oxford.

Olah, G.A., Goeppert, A. and Prakash, G.K.S. (2009) Chemical recycling of carbon dioxide to methanol and dimethyl ether: from greenhouse gas to renewable, environmentally carbon neutral fuels and synthetic hydrocarbons. *J. Org. Chem.*, **74**, 487.

Olah, G.A. (2003) The methanol economy. *Chem. & Eng. News*, September 22, **81**, 5.

Olah, G.A. (2005) Beyond oil and gas: the methanol economy. *Angew. Chem. Int. Ed.*, **44**, 2636.

Olah, G.A. and Prakash, G.K.S. (1999) Recycling of carbon dioxide into methyl alcohol and related oxygenates for hydrocarbons, U.S. Patent 5,928,806.

Reed, T.B. and Lerner, R.M. (1973) Methanol: A versatile fuel for immediate use. *Science*, **182**, 1299.

Stiles, A.B. (1977) Methanol, past, present, and speculation on the future. *AIChE J.*, **23**, 362.

Beyond the Internal Combustion Engine: The Promise of Methanol Fuel Cell Vehicles, the American Methanol Institute, available from: http://www.methanol.org/. Brochure published by the American Methanol Institute.

Methanol in our Lives, Methanex, available from: http://www.methanex.com. Brochure by the world's leading methanol producer, Methanex, illustrating the presence of methanol in many products and materials of our daily lives.

Malcolm Pirnie, Inc. for the Methanol Institute, (1999) Evaluation of the Fate and Transport of Methanol in the Environment. Available from http://www.methanol.org/.

American Methanol Institute: http://www.methanol.org/.

Methanex: http://www.methanex.com. World's leading methanol producer website.

甲醇制碳氢化合物

Stocker, M. and Weitkamp, J. (eds) (1999) *Microporous Mesoporous Mater.*, **29**, (1–2). A special issue covering methanol to hydrocarbons technologies and processes.

Chang, C.D. (1997) Methanol to Hydrocarbons, in *Handbook of Heterogeneous Catalysis*, vol. 4 (eds G. Ertl, H. Knözinger and J. Weitkamp), Wiley-VCH GmbH, Weinheim, Germany, p. 1894.

Chang, C.D. (1994) Methanol to Gasoline and

Olefins, in *Methanol Production and Use* (eds W.-H. Cheng and H.H. Kung), Marcel Dekker, New York, p. 133.

Olah, G.A., Goeppert, A. and Prakash, G.K.S. (2009) Chemical recycling of carbon dioxide to methanol and dimethyl ether: from greenhouse gas to renewable, environmentally carbon neutral fuels and synthetic hydrocarbons. *J. Org. Chem.*, **74**, 487.

直接甲醇燃料电池 (DMFC)

Apanel, G. and Johnson, E. (2004) Direct methanol fuel cells: ready to go commercial? *Fuel Cells Bull.*, 12.

McGrath, K.M., Prakash, G.K.S. and Olah, G.A. (2004) Direct methanol fuel cells. *J. Ind. Eng. Chem.*, **10**, 1063.

Surampudi, S., Narayanan, S.R., Vamos, E. et al. (1994) Advances in direct oxidation methanol fuel cells. *J. Power Sources*, **47**, 377.

Narayan, S.R. and Valdez, T.I. (2008) High-energy portable fuel cell power sources. *Interfaces, Winter*, 40.

二甲醚 (DME)

Japan DME Forum (2007) *DME Handbook (English version)* (ed. Japan DME Forum).

International DME Association: http://www.aboutdme.org.

For current information on DME: http://www.greencarcongress.com/dme/.

Haldor Topsoe DME information: http://www.topsoe.com/.

其他阅读材料

Lomborg, B. (2001) *The Skeptical Environmentalist. Measuring the Real State of the World*, Cambridge University Press, Cambridge.

Professor Olah's Nobel lecture: Olah, G.A. (1995) Carbocations and their role in chemistry. *Angew. Chem. Int. Ed.*, **34**, 1393.

交通运输

International Energy Agency (IEA) (1999) *Automotive Fuels for the Future: The Search for Alternatives*, International Energy Agency, Paris.

International Energy Agency (IEA) (2004) *Energy Technologies for a Sustainable Future: Transport*, International Energy Agency, Paris.

Concawe, European Council for Automotive R&D and European Commission Joint Research Centre (2003) Well-to-Wheels Analysis of Future Automotive Fuels and Powertrains in the European Context, Tank-to-Wheels Report, Version 1.

International Transport Forum, OECD, Transport Research Centre . (2008). Oil Dependence: Is Transport Running Out of Affordable Fuel? Roundtable 139, International Transport Forum, OECD, Transport Research Centre.